2019年内蒙古经济形势与展望

ECONOMIC SITUATION AND PROSPECT OF INNER MONGOLIA IN 2019

内蒙古自治区发展研究中心
内蒙古自治区经济信息中心 著

中国发展出版社
CHINA DEVELOPMENT PRESS

图书在版编目（CIP）数据

2019年内蒙古经济形势与展望 / 内蒙古自治区发展研究中心，内蒙古自治区经济信息中心著. —北京：中国发展出版社，2019.7

ISBN 978-7-5177-1013-4

Ⅰ. ①2… Ⅱ. ①内… ②内… Ⅲ. ①区域经济—经济分析—内蒙古—2019 Ⅳ. ①F127.26

中国版本图书馆CIP数据核字（2019）第099449号

书　　名：2019年内蒙古经济形势与展望
著作责任者：内蒙古自治区发展研究中心
　　　　　内蒙古自治区经济信息中心
出 版 发 行：中国发展出版社
　　　　　（北京市西城区百万庄大街16号8层　100037）
标 准 书 号：ISBN 978-7-5177-1013-4
经　销　者：各地新华书店
印　刷　者：河北鑫兆源印刷有限公司
开　　本：787mm × 1092mm　1/16
印　　张：26
字　　数：400千字
版　　次：2019年7月第1版
印　　次：2019年7月第1次印刷
定　　价：99.00元

联 系 电 话：（010）68990630　68990692
购 书 热 线：（010）68990682　68990686
网 络 订 购：http://zgfzcbs. tmall. com//
网 购 电 话：（010）88333349　68990639
本 社 网 址：http://www.develpress. com. cn
电 子 邮 件：370118561@qq. com

《2019年内蒙古发展研究文库》
编　委　会

《2019内蒙古经济形势与展望》

编　委　会

序

内蒙古自治区发展研究中心作为自治区重要的政策咨询研究机构，以服务于自治区党政决策部门政策咨询研究和信息资源开发为重点，跟踪内蒙古经济社会发展重点、难点问题开展调查研究，每年都承担着大量课题研究任务并以不同形式转化研究成果。其中，大量研究咨询成果要点以内刊形式为自治区党委、政府宏观经济决策提供依据和参考，还有部分成果通过主流媒体向社会公布。为全面系统地介绍、交流、共享发展研究中心的主要研究成果，近年来有计划、有步骤地公开出版《内蒙古发展研究文库》(以下简称《文库》)。《文库》属于系列丛书，出版发行的主要目的是为了加强与同行间的学术交流，充分发挥其在研究成果共享和思路交流等方面的作用，为研究制定经济社会发展规划、重大政策以及相关政策咨询工作奠定深层次、多领域、宽范围的研究基础，以期更好地为党政管理部门、研究部门和社会各界提供智力支持和智库服务。

《文库》自2008年面世以来，已出版发行八套图书。第一套共出版五部，主要内容包括研究探讨政府财政如何更好地推进内蒙古“三化”问题、生态环境与可持续发展能力问题、推进内蒙古工业化和信息化融合问题、解析内蒙古奶业发展及形成机制问题等研究成果。2010年推出了第二套图书，共四部，包括内蒙古“十二五”发展战略研究、内蒙古发展报告（2009—2010）、内蒙古建筑业发展与战略研究、内蒙古产业集群战略等研究成果。2012年出版了第三套图书，包括2013年内蒙古经济形势与展望、人均生产总值1万美元的内蒙古等研究成果。2013年出版了第四套图书，包括2014年内蒙古形势与展望、内蒙古“8337”发展思路理论与实践等研究成果。2014年出版了第五套图书，包括2015年内蒙古经济形势与展望、内蒙古适应气候变化战略评估等研究成果。2015年出版了第六套图书，包括2016年内蒙古经济形势与展望、决胜“十三五”：增长与创新发展、中蒙俄经济走廊建设重点问题研究、内蒙古城乡居民收入差距的实证研究等研究成果。2016年出版了第七套图书，包括2017年内蒙古经济形势与展望、内蒙古发展与评价图鉴等成果。2017年出版了第八套图书，包括2018年内蒙古经济形势与展望、数字中国新时代2018等成果。本书属于《文库》第九套图书，重点展示包括2019年内蒙古经济形势与展望、内蒙古经济高质量发展思路与重点问题研究、东北地区陆海内外联动开放新格局研究等成果。

由于研究深度和实践能力所限，《文库》及本书的研究内容与编辑工作存在的不足之处，敬请社会各界提出批评意见和建议，以期帮助我们不断提高咨询研究水平和《文库》编辑出版质量。

《内蒙古发展研究文库》编委会

2019年3月

前言

转向高质量发展是新时代中国经济发展的鲜明特征。当前，高质量发展已从思想与理论构建阶段步入全面实施阶段。推动高质量发展关键在于全方位转变在高速增长阶段形成的传统思维方式、行为方式和发展方式，形成一种新的发展共识、新的发展合力。2019 年是新中国成立 70 周年，是全面建成小康社会的关键年，也是迈向高质量发展的关键年。我区发展面临的外部环境更复杂更严峻，发展不平衡不充分问题和各种结构性、体制性因素交织叠加，推动经济高质量发展难度加大。需要我们以习近平新时代中国特色社会主义思想为指导，全面贯彻党的十九大和十九届二中、三中全会以及中央经济工作会议精神，深入贯彻“五个坚持”方针，进一步做好“六个稳”，加快建设现代化经济体系，继续打好三大攻坚战，着力激发微观主体活力，努力保持经济持续健康发展和社会大局稳定，为全面建成小康社会收官打下决定性基础，以优异成绩庆祝中华人民共和国成立 70 周年。

由内蒙古自治区发展研究中心（内蒙古经济信息中心）最新推出的《2019 年内蒙古经济形势与展望》，依托内蒙古宏观经济监测预测平台，借助经济预测、景气预警等数量分析工具，以全方位的视角、前瞻性的思维、敏锐的观察力对全区经济社会发展、需求拉动、产业支撑、质量效益、改革创新等内容进行综合分析，深入探析存在的突出矛盾和主要问题，并结合新时代中国内外发展环境变化和内蒙古发展实际预判未来走势，为全区经济平稳健康发展建言献策。

《2019年内蒙古经济形势与展望》分导论、总报告、综合篇、区域篇、专题篇五部分。导论部分在准确把握内蒙古所处发展阶段、客观分析发展环境的基础上，从重构区域布局、推进发展方式转变、探索生态文明建设新路径角度，科学谋划内蒙古高质量发展新路径。总报告围绕中央提出的“六稳”工作要求，深入挖掘当前内蒙古经济运行中存在的突出问题，提出确保“六稳”，推动实现全区经济健康发展的针对性、可行性建议。综合篇全方位展现内蒙古经济发展态势，围绕工业和信息化、能源、新能源、服务业、消费等重点领域进行深入研判，提出2019年重点领域发展思路和主要任务。区域篇通过对各盟市“十三五”以来经济社会发展情况的分析，深入研判下阶段各地区面临的发展机遇和挑战，提出推动各盟市经济高质量发展的思路和对策。专题篇围绕内蒙古经济运行中的热点难点问题，从经济高质量发展、产业转型升级、三大攻坚战、改革创新、社会民生等重点领域，多角度对全区经济发展进行审视，探讨提出全区经济社会重点领域高质量发展的思考和路径选择。

2019年，内蒙古自治区发展研究中心继续秉承“服务决策”的宗旨，围绕打造新型特色高端智库目标，切实做好宏观经济运行监测预测工作，深入自治区经济和社会发展中的热点和难点问题研究，更好地服务于自治区党委、政府决策，为促进全区经济平稳健康发展提供高质量的决策支持。

《2019年内蒙古经济形势与展望》编委会

2019年3月

目 录

V 专题篇 ······ 239

I

导论

深化区情认识、调整发展思维，找准内蒙古高质量发展新坐标

张永军

2019年是全面建成小康社会的关键一年，既要做好“十三五”中期评估，总结成绩、找准存在的问题；也要因应形势，开启“十四五”重点问题研究，明确未来我区推动高质量发展的路线图，具有承上启下的关键作用。

准确把握我区所处的发展阶段。判断我区所处阶段，必须要客观看待我区的经济增长。2005年内蒙古经济总量达到3822亿元，居全国第21位，2006年达到4790亿元，跃至全国第16位，2006、2007、2015年，3年居全国第16位。2008年上升至第15位（7761亿元），2010年突破1万亿元，2008年至2014年连续7年保持第15位，创造了全国连续8年增速第一，这是内蒙古增长的“黄金十年”。2017年，居全国第21位，西部第6位，2018年陕西（第15位，24438亿元）、江西（第16位，21985亿元）、重庆（第17位，20363亿元）、广西（第18位，20353亿元）、天津（第19位，18810亿元）、云南（第20位，17881亿元），均超过内蒙古。分析原因：一是技术创新和全国重大示范项目支撑了内蒙古“黄金十年”。创新是引领发展的第一动力。“黄金十年”，内蒙古围绕构建“多元发展、多极支撑”的现代产业体系，依托大企业、大项目，建设大产业、大基地，培育形成了能源、化工、冶金建材、机械装备制造、农畜产品加工和高新技术六大优势特色产业，迅速拉动

了内蒙古经济起飞。这期间实施的一系列重大工程包括：世界第一套108万吨煤直接液化装置（鄂尔多斯）、世界第一套20万吨煤制乙二醇装置（通辽）、我国第二家能够生产时速350公里、全长100米高速钢轨企业（包钢）、东方希望大型铝电一体化（包头）、国内唯一的兽用疫苗国家工程实验室，率先上马国内第一条悬浮培养口蹄疫苗生产线（金宇生物），等等。二是抢抓政策和市场机遇支撑了内蒙古“黄金十年”。这10年是内蒙古煤炭产业快速发展时期，出现了“内蒙古现象”，能源（煤炭）成为支撑内蒙古经济发展的主要动力源，原煤产量由2005年的2.56亿吨扩大至2014年的9.9亿吨（2013年10.3亿吨、2012年10.6亿吨）。这段时期国家对能源重化工需求巨大，内蒙古基本处于“内有资源优势、外有市场需求”的时期。2017年、2018年内蒙古原煤产量分别达到9.1亿吨、9.8亿吨。从开发规模看，未出现大幅度波动，说明煤炭支撑经济增长的能力在下降，新的动力支撑点尚未出现。

客观看待我区所面临的发展环境。技术革命是在历史上起推动作用的、革命的力量。信息技术、生物技术、制造技术、新材料技术、新能源技术广泛渗透到几乎所有领域，带动了以绿色、智能、泛在为特征的群体性重大技术变革，大数据、云计算、移动互联网等新一代信息技术同机器人和智能制造技术相互融合步伐加快。重点抓好：一是坚持“无中生有、有中有新”，继续做大特色产业规模。存量上要更加注重资源型产业的延伸升级，提高转化增值水平，重点是以新技术为引领，推动能源、绿色农畜产品生产加工、有色金属冶炼等传统产业改造升级；增量上更加注重引进具有领先水平的重大项目，推动工业高端化、生产智能化、制造服务化发展。二是坚持“生态优先、绿色发展”，建立绿色发展准则。高质量发展必须建立严格的产业选择标准、严格的产业准入门槛、严格的以绿色发展为导向的招商引资和承接产业转移政策。坚持以水定业，把水资源综合承载力评价作为项目实施的准入条件；坚持以草定畜，把“草畜平衡”作为发展畜牧业的重要标准，发展绿色农畜产品生产加工业；坚持以单产水平定退耕还林还草，在守住永久基本农田红线的前提下，根据水资源和单产水平决定耕地退出范围，形成具有内蒙古特色的绿色发展准入规则。

科学谋划好我区未来发展路径。国家战略是指导各个地区发展的总战略，具有全局性、总揽性。需要我们将国家战略与内蒙古发展实际结合好，重点抓好：一是坚持“国家战略引领、突出地域特色”，重构内蒙古区域布局。习近平总书记在参加十三届全国人大二次会议内蒙古代表团审议时指出，要坚持底线思维，以国土空间规划为依据，把“三区三线”（“三区”指城镇、生态、农业三类空间，“三线”指城镇开发边界、永久基本农田、生态保护红线三条控制线）作为调整经济结构、规划产业发展、推进城镇化不可逾越的红线。内蒙古实现高质量发展，要立足于本地资源禀赋特点、体现本地优势和特色。综合考虑资源环境综合承载能力，结合国家开放战略，需要优化空间布局，围绕集宁——二连浩特开放中通道建设，依托集二线，构筑以乌兰察布为枢纽，以“呼包鄂”为腹地，构筑对接京津冀的绿色经济发展核心区；围绕锡（林郭勒）赤（峰）朝（阳）锦（州）陆海通道，依托赤峰—通辽承接产业转移示范区，构筑对接环渤海经济圈的绿色经济发展核心区；围绕绥（芬河）满（洲里）通道，依托中欧班列，构筑对接长江经济带和东北三省的外向型经济发展核心区。二是坚持“因地制宜、突出特色”，推进发展方式转变。突出绿色是底色，资源是优势。实施生态产业化工程，以“生态+”引领产业发展，做精生态农牧业，做强绿色工业，做大现代服务业，探索生态资源转化的基本路径，把绿水青山变成金山银山。实施产业生态化工程，按照“绿色、循环、低碳”的要求，采用节能低碳环保技术，优先推进传统产业绿色化和循环化改造，培育支撑绿色产业发展的服务体系，建立循环经济生态链，减少废弃物排放，促进产业绿色发展。三是坚持“制度为保障、工程为抓手”，探索生态文明建设新路径。“建设我国北方重要的生态安全屏障”“在祖国北疆构筑起万里绿色长城”是国家赋予我区的战略定位。坚持山水林田湖是一个生命共同体的理念，积极探索生态环境保护新路径，努力做到沙不成害、风不成灾、水土不流失、自然保护地面积不减少和功能不降低。一方面，远期实施好林业重点生态工程、退牧还草工程、沙地综合治理工程、重大调水工程、“一湖两海”专项整治工程、河湖连通工程、农业面源污染防治工程重大生态修复工程等系列工程，近期实施好非法占用草原整治行动、大气水土壤污染防治行动、城镇污水处理提质增效行动、农村牧区人居环境整治行动、农业高效节水行动、绿色矿山建设行动、绿色园区建设行动、“散乱污”工业企业综合整治专项行动、工业固废专项整治行动等行动。另一方面，制度才能管根本，管长远。强化生态文明制度建设，重点围绕“生态文化、生态经济、目标责任、生态制度、生态安全”五大体系，按照构建归属清晰、权责明确、监管有效的自然资源资产产权制度；以空间规划为基础、以用途管制为主要手段的国土空间开发保护制度；以空间治理和空间结构优化为主要内容，全国统一、相互衔接、分级管理的空间规划体系；覆盖全面、科学规范、管理严格的资源总量管理和全面节约制度；反映市场供求和资源稀缺程度、体现自然价值和代际补偿的资源有偿使用和生态补偿制度；以改善环境质量为导向，监管统一、执法严明、多方参与的环境治理体系；更多运用经济杠杆进行环境治理和生态保护的市场体系；充分反映资源消耗、环境损害和生态效益的生态文明绩效评价考核和责任追究制度等八大制度要求，先行先试，创建国家生态文明示范区。

基于上述发展条件和环境，这就要求我区必须因势而谋、应势而动、顺势而为，准确把握宏观环境变化，加速推进思维方式变革，用足用好用活国家政策，全方位优化营商环境，才能更好地探索以生态优先、绿色发展为导向的高质量发展新路子，才能更好地守护好祖国北部边疆这道亮丽风景线。

Ⅱ 总报告

迎难而上，确保“六稳”，实现我区经济健康发展

——2019年内蒙古经济形势分析与展望

内蒙古发展研究中心“形势分析”课题组

回顾2018年，我区全面落实党的十九大战略部署，深入落实习近平总书记参加十三届全国人大一次会议内蒙古代表团审议时的重要讲话精神，扎实推动经济高质量发展，全面打好三大攻坚战，基本保持了经济持续健康发展。展望2019年，外部环境复杂严峻，经济面临下行压力，只有扎实做好稳就业、稳金融、稳外贸、稳外资、稳投资、稳预期，才能更好地化危为机、转危为安，为全面建成小康社会奠定坚实的基础。

一、2018年内蒙古经济运行的基本特征

（一）经济增势全面放缓，下行压力加大

2018年，我区主要经济指标增速大幅滑落，全年地区生产总值同比增长5.3%，低于全国平均水平1.3个百分点。1 ~ 11月，固定资产投资增速断崖式下跌至 –28.1%，民间投资增速滑落至 –19.6%；社会消费品零售总额增速在6.5% ~ 7%之间徘徊，低于全国平均水平约2个百分点。供给面增势明显放缓，全年规模以上

工业增加值同比增长7.1%。

（二）新动能初现端倪，但持续性不稳

2018年，高新技术工业同比增长17.1%，对规模以上工业增加值增长的贡献率达到5.1%，同比提高6.9个百分点。同期，单晶硅、稀土化合物和石墨及碳素制品同比分别增长1.2倍、45.9%和42.8%，快递业务量、业务收入分别增长37.6%和24.8%，国内旅游人数和收入同比分别增长12.0%和16.6%。但经济增长仍主要依靠传统产业和传统消费拉动。2018年，能源、化工、冶金建材对规模以上工业的贡献率达到102.9%，高于农畜产品加工、装备制造和高新技术工业贡献率104.5个百分点。战略性新兴产业增加值占比不足5%，远低于全国10%的平均水平。创新支撑不足，2017年，我区研究与试验发展（R&D）经费投入强度低于全国平均水平1.37个百分点，仅为全国的1/3，90%以上高新技术企业未设立研发机构。2018年，服务业对经济增长的贡献率低于上年18.8个百分点。家具、汽车等改善类消费带动力明显减弱。1～11月，占限额以上零售额30%的汽车类消费同比下降17.6%。

（三）城乡居民基本公共服务持续改善，但增收压力加大

在财政收入持续减收的背景下，民生支出呈刚性增长，2018年，民生支出占一般预算支出比重达70.1%，高于上年0.2个百分点。各类重点群体就业年度目标任务圆满完成。调整增加全区机关事业单位、企业退休人员养老金，惠及全区273.43万退休人员。城乡低保保障平均标准达到月人均647元和年人均5547元，较2017年分别增加56元和696元。基本医保政府补助标准提高至人均490元，政策范围内报销比例达到75%。脱贫攻坚扎实推进，全年预计减贫23万人以上，10个国贫旗县和13个区贫旗县摘帽。但城镇居民收入水平有待进一步提升，2018年，城镇常住居民人均可支配收入增速同比放缓0.8个百分点，城镇居民收入与全国平均水平差距较上年扩大220元。

二、2019年亟待关注的重大问题

（一）“稳就业”难度凸显

就业是民生之本，创业是就业之源。从全国看，就业形势趋于严峻，2018年全国就业总量出现自1960年以来的首次下降；全国求人倍率呈上行趋势，先行指标PMI和非制造业PMI中的从业指数均呈现快速下滑。从我区看，就业总量持续收窄，2018年前三季度，全区规模以上法人单位从业人员增速同比下降14.2%，已连续6个季度保持负增长。究其原因，一是服务业就业吸纳能力不强。2017年，我区服务业从业人员占比低于全国平均水平2.8百分点。二是民营经济发展不足，我区民营企业数量、盈利能力呈现“双降”趋势，前三季度，规模以上非公有制企业利润总额556.9亿元，较2017年上半年减少59.1亿元，对“稳就业”形成重要约束。

（二）“稳金融”亟待加力

金融活则经济活，金融稳则经济稳。当前，我区金融服务实体经济的能力明显不足，主要表现在：一是不良贷款超过警戒线。2018年上半年，我区银行业金融机构不良贷款余额同比增长25.7%，不良贷款率达到4.5%，同比上升0.7个百分点，超过2%的警戒线，远高于全国平均水平。二是有效贷款不足。2018年11月末，全区金融机构各项贷款同比增长降至3%，较一季度、上半年、前三季度分别下降5.9、2.9和0.9个百分点，贷款需求与贷款供给矛盾加剧。三是金融服务体系发展滞后。2017年，我区直接融资占社会融资的比重不足1%，远低于全国15%的平均水平。股权、债券融资规模远低于江苏、北京、浙江等发达省（市），其中，债券发行数量不到江苏省的4%。全区上市企业仅占全国的0.85%，新三板挂牌企业仅占0.6%，其数量还没有江阴市、晋江市等县级市多。风险投资行业处于起步阶段，尚未形成成熟规范的运作模式。

（三）“稳外贸稳外资”亟待破题

区位优势尚未转化为开放优势。2017 年，我区对外贸易依存度仅有 5.8%，低于全国 28 个百分点。全年外贸进出口总额占全国的 0.3%，仅相当于广东的 1.4%、江苏的 2.3%、辽宁的 14%、广西的 24%。从贸易结构看，加工贸易占比一直在 2% ~ 6%，2017 年创历史新高的情况下，加工贸易所占比重也仅为 2.4%。

（四）“稳投资”迫在眉睫

投资一直是拉动我区经济增长的第一动力，对经济的贡献维持在 75% 以上，“稳投资”成为“稳增长”的核心。2018 年以来，全区投资持续负增长，最大跌幅达到 –38.3%。主要表现在：一是工业投资大幅滑落。2018 年 1 ~ 11 月，采矿业、制造业投资分别下滑 29.7% 和 24.9%。后期，随着传统投资品需求不足，企业盈利空间收窄等因素影响，工业投资回稳仍显艰难。二是基础设施投资大幅走低，由上年的两位数增长大幅放缓至两位数负增长。后期，在土地财政收紧、防范金融风险、化解地方政府债务的持续压力下，基础设施投资扩容略显艰难。三是民间投资凸显乏力。2017 年，我区民间投资占全社会固定资产投资的比重达到 46%。2018 年 1 ~ 11 月，民间投资同比下降 19.6%，低于全国平均水平 28.3 个百分点。后期，受市场需求不足、经营环境不优、民营企业自身实力待提升等因素制约，民间投资扩容难度仍较大。

（五）“稳预期”难度加大

市场景气度有所减弱，2018 年 12 月全国制造业采购经理指数为 49.4%，降至荣枯线下，创 2016 年 3 月以来新低。其中，新订单指数、生产经营活动预期指数环比分别下降 0.7 和 1.5 个百分点，为年内低点，企业预期趋于谨慎。从主要工业品价格走势看，受环保限产放松、产能持续释放以及市场需求走弱等因素影响，主要工业品价格回落。12 月，全国工业品出厂价格指数（PPI）同比增长 0.9%，创 2016 年 9 月以来新低，大幅低于市场预期。其中，石油、煤炭及其他燃料加工业、化学原料和化学制品制造业价格同比涨幅较上月分别缩窄 11.9 和 3.4 个百分点，黑色金属冶炼和压延加工业价格由升转降，下降 2.7%。受国内市场影响，我区工业品价格也持续走低，11 月，全区工业品出厂价格指数已连续 5 个月涨幅收窄。其中，对全区工业增长贡献率较高的煤炭、钢铁价格呈现小幅回落，建筑钢材、普通板材全区综合平均价格环比分别下降 1.22% 和 1.21%，全区动力煤平均结算价格环比下降 0.25%。受此影响，工业企业盈利空间收窄，11 月，全区工业企业利润降幅同比增长 16.2%，较上年同期缩窄 103.6 个百分点。后期，受“最终需求放缓、上下游产业链传导”等影响，市场效应将进一步放大。

三、对策建议

（一）增强民营经济和新兴产业就业吸纳力，实现稳就业

一是全面落实 2018 年 12 月 24 日国务院常务会议部署和《内蒙古自治区关于促进民营经济高质量发展若干措施》，加大对民营经济和中小企业的支持，增强市场主体活力和发展信心。二是拓宽民企发展领域。建立负面清单动态调整机制，确保“非禁即入”普遍落实，鼓励民营资本进入信息制造、军民融合等新兴产业及水利设施建设、基础电信、通用航空、公共交通等领域。三是提高新型产业就业吸纳力。大力发展以数字经济、绿色经济为代表的战略性新兴产业，以现代金融、电子商务、文化创意、现代物流、旅游休闲等为代表的现代服务业。四是加快发展平台经济、分享经济，促进新经济创新发展与就业提质同步。

（二）强化金融服务实体经济导向，实现稳金融

一是加大不良贷款处置力度。重点是加强与金融资产管理公司、产权交易平台、社会资本的密切合作，突出做好抵质押品管理和抵债资产处置工作，加大资源整合，争取批量化处理不良贷款，腾出更多信贷投放空间。二是建立完善的风险排查机制。采用全面排查与随机抽查相结合的方式，不定期对发债企业的偿债措施落

实、本息兑付资金准备、偿债资金账户管理、信息披露、资产重组或重大资产减持等领域进行检查，建立兑付提示预警机制。三是提高金融供给质量。支持发展普惠金融，积极探索债贷组合、投贷联动、融资租赁、产业链融资以及无形资产质押贷款等特色金融服务，完善科技创新创业企业贷款风险补偿机制。扩大利用国际金融组织和外国政府贷款规模，支持我区重点建设项目。四是完善金融服务体系。创新信贷产品，促进借贷双方精准撮合融资。打造网上服务平台，打通实体经济金融服务需求和银行创新产品之间的网络通道，实现与征信平台的优势资源互补和信息数据互通，提高融资效率。大力发展直接融资，鼓励新兴经济企业在境内外上市和“新三板”挂牌。探索实施金融资产、知识产权、碳排放权、不动产收益权等企业资产证券化。加快信用担保体系建设，积极开展知识产权质押试点，突破实体经济担保、抵押等门槛制约，以官助民营模式促进风险投资市场发展。

（三）全面提升口岸开放层次，实现稳外贸稳外资

一是强化各类平台建设及整合协同，建设高水平外贸合作平台。提升呼伦贝尔中俄蒙合作先导区、满洲里综合保税区等跨境合作区、重点开发开放试验区、沿边国家级口岸等对外开放合作平台软硬件建设水平。抓好中俄蒙跨境交通、跨境管道、电网、皮带、信息等基础设施建设。二是统筹口岸与保税物流园区、综合保税区等平台建设。将边民互市贸易区、综合保税区、保税物流中心、内陆港、展览洽谈等平台与工业园区、现代农业园区、服务业集聚区结合起来，形成一体化协同推进产业体系，提高资源落地加工水平。三是完善《内蒙古边民互市贸易管理办法》，扩大互市贸易区范围，提升边民互市贸易区的辐射带动作用。允许边民互市贸易商品进入国内市场流通。设立民贸完税进口商品收购点，鼓励加工企业依法收购互市商品并进行销售或落地加工，构建“俄罗斯、蒙古国展销商品—边民采购进口—企业收购加工”的产业链条。放宽边民互市贸易商品进口种类。实行“负面清单管理”，进一步丰富互市贸易商品种类，提高互市贸易免税额度。四是加强口岸与腹地联动。创新模式，提高重点口岸贸易、投资、人员往来、运输便利化。完善口岸道路、专业市场、仓储物流等基础设施功能，推进边境口岸海关和检验检疫监管信

息化建设。构建现代物流、金融体系，发展口岸现代服务业。推动口岸服务功能向腹地延伸，推动腹地资本、技术、信息等生产要素向沿边地区延伸，在要素集聚程度相对高的沿黄沿线经济带等腹地布局进出口加工项目，逐步形成联系俄蒙、欧洲腹地与我国腹地和沿海的国际经济走廊。五是加强多式联运。充分利用陆海或陆空联运，扩大“中欧班列”服务范围，去程货物充分吸收日韩、东南亚等国商品，经我国港口发往欧洲；回程欧洲货物进入我国保税区分拨后，运往亚洲城市。积极拓展中欧班列我区货源运输品类，在沿线国家设立货物集散地或集结中心，拓展回程货源辐射半径。开发欧洲市场，努力增加适合通过班列运输的高附加值商品运量，在回程枢纽节点加挂沿途货物。抓住班列运行契机，提升我区产业贸易水平。加大发展并积极承接外向型产业，争取国外公司向我区转移生产布局，增强落地加工配套，不断提升我区物流、信息流效率和外贸进出口质量、规模。

（四）强化补短板力度，实现稳投资

一是补齐产业发展短板。加大制造业提质升级投入。紧盯消费升级、科技进步、产业变革等新趋势，加大数字经济、新一代信息技术、新材料、高端装备、生物科技、蒙中医药、人工智能等战略性新兴产业投资力度，打造高端制造业集聚区。重点支持利用先进适用技术改造提升和迭代创新工程机械、装备制造等传统制造业。深入推进“机器换人”，积极开展智能制造试点示范。加大资金支持先进制造业和现代服务业深度融合发展。加大研发设计、技术转移、节能环保等生产性服务业与制造业交叉融合发展方面的投资力度。加大“制造业＋互联网”发展投入，加快培育网络化协同、个性化定制、服务型制造新模式，支持发展工业电子商务、产业链金融等新业态。加大特色支柱产业全产业链技改升级投入。加快新技术、新工艺、新装备、新材料在能源、冶金、建材等传统优势产业中的应用，推动产业高端化终端化。重视现代能源经济发展投入。紧跟能源技术革命新趋势，按照现代能源经济发展要求，加大能源基础产业，以及依赖能源消耗的新兴产业、高端产业、高附加值产业、科技密集型产业的投入，形成能源上下游协同发展格局，打造国家现代能源经济示范区。二是补齐消费供给短板，增强服务业供给质量。按照智

能化、高端化、绿色化、品牌化的要求，加大研发设计、知识产权等科技含量较高的服务业投资，提高以健康、医疗、养老为核心的最终需求型服务业比重，加大绿色物流、体育康乐等新兴绿色服务业投入。实施品牌战略，打造一批品牌产品、品牌企业和品牌区域，实现带动突破。三是补齐乡村振兴短板。稳步实施农村牧区人居环境整治三年行动。加大粮食生产功能区和重要农产品生产保护区基础设施建设力度，继续实施农村牧区饮水安全巩固提升工程。四是补齐扶贫攻坚短板。重点加强与脱贫攻坚密切相关的交通、饮水、电网等基础设施和基本公共服务建设，推动高质量异地扶贫搬迁，抓好安置工程。五是补齐污染防治短板。持续加大“一湖两海”整改投入力度，持续推进浑善达克林场试点和科尔沁等沙地重点危害区投入治理。六是补齐现代基础设施短板。以我区 7 个被列入国家级物流枢纽承载城市为契机，重点支持物流枢纽铁路专用线、多式联运转运设施等建设，推动国家战略运输通道蒙华铁路建成投运。推动京呼高铁、集大高铁、包银高铁建成通车，启动呼和浩特到银川、南宁高铁项目。七是补齐产业聚集区发展短板，重点补齐重点园区综合交通运输、给排水、污染物处理、输电通道、油气管道、双电源保障体系等基础设施短板，增强产业发展承载力。八是补齐水利短板，加快引绰济辽、东台子水库建设，推进老哈和等 10 条重要支流治理工程。九是补齐数字化基础设施短板。加大下一代信息网络、互联网、物联网、智能电源电网等现代基础设施投入。优化大数据中心功能布局，建设国家大数据基础设施统筹发展类综合试验区。

（五）改善营商环境，实现稳预期

一是优化营商环境。不折不扣地落实好我区《优化营商环境工作实施方案》和《促进民营经济高质量发展 26 条措施》。加大涉企优惠政策兑现监督力度，规范涉企检查执法，强化督导检查和全过程监督，切实解决招商引资承诺不兑现、拖欠企业工程款等问题，着力为企业降成本，增强企业家发展信心。二是管理好通胀预期。积极预防季节性和短期性供给端波动影响，加强产销对接，确保主要消费品供应稳定。引导大众正确看待消费者价格指数变化，公开价格领域其他层面信息，提振消费者和投资者信心。三是适应第四轮技术革命。把握世界新一轮科技革命和产业变革大势，提升对人工智能、清洁能源、机器人技术等新技术变革适应能力。四是强化政策落实。完善国家和自治区发布的经济、社会、民生等领域各项政策配套措施和实施细则，继续研究推进一批管用见效的重大改革举措，明确各部门职责，建立政策评估制度、完善第三方评估机制，充分做好政策考核评估，确保政策落地见效。统筹各领域改革和制度创新，实现产业、区域、社会等政策和政绩考核之间协调配合，统筹长期与短期发展措施的可持续性，消除政策“打架”现象。提高政府出台政策意见宣传频次和解读深度，扩大政策知晓度，确保各项政策发挥实际效益。五是改善社会预期。兜牢民生保障网。确保养老金按时足额发放，确保医疗、教育等基本民生支出，完善社会救助体系，保障群众基本生活和基本公共服务。打赢脱贫攻坚战，强化到村到户到人的精准帮扶举措，聚焦贫困群众的能力养成和自我发展潜力培养，解决物质贫困，更解决“素质贫困”。解决好房地产市场问题。坚持“房住不炒”定位，加大“住有所居”保障，合理引导预期，建立租售并举的住房制度和房地产长效机制。六是深化改革创新。强化企业投资主体地位，加快制订发布政府核准的投资项目目录，进一步调整和缩小核准项目范围。除关系国家安全、涉及重大生产力布局和重大公共利益等项目外，一律由企业依法依规自主决策。完善企业投资项目核准办法，关键理顺和解决前置条件相互交叉、互为前置的问题，深入推进并联审批工作，不断提高核准效率。建立政府投资项目决策机制，对经济社会有重大影响的政府投资项目，应经过科学论证。完善政府投资监管机制，建立健全政府投资责任追究制度，强化项目决策、投资效益和社会效益的后评价。

总之，当今世界面临百年未有之大变局，把握经济形势，既要树立战略思维，把握好我区所处发展阶段的长期性，也要紧跟当前发展趋势和热点，关注结构性、深层次矛盾问题。继续坚持稳中求进的工作总基调，经济社会平稳，才能为调整经济结构和深化改革开放创造稳定宏观环境；调整经济结构和深化改革开放取得实质性进展，才能为经济社会平稳运行创造良好预期，最终实现“稳”和“进”相互促进，才能为内蒙古全面建成小康社会奠定更加坚实的基础。

III

综 合 篇

内蒙古工业与信息化形势分析及2019年展望

张捷

2018年，内蒙古在稳中求进的工作总基调下，积极贯彻新发展理念，落实高质量发展要求，以供给侧结构性改革为主线，着力打好三大攻坚战，加快改革开放步伐，全区工业经济运行呈现基本平稳态势，因为2017年全面落实挤压统计数据水分要求，今年工业增速与上年同期相比有了较大提升。展望2019年，我区将进一步加快推进工业与信息化的高质量发展，致力于培育新产业、新动能、新增长极，我区工业新旧动能转换将加速向纵深推进，工业发展质量将稳步提升，全区工业增速有望再上新台阶。

一、内蒙古工业与信息化运行特征

（一）工业运行基本平稳，增速止跌回升

2018年，全区工业运行基本平稳，且呈现出“止跌回升”态势，由于2017年充分落实自治区挤压统计数据水分要求，2018年工业增加值增速在数值上与上年同期相比提升幅度较大。前三季度，工业增加值累计增速由上年同期的2.6%提高到6%，已接近全国平均增速，仅比全国平均工业增加值增速低0.4个百分点，全国排位由第28位上升至与广东省并列的第18位。

（二）轻重工业分化加剧，工业结构更趋重型化

前三季度，全区轻工业增加值累计增速曲线跌势明显且波动剧烈，4 月份轻工业累计增速跌至谷底，为 –7.5%，7 月份缓慢攀升至 1.3%，9 月份又回落至 –1.8%，但对整体工业增加值增速影响较小，说明轻工业比重进一步下降，全区轻工业形势表现不容乐观。前三季度，重工业增加值累计增速曲线呈现稳中有升态势，较上年同期相比增幅明显，9 月份增速达到 6.9%，较上年同期提高 3.3 个百分点，是拉动全区工业增加值增速的主要因素。

（三）主要行业下行压力增大，两级分化严重

一是化学原料及化学制品制造业大幅上涨。受国际原油价格反弹、化学原料市场需求不断增大以及化工制品价格持续上涨影响，前三季度全区化工行业工业增加值增速出现大幅上涨，达到 15.7%，比上年同期增加了 9.6 个百分点。二是黑色金属冶炼压延加工业与矿采选业两极分化。随着国内钢铁需求量上升与区内成品钢材外销进一步增加，黑色金属冶炼及压延加工业增速逆势大幅上涨，前三季度累计增速升至 12.4%，较上年同期提高 16.7 个百分点，同时受铁矿石价格低迷、采选业成本持续增高、监管审批力度空前加强等因素影响，黑色金属矿采选业增速呈断崖式下跌，前三季度累计增速降至 –42.4%。三是农副食品加工业下跌明显。受农副食品滞销及食品安全监管力度进一步加强，前三季度全区农副食品加工业增加值增速下跌明显，前三季度累计增速降至 –6.8%，比上年同期减少 11 个百分点。四是医药及汽车制造业止跌回升。前三季度全区医药制造业及汽车制造业增速均出现大幅回升，前三季度累计增速分别升至 10.2% 和 20.1%，比上年同期分别提高了 29.5 和 15 个百分点。

（四）行业环境有所改善，工业企业效益好转

前三季度，我区工业企业各项经营指标比上年均有不同程度提高。前三季度，主营业务收入增速由上年同期 –35.2% 升至 13.6%，由负增长转为正增长，我区工

业企业效益有所好转。前三季度，我区工业企业应收账款和利润总额增速均增幅明显，亏损额进一步下降，但产成品资金占用额有所上升，说明我区的去产能去库存工作还要持续推进，也要抓住行业环境好转的机遇，进一步加大工业企业存货消解力度。

（五）全区信息化稳步发展，两化融合取得实效

一是信息化指数有所提升。2017 年全区信息社会发展指数（ISI）为 0.4962，首次超过全国平均指数 0.4749，在全国 31 个省市中排名第 10 位，与上年位次相比保持不变，ISI 子指标比上年均有不同程度提高，信息经济指数 0.3668，比上年提高了 0.0196，网络社会指数 0.5270，比上年提高了 0.0163，数字生活指数 0.5130，比上年提高了 0.0284，整体处于全国中上游水平。二是智能终端普及率进一步提升。前三季度，全区智能移动电话用户总数达到 3028 万户，比上年同期增长 8%，固定电话用户总数进一步减少到 217 万户，比上年同期减少 11.1%，通讯终端普及率达到 129.23 部 / 百人，同比增加 7.84 部 / 百人。三是产业规模进一步扩大。目前，全区大数据及电子信息产业总产值超过 500 亿元，2017 年全年电子信息产业全年完成固定资产投资 189.8 亿元，同比增长 50.7%。四是电子政务大数据平台项目顺利推进。目前，我区政务云中心初步建成，已部署 57 个部门 400 多个信息系统，电子政务云中心共接入自治区本级政务部门 110 个，托管自治区本级 24 个部门的 390 台设备，承载部门业务应用系统共计 478 个。五是信息化融合发展成绩斐然。目前，我区已建成网络协同制造平台、航天云网、内蒙古农牧业信息网、能源云、乳业大数据平台、稀土交易大数据平台等一批大数据云平台，2017 年我区主要工业行业信息化应用率达到 91.5%，新增“两化融合”对标企业 850 户，电子商务交易额达到 2489 亿元，较五年前增长了 11.5 倍，呼和浩特市、包头市、呼伦贝尔市、鄂尔多斯市、乌海市成为全国智慧城市试点示范城市，我区被列为“互联网 + 政务服务”试点示范省区。

二、2019 年内蒙古工业与信息化形势展望

2019 年是我区进一步落实党的十九大精神、全面推进经济高质量发展的重要一年，也是我区工业和信息化实现提升发展的关键年，工业发展形势依旧复杂，风险因素与压力依然存在。

中美贸易战持续，对部分工业行业造成负面影响。今年以来，中美之间贸易战对国内各行业冲击较大，尤其是能源行业、电子行业、农产品行业、纺织业、汽车零部件制造业等。从自治区看，中美贸易战会对我区以下几方面造成一定影响。一是乳制品行业。我区是乳制品大省，乳制品行业在全国市场份额约占 15%，乳制品出口量约占全国出口的 25%，中美贸易战会推高我区农畜产品尤其是乳制品成本，间接削弱我区乳制品行业国际竞争力。二是部分工业产品。中美贸易战会间接抬高铝、苯、硅等原材料成本，造成我区电解铝、苯胺、有机硅等产品市场价格抬升，由于我区相关行业的中小企业供货保障和议价能力较弱，受到市场冲击较大，只能通过增加产量，向中低端冲量来降低生产经营费用。三是技术和资金。贸易战会对我区工业行业引进成熟技术和设备形成一定的障碍，对工业产业转型升级造成一定的冲击，同时增加企业外债还款成本，不利于我区企业资金筹措。

供需结构矛盾突出，工业发展动力不足。首先，我区还处于产业转型爬坡过坎的关键时期，主要工业品依然集中在粗钢、钢材、电解铝、精甲醇、合成氨、焦炭、电石、乳制品等类目上，这些工业品多处于中低端或初级加工阶段，而高端装备、新能源汽车、生物医药等高质量、高附加值产品的供给能力依然不足。其次，我区工业产品竞争力和影响力还有待提升。我区自主品牌建设在全国范围内明显滞后，国内外影响力依然较弱，知名品牌数量偏少，世界品牌实验室发布的 2018“中国 500 最具价值品牌”，内蒙古入选品牌仅 4 个，占全国的 0.8%，我区工业供给体系不适应消费侧多样化、个性化、高端化需求现象越来越明显。

工业投资不充分，影响工业经济发展后劲。2018 年我区工业投资下降明显，较上年同期下降 19.4%，比全国平均水平低 25.9 个百分点，工业项目开复工数量明显

减少，全区开复工亿元以上工业项目比上年同期减少467项，将会进一步导致我区工业占比继续下降，产业空心化风险加剧，工业经济发展后续乏力。受工业经济下行压力、信心不足、融资渠道不畅、融资中介机构不健全等因素影响，工业领域民间投资意愿不强，资金供给进一步收紧，2018年工业领域民间投资较上年同期下降20.7%，工业民间投资占民间投资总额比重进一步下降，且下降幅度有扩大趋势，将对我区工业经济带来投资效率降低、就业缩水、产业结构失衡、经济发展内生动力进一步减弱等潜在风险。

新资源环境政策对我区工业经济发展提出更高要求。2018年国家出台了《环境保护税法》《水污染防治法》《生态环境损害赔偿制度改革方案》等一系列法律法规，对工业的建设、生产、排污提出了更严格的环保要求和标准，我区根据自身情况，紧随出台了《自治区关于做好重污染天气应对工作的实施意见》《乌海市及周边地区环境综合整治方案》《自治区饮用水水源保护条例》《乌梁素海综合治理规划》《自治区土壤污染状况详查实施方案》等一系列政策法规。由于目前传统的能源、化工、冶金等高污染高耗能行业仍是我区工业结构的重要组成部分，也是工业行业纳税的主力，资源环境政策法规的密集出台，倒逼能源、化工、冶金等高污染高耗能行业不得不加快转型升级，但也为相关企业带来了前所未有的经营管理压力，企业的营收、利润、纳税在短期内都会受到一定影响。

虽然我区工业与信息化发展面临着一定的挑战，但诸多利好因素同样不容忽视。

一是产业政策支持力度不断加大，工业与信息化发展环境更有利。十九大报告明确要求，必须把发展经济的着力点放在实体经济上，同时以习近平同志为核心的党中央做出推动高质量发展的重大战略决策，将对推动工业领域的质量变革、效率变革和动力变革产生重大影响。习总书记在参加十三届全国人大一次会议内蒙古代表团审议时，为内蒙古推进经济高质量发展开出良方，要构建多元发展、多极支撑的现代产业新体系，要把现代能源经济这篇文章做好，大力培育新产业、新动能、新增长极。为进一步落实中央要求，我区近年来出台了《内蒙古自治区新兴产业高质量发展实施方案》《内蒙古自治区大数据与产业深度融合行动计划》《关于加快稀土产业转型升级的若干政策》《内蒙古自治区石化产业调结构促转型增效益实施方案》《内蒙古自治区人民政府关于加快发展全区环保产业的指导意见》等一系列政策措施，对我区现代装备制造业、新材料产业、生物医药产业、电子信息产业、节能环保产业、军民融合产业等新兴产业健康稳定发展营造了有利环境。

二是工业经济持续回暖，能源需求持续增长。2018 年，全国工业经济持续回暖，工业品消费继续稳中向好，规模以上工业企业实现利润总额 66351.4 亿元，同比增长 10.3%，制造业实现利润总额 56964.5 亿元，同比增长 8.7%，钢材、水泥、原铝等主要原材料产量同比分别增长 9.1%、4.3%、11.3%，工业企业出口在“一带一路”和自贸区战略带动下持续增长，工业经济增速在合理区间稳定运行，为我区工业发展创造了平稳有利的外部环境。全年能源需求持续增长，煤炭需求增长稳定，2018 年我国原煤产量增长 5.2%，增速逐月增加，同时 2018 年国家对内蒙古提出了煤炭增产 1 亿吨的要求，原煤坑口价在 2018 年保持高位运行。用电需求增长明显，2018 年全国社会用电量同比增长 15.5%，工业用电量同比增长 15.1%，同时，2018 年我区存在电煤缺口约 1000 万吨，受我区 5 条特高压和 11 条超高压外送通道受电端市场影响，电力需求将进一步提高，为我区能源工业提供了发展契机。

三是结构调整步伐加快，工业发展新动能有所增强。我区工业结构调整明显加快，工业发展高质量特征更为明显。一是传统产业转型步伐加快。传统资源产业加工转化率不断提高，非资源型产业加快接续，2018 年，我区非煤产业增加值增长 9.7%，高于煤炭产业增加值 8.1 个百分点，工业技改投资比重达到 14%，较上年同期提高 1.2 个百分点，制造业技改投资比重上升至 16.4%，较上年同期提高 5.1 个百分点。二是新产业加快发展。规模以上工业战略性新兴产业增加值比上年增长 8.7%，增速比规模以上工业快 1.6 个百分点；高新技术工业增加值比上年增长 17.1%，增速比规模以上工业快 10 个百分点，高科技含量和价值量的新产品产量增势较好，单晶硅同比增长 1.2 倍，稀土化合物增长 45.9%，石墨碳素制品增长 42.8%，新能源汽车产量超过万辆，我区工业结构向新兴化、现代化进一步转变，工业发展新动能有所增强。

四是企业扶持力度不断加强，为工业企业注入发展活力。一是企业降成本方面，我区不断进行政策与制度探索，制定了《2017 年全区企业减负工作实施方案》，积极降低企业用电成本，近年来共为企业减少用电成本 147.42 亿元，深入落实支持中小企业发展“八条措施”，为中小企业减少各类成本 10.2 亿元，在全国省级层面率先开展中小微企业创业创新电子服务券工作，对符合条件的全区 686 家企业、816 个项目给予资金补贴。二是我区高度重视营商环境建设，不断优化营商环境。近期我区出台了《鼓励和支持非公有制经济加快发展若干规定》《内蒙古自治区优化营商环境工作实施方案》等一系列政策措施，大力推进“证照分离”改革，新设立企业开办登记时间压缩至 5 个工作日以内，实行企业名称自主申报制度，放宽企业经营限制，试行企业住所申报承诺制，加强各部门登记信息互联共享、互通互认，推行线上登记新模式，加快推进“无介质”电子营业执照，我区营商环境明显改善，为企业提供了便捷高效的办事效率，很大程度上解决了企业经营的后顾之忧。

展望 2019 年，我区将围绕高质量发展要求，在供给侧结构性改革和三大攻坚战方面集聚发力，在培育新产业、新动能、新增长极方面做足文章，工业经济运行将有更佳表现，全年工业增速将呈“稳中有进”态势，预计 2019 年我区工业增加值增速在 6.8% 左右。

三、对策建议

（一）聚力创新，扶持发展新兴产业

一是加快推进战略新兴产业发展。深入实施创新驱动发展战略，着力培育战略性新兴产业，着重培育新材料产业、电子信息产业、节能环保产业、煤炭高效清洁利用产业、新能源产业、生物产业、先进装备制造产业、高技术服务业，强化科技和金融支持，建立完善的科研支撑体系，实施战略性新兴产业科技创新工程，推进重大特色项目，力促高端产业发展。二是大力发展数字经济。积极推进两化深度融合，发展工业互联网，无线电管理，协同推进通信网络基础设施建设和自治区电子政务云平台建设，推动两化融合对标工作向升规企业和规下创新企业延伸，深入开

展“万户企业登云”行动，加快建设自治区“万企登云”系统。三是大力发展军民融合产业。加快军民融合产学研平台建设，加快军工技术向民用领域转化，鼓励民营企业先进技术向军用领域转移转化，科技创新投资基金向军民融合科技成果转化倾斜，在确保安全保密的前提下，支持符合要求的各类投资主体参与军工企业股份制改造，鼓励符合条件的军工企业上市或将军工资产注入上市公司。

（二）加速转型，发展壮大优势特色产业

一是突出发展农畜产品加工工业。提升畜产品产地初加工和精深加工水平，加强畜产品产地初加工设施设备的优化配套，强化畜产品加工业技术研发和要素集聚，加强畜产品加工技术研发体系建设，突出市场主体的创新主导地位，建设一批畜产品加工技术研发中心和集成基地，加快实施绿色加工战略和品牌提升行动。二是大力发展以钢铁为主的冶金行业。开发新技术和高附加值冶金工业产品，调整冶金产品结构，以包钢的技术创新为核心，重点发展轨梁、冷热轨板、低合金钢、多品种无缝管、石油裂化管、多规格锅炉管等高新技术产品，优先发展铜铝金属，重点发展铅锌冶炼，开发具有国内外先进水平和市场前景较好的深加工产品，在品种、规模、质量等方面实现创新。三是大力发展以煤电为主的能源工业。发展煤电先进产能，有序释放煤炭优质产能，推动煤电用产业延伸升级，加强煤炭分级分质利用，积极发展下游深加工产业链，提高能源资源综合利用效率，扩大优质增量供给，增加清洁电力供应，促进可再生能源消纳。

（三）统筹推进，促进制造业与现代服务业融合发展

一是鼓励制造业企业转型发展现代服务业。引导制造商通过管理创新和业务流程再造，逐步转向技术研发、市场拓展、品牌运作的服务企业，鼓励制造企业剥离服务部门，以产业链整合配套服务企业，推进服务专业化、市场化、社会化。二是支持现代供应链新业态新模式发展。进一步完善支持现代供应链发展的政策体系，打造现代供应链龙头领军企业，促进现代供应链市场创造、需求创造和绩效创造等方面优势的发挥。三是打造制造业和服务业融合的平台载体。依托资源优势和产业

特色，建设一批先进制造业基地，培育一批产业集群，聚焦集群内产业关联度低、制造业与服务业融合不够等瓶颈问题，努力提高集群内制造业与服务业的相互协同、配套服务水平，打造一批制造业和服务业融合的平台载体，使集群成为集成制造与服务功能的产业链集合，不断提升全产业价值链竞争力。

（四）多措并举，增强工业企业发展活力

一是着力提升企业创新能力。加强以企业为主体、需求为导向的应用基础研究，创新关键共性技术合作研发的组织模式，通过以企业为主体的产学研合作、工程技术研发中心共建、产业技术联盟等方式，构建制造业协同创新网络，大力推动科技成果转化力度，形成科技创新协同效应，培育企业核心竞争力。二是深入推进制造企业人才供给侧结构性改革。重点培育一批具有创新精神的企业家队伍，围绕我区急需、紧缺的重点制造业领域，培育大量高素质的专业技术人才，尤其是创新型复合型技术领军人才。三是加强工业产品的品质与品牌建设。提升自治区层面产品质量标准，建立完善产品质量评价体系，营造品质至上的市场文化环境，大力弘扬工匠精神，全面加强内蒙古产品品牌培育，进一步加大自治区已有知名自主品牌宣传力度，讲好内蒙古品牌故事，全面提高自主品牌影响力和认知度，培育一批高端品牌制造业企业。

内蒙古能源形势分析及 2019 年展望

司咏梅

2018 年，是内蒙古能源工业发展进程中具有里程碑意义的一年，习近平总书记在参加十三届全国人大一次会议内蒙古代表团审议时指出："要把现代能源经济这篇文章做好"；栗战书委员长在我区开展大气污染防治法执法检查时提出：把内蒙古打造成为世界级多种能源综合利用基地。一年来，围绕深入落实习近平总书记、栗战书委员长的重要指示精神，我区加快组织编制现代能源经济发展规划，完善推动现代能源经济高质量发展的政策措施，着力推动能源领域各行业高质量发展，能源工业呈现出企稳向好的发展态势。2019 年是我区推动能源产业高质量发展的关键之年，全国能源消费仍将持续增长但供大于求的基本面并未改变，能源发展动力加快转换，清洁能源替代步伐加快，需要继续深化能源领域供给侧结构性改革，构建多元发展、多极支撑的现代能源经济体系。

一、2018 年内蒙古能源工业运行特征

2018 年以来，我区大力推动产业转型升级，能源工业实现稳定增长。前三季度，能源工业同比增长 7%，对规模以上工业增加值增长的贡献率为 60.4%，居能源、化工、冶金、高新技术等四大支柱产业之首。产业转型升级步伐不断加快，煤

电、煤化一体化比重达到90%以上，煤炭转化率达到38.4%。

（一）主要能源产品生产情况

煤炭产量稳定增长。2018年是内蒙古煤炭行业供给侧结构性改革深化之年，调控重心已从降产量、去产能向结构调整、优化产能的方向转换，煤炭产能产量均有所回升。前三季度，全区煤炭产量6.73亿吨，同比增长11.1%。

电力装机结构持续优化。截至9月底，6000千瓦及以上电厂装机容量累计达到12119万千瓦，同比增长3.6%，分行业看，火电装机8173万千瓦，水电装机238万千瓦，非化石能源装机3965.4万千瓦，占比32.7%，比重高于上年同期1.8个百分点。

多种发电设备平均利用小时高于2017年同期水平。前三季度，全区6000千瓦及以上发电设备平均利用小时数3023小时，同比增加231小时，其中，火电、风电、水电设备平均利用小时分别为3784小时、1572小时、1263小时，同比分别增加336小时、139小时和591小时。

发电量增速小幅回升。前三季度，全区6000千瓦及以上电力装机累计发电量3664亿千瓦时，同比增长12.9%。各发电类型发电量均保持稳定增长，火电、风电、光伏发电、水电发电量分别为3093亿千瓦时、445亿千瓦时、96亿千瓦时和30亿千瓦时，同比分别增长11.8%、18%、11.4%和88.5%。

油气生产总体表现为“油降气升”。煤制油产品产量74.7万吨，同比下降6.5%；煤制气产量11亿立方米，同比增长7.2%。

（二）主要能源产品销售情况

煤价总体呈现下降趋势。受供需变化及政策因素影响，全年煤炭价格高位小幅波动，9月份，西部区高热值动力煤365元/吨，同比下降12元/吨；秦皇岛5500大卡动力煤9月17日平仓价578元，同比下降45元/吨。

用电量增速持续回升。前三季度，全区全社会用电量2437亿千瓦时，同比增长14.5%，增速较上年同期提高3.8个百分点。从用电结构看，第一产业用电量17.8

亿千瓦时，同比增长23.9%；第二产业用电量2111亿千瓦时，同比增长13.6%，其中工业用电量2104亿千瓦时，同比增长36.2%，城乡居民生活用电量112亿千瓦时，同比增长0.2%。

外送电量增速保持高位。前三季度，全区外送电量1338亿千瓦时，同比增长18.3%，增速较上年同期提高6.4个百分点，其中，送东北电量429亿千瓦时，同比增长7.6%；送华北电量861亿千瓦时，同比增长21.3%；送宁夏电量2.2亿千瓦时，同比增长3.4%；送蒙古国电量9.3亿千瓦时，同比增长3.5%。

二、2019年内蒙古能源形势展望

（一）2019年内蒙古能源运行环境分析

能源消费仍将持续增长。我国能源消费增速总体趋缓，但随着工业化、城镇化的深入推进，能源消费仍将保持适度增长。一方面，实现全面建成小康社会和现代化目标，人均能源消费水平将不断提高；另一方面，经济由高速增长阶段转向高质量发展阶段，经济结构不断优化、新旧增长动力加快转换，粗放型能源消费模式将发生根本改变，新兴产业和居民生活将成为能源消费增长的重要驱动力。

清洁能源替代步伐加快。我国能源结构步入战略性调整期，能源革命加快推进，由主要依靠化石能源供应转向由非化石能源满足需求增量。天然气、可再生能源快速发展以及对非常规油气勘探开发的支持力度逐步加大，清洁能源开发利用规模不断扩大，对煤炭等传统能源替代步伐逐步加快。

能源发展动力加快转换。能源发展正在由主要依靠资源投入向创新驱动转变，科技、体制和发展模式创新将进一步推动能源清洁化、智能化发展，培育形成新产业和新业态。能源消费增长的主要来源逐步由传统高耗能产业转向第三产业和居民生活用能，现代制造业、大数据中心、新能源汽车等将成为新的用能增长点。

（二）2019年内蒙古能源趋势判断

展望2019年，变革与不确定仍然是能源领域将要面对的现实，内蒙古能源发展面临新的机遇和挑战，总体趋势主要体现在以下几个方面。一是煤炭市场整体供应有望进一步提升，淘汰煤炭落后产能的进程已到收尾阶段，预计2019年优质产能还将陆续释放，煤炭供应整体充裕、需求保持小幅上涨，价格重心将进一步下移。二是电力体制改革加快推进，跨省电力交易扩大。国家发展改革委、能源局发布《关于请报送第四批增量配电业务改革试点项目的通知》，明确为加快向社会资本放开配售电业务，将继续组织开展第四批增量配电业务改革试点。甘肃、山西电力现货市场试运行正式启动，我国电力市场化改革取得标志性成果。随着电力体制改革的推进，电力现货市场建设也将进一步加快，跨省区电力交易规模也将持续扩大。三是油气体制改革加速，管网独立有望取得突破。从国家对能源体制改革基本思路“管住中间，放开两头”来看，管网分离是油气体制改革的必由之路。四是天然气供需仍处于“紧平衡”，2017年以来，国家层面积极保障天然气供给，2019年，天然气供应量将继续稳步增加，随着治理大气污染、“煤改气”的继续推进，天然气供需仍将处于“紧平衡”状态。五是“三弃”问题有望缓解，新能源进入高质量发展新阶段。2018年前三季度，可再生能源弃电量和弃电率保持下降趋势，预计2019年可再生能源发电利用率进一步提升，弃电量和弃电率保持在合理水平。

面对新机遇，内蒙古能源发展在资源、产业基础、分工地位、配套条件等方面具有明显优势，但发展方式粗放、创新能力不足、资源环境约束加大、体制机制不完善等方面的劣势也十分突出，需要大力发展现代能源经济，推进能源高质量发展。

三、对策建议

（一）走就地转化增值之路，推进能源高效利用

大力推进煤炭安全绿色智能开发、煤炭清洁发电，提高褐煤、低阶煤就地转化增值水平。充分发挥能源作为基础产业的公益性和支撑性作用，通过技术创新和体

制机制创新，继续保持相对较低的电价水平，使低能源动力成本成为我区降低宏观经济运行成本的重要手段。以充足廉价的能源动力保障为条件，围绕能源梯度开发综合利用延伸产业链，大力推进“煤—电—用”一体化发展，在资源富集地区建设一批附加值高、科技含量高、环保水平高、产业链长、就业带动能力强的能源密集型产业，由“单体式”能源项目布局向多联产的循环经济转变，调整电解铝、多晶硅、铁合金、煤化工等能源密集型产业布局，加快淘汰落后产能，置换发展空间，构建煤电、煤化、煤电冶一体化产业链竞争新优势，把化工、冶金、建材、云计算等能源密集型产业做大做强，提高能源就地转化率，把内蒙古打造成为具有较强影响力的能源资源密集型产业集聚区、创新区和转型区。在高效方面做文章，围绕能源高效利用延伸产业链，推进“煤—电—用”一体化发展，在资源富集地区建设一批附加值高、科技含量高、环保水平高、产业链长、就业带动能力强的能源密集型产业，由“单体式”能源项目布局向多联产的循环经济转变，构建煤电、煤化、煤电冶一体化产业链竞争新优势，把化工、冶金、建材、云计算等能源密集型产业做大做强。

（二）走转型升级之路，推进能源产业结构优化调整

以能源产业为起爆点，努力做好产业链条的纵向延伸和横向拓展，围绕能源产业逐步形成垂直分工衔接、水平分工互补、机制关联共生的产业体系，实现传统能源产业与现代新兴产业相互促进、共同繁荣。一是促进能矿装备制造及建筑安装产业尽快突破。根据我区能源项目建设和生产运营形成的巨大设备及配件需求，围绕矿山设备、发电及输配电设备、风电设备、化工管廊、特种运输车辆等的整机及配件，着力建设装备制造、配件供应及维修服务基地。二是促进节能环保产业尽快破题。围绕我区资源型产业转型升级引发的巨大节能环保需求，努力变环保压力为产业发展机遇，在环保技术和产品研发推广、节能环保设备制造和服务、节能减排和环境治理工程实施等方面取得突破，促进节能环保产业尽快形成规模。三是发展壮大能源科技、能源金融、能源物流等生产性服务业。顺应制造业服务化趋势，按照现代产业体系的建设要求，把能源科技研发推广作为我区科技创新的重点领域，把能源金融作为金融体系提升服务实体经济能力的突破重点，最终形成具有区域特色

和引领能力的现代生产服务业基地。

（三）走创新发展之路，强化科技和体制机制创新

瞄准能源产业技术链和价值链的高端，构建现代能源产业创新链，努力在关键领域实现重大技术突破，推动能源发展动力变革，使科技创新成为打造世界级多种能源综合利用基地的第一驱动力。加强科技创新能力建设，整合现有科研力量，建设一批能源创新中心和重点实验室，提升科技创新实力；培育一批能源创新型企业，增强企业创新活力。加快实施科技创新示范工程，在油气勘探开发、煤炭加工转化、高效清洁发电、新能源开发利用、智能电网、大规模储能、柔性直流输电等领域，实施一批重大科技专项，建设一批创新示范工程，支持整体煤气化联合循环技术、煤基多联产能源系统技术、碳捕集封存技术研发和成果转化，力争尽快取得突破。

（四）走绿色发展之路，加强生态环境保护和建设

牢固树立、积极践行绿色发展理念，全面转变经济发展方式特别是资源开发利用方式，坚决摒弃以牺牲环境为代价换取一时一地经济增长的做法。进一步强化措施，提高能源资源使用效率，有效控制污染物排放，促进资源循环高效利用，实现资源效益的最大化和环境影响的最小化。加强绿色矿山建设，推动矿区治理修复，促进煤炭开采清洁化。在煤电、焦化、煤化工等行业，大力推进清洁生产技术和工艺，促进绿色化循环化改造，赢取绿色竞争力。构建以生态功能红线、环境质量红线和资源利用红线为核心的生态保护红线体系，严格按照生态功能区布局能源产业，对重要生态功能区、生态脆弱区进行严格管理和保护。多途径开发利用煤层气、煤矸石、矿井水等煤系共伴生矿产资源，提高综合利用水平，实现经济效益和环境效益的协调发展。

（五）走示范引领之路，推进现代能源经济示范区建设

在国家层面，支持内蒙古率先建成国家级现代能源经济示范区，将内蒙古世界

级多种能源综合利用基地建设上升为国家战略，制定并出台支持我区现代能源经济发展的指导性意见和配套政策，在国家能源方面的重大规划中突出内蒙古的战略定位，在我区布局建设一批国家重大示范项目，对跨省区的能源基础设施建设项目予以支持。在自治区层面，立足各地区的比较优势，在鄂尔多斯、通辽等有发展基础和条件的地区进行现代能源经济试点示范，创新体制机制，带动全区提高能源开发利用水平。

（六）走开放发展之路，推动现代能源开放合作

发挥比较优势，积极融入国家“一带一路”战略，大力促进设施联通、贸易畅通，积极参与全球能源互联网建设。坚持引技引智并举，拓宽合作领域，深度融入全球能源产业链、价值链、物流链。进一步深化与蒙古、俄罗斯能源产能合作，使能源成为中蒙俄经济走廊建设的重要产业支撑，助力内蒙古建设我国向北开放的重要窗口。积极引进国外能源化工产业先进经验技术，围绕能源转型、技术创新和重大项目合作，带动优势行业的技术、装备和服务“走出去”。加强与国内其他省区能源合作，发挥资源和产业优势，创新能源合作模式，促进与国内各区域之间的产业合作和技术交流，实现与周边地区联动发展，增强产业竞争力，提高内蒙古能源在国内市场的占有率。

内蒙古新能源形势分析及2019年展望

程利霞

2018年，内蒙古坚持高质量发展总要求，进一步优化能源结构、深化电力体制改革，加大力度改善新能源消纳工作，新能源行业保持平稳有序发展。展望2019年，我区将继续围绕国家新能源综合示范区建设，持续提升新能源消纳能力，大力推动风电和光伏发电等新能源平价上网，支持风电光伏分散式发展，加强新能源电力建设和并网运行监管，努力实现新能源产业的高质量发展。

一、2018年内蒙古新能源产业运行特征

项目建设稳步推进。锡盟至山东、江苏2条输电通道配送700万千瓦风电已开工100万千瓦。上海庙至山东输电通道配送400万千瓦新能源基地已招标确定规划编制单位并启动规划编制工作。乌兰察布市600万千瓦外送京津冀消纳风电基地正在开展前期工作。包头、乌海和达拉特旗光伏领跑者基地建设规模合计250万千瓦，目前建成并网25万千瓦。

装机规模持续扩大。截至9月底，我区累计风电装机容量2832万千瓦，同比增长7.5%，占全国风电装机总容量的比重为16.1%。光伏发电累计装机容量876.7万千瓦，同比增长20.7%，占全国光伏发电装机总容量的比重为5.3%。光伏发电

新增装机137万千瓦，占全国光伏发电新增装机的4%，其中，光伏电站新增129万千瓦。全区风电、光伏累计装机总量占全区电力总装机容量的比重达到30.6%，同比提高1.9个百分点。

发电量小幅上升。2018年前三季度，我区风电新增并网容量193万千瓦，风电发电量445亿千瓦时，同比增长18%，占全国风电发电量比重达16.6%，居全国第一位。光伏发电量96.3亿千瓦时，同比增长11.4%，占全国光伏发电量比重达7.2%。全区风电、光伏发电总量占全区发电总量的比重达到15.3%，同比提高1个百分点。其中，风电发电量占全区累计发电量的比重同比提高0.56个百分点，光伏发电量占全区累计发电量的比重同比降低0.03个百分点。

消纳情况持续好转。前三季度，我区弃风电量为65.5亿千瓦时，弃风率达到12.8%，同比下降了1.2个百分点，较全年弃风率控制目标高0.8个百分点。风电设备平均利用小时为1572小时，同比增加139小时；光伏发电弃光率保持在低于5%的合理范围，光伏发电设备平均利用小时为1099小时，同比下降95小时。

二、2019年内蒙古新能源形势展望

随着新一轮能源革命和电力体制改革的不断推进、国家新能源产业政策的不断优化，未来以风能、太阳能等为代表的新能源产业将全面参与到市场竞争中，实现降本提质增效，成为我国现代能源体系的主体。

能源结构的变化“点亮”发展新希望。随着经济发展进入高质量发展阶段，能源的绿色低碳发展成为大趋势。为积极应对气候变化，更加主动控制碳排放，我国正加快推进能源生产和消费革命，促进能源结构优化，推动能源消费由煤炭为主向多元化转变、能源发展动力由传统能源增长向新能源增长转变。能源结构的转变将驱动以新能源和可再生能源为主体的能源供应体系尽早形成。未来新能源发展将继续保持快速增长态势，新能源产业将迎来能源消费的结构化需求。

成本降低拓宽新能源发展空间。长期以来，成本相对较高是制约新能源发展的一个重大决定性因素，限制了新能源的发展空间。近年来，随着新能源装备技术

突破、管理运行水平提高、参与市场竞争步伐加快、企业不合理税负逐渐消除，风电、光伏发电的技术成本和非技术成本持续下降，新能源综合成本竞争优势不断增强、市场规模不断扩大，为新能源赢得比煤电等高碳能源更具广阔的发展空间。

新政频出加快风电、光伏平价上网进程。2018 年 5 月 18 日，国家能源局印发《关于 2018 年度风电建设管理有关要求的通知》，明确提出推行竞争方式配置风电项目，尚未印发 2018 年风电年度建设方案的省（自治区、直辖市）新增集中式陆上风电项目和未确定投资主体的海上风电项目应全部通过竞争方式配置和确定上网电价，配置时将所需补贴强度低的项目优先列入年度建设方案。此项政策出台，释放了要求降低风电补贴强度的更明确信号，必将倒逼行业技术创新和管理改进，推动行业整合，为实现 2020 年风电可以与火电同平台竞争的目标打下基础。同时，2018 年 5 月 31 日，国家发展改革委、财政部和国家能源局联合出台《关于 2018 年光伏发电有关事项的通知》，提出 2018 年暂不安排普通光伏电站建设规模，有补贴的分布式光伏指标从过去的没有限制，收紧为全年仅有 10GW 指标，新投运的光伏电站标杆上网电价每千瓦时统一降低 0.05 元，普通光伏电站将全面采用招标，对分布式电站没有强制规定，但也鼓励采用竞争性招标，仅户用光伏不在此限。此项政策的出台将控制光伏过快增长势头，加速光伏行业的补贴退坡，通过优胜劣汰，促进光伏产业制造成本的降低、高性价比产品的推广、非技术成本的控制，推动光伏早日实现平价上网的目标。

风电红色预警解除有助于市场规模扩大。2018 年 3 月 5 日，国家能源局发布《2018 年度风电投资监测预警结果的通知》，通知显示内蒙古的风电开发投资预警结果由 2017 年的红色变更为橙色。随着我区风电红色预警的解除，以往符合规划且列入年度实施方案的风电项目和国家能源局组织的示范项目及市场化招标项目将加快建设，并网也将开始恢复，这将会对未来风电市场规模的扩大产生很大帮助。

与此同时，我区新能源发展也面临一些问题，主要表现为以下几方面：

一是成本问题依然突出。当前，由于新能源建设、设备等固定成本较高，导致其发电成本仍普遍高于煤电等传统电力。首先，工程项目投资成本偏高。当前我国煤电项目平均投资成本约为 3700 元 / 千瓦，而陆上风电约为 7760 元 / 千瓦，光伏发电约为8460元/千瓦，分别是煤电项目的2.1倍、2.3倍，新能源发电项目投资仍然远远高于传统煤电项目。其次，消纳成本高。新能源发电比例达到10%时，整个系统的消纳成本需要上升约两成。如果成本难以承受，很可能会产生弃风弃光。此外，跨省跨区输电过网费也存在过高的问题。最后是非技术成本偏高。土地、税收、融资等非技术成本高企是制约新能源平价上网的关键因素，限制了新能源竞争力的提升。

二是消纳压力仍然较大。我区新能源消纳受阻的问题依然突出。首先，由于我区热电比重较高、冬季供暖期消纳矛盾突出。全区火电机组占总装机的70%，承担主要的调峰任务，进入冬季供热期后，供热机组大多无法参与调峰，电网调峰能力大幅下降。其次，由于我区自备电厂占比高，挤占了清洁能源消纳空间。蒙西电网内自备电厂总装机容量超过900万千瓦，自备电厂发电量占全部发电量的约1/3。第三，电网输送存在一定瓶颈。风光资源主要集中在远离电力负荷中心的资源富集地区，接入地区网架结构薄弱，本地消纳能力不足，电网建设相对滞后，包头、巴彦淖尔、呼伦贝尔等部分地区新能源送出受限。第四，政策机制不够完善。电力市场机制仍然不够完善，电源侧和负荷侧的电价机制不够灵活，地方政府对电力市场运行干预过多，导致无法充分发挥市场机制促进新能源消纳。

总体来看，我区新能源产业发展虽遇到诸多困难，但依然具有良好的前景和机遇。2019年，我区将通过积极优化能源产业结构、深入推进电力体制改革、加快建设外送电力通道、进一步推进清洁能源供暖工程等一系列举措，加大新能源消纳力度，促进新能源成本下降，推动新能源产业实现发展质量和效益的不断提升。

三、对策建议

（一）促进新能源消纳利用

一是加快解决存量新能源送出受限问题。开展可再生能源富集地区清洁能源专线供电试点，解决新能源进出局部网架受限的问题，提高电网主网架新能源消纳互济能力。二是大力实施火电灵活性改造。增加燃煤热电机组运行灵活性，以“一厂一策”“一机一策”的理性化改造为原则，针对机组自身的运行特性以及调峰目标幅度，灵活制定灵活性改造技术路线，实现燃煤机组在低负荷下的安全稳定运行。三是进一步推进新能源清洁供暖工程。进一步扩大风电等清洁能源参与供暖工程的实施范围和规模，同步加强与电网调度运行和热力管网建设的衔接。四是促进自备电厂参与调峰。通过加强监管、开展新能源替代自备电厂交易、降低自备电厂替代电量输配电价等措施，促进自备电厂调峰消纳新能源。五是促进新能源跨省跨区消纳。加强新能源并网外送等配套电网工程建设，完善新能源跨省跨区消纳硬件基础，提升输电通道远距离大规模外送能力。扩大新能源电力跨省跨区交易，通过建立电力交易机构，组织并开展包括直接、竞价、挂牌等多样化的省级电力交易，扩大新能源消纳利用。

（二）推动新能源成本降低

一是通过技术进步实现成本降低。要发挥企业主体作用，加大技术研发力度，开展关键工艺技术创新和前瞻性技术研究，推动发电系统、关键设备与测试等技术取得突破，通过技术革新降低机组建设、运维等固定成本，提高市场竞争力。二是通过市场竞争降低成本。进一步扩大新能源领域竞争性匮制资源的鼓励，在开发容量和上网电量上引入市场机制，建立竞争性配置项目制度，扩大以竞标方式确定的项目规模，并将上网电价作为主要竞争条件，倒逼成本降低。三是通过政府降成本。完善落实国家政策，推动土地费用、税费、融资成本等非技术成本降低，为新能源产业发展营造良好的环境。

（三）推进新能源技术革新

一是加快新能源开发利用技术创新。围绕新能源的大规模送出、清洁能源的高效利用和灵活消纳、新能源发电的源网协调友好互动等问题积极开展技术攻关、设备研制和示范应用。积极推动智能电网技术创新，大力发展先进输电技术、大规模新能源并网、智能配用电技术等，重点加强特高压输电、柔性直流输电、大容量储能、电网与用户互动、分布式能源接入、能源微网等技术研发及应用。加快发展新能源高效利用技术、先进节能技术，促进先进技术成果转化应用。二是加快推动新能源装备研发应用。围绕风电、光伏发电等产业，大力推进镁合金、工程塑料、玻纤、单晶硅等新材料在新能源装备制造中的开发应用，重点突破装备制造业共性、特性技术节点，大力推动高转化率单晶硅电池组件、高倍聚光光伏发电组件、低风速低空气密度风机整机、升压变压器等装备制造产业链项目加快发展。推进输配电及控制设备的智能化、集成化。开发特高压和柔性输配电装备，攻关智能制造及智能运维技术。组织实施一批智能电网装备及产品的产业化项目，提升智能电网信息传感与执行的系统集成能力。

（四）加快新能源体制机制改革

一是推进电力输配价格改革，优化新能源电价形成机制，建立辅助服务和需求响应市场机制。推进售电侧改革，探索新能源发电主体与电力用户直接交易，为新能源及智能电网装备产业发展营造良好环境。推动实行新能源电力配额制度和绿色证书系统及交易机制，落实新能源优先发电制度，建立新能源电力消纳激励机制，加快形成适应高比例新能源发展的制度环境。二是完善我区电力市场化交易机制，进一步放开各类电源的计划电量和交易规模限制，扩大参与直接交易和多边交易的市场规模。在电力现货市场建立前完善电力调峰辅助服务补偿机制，激发各类调峰主体的积极性。

内蒙古服务业形势分析及2019年展望

狄建伟　李文杰

2018年，内蒙古紧紧围绕服务业“发展提速、比重提高、水平提升”的总体目标，加快推动项目建设和改革创新发展，全区服务业稳中向好。展望2019年，政策红利释放、改革步伐加快、融合创新推进等将为服务业壮大提升提供重大支撑，但服务业企业经营困境尤需关注。下阶段，需重点围绕规划政策落地、重点领域集聚发展、特色服务业转型发展等领域突破，助推服务业扩容升级、提质。

一、内蒙古服务业运行特征

（一）总量持续增大，支撑作用增强

2018年，全区服务业实现增加值8728.1亿元，增长6%，同比下降0.1个百分点，高于GDP增速0.7个百分点，高于工业、农牧业增速2.8、0.9个百分点。服务业增加值占GDP比重达到50.5%，高于上年0.5个百分点。对GDP增长的贡献率达到56.1%，拉动GDP增长3个百分点，对经济增长的带动力进一步增强，三次产业结构比例由2017年的10.2 ：39.8 ：50调整为10.1 ：39.4 ：50.5。

（二）发展成效显著，社会贡献持续提高

2018 年，服务业“营改增”降税减负成效明显，全区服务业完成税收 1045.4 亿元，同比增长 5.2%，高于上年同期 13.2 个百分点。服务业税收占全部税收总收入的比重为 40.7%，占财政公共预算收入的比重为 56.3%，同比低于上年 2 个百分点。城镇单位服务业新增就业 17.7 万人，占城镇全部新增就业的 68.2%，高于上年同期 0.1 个百分点。

（三）投资增速放缓，结构不断优化

2018 年，全区服务业完成投资增速同比下降 30.9%，降幅较上年度扩大 26.2 个百分点。生产性服务业投资实现增长较快，信息传输、软件和信息技术服务业投资增长 6.2%，居民服务业和体育等生活性服务业投资分别增长 35.5% 和 20.6%，均高于全区平均水平。

（四）市场主体壮大，服务功能稳步提升

1 ~ 11 月，全区服务业新登记注册企业 26.9 万户，占全区新登记注册企业的 85%。全区规模以上服务业企业达到 1477 家，减少 247 家，营业收入为 1650.2 亿元，同比增长 17.2%，利润总额为 43.2 亿元，下降 58.7 %。全区实现社会消费品零售总额 7311.1 亿元，同比增长 6.3%，高于 GDP 增速 1 个百分点。

二、2019 年内蒙古服务业形势展望

服务业迎来快速发展的战略机遇期。当前，我国经济结构呈现重大变革，服务业比重上升到 51.6%，已经成为我国经济增长主动力。近年，我国和自治区陆续出台国家发展改革委《服务业创新发展大纲》《自治区“十三五”服务业发展规划》《关于加快发展生产性服务业促进产业结构调整升级的实施意见》（内政发 [2015]52 号）、《关于加快发展生活性服务业促进消费结构升级的实施意见》（内政办发 [2016]200

号）等多项文件，为我区高质量谋划服务业发展，积极构建与服务业发展相适应的政策环境提供了重要支撑。中央经济工作会议强调加快教育、育幼、养老、医疗、文化、旅游等服务业发展，改善消费环境，让老百姓吃得放心、穿得称心、用得舒心，将为我区下阶段推动服务业发展提供方向指引。同时，国内产业开放优势正在由制造业向服务业转化，产业基础、人才结构、基础设施、资源环境等方面都已经具备了服务业开放的优势和充分条件，下阶段服务业开放步伐将进一步加快。预计未来几年服务业占GDP比重每年大致提高一个百分点，服务业扩容提质将迎来重要战略机遇期。

改革步伐加快为服务业发展释放新动能。随着供给侧结构性改革持续推进，服务业高质量发展顶层设计正在优化，深化垄断性行业改革、打破制度壁垒、扩大服务业开放领域、分类推进重点领域标准研制、逐步建立与国际接轨的服务业标准体系等一系列改革举措将陆续推出，为服务业加快发展将提供重要的制度保障。同时，我区加快改革创新试点示范。赤峰市红山区深入开展国家服务业综合改革试点，构建了“农业+园区+休闲+景观”红山田园综合体示范新模式；红山物流园商流、物流、资金流、信息流“四流合一”，发展成为自治区首家国家级优秀物流园区。呼和浩特、赤峰、鄂尔多斯、乌兰察布区域性电子商务云、政务云、平安城市、智慧社区应用平台建成并投入运行。兴安盟、巴彦淖尔推广农超对接、农批对接、农社对接安全可追溯体系，优化农畜产品供应链管理。鄂尔多斯东胜区打造社会化养老产业，每千名老人养老床位数达到111张。阿拉善盟计划通过三年实现城镇社区和农村牧区贫困老年人养老全覆盖。下阶段，随着国家改革举措的相继落地、自治区改革创新试点示范引领效应的逐步显现，我区服务业提质升级步伐将进一步加快。

融合创新为服务业发展拓展新空间、新方向。新一代信息技术的运用和“互联网+”的快速发展，以及服务业多业融合拓展了服务业的辐射范围，催生了层出不穷的新兴服务领域和新业态，极大地提升了服务业的供给质量和层次。当前，全区电子商务向智能、在线、数字化发展，电商基地、电商示范企业发挥拉动消费主体功能，2018年电子网络零售额达到370亿元，增长40亿元。全域旅游、四季旅游、花季旅游、优质旅游全面推进，“冰雪 + 民俗”“冰雪 + 体育”“冰雪 + 文化”深度融合。“文化 +”战略深入实施，文化与旅游、金融、科技、体育深度融合政策体系加快完善，储备公共文化、精品剧目、文化产业（含文旅融合发展）重点项目超过 200 项。养老家政产业迅速扩容，全区已建成各类养老机构 3182 所，总床位数 24.32 万张，每千人拥有床位数 54.6 张，居全国前列；家政服务企业达 17125 个，从业人员 13.4 万人。下阶段，随着“互联网 +”运用、业态融合创新步伐的进一步加快，服务业新业态新模式将加快孕育成长，进而助推服务业产业创新、转型、升级。

与此同时，我区服务业发展也面临诸多制约因素。一是服务业企业利润空间收窄制约企业扩容升级。市场需求不足、用工成本上升快是当前影响企业经营的两大突出问题。2018 年以来，我国以降低社保费率为突破口，推动降低企业用工成本，减轻企业生产经营负担，对实体经济企稳脱困发挥了积极作用。但受经济下行压力不减影响，市场需求尚待释放，加之地方最低工资标准不断上调、国家社保相关政策的落实一定程度上增加了企业的薪酬负担，企业利润空间受到挤压，对服务业快速发展形成影响。二是企业融资难、融资渠道单一制约规模以下服务业企业发展壮大。近年，中央和自治区政府先后出台了一系列支持小微企业发展的政策，激励银行业对规模以下服务业企业融资进行贷款扶持，要求持续保障对规模以下服务业企业的信贷投放倾斜。但受很多规模以下服务业企业财务制度不健全、信用等级不够、可抵押贷款的资产有限等原因，申请银行贷款仍较困难，对企业下一步发展形成重要制约。

展望 2019 年，随着“稳投资”、减税降费、支持民营经济发展等政策措施的落地显效，以及“放管服”改革的稳步推进，服务业投资后劲将会得到有效增强。占我区服务业较大比重的商贸流通业、住宿餐饮、房地产业增长趋缓，但现代服务业有望呈现良好的发展势头，服务业结构调整步伐将进一步加快。预计 2019 年全区服务业发展将会明显好于 2018 年。

三、对策建议

（一）加强规划政策引领和政策落实

贯彻落实中共中央、国务院、国家发展改革委等十部委健全完善体制机制、促进消费平稳增长等一系列文件要求，顺应产业转型和居民消费升级新趋势，起草《自治区关于完善促进消费体制机制　进一步激发居民消费潜力的实施方案》。编制《服务业创新发展2017–2025行动大纲》《服务业高质量发展行动纲要》，规划服务经济产品创新、模式创新、管理创新、机制创新，全面提升服务业创新发展水平。加强政策落实情况调度，继续推进自治区出台的加快服务业发展、促进居民消费增长等一系列政策的落地实施，争取发挥政策的综合效应。

（二）推进服务业重点领域集聚发展

推动101家自治区级服务业集聚区提质增效发展，根据产业培育、消费引领、集约发展、综合效益等建设条件，重点选择营商环境良好、集聚效应突出的集聚区及入区重点企业，年内争取各类专项资金优先支持基础设施、服务平台建设，增强集聚区对工业、农牧业以及社会消费的辐射带动能力。认真履行集聚区监管主体责任，健全完善自治区和盟市、旗县发展改革系统日常监管调度，把认定为自治区级服务业集聚区的投资项目、入驻企业、营业收入、税收、就业、公共平台建设等指标纳入统一监测体系，调度结果作为考核评价标准依据。建立集聚区评价考核动态管理机制，制定《自治区级服务业集聚区考核评价管理办法》，依据考评结果淘汰落后、奖励聚能效突出的集聚区。

（三）加强服务业引导资金和项目管理

充分发挥国家和自治区服务业引导资金作用，制定出台《自治区服务业引导资金管理办法》，规范各地按照支持方向、前期要件、管理程序做好项目储备，组织开展好国家和自治区服务业专项资金申报工作。修订《自治区现代服务业股权投资基金管理办法（暂行）》，发挥引导和竞争机制作用，做大引导基金规模，带动社会资本投资现代服务产业。加强对扶持项目的在线监测调度，重点调度项目资金拨付、资金使用、建设进度、投资完成等情况，强化项目建设的事中、事后监管，不断提高项目管理水平。推荐项目单位参加银企合作、政银企对接，切实帮助企业解决融资难问题。

（四）全力促进特色服务业转型发展

推进产业转型和消费升级重点领域加快发展，发挥平台经济延伸产业链的龙头带动作用，配合各部门、地区做好因地制宜发展各具特色服务业工作。生产性服务业方面，重点做好煤炭、电力、钢铁、稀土、有色金属、农畜产品等一体化服务平台建设，加快物流园区、仓储基地、城市配送、城乡双向流通综合物流体系建设，提升产业与市场精准对接服务功能，增强服务业对经济转型的带动力。生活性服务业方面，重点建设旅游、文化、体育、健康、养老、培训民生幸福工程融合服务平台，培育壮大农畜产品质量安全、食品安全检验检测认证、节能环保、人力资源服务等短板产业，促进消费潜力释放，增强服务业发展后劲。突出抓好服务业品牌建设，支持农畜产品、稀土和高新技术等优势特色产业打造区域品牌、创建知名品牌示范区，鼓励家政等生活服务企业提高服务质量，提升服务品牌价值。实施服务业标准体系建设工程，扩大标准化工作示范试点范围。

（五）深入推进服务业综合改革试点

指导赤峰市红山区按照国家“十三五”服务业综合改革试点目标任务，聚焦制约服务业发展的重点难点问题，按照“集中精力，逐项突破”的原则，推进放管服改革，创新金融服务和投融资体制改革，积极破解改革中存在的统计分类调查制度不健全，现代物流、研发设计、信息技术应用等生产性服务业发展滞后，健康养老、家政服务等生活性服务业发展不足，以及服务业高级专业人才少、行业领军人才缺乏等问题，完成好综合改革试点各项工作任务。鼓励其他盟市解放思想、创新机制，深刻总结“十二五”服务业改革创新试点经验，继续在放宽服务业市场准入、优化服务业结构布局、促进服务业集聚发展、加强招商引资引智服务等方面，先行先试、积极探索，为全区服务业发展提供可复制、可推广的经验。自治区在引导资金安排、平台载体建设、产业培育等方面对试点地区给予优先支持。

（六）加强协调机制建设和运行分析

充分发挥第三产业领导小组工作机制作用，制定工作要点、研究部署重点任务，强化协调推进，牵头推动重大决策部署落实，及时向党委、政府和上级部门反映需要解决的问题，确保重点工作和支持政策落地实施。进一步加强服务业运行月调度、季分析、年报告，全面做好服务经济运行情况调度、分析、调研，高度关注服务业经济运行中出现的新情况、新问题，深刻分析原因并提出相关政策建议。

（七）做好综合服务保障各项工作

搭建各盟市、成员单位常态化交流互动平台，推进“千人培训计划”服务业项目实施，在厦门大学举办一期服务业培训班，选派专职行政管理人员赴美国参加现代金融、科技信息、商务会展等现代服务业知识学习，进一步提升现代服务业发展理念。根据需要组织专题调研，学习先进地区经验做法，掌握第一手资料，有针对性地解决遇到的实际问题。

内蒙古农牧业形势分析及2019年展望

张志栋　张海龙

2018年以来，围绕中央和自治区一号文件精神，全区上下始终把做好“三农三牧”工作作为各级党委政府的重中之重，紧紧抓住国家实施乡村振兴战略和各项支农惠农强农的政策机遇，全面推进农牧业供给侧结构性改革，厚植发展优势，加快发展现代农牧业，确保农牧业经济平稳发展。预计2019年农牧业发展形势持续向好，农牧业经济将保持稳中有进，农牧民收入可望继续保持较快增长。

一、内蒙古农牧业运行特征

（一）农牧业结构更趋合理

自治区各级农牧部门全面贯彻落实农牧业供给侧结构性改革，充分利用农、牧兼具的优势，继续推动“为养而种、为牧而农”发展思路落地生根，农牧业种养结构更趋合理。种植业稳中调优，据农情统计，农作物和粮食作物总播面积分别为1.28亿亩和1.01亿亩；粮食产量有望超过650亿斤，实现“十五连丰”；围绕“稳粮、优经、扩饲草”的发展思路，加快粮经饲协调发展，进一步优化种植结构，据农牧部门分析预测，我区粮经饲比例由2017年的73 ∶ 17 ∶ 10调整为2018年的

72 : 17 : 11。畜牧业稳中向好，预计2018年牧业年度牲畜存栏1.37亿头只，全年肉类产量275万吨，畜牧业实现“十四连稳”；受供给侧结构性改革和市场需求影响，我区主要畜产品总体呈现量价双增态势，肉牛和肉羊出栏分别达到250.7万头和2878.9万只，同比分别增长1.2和8.4个百分点，牛羊肉价格也分别同比上涨约5和11个百分点。

（二）农牧业产业化经营平稳运行

2018年前三季度，自治区级农牧业产业化重点龙头企业达到583家，预计全区销售收入500万元以上农畜产品加工企业实现销售收入1960.1亿元，增长7%；完成增加值571.9亿元，增长6.5%。农牧业新型经营主体不断壮大，以扶持培育家庭农牧场、农牧民合作社为重点，带动小农牧户发展，逐步将其引入现代农牧业发展轨道。截至2018年底，全区认定家庭农牧场1.1万个，农牧民专业合作示范社8.2万个。社会化服务组织能力不断增强，农业生产托管服务组织7100个，开展农业生产托管服务面积1400万亩。初步构建起以家庭经营为基础、合作与联合为纽带、社会化服务为支撑的现代农牧业经营体系。

（三）重点领域改革稳步推进

全面深化农牧业和农村牧区重点领域改革，进一步理顺土地制度和生产经营权益。巩固完善农企利益联结机制，争取中央、自治区财政资金1.42亿元，积极推进国家农业产业化联合体试点工作，支持130家龙头企业牵头组建了产业化联合体，创建了8个国家农业产业强镇，不断创新农企利益联结机制。截至目前，全区与农牧民建立了利益联结关系的龙头企业1728家，带动185万户农牧户进入了产业化经营链条。深化土地制度改革，全区土地确权登记颁证工作已基本完成，已完成确权耕地面积9216万亩，占家庭承包耕地面积的96%；确权承包农牧户339万户，占家庭承包农牧户的95.1%。深化集体产权制度改革，在五原县、苏尼特左旗2个国家产权制度改革试点基础上，2018年又争取巴彦淖尔市、包头市、巴林左旗、和林县新增为整建制国家试点，同时安排43个旗县和71个嘎查村作为自治区试点。截至2018年底，全区8269个嘎查村开展清产核资，占全区应开展清产核资嘎查村总数的73%。深化农垦改革，国有土地确权和办社会职能改革稳步推进，全区104个国有农牧场中，61个完成了办社会职能改革，43个国有农牧场已制定实施方案，全部完成了土地权籍调查。

（四）乡村振兴战略有序实施

全面落实乡村振兴战略，实现了良好开局，编制出台了全区乡村振兴战略规划，起草了乡村产业振兴实施方案，制定了《内蒙古自治区实施乡村振兴战略考核暂行办法》，所有旗县都做了村庄布局规划，8516个行政村编制了村庄规划；制定实施了《内蒙古自治区农村牧区人居环境整治三年行动方案（2018–2020年）》，在6个旗县市整建制开展人居环境整治试点，建设了2.96万个卫生厕所、1.3万个无害化卫生厕所，4749个行政村生活垃圾得到处理；重点打造114个乡村振兴规划建设示范点，创建国家级休闲农牧业和乡村旅游示范县9个、最美休闲乡村18个。

（五）农牧民收入持续增加

2018年全区农村牧区居民人均可支配收入达到13803元，同比增长9.7%。其中，工资性收入2897元，增长9.3%；经营净收入7181元，增长12.5%；转移净收入3205元，增长5.6%；财产净收入520元，增长1.1%。

二、2019年内蒙古农牧业形势展望

（一）2019年内蒙古农牧业形势分析

总体上，2019年我区农牧业经济运行宏观形势利大于弊，有利于农牧业生产经营方式加快转变，继续实现稳步发展。

从国家整体形势看，在乡村振兴战略指引下，国家将加大城乡统筹和惠农惠牧政策扶持力度，加快“五位一体”建设，大力发展现代农牧业，努力实现农牧业现

代化与工业化、信息化、城镇化同步发展，推动农牧业发展提质增效。特别是，近年来国家更加重视“三农三牧”工作，全力推进农村牧区改革，加快转变发展方式，努力调整农牧业产业结构，全面实施“藏粮于地、藏粮于技”发展战略，把资金和政策重点用在保护和提高农业综合生产能力以及农产品质量、效益上，加大农牧业现代化基础设施投入和科技推广应用力度，不断优化资金投入方式和重点方向，引导提升政府资金投入的效率和效益。国家一系列利好的战略部署和政策部署，为加快补齐农牧业现代化这块短板，推动农牧业弱势产业快发展、可持续带来了重大的政策机遇，营造了更加有力的发展环境。

从我区发展趋势看，农牧业是我区的优势特色产业，更是在整体经济下行压力较大的背景下，成为经济社会发展“稳”的基础和“进”的亮点。自治区各级党委政府全面贯彻落实乡村振兴战略和各项惠农惠牧政策，围绕加快发展现代农牧业，实现农牧业增产增效，农牧民脱贫致富，全面打赢全面小康攻坚战的发展目标，我区出台了多项农牧业转方式、调结构、惠民生的政策措施，必将为明年农牧业发展起到较大的推动作用。自治区党委十届八次全会暨全区经济工作会议强调：农牧业及农畜产品加工业等是我区的传统特色产业、当家产业，是经济高质量发展的支柱，必须做强做优；2019 年自治区政府工作报告也强调，要做强农牧业及其加工业。这为加快推进农牧业和农村牧区发展，提供了良好的政策预期和行动指南。特别是，随着政府机构改革的深入推进，农牧部门机构设置更加合理，职责权限更加统筹，在落实国家、自治区惠农惠牧政策及推动农牧业和农村牧区发展中，必将更加高效有力，为 2019 年农牧业平稳较快发展提供了有力的制度保障。

（二）2019年内蒙古农牧业趋势展望

生产经营能力得到加强。随着改革的不断深入，农牧区土地草牧场确权登记颁证工作的全面推进，农牧民承包土地的财产权利得到有效保障，会极大地提高农牧民的生产积极性，放心地将土地经营权流转入市，发展适度规模经营，加快现代农牧业发展。同时，国家和自治区将继续加大对农牧业的扶持力度，继续实施好节水灌溉、百亿斤粮食增产工程、中低产田改造、小流域治理、草原生态建设保护等工程，进一步夯实农牧业发展基础，提高农牧业综合生产能力，出台更加有利于转变生产经营方式的体制机制性举措，推动农牧业向规模化、集约化、标准化、产业化方向发展。如果不出现大的自然灾害，预计 2019 年粮食产量稳定在 650 亿斤以上，牲畜存栏将稳定在 1.4 亿头只左右。

产业化水平不断提高。在党的十九大和自治区党委十届八次全委会议精神的指引下，我区将继续深入实施《关于支持农牧业产业化龙头企业发展的意见》《关于推进自治区农村牧区一二三产业融合发展的实施意见》和《关于深化农村牧区改革建立完善龙头企业与农牧民利益联结机制的意见》等有关政策，加快推进农牧业与二、三产业融合发展，农牧业产业化发展将会得到更多的资金扶持、项目申报、招商引资、土地使用等方面的政策优惠，对于壮大农牧业龙头企业，提高农畜产品加工转化能力和水平发挥更加重要的推动作用。预计 2019 年，销售收入 500 万元以上农牧业加工企业稳定在 2000 家以上，销售收入和实现增加值增长均在 9% 左右。

农牧民稳步增收。随着乡村振兴战略的全面实施，各项惠农惠牧政策的持续发力，我区绿色农牧业、节水农牧业、效益农牧业加快发展，农牧业生产条件将加快改善，生产经营方式良性转变。在这些有利的环境下，促进农牧民增收的基础更加牢固。虽然农牧业生产会面临一些不确定、不稳定因素，受整体经济下行的影响，农牧民工工资性收入增幅下降，但农牧区常住居民人均可支配收入稳中有增的趋势仍然占主导。预计 2019 年农牧民来自转移性收入和家庭经营收入保持较快增长，来自工资性收入增长趋缓，农牧区常住居民人均可支配收入将增长 8% 左右。

三、对策建议

（一）夯实农牧业基础

一是继续加大农业基础设施建设力度。大力开展以水为中心的农田基本建设，重点推广以喷滴灌为主的高效节水种植技术，提高水资源利用率，解决好农田灌溉

“最后一公里”问题，进一步夯实农牧业发展基础。继续实施好“高产创建示范工程”等旨在提高农业生产科技含量的项目，建立粮油作物高产创建示范田，带动玉米、大豆、马铃薯、小麦和向日葵五大作物多项核心技术的推广应用。加大设施农业特别是蔬菜产业发展步伐，积极开展标准园创建活动，提高设施蔬菜的种植水平和效益。

二是扎实推动畜牧业重点项目工程建设。按照“稳羊增牛扩猪”的发展思路，推进牧区生态家庭牧场和农区标准化规模养殖场建设，配套建设暖棚、畜圈、节水饲草料基地、人畜饮水井、储草棚等基础设施，有效解决牲畜“吃”和“住”问题。在实施畜牧业“双百千万高产工程”的基础上，继续推动国家畜禽标准化建设、“菜篮子”畜产品生产和“振兴奶业苜蓿行动”等重点扶持项目的落实。

三是做好农牧业生产的引导和服务。确保农牧区繁荣稳定的重要基础就是通过引导和服务，落实好国家、自治区各项惠农惠牧政策。一方面，强化耕地管理，使农作物播种面积稳定在1亿亩以上，粮食产量保持在650亿斤左右，引导好种养业结构调整。积极开展田间管理和畜牧养殖管理各项工作；保护农牧民的合法权益不受损害，健全自然灾害应急预防体系，尽可能地减少受灾农牧民的灾情损失，加大赈灾救助力度，保障农牧民生产生活正常有序，进一步提高农牧民的生产积极性；牢固树立抗灾减灾意识，加大农牧业灾害监测预警，提前做好各项防范措施。另一方面，要不折不扣地落实好惠农惠牧政策，将各项惠农资金和补贴及时兑现给农牧民，让他们切身感受到生产有保障、调整有方向、增收有希望。

（二）优化发展思路

考虑到我区资源环境条件和国家对我区以生态为主的战略定位，农牧业不应再走低档大路产品和简单规模扩张并大量输出的路子，而应坚持生态价值优先、产出价值次之的方针，走适量、精品、高端、高效路线。一方面，要淡化产量目标，自治区层面不再强调粮食产量、牲畜头数等总量指标，各地区建设农畜产品基地的思路也要实现由量到质的转变，不再强调搞到几百万亩、几百万头等规模要求。另一方面，淡化输出功能，我区农牧业要围绕绿色农牧业、节水农牧业和效益农牧业的发展方针，强调以自给为主，在总量有余的条件下适度外调和调剂平衡。同时，在资金支持上，也要围绕提质增效调整方向，重点支持品牌培育、加工增值等方面，引导农牧业生产转型升级。

（三）调整产业结构

坚持扬长避短、分类指导，围绕提质增效、契合消费需求，树立大农业、大食物观念，调整优化农牧业产业和产品结构。一方面，要改变“一粮独大”的种植结构，认真落实国家调减“镰刀弯”地区的玉米面积，通过政策扶持引导，扩大市场需求多，经济效益好，利于种养结合、增质增效的杂粮杂豆、瓜果蔬菜、优质饲草等种植面积。另一方面，要改变“一羊独大”的养殖结构，坚持“稳羊增牛扩猪”的发展方向，制定实施千万头肉牛发展规划，稳定奶牛养殖头数，制定实施生猪产业发展规划，鼓励玉米主产区大力发展生猪养殖业。

（四）转变发展方式

以适度规模、产业融合、品牌经营、优质安全为目标，加快农牧业发展方式转变。首先，紧紧围绕国家农村土地制度改革和所有权、承包权、经营权“三权”分置的意见，加快推进土地确权登记颁证工作，鼓励和引导农村牧区发展适度规模经营。其次，要以市场需求为导向，以完善与农牧户利益联结机制为核心，以制度、技术和商业模式创新为动力，以新型城镇化为依托，积极推进农村牧区产业融合发展，延伸农牧业产业链，拓展农牧业多种功能，培育农村牧区新型业态，形成农牧业与二、三产业交叉融合的现代产业体系、惠农富农的利益联结机制、城乡一体化的农村牧区发展新格局。第三，引导农畜产品龙头企业要改变市场导向，充分利用好内蒙古纯天然、无污染的绿色、有机环境“王牌”，创新加工营销模式，大力培育地域品牌，建立质量追溯体系，瞄准高端市场走品牌化经营和高质、高价、高效路线，尤其要把我区草原牧区自然放养的牛羊卖出“野味”价格，通过转变生产经营方式和减量高价的路子，实现农牧业经济效益和生态效益双赢。

（五）增强市场竞争能力

龙头企业和产品品牌是农畜产品市场竞争力的主要体现，我区要加大龙头企业和产品品牌引进和培育力度。一是培育、引进龙头企业。既要本着有进有出、动态管理的原则，按照自治区、盟市、旗县三级总体规划和分工，在引进和培育国家级、自治区级和盟市级重点龙头企业数量上下功夫；更要树立绿色发展理念，打好草原、绿色、有机品牌，大力推行标准化生产，加快农畜产品标准体系建设，从源头上保证农畜产品质量安全，在提升龙头企业和产品质量上下功夫。二是加快农畜产品品牌建设。启动实施农牧业品牌建设工程，实施“大品牌”战略，以龙头企业为依托，对具有内蒙古区域优势的产品进行品牌整合，共同打造区域品牌。支持龙头企业申报、创建中国驰名商标、自治区著名商标、自治区名牌产品、原产地标记、农畜产品地理标志，支持龙头企业申请商标国际注册，积极培育出口产品品牌。三是保证农畜产品质量安全。继续深入开展专项整治活动，逐步将专项整治活动变成常态化的监管工作；加强各类检测机构和乡镇监管机构的建设，深化监管示范县创建和拓展工作，并逐步建立起产地准出、质量追溯的监管机制；认真组织开展重大动物疫病集中免疫，重点开展牛羊布病免疫工作，继续完成动物疫情监测、免疫效果监测和流行病学调查等各项工作。

内蒙古投资形势分析及2019年展望

康磊

2018年，受经济增速趋缓、主要投资领域增势乏力等因素影响，内蒙古固定资产投资有所下滑。2019年，内蒙古将深入贯彻习近平总书记参加全国“两会”内蒙古代表团审议时重要讲话精神，围绕中央经济工作会议精神，坚持以供给侧结构性改革为主线，以高质量发展为核心，把扩投资贯穿于稳增长、促改革、调结构、惠民生、防风险等各项任务中，推动实施重大项目，以有效投资催生优质供给，力争实现全区固定资产投资由负转正，为经济社会平稳健康发展提供有力支撑。

一、内蒙古固定资产投资运行特征

（一）投资降幅依然较大

2018年以来，全区投资延续负增长态势。前三季度，固定资产投资同比下降32.6%，降幅较上半年收窄5.7个百分点，降幅依然较大，增速为历史最低点，居全国末位。三次产业投资全部下降，同比分别下降44.0%、26.8%和34.9%。究其原因：一是项目储备不优不足，“缺大少新”问题较为严重。前三季度，施工项目个数、本年新开工项目、本年投产项目个数分别下降33.6%、43.7%和71.0%。二是基础设施投资明显不足。前三季度，基础设施投资下降38.4%，低于固定资产投资降幅5.8个百分点。三是主要行业固定资产投资几乎全部负增长。四是资金保障不足。五是投资统计方法和统计制度改革的影响。此外，落实化解政府债务要求、金融机构结构性去杠杆和国企投资进一步收紧等因素对投资增长也形成抑制作用。

（二）工业投资结构进一步改善

2018年，工业投资虽有回落，但内部投资结构逐步向优。前三季度，工业技改投资占全部工业投资的比重达到13.2%，同比提高1.2个百分点；高技术制造业投资同比增长51.9%，明显快于全国平均水平；信息传输软件和信息技术服务业投资连续6个月保持增长。

（三）房地产投资降幅逐步收窄

前三季度，全区房地产开发投资完成744.38亿元，同比下降1.7%，降幅较上半年收窄6.9个百分点。其中，土地购置费快速上涨成为房地产投资回稳的重要原因，前三季度，土地购置费103.6亿元，同比增长80.8%，拉动房地产投资6.1个百分点。分地区看，东部五盟市房地产投资309.5亿元，同比增长9.7%；巴彦淖尔市、乌兰察布市、乌海市、阿拉善盟四盟市房地产投资93.0亿元，同比增长45.5%；鄂尔多斯市房地产投资同比下降55.4%，房地产开发景气度与呼、包二市差距较大。

（四）东部五盟市基础设施投资呈现亮点

前三季度，东部五盟市500万元以上项目固定资产投资同比下降24.2%，降幅较全区平均水平小8.4个百分点，占全区的比重为40.0%。其中，东部五盟市基础设施投资带动明显。前三季度，东部五盟市基础设施投资完成580.2亿元，分别占东部五盟市投资额和全区基础设施的42.7%和41.8%。东部五盟市统筹推进铁路、公路、机场、城际轨道和电力通道建设，进一步完善路网，18条出区公路通道全部建成，盟市间基本实现以高速或一级公路相连接，蒙东连接外省的第一条高铁——通新高铁全线铺轨完成，现已开始联调联试。

二、2019 年内蒙古投资形势展望

经济发展新动能催生投资新增长点。近年，内蒙古经济内生动力和可持续性大幅提升，以云计算、大数据为代表的信息技术产业，以及新型煤化工、新能源、蒙医药等产业逐步成为支撑全区经济发展的新动能。此外，我区深化电力体制改革，完善电力多边交易、大用户直供，构建电价“洼地”优势，利用低电价优势吸引了一批新材料、环保节能、高端装备、大数据、生物科技等战略性新兴产业向我区投资、集聚和转移，2018 年，全区亿元以上战略新兴产业项目总投资约 1852.6 亿元。2019 年，随着新动能的进一步释放，新能源、高技术制造、节能环保，以及制造业技术改造和设备更新等领域投资潜力有望进一步释放。

补短板投资潜力巨大。近年，民生福祉投入不断加大，农牧业、环保、民生等短板领域投资较快增长，为全区固定资产投资提供有力支撑。2018 年前三季度，全区城市公共交通运输业、水利管理业改造升级、高等教育、信息传输软件和信息技术服务业投资同比分别增长 27.1%、18.2%、38.0% 和 13.4%；生态保护业、天然水收集与分配、管道运输业、多式联运和运输代理业、计算机、通信和其他电子设备制造业投资也保持较快的增长态势。2019 年，中央经济工作会议强调发挥投资关键作用，加快 5G 商用步伐，加强人工智能、工业互联网、物联网等新型基础设施建设，加大城际交通、物流、市政基础设施等投资力度，补齐农村基础设施和公共服务设施建设短板等，这为我区补齐短板领域投资，增强投资支撑力形成重要支撑。

政策红利推动投资潜能释放。近期，国家和自治区大力解决民营企业生产经营困难，有效激发民营经济活力。财政资金支持投资项目的力度继续加强，央行多次降准增加资金供应，以保障投资资金来源；持续推动减税降费工作，增强企业投资信心。在政策导向上，进一步淡化速度追求，强调发展质量效益，更加注重政府资源和企业资源的对接，更加注重政策制定和经济规律的对接。中蒙俄经济走廊、呼包鄂一体化、新一轮东北振兴等也将成为新一轮热点投资区域。这些都将有助于增加旅游、文化、体育、健康、养老、教育培训等幸福产业投资和新兴产业投资。同时，供给侧结构性改革有序推进，钢铁、煤电等重点领域市场供求关系整体好转。

后期，随着“三去一降一补”政策落实到位，都将有助于全区投资形势好转。

与此同时，我区投资也面临诸多制约因素。一是非公有制经济投资增势乏力。2017年以来，受全区经济下行压力、投资项目个数减少、融资难及民间资本投资意愿不强等因素影响，我区非公有制经济投资增速持续负增长。2018年前三季度，全区非公有制经济投资同比下降20.2%，增速较上年同期回落25.9个百分点，非公有制经济投资占总固定资产投资的比重较上半年降低2.2个百分点。据自治区统计局对全区1365户企业调查显示，前三季度，有82.9%的企业无融资需求，环比上升0.7个百分点，同比上升3.7个百分点。且从企业当前面临的突出问题来看，主要影响因素分别是市场需求不足、用工成本上升快和资金紧张，占比分别为51.3%、38.6%和23.4%，企业扩张意愿不强，持求稳心态，不愿扩大投资心态凸显，对投资扩容提质形成重要制约。

房地产开发投资面临较大不确定性。自2016年10月全国各大城市普遍收紧房地产市场调控政策以来，行政调控负面效应逐渐显现，房地产市场苗头性、潜在性风险有所抬头。一是土地购置费增长较快，房企开发成本提升。2018年前三季度，全区房地产开发土地购置费103.6亿元，同比增长80.8%，拉动房地产投资6.1个百分点，全区有近十个盟市的土地购置费增长较快。土地购置费快速上涨成为房地产投资相对稳定的重要原因，但也成为房价上涨的重要推手。二是棚户区改造政策转向调整或对我区房地产市场产生影响。2018年，住建部明确提出因地制宜推进棚改货币化安置，不搞一刀切。我区属于化解房地产库存的重点地区，棚改货币化安置比例曾达到75.3%，高于全国平均水平。随着棚改政策的转向调整，棚改货币化安置比例会有所下降，棚改货币化安置带动的购房需求随之下降。且高房价下购房需求萎缩开始显现，前三季度商品房销售面积同比仅增长2.7%，是2015年同期以来的最低增速。在房地产市场中，“量缩价稳”往往是“量价齐跌”的前奏，2019年房地产市场大概率进入周期性调整阶段，给房地产开发投资带来较大的不确定性。

工业投资回稳基础有待加强。作为投资主要领域的工业投资回落明显，对整体投资回稳形成较强制约。前三季度，全区采矿业下降45.8%，电力、燃气及水的生产和供应业下降17%，制造业领域仍然面临产能过剩的困扰，制造业投资下降

27.2%，供需基本面决定了制造业投资增速大幅改善缺乏可支撑性。同时，高技术产业发展也相对缓慢，投资后劲有待提升。

地方债务风险加剧导致投资稳定性走弱。2018 年，内蒙古地方政府债券还本规模较上年增长 1.4 倍，全区企业债券到期本息兑付规模超过 120 亿元，金融机构不良贷款率超过全国平均水平，压力进一步加大。在金融系统资金面收紧、强化地方政府债务控制、房地产市场调控不放松等背景下，民间投资、基础设施建设、房地产投资等的资金瓶颈将进一步突显，多领域投资将面临较大下行压力。

总体而言，2019 年，内蒙古经济运行环境仍趋复杂，全区经济将在爬坡过坎中承压前行，固定资产投资总体运行压力不减。但我区经济发展的韧性较强，市场潜力大，产业配套体系完善，企业发展的空间广阔，有信心、有能力、有条件顶住不利因素的冲击，预计 2019 年，全区固定资产投资有望趋稳回升，由负转正，保持低位平稳增长。

三、对策建议

（一）增加有效投资支撑高质量发展

牢牢把握投资关键因素，着力优化投资结构，抓好高端优质项目建设，扩大有效投资。转变思路，充分发挥自治区的区位、资源、电价和政策优势，进一步深化“放管服”改革，破解土地、资金、人力资源等要素瓶颈，努力营造良好的营商环境，增强创新力、发展新动能，加大新兴产业项目招商引资力度，积极吸引优质生产性、生活性服务业项目落户，吸引有竞争力的大企业来自治区投资兴业。结合培育新兴消费热点促消费升级、抓节能降耗打好污染防治攻坚战、保障和改善民生促共享发展、完善基础设施补短板等有投资潜力的领域，在项目库、资金、审批制度供给等方面和有效释放民间投资上发力。进一步扩大以市政网建设为龙头的城镇市政基础设施建设、高新技术产业、工业技术改造、新兴服务业、战略性新兴产业等实体经济领域投资。

（二）释放民间投资发展活力

在激发民间投资活力上出实招、出硬招，把放宽市场准入、优化营商环境放在更加突出的位置，执行好国家和自治区出台的一系列鼓励民间投资的政策措施，抓好企业减税降费工作，开展优化民营企业发展环境专项行动。加强社会信用体系建设，特别是政务诚信建设力度。畅通金融服务实体经济传导机制，采取建立贷款风险补偿机制等方式，缓解小微企业和民营企业融资难、融资贵问题。强化民营主体的产权保护，制定出台能够切实保障民间资本权益的细则，提升民间投资的“安全感”。持续深化“放管服”改革，清理废除妨碍统一市场和公平竞争的规定和做法，持续推动国有企业改革、事业单位改制，把混合所有制改革、鼓励支持民间资本控股挺在第一线，吸引更多民间投资增加有效投资。

（三）大力改善资金保障工作

一是拓展融资渠道。促进自治区内中小银行和民营银行发展，发展多业态的普惠金融组织体系。扩大中小企业各类非金融企业债务融资工具及集合债、私募债发行。二是加强重大项目建设的资金保障工作。结合自治区“十三五”规划确定的重大项目，强化对“补短板”领域的资金支持，运用好结构性、差别化货币信贷工具，加大信贷、债券、基金等对脱贫攻坚、提升人力资本水平、加强生态环境保护、交通水利等领域支持力度。三是进一步推广 PPP 投融资模式。加强对 PPP 的规范管理，建立 PPP 项目财政支出责任统计监测体系，严禁各类借 PPP 变相举债行为。将对 PPP 项目的支付责任列入中长期预算，确保各级财政的中长期可持续性。充分挖掘 PPP 模式所需的资源，重点在市政设施等领域试点项目，合理设计民营企业进入、运营、退出机制，将民营资本参与率纳入 PPP 工作考核体系，引入真实社会资本打造 PPP 样本案例。

（四）抓好重大项目投资建设

一是增强各级干部抓项目的主动性。按照“大招商、大投入、大发展”的决策部署，地方领导干部要强化思想准备，开展大讨论、大学习，牢固树立高质量发展阶段，越是欠发达地区越是要主动出击抓项目、抓发展的思想导向。二是优化项目储备结构。主动对接国家战略规划，在保续建、保重点项目的基础上，抓紧启动一批符合国家区域发展战略的项目。按照确保科技高度、投资强度、绿色程度、产业链长度、项目深度的标准，结合新一代基础设施建设、数字经济和新产业、污染防治、扶贫攻坚等重点领域，优化充实自治区重大项目库。切实抓好总投资 18.56 亿元、项目定位“绿色创新智能示范园区”的和林格尔新区智能制造产业园，华云 60 万吨铝新材料，中天合创 140 万吨烯烃等亿元以上项目的建成投产。制定全区各级政府固定资产投资、项目建设考核办法，压实主体责任。三是强化资金和项目的对接。做好与银行的沟通协调工作，通过建立银企资金项目对接服务平台等方式，加大力度向银行推荐符合放款要求的项目，争取更多授信支持。使用好中央预算内资金，强化执行主体责任。用好新增政府债券，提高债券使用效率。四是要抓审批、保进度，推动项目加快落地。在提高审批效率上出实招，出台全区统一的项目审批管理办法，加快自治区在线审批监管平台和各部门自建系统对接进度，确保“平台下无审批”。建立协调推进机制、强化调度督导等方式，推动重大项目尽快落地，真正实现重大项目对全区投资的强大支撑。

内蒙古消费形势分析及2019年展望

田晓明　徐盼

2018年，受居民增收步伐趋缓、居民消费信贷收紧等因素制约，内蒙古消费运行稳中有降。展望2019年，居民消费升级趋势仍显强劲，消费政策落地显效、服务消费供给加速扩容等积极因素将对消费增长形成重要支撑，但居民消费能力提升、消费供需矛盾缓解、消费体制机制完善尚待时日，对消费潜能释放形成制约。下阶段，需积极顺应居民消费结构升级趋势，着力在创新消费供给、改善消费预期、优化消费环境上下足功夫，有效挖掘高品质、个性化、多样化消费潜能，促进消费平稳增长、质效提升。

一、2018年内蒙古消费运行特征

消费运行稳中有降。2018年，在市场需求不足、居民增收步伐趋缓、消费供需矛盾犹存等因素影响下，我区消费增势趋缓，全年实现社会消费品零售总额同比增长6.3%，在上年低位的基础上继续回落0.3个百分点。其中，汽车消费大幅回落对消费增长形成较强拖累，全年限额以上汽车消费同比下降19.3%，为2008年以来最大降幅。

城乡消费渐趋均衡。受城镇居民增收步伐趋缓，农村居民消费潜力逐步释放、消费渠道下沉等因素影响，2018 年，农村居民消费保持较快增长态势，同比增长 8.1%，快于城镇居民消费增速 2 个百分点。城乡消费不平衡问题有所减弱，全年城镇、农村常住居民人均消费支出比率下降至 1.93 ：1，远低于全国 2.15 ：1 的平均水平。

基本生活消费低位运行。吃、穿、住等刚性商品消费增速较往年有所回落。2018 年，全区限额以上粮油、食品、烟酒类同比增长 3.5%，服装、鞋帽、针纺织品类商品销售额下降 1.3%。房地产市场呈现“价增量减”格局，2018 年，全区商品房销售面积同比下降 2.9%，但商品房销售额同比大增 16.4%，受此影响，家具类等住房相关消费同比下降 16.9%。

消费新业态增势迅猛。“互联网 +”与传统消费领域加速渗透融合，网上购物、网上订餐等新兴消费业态发展势头强劲。2018 年，天猫“双十一”，内蒙古地区消费 23.41 亿元，对外销售 3.05 亿元，交易额较上年增长 41%。受网络购物增长势头迅猛带动，全区快递业务量、业务收入较上年分别增长 37.6% 和 24.8%。旅游消费持续旺盛，全年全区接待旅游者人数、旅游业总收入分别增长 12.0% 和 16.6%。

二、2019 年内蒙古消费形势展望

政策红利密集释放为消费增长迎来重大机遇。近年，在消费升级趋势强进、新消费加速扩容背景下，国家重点围绕扶持新消费、提升消费品品质、完善消费体制机制等方面，打出全方位、多角度系列政策“组合拳”。2018 年以来，国家相继出台《中共中央国务院关于完善促进消费体制机制进一步激发居民消费潜力的若干意见》《完善促进消费体制机制实施方案（2018–2020 年）》，将消费结构升级、扩大消费规模作为制度变革与政策调整重点，进一步放宽旅游、文化、体育、健康等服务消费领域市场准入，推动农村居民消费梯次升级，完善促进实物消费结构升级政策体系，这为我区破解制约消费增长的体制机制障碍，做大做优消费市场迎来重大利好。2019 年，国家出台《进一步优化供给推动消费平稳增长 促进形成强大国内市

场的实施方案（2019年）》，为我区稳定汽车消费，扩大升级信息消费、加快绿色智能家电消费等重点领域消费，进一步释放消费潜力将提供强大政策支撑。同时，中央经济工作会议提出“促进形成强大国内市场”，强调提升产品质量，加快服务业发展，改善消费环境，增强消费能力，为我区破解消费供需错配，创新扩大教育、养老、医疗、文化、旅游等新消费供给，释放潜在消费将提供重要方向指引。此外，随着个税起征点从3500元调整到5000元，进一步扣除子女教育、继续教育、大病医疗、赡养老人等支出的新个税法全面实施，居民消费能力和消费信心将进一步增强，消费扩容基础将进一步夯实。

新消费时代、全民消费时代为拓展消费空间形成利好。随着消费渠道、消费模式和消费理念的变革升级，消费已从传统意义上的“买什么”“如何买”上升到“新消费”的“买得好”“有品质”，用最短时间、花最少钱、获得最好服务，成为“新消费时代”的追求，这一追求也成为消费扩容提质的重要牵引力。按消费升级速度初步估算，到2020年我国居民消费需求规模将达到48万亿~50万亿元，消费增长空间可观。同时，随着人口结构演变，以及居民消费需求、生活方式的深刻变化，消费市场催生诸多细分消费客群，“全民消费时代”的到来，为消费扩容形成较强支撑。一是中等收入群体持续壮大。目前，我国中等收入群体已超过4亿，成为消费增长的强大动力。二是老年人口消费潜力可观。截至2017年底，我区年满60周岁老年人口达到445万，占全区户籍总人口的18.3%，已步入老龄化社会。养老问题和老年人生活品质的提升，将推动文化、娱乐、健康、养老等需求进一步释放。三是随着人口生育政策的逐步放开，新生人口数量也将不断增加，从而对健康育儿、教育培训、家政服务等都形成较强需求拉动。四是更多年轻人愿意为个性化、体验性、高品质的服务付费，对文化创意、体育运动等服务消费产品将形成重要推动力量。五是随着乡村振兴与精准扶贫力度不断加大、消费渠道逐渐下沉、消费观念转变等因素影响，农村消费呈现较强增长势头。2017年下半年以来，我区农村常住居民人均消费支出增速持续高于城镇常住居民人均消费支出增速。2019年，我国将进一步完善消费体制机制建设，加快培育重点领域消费细分市场，将促进我区不同消费群体的消费潜力加快释放。

服务型消费加快孕育为消费扩容提质注入强大动力。当前，我国居民消费增长正处在服务消费与商品消费双轮驱动阶段，服务消费成为当前居民消费增长最快、热点最多、潜力最大的领域。根据《2017中国住户调查年鉴》数据测算，2013～2016年，我国城乡居民人均服务型消费支出年均增速分别为9.3%和10.8%，均超过同期GDP和消费支出增速。后期，服务消费仍有巨大扩张空间。从消费支出结构看，当前，我国服务消费占比不到50%，与美国68%的占比、欧盟、日本等发达经济体64%的占比仍存较大差距，我区服务消费占比更是远低于全国平均水平。从时间维度看，目前我国服务消费占比仅相当于美国20世纪60年代末以及欧盟70年代中期的水平，后期服务消费发展空间巨大。另外，从人均收入角度看，国际经验表明，当人均GDP达到了8500美元以后，消费升级与服务消费占比将进入加速阶段，我区人均GDP已超10000美元，对服务消费进入扩容期形成较强基础支撑。2019年，随着文化、旅游、体育、健康、养老、家政、教育等服务消费领域创新步伐的加快，服务消费热点加快涌现，将助推消费规模扩容升级。

“互联网+”推动消费潜能加快释放。当前，互联网技术对消费市场的改造更为深入，快速打破了商业模式和消费方式的传统约束，新业态、新模式加快涌现。近年，我区顺应线上和线下消费融合发展趋势，以互联网为载体，搭平台、建体系，推动消费新业态新模式加快孕育发展。以传统产业电子商务应用为核心，努力打造“一个基地、六个中心”，加快包头国家电子商务示范基地和通辽国家级电子商务园区试点示范，“互联网+钢铁”新模式、“一主三辅”（电子商务舱体中心，辅助电商街、创客通辽孵化空间、电子商务分拣舱）电商体系效果加快显现。同时，农村牧区电商运营体系初步建成，形成了河套购、草原淘宝等众多地方品牌。2017年，我区农村电子商务累计网络零售额33.92亿元。此外，跨境电商发展迅猛，2017年，全区企业自建的20个跨境电商平台实现交易额4亿多元，是2016年的2倍，跨境商品直购店、O2O体验店、进出口平台B2B等跨境电商经营方式加快发展。2019年，随着5G商用步伐加快，移动互联网、云计算、大数据等信息技术与经济社会各领域融合更加深入，消费渠道将更加便捷化，消费模式、消费业态创新步伐将进一步加快，潜在消费有望加速释放。

与此同时，我区消费领域发展仍然存在“痛点”“堵点”。一是居民消费能力有待提升。2018年以来，我区城镇常住居民人均可支配收入增速同比放缓0.8个百分点，其收入与全国平均水平差距较上年扩大220元。作为消费主体的城镇居民增收步伐趋缓，居民消费能力和消费意愿趋降，对消费扩容形成制约。二是消费供需矛盾仍显突出。面对消费结构升级的大趋势，“有需求缺供给、有供给缺质量、有质量缺品牌”的挑战更趋严峻，尤其我区文化、养老、健康、教育等新型消费供给明显不足，不能有效满足城乡居民多层次多样化的消费需求，对消费潜能释放形成较强制约。三是消费体制机制尚待完善。目前，质量和标准体系仍然滞后于消费提质扩容需要，信用体系建设未能有效营造良好的市场环境，消费政策体系尚难以有效支撑居民消费能力的提升和预期的改善。

总体，2019年，随着促进消费政策落地显效、服务消费加快扩容、消费新业态新模式加快孕育等积极因素带动，我区消费仍存在较大增长空间。但考虑到消费能力提升、消费供需矛盾缓解、消费体制机制完善尚待时日，预计2019年，我区消费将保持平稳增长态势，大幅回升较为有限。

三、对策建议

（一）创新供给体系，有效激发消费市场潜力

一是全面落实国家关于完善促进消费体制机制、优化消费供给等相关政策，制定出台自治区完善促进消费体制机制实施方案，加快破解制约居民消费最直接、最突出、最迫切的体制机制障碍，充分释放消费潜能。二是深入推进“放管服”，鼓励社会力量增加高品质产品和服务供给。制订修订鼓励社会资本进入相关社会领域的准入门槛和管理制度。支持社会力量增加医疗、养老、教育、文化、体育等服务供给，推动互联网与文化旅游、健康养老、教育培训等服务业融合发展。三是加快培育消费新模式、新业态。顺应平台型消费、共享经济快速发展需要，积极培育网络消费、定制消费、体验消费、智能消费、时尚消费等消费热点，鼓励与消费者体

验、个性化设计、柔性制造等相关的产业加快发展。四是推动农村消费梯次升级。进一步推动电子商务向广大农村地区延伸覆盖，搭建和完善农村电子商务平台，推动消费渠道下沉。努力开发符合农民需求的“高人气”商品，推出“接地气”的农村社区服务，深入发掘农业农村的休闲观光、健康养老等多重价值，打造消费新热点。

（二）精准发力重点领域，推动服务消费扩容提质

一是加快推进全域旅游示范区建设，加快旅游与文化、体育、医疗、金融、科技等新业态融合创新，打造“草原内蒙古”品牌。支持房车自驾车营地建设，完善旅游营地住宿登记、安全救援等方面的管理机制。落实带薪休假制度，鼓励错峰休假和弹性作息，在有条件的地区探索实施周五下午加周末的“2.5 天小长假”政策措施。二是鼓励社会力量举办大型群众性体育赛事，积极培育冰雪运动、山地户外运动、汽车摩托车运动等体育消费新业态，推动“体育 +”新模式，培育增强运动项目产业发展潜力。三是对新型健康服务机构、跨界融合服务等探索实行包容、审慎、有效监管。全面放开养老服务市场，逐步增强社区蒙中医药健康养老服务能力，鼓励社会资本积极兴办养老社区以及养老养生、健康体检、康复管理、医疗护理、休闲康养等养老健康服务设施和机构。重点推进呼和浩特市、鄂尔多斯市国家级医养结合试点地区创新管理机制和服务模式，加快形成一批创新成果和可复制推广的经验。四是加快制订和完善我区家政服务行业的服务标准和服务规范，选择基础较好、积极性高的企业开展家政服务标准化试点示范建设工作。推进家政服务从业人员职业化建设，探索建立家政服务保险制度。五是完善民办教育分类登记管理制度，引导企业以资本、技术、管理等要素依法参与办学并享有相应权利，支持呼、包、鄂等产业基础较好的城市打造产教融合试点。

（三）强化政策配套，有效改善居民消费能力和预期

一是多措并举促增收。建立完善工资集体协商、企业薪酬调查和信息发布制度，促进企业职工工资依据市场原则适度增长。加快推进国有企业工资决定

机制改革，切实落实国家提高机关事业单位工作人员基本工资、奖金和津补贴标准的相关政策。进一步深化城乡居民增收综合配套政策试点、专项激励计划和收入监测试点，统筹开展面向技能人才、新型职业农民、科研人员、小微创业者、企业经营管理人员、有劳动能力的困难群体等重点群体的激励行动，总结经验、全面推开，带动城乡居民实现总体增收。强化科研成果转化收益的长期激励作用，探索科研人员在依法依规前提下兼职兼薪和离岗创业，促进科研人员增收政策落地增效。聚焦“双创”带动就业增收，以小微创业者激励行动为重点，探索创新创业成果利益分配机制。推进农村“三变”改革，引导农村集体资源性、经营性资产和农户承包土地经营权等作价入股，提高农村居民收入水平。二是减少阻碍居民消费的后顾之忧。加大对重点人群的托底保障力度，加快建立跨部门、多层次、信息共享的救助申请家庭经济状况核对机制，有效整合扶危脱困工作中的碎片化信息，提高对低收入群体的帮扶效率。加强就业培训，适当增设公益性岗位托底，重点做好去产能中分流大龄职工、农民工等重点群体的就业辅助工作。建立完备的医疗和养老保险等社会保障制度，降低居民医疗、养老等生活成本。加大住房保障，多渠道增加住房供给，加快形成商品房、保障房、合作建房、集体土地租赁住房等多种形式并存的住房市场，减少高房价对消费的挤出效应。

（四）着力优化消费环境，努力让居民“敢消费”

一是全面提升供给质量。持续开展质量提升行动，选择有代表性的重点行业企业，开展质量效益和品牌培育成熟度诊断评价，指导企业聚焦影响产品质量、生产效率、生产成本、品牌培育能力的关键问题，提升产品质量和品牌管理能力。加强消费产品和服务标准制定，开展新业态、新消费以及服务消费质量监测专项行动，推动健康、教育、体育、金融、电商等领域服务认证。加快内蒙古品牌建设，大力推动乳、肉、绒、薯等特色产业规模化发展，打造一批在区内外有影响的“内蒙古品牌”，全力打造一批文化旅游、现代物流、现代金融、信息服务等服务领域品牌。二是建立健全消费领域信用体系。完善消费领域信用信息共享机制，依托全区信用信息平台，聚焦重点消费品和旅游、家政、养老、健康等服务消费，归集市场监管、税务、海关等领域信用信息，依法依规向社会发布守信“红名单”和失信“黑名单”信息。健全守信激励和失信惩戒机制，在相关领域制定和实施对“红名单”企业的激励措施，在办理行政审批过程中对守信企业提供“绿色通道”和“容缺受理”等便利服务；对“黑名单”企业适当提高产品抽检、责任巡查等监管频次，积极打造“诚信内蒙古”亮丽名片。

内蒙古进出口形势分析及2019年展望

祁婧

2018年以来，我区进出口呈现了增速总体平稳，贸易结构趋于多元化、结构持续改善等特征。展望2019年，政策红利密集释放，跨境电子商务快速发展等因素为我区进出口保持稳定增长提供了条件，但外贸环境更加严峻复杂，外贸结构性突出等挑战制约着外贸潜力的进一步释放。为努力保持我区进出口平稳发展、质量提升，下一步应积极推动全方位对外开放，着重在优化国际市场布局、推进外贸主体培育、加快外贸结构调整、加快贸易模式融合创新、提高贸易便利化水平等方面加大推动力度。

一、内蒙古进出口运行特征

全区进出口实现较快增长，盟市间分化明显。前三季度，累计实现进出口总值757.01亿元，同比增长5.7%。其中，累计进口额479.65亿元，同比增长3.5%；累计出口额277.36亿元，同比增长9.8%。规模以上工业企业出口交货值同比增长38.9%，快于全国平均水平30多个百分点。具体到各盟市，共有8个盟市进出口呈现正增长，其中，巴彦淖尔市贸易额连续5个月居全区第一，兴安盟、鄂尔多斯市及乌海市以100.7%、67.2%、61.9%的进出口增速领跑全区；呼伦贝尔市、满洲里市、锡林郭勒盟、二连浩特市、乌兰察布市及赤峰市进出口增速为负，其中呼伦贝尔、满洲里市及乌兰察布市受出口疲软的影响较为严重。

贸易结构趋于多元化，一般贸易占据主导地位。前三季度，一般贸易进出口额完成422.43亿元，同比增长2.2%，占进出口总额的55.8%。边境小额贸易进出口额完成236.76亿元，同比增长5.7%，占进出口总额的31.28%。加工贸易进出口额完成32.08亿元，同比增长74.8%，占进出口总额的4.23%。

民营企业巩固第一大进出口经营主体地位。前三季度，我区民营企业进出口542.47亿元，实现了正的增长，占进出口总额的71.66%，是我区外贸的绝对主力。国有企业进出口同比增长38.3%，其中出口同比增长53.9%，进口同比增长21.8%。外资企业有小幅的下滑，外贸活力有待进一步激发。

与"一带一路"部分沿线国家贸易额增长较快。前三季度，与"一带一路"沿线国家贸易额实现510.17亿元，占全区贸易总额的67.4%，贸易额同比增长10.1%，快于全区增幅4.4个百分点。具体到国别，蒙古和俄罗斯为最主要贸易伙伴，其中，对蒙贸易额达到235.82亿元，同比增长19.4%，占贸易总额的31.15个百分点；与俄罗斯贸易额145.35亿元，同比下降9.3%，占贸易总额的19.2%。其余主要贸易伙伴国中，对澳大利亚增长60.7%，对越南增长120%，对德国增长63.8%，国际市场更加多元化。

主要进出口商品涨势良好，出口商品结构改善。我区进出口商品结构相对稳定，其中农产品、有机化学品、钢材和机电产品为主要出口品种，煤炭等大宗资源型商品为主要进口品种。前三季度，铜矿砂、铁矿砂等大宗商品进口增长较快，其中第一大进口商品煤炭进口额同比增长22.9%，保障了国内市场需求。出口前十位商品中，有八种商品呈现正增长，其中，电话机、铁合金、铁或非合金平板钢材、抗菌素、葵花籽涨势迅猛。8月份，满洲里海关辖区口岸对"一带一路"沿线国家机械设备、高新技术产品、电器及电子产品的出口合计占总值的56.9%，反映出口商品结构进一步改善。

二、2019 年内蒙古进出口形势展望

政策力度不断加大，外贸发展环境更加有利。2018 年以来，国家密集出台了《关于积极有效利用外资推动经济高质量发展若干措施的通知》《关于扩大进口促进对外贸易平衡发展的意见》《外商投资准入特别管理措施（负面清单）（2018 年版）》等政策密集出台，提出要大幅度放宽市场准入，改善贸易自由化便利化条件，大力培育进口促进平台，优化进口通关流程等系列举措，营商环境评价机制也将在 22 个城市先行开展。在稳增长、调结构方面，2018 年国家提出将进口和出口整体通关时间压减 1/3 并降低通关费用，扩大出口信用保险覆盖面，推动加工贸易向中西部梯度转移，这些措施将进一步激发进出口企业的积极性。2018 年 11 月，我国在上海举办首届中国国际进口博览会，为全球贸易发展搭建公共平台。2019 年中央经济工作会议明确提出，要放宽市场准入，全面实施准入前国民待遇加负面清单管理制度；要扩大进出口贸易，推动出口市场多元化，削减进口环节制度性成本。我区依托国家出台的一系列政策措施，在推进外商投资企业“一口受理”，营造公平透明便利的投资环境、加快“三互”大通关改革等方面持续发力，扩大全方位开放，为自治区外贸的健康稳定发展营造了有利的环境。

跨境电子商务快速发展，激发贸易新活力。发展跨境电商等贸易新业态是推动外贸高质量发展的重要举措。目前，中俄电子商务贸易额占俄罗斯跨境电子商务市场销售额的 80%，俄网民在线购买中国商品的订单同比增长 5 倍。2018 年 1 ~ 7 月，中俄双边贸易额超过 580 亿美元，同比增长 25.8%。顺应新机遇，我区把跨境电商作为促进外贸供给侧结构性改革、提高贸易便利化水平的重要抓手，积极复制推广跨境电子商务综合试验区探索形成的成熟经验做法。2018 年 7 月，呼和浩特市入选跨境电子商务综合试验区，旨在跨境电子商务交易、支付、物流、通关、退税、结汇等环节的技术标准、业务流程、监管模式和信息化建设等方面先行先试。满洲里陆续出台了《满洲里市跨境电子商务发展规划》《满洲里市跨境电子商务产业工作推进方案》《满洲里市加快跨境电子商务发展实施意见》等系列政策支持跨境电商的

发展，已注册的电子商务企业139家，已上线运营电商平台24家，在建电商平台4家，2018年上半年电子商务交易额已完成5亿元。

中蒙俄经济走廊建设扎实推进，夯实了贸易增长的基础。由于中蒙俄三方在产品和产业结构上有较强的互补性，初步实现了产能北上，资源南下的良好局面。随着我国与沿线国家互利合作的拓宽，资源性商品进口仍将继续增加，为自治区开展资源性商品落地加工提供良好条件。投资领域日趋多元化，从最初的能源、原材料、林业等逐步扩展到基础设施建设、高科技领域、装备制造业、农业等领域，以中俄农业合作为例，一些谷物、粮食和油料作物对华出口壁垒已经取消，其中包括小麦、燕麦、荞麦、亚麻籽和葵花籽，农业领域合作发展显著。

"中欧班列"助力"一带一路"建设，提升对外贸易速度。中欧班列的常态化运营为中欧之间的物流提供了一条便捷的陆路通道，弥补了海运时间长和空运费用高的不足，已成为拉动我国与欧洲各国经济共同提升的重要方式。2018年1～8月，我区开行中欧（中亚）班列144列，同比增长234.9%。发运标箱7942箱，同比增长98.6%。货值23563.5万美元。其中去程53列，回程91列。经满洲里铁路口岸进出境"中欧"班列运营潜力持续释放，目前，经满洲里口岸出境的中欧班列主要集货地包括苏州、天津、武汉、长沙、广州、营口、大连、沈阳等60个城市，涵盖西南、华南、华东、东北等多个地区，形成全方位辐射互联全中国的高效物流通道。出境班列到达欧洲11个国家的28座城市，为"一带一路"沿线国家贸易畅通提供了有力保障。此外，随着越来越多的国家对"一带一路"倡议的响应和欧亚物流大通道沿线基础设施的不断完善，越来越多的欧洲货物搭载着班列来到中国。目前经满洲里口岸入境的回程班列已经达到13条，班列运营溢出效益不断凸显。

同时，我们必须认识到外部环境的不确定性和长期存在的内在结构性问题，积极应对对外贸易发展面临的挑战。

一是世界经济政治形势错综复杂，增加了贸易增长的不确定性。目前"逆全球化"和贸易保护主义势力抬头，地缘政治风险此起彼伏。不断升级的中美贸易摩擦对我区豆粕、苜蓿草和乳制品等农畜产品、铅及铅制品、铝板带和铝箔、钢材及聚丙烃、甲醇等行业产生直接影响。同时，中美贸易摩擦对我区部分行业产生间接冲击，如，我区光伏行业由于缺乏完善的产业集群和供应链优势将遭受一定冲击；由于美国对机电设备等工业制品征税将导致钢材市场间接需求受到波及，我区钢铁企业转型升级的压力进一步加大。

二是结构性问题突出，制约贸易的长期增长。外贸主体竞争力偏弱。我区外贸企业规模普遍偏小，布局分散，担保资源有限，信用等级偏低，融资成本高，抗风险能力较差。本土的进口自营企业稀缺，缺乏经验与市场资源。贸易结构不合理。我区加工贸易发展缓慢，与区内相关产业关联度差，承接加工贸易产业转移优势不足，对产业结构升级、财政增加、扩大就业等带动作用较弱。对外贸易市场结构较为单一。我区主要贸易伙伴集中于俄蒙两国，单边国家贸易集中度过高，进出口商品结构固化，不利于外贸长期健康发展。

综合分析我区进出口贸易面临的机遇与挑战，预计 2019 年内蒙进出口贸易将继续保持平稳增长。但由于 2017 年创下了我区历年来以人民币标值的外贸进出口最高纪录，进出口增速基数较高，将对 2018 年进出口增速产生一定不利影响。

三、政策建议

（一）积极融入“一带一路”建设，优化国际市场布局

内蒙古自治区第十届委员会第八次全体会议暨全区经济工作会议明确提出，要扩大全方位开放，着力引进资本、技术、人才等高端要素，积极推动优势企业和特色产品“走出去”。一是要充分发挥联通俄罗斯、蒙古国方面具有的独特区位优势，有效对接蒙古国“草原之路”和俄罗斯“欧亚经济联盟”倡议，发挥企业主体作用，全方位、多层次发展我区与俄罗斯、蒙古国的产业合作。围绕农牧业合作、能矿和制造业合作、物流合作、跨境旅游合作、生态合作、金融合作等重点领域，推动上下游产业链和关联产业协同发展，提升贸易合作水平。如，根据我国对美国部分农产品加征关税可能形成的市场空间，及我国对大豆产需缺口较大的实际和我区与俄罗斯深化农业合作的有利条件，积极研究推动拓展对俄大豆进口业务，鼓励境

外农业种植企业逐步扩大在俄大豆种植面积和回运规模，不断提升对俄农业合作层次和规模。二是要围绕“一带一路”沿线国家的市场需求，进一步加强我区与中亚、西亚、东南亚、东欧等地区贸易联系，加强与韩国、欧盟、日本等比较发达地区的经济合作。如，进一步挖掘与中亚五国在制造业方面的产业内贸易潜力，加强产业链分工合作；加强中东欧国家在高端产业间加强合作，在装备制造业、医疗设备、机械及运输设备等领域开展产能合作。积极与有关国家合作建设境外经贸合作区、跨境经济合作区等，促进产业集群发展。

（二）推进外贸主体培育，增强外贸的内生动力

一是积极培育跨国公司。立足于内蒙古产业发展的基础条件，顺应产业升级的趋势与需求，鼓励有实力的公司延长产业链，开展跨国并购，获取优质品牌、核心技术和营销渠道，提高国际化经营水平。支持有实力的企业“走出去”，开展境外资源能源开发和加工生产。创造良好的发展环境，支持有创新能力的外向型民营企业国际化发展。二是鼓励中小外贸企业发展。提高外贸公共服务水平，鼓励中小企业走“专精特新”和与大企业协作配套发展的道路。引导金融机构加大对中小外贸企业的流动资金贷款支持力度，降低放贷门槛和融资成本。三是打造外贸品牌。辅导企业紧贴国际市场新需求，加强研发创新，提高出口产品档次和品牌影响力，提升产品核心竞争力，打造外贸竞争新“卖点”。加快推进国际营销网络建设，推动有条件企业建立品牌推广中心、售后服务网点和备件基地等，推介拥有核心技术的品牌产品。

（三）加快外贸结构调整，实现外贸转型升级

一是提升出口产品质量。加快运用现代技术发展我区化工、冶金（铁合金）、建材、装备制造、农畜产品加工等传统产业，延长产业链，提升产品质量与附加值，推动传统产业向中高端迈进。加大对产业链中的关键领域、薄弱环节、共性问题和高端产品进行技术改造的支持力度，支持企业、行业组织参与国际标准制订，大力推动内蒙古产品标准国际化，构建产业链竞争新优势。二是鼓励战略性新兴产

业开拓国际市场。强化双边高技术领域经贸合作机制，推动生物制药、节能环保、新一代信息技术、新能源等战略性新兴产业有关行业组织、地方、基地和企业间的合作。如，积极加强与俄蒙在环保方面的合作，鼓励中方企业成立专业的尾矿充填处理、矿山废弃物和废水处理、通风及除尘设备等矿山环保节能企业，以及为煤电企业提供脱硫环保、洁净燃煤发电等清洁环保技术支持的公司。三是促进加工贸易创新发展。围绕欧洲、蒙古国、俄罗斯等国市场需求，积极承接环渤海经济圈、京津冀、沿海等发达地区产业转移。加快发展外向型优势制造业，推广“境内生产半成品—境外成品—组装销售”模式，培育一批机电、机械、新型建材、服装轻纺、生活日用品等外贸转型升级基地。

（四）加快贸易模式融合创新，拓宽贸易发展新空间

一是鼓励规范发展跨境电商。积极引进国内跨境电商龙头企业，大力整合区内电商资源，加快境内外仓库建设，支持引导跨境电子商务产业向规模化、标准化、集群化、规范化方向发展。发展跨境电子商务产业链，完善综合服务平台功能，提升跨境贸易便利化智能化水平，促进跨境电商平台交易、物流、支付、专业化服务等各环节高效顺畅衔接。逐步发展具有我区特色的专业型外贸电子商务服务平台，建立完整的跨境电子商务服务体系。二是促进市场采购贸易发展。学习借鉴浙江义乌、浙江海宁皮革城、江苏常熟服装城等市场采购贸易试点的先进经验，大力推动市场采购贸易试点获批，积极构建市场采购信息平台，强力推动市场采购贸易与跨境电子商务融合发展。三是优化外贸综合服务。大力发展保税维修、检测、租赁业务等新业态。加快吸引国内外大型企业和跨国公司、大型供应链企业等来我区设立地区总部、功能总部。进一步优化外贸综合服务企业退（免）税管理，加强其通关、物流、退税、金融、保险等综合服务能力。

（五）提高贸易便利化水平，营造良好的贸易发展环境

一是加强贸易通道建设。按照内蒙古自治区第十届委员会第八次全体会议暨全区经济工作会议的要求，持续扩大沿边开放，发展泛口岸经济，变通道经济为落地

经济。加强口岸区域物流合作，推动沿边地区陆运口岸、空运口岸、内陆港之间以及与沿海和内地省区口岸之间的联动发展，构建设施先进、网络完善、支撑有力、运行高效的货运集疏体系，形成国际物流、航空物流、保税物流、特色产品物流、城市商贸物流等各类物流业态门类齐全、一体联动发展的多式联运格局。充分发挥“中欧班列”纽带作用，努力解决中欧班列“酒肉穿肠过”的现状，加强与中欧班列沿线国家和地区产业经济互补合作，从而带动贸易增长与经济发展。二是加强贸易政策沟通。强化与“一带一路”沿线国家信息互换、监管互认、执法互助等海关合作，以及检验检疫、认证认可、标准计量、统计信息等方面合作。加强供应链安全与便利化合作，推动检验检疫证书国际互联网核查，开展“经认证的经营者”互认。降低非关税壁垒，共同提高技术性贸易措施透明度。三是提高通关便利化水平。推动加快“三互”大通关改革，建立适合我区的大通关管理体制机制。全面推进通关作业无纸化，加强出口企业分类指导，对信用好的降低查验率，增强海关查验的针对性和有效性。加快电子口岸建设，推广国际贸易“单一窗口”建设，建立标准体系。全面实施出口退税远程申报，简化审批流程，加快出口退税进度。

内蒙古价格形势分析及2019年展望

田洁　李春帆

2018年以来，内蒙古物价水平总体保持平稳，居民消费价格（CPI）整体呈U型走势，涨幅趋近2%，工业生产者价格（PPI）较上年高位回落，涨幅稳定在4%左右。2019年，去产能、环保政策制约供给以及通胀预期增强等因素支撑物价上涨，而总需求偏弱、粮食产量库存双高、大宗商品价格下行等因素抑制价格涨幅。预计2019年，全区CPI延续小幅上涨态势，PPI将保持相对平稳态势运行，涨幅或将进一步收窄。

一、内蒙古价格运行特征

主要工业品价格回落。2018年，全区监测的主要工业生产资料中，除钢材类价格较上年有所上涨外，煤炭、有色金属、化工类产品、建材价格普遍回落。其中，受煤炭产能产量回升影响，12月份，全区动力煤平均坑口价格同比下降1.7%，比上年同期下降8.16个百分点；钢材价格总体延续回升态势，除热轧薄板同比下降1.06%外，圆钢、建筑钢材、普通板材、冷轧薄板、镀锌板价格同比分别上升0.8%、0.56%、3.18%、7.41%、3.6%；有色金属铜、铝、铅价格同比分别下降4.51%、

5.75%、1.01%；化工类产品价格以降为主，乙醇、纯碱价格同比分别下降12.41%、5.67%，聚氯乙烯价格同比上涨4.63%；建材类价格波动下行，硅酸盐水泥、普通和浮法玻璃同比分别下降1.14%、1.11%和4.03%。

居住类价格持续上涨。2018年以来，全区新建住宅价格持续回升。12月，呼和浩特市、包头市新建商品住宅平均销售价格同比分别上涨21%和11.4%，涨幅较6月分别增加10.9和3.2个百分点，带动2018年全区居住类价格指数同比上涨2.3%。

食品类价格稳中有升。2018年12月，全区主要监测的11项农副食品价格普遍上涨。受猪瘟疫情及供给充裕影响，猪肉、鸡蛋价格同比分别下降2.76%和2.67%，其余9项价格均上涨。其中，对猪肉的替代效应、消费及运输成本增加等因素助推牛羊肉及蔬菜价格大幅上涨，同比分别上涨9.73%、10.62%和9.48%。主要食品价格回升对CPI上行形成推力。

二、2019年内蒙古价格形势展望

（一）CPI有望稳定于“2时代”

2018年，随着各项改革措施稳步推进，全区CPI延续上涨态势，涨幅于3月达到2%，结束连续29个月的“1时代”。展望2019年，食品类价格波动上行，居住、服务类价格将温和上涨，全年CPI有望稳定于“2时代”。

食品类价格将延续温和上涨。助推食品价格上涨的因素：排除农业气象条件等不确定因素，蔬菜、水果价格将季节性规律上涨。随着全国牛羊价走高、我区旱情严重、人工饲料成本上涨及环保政策趋紧，将助推牛羊价格继续上升。受供给偏紧、环保压力倍增、猪瘟恐慌消退及猪价周期性上涨影响，猪肉价格有望回升。

与此同时，2018年鸡蛋市场价格整体走高，将刺激2019年市场补栏，供应增加，鸡蛋价格有望下降，削弱CPI上行动力。2018年，我区粮食实现“十五连丰”，库存高企、收购价格下调及收储轮换等政策的实施将制约 2019 年 CPI 涨幅。

服务类价格将延续小幅上涨。居民“衣食住”以外更高层次的消费倾向带动新兴消费领域和产品不断崛起、用工成本的持续增加，将推涨服务类价格。同时，随着健康、养老、医疗、体育等行业准入机制与配套政策不断完善以及新个税法开始实施，利于消费潜力持续释放，对 CPI 形成支撑。

居住类价格将保持平稳。一是随着 2018 年我区棚改目标超额完成，2019 年棚改目标或将有所下调，有利于控制房价大幅上涨。二是随着国家“五限”政策持续升级，调控范围逐渐下沉到三四线城市，在“房住不炒”定位引领下，房地产交易环节的监管力度业不断加强，利于稳定房价。三是通过发展住房租赁市场和加快房地产税的出台，房地产的长效机制正逐步形成，助力房价稳定。

预计，2019 年我区居民消费价格总水平温和可控，指数有望稳定于 2%。

（二）主要工业品价格走势预判

2018 年以来，全区 PPI 涨幅显著收窄，为近两年低点。12 月，工业生产者出厂价格同比上涨 103.2，较上年涨幅收窄 7.4 个百分点。展望 2019 年，贸易紧张局势升级和新兴市场压力增加，IMF 再度下调 2019 年全球增长预期，在此背景下，需求减弱、美联储加息及美元走高均抑制大宗商品价格涨幅。2019 年 1 月国内大宗商品市场库存量已连续 8 个月呈上升态势，去库存难度增大，且 2018 年 12 月中国制造业 PMI 49.4，为 2016 年 7 月以来首次低于荣枯线，生产经营疲弱态势显现，工业企业盈利承压。同时，国内供给侧改革更注重提高全要素生产率，工业品价格难以维持大幅上涨。预计 2019 年全区 PPI 将延续小幅上涨态势。

煤炭价格有望小幅波动回落。随着调控重心已从降产量向调结构、优产能方向转换，2018 年全区煤炭产能产量均有回升，全年价格同比涨幅有所收窄（图 1）。受供应宽松影响，2018 年 12 月及 2019 年 1 月，全区动力煤平均结算价格同比下降 1.7% 和 2.8%，鄂尔多斯市动力煤平均坑口结算价格分别同比下降 14.98%、14.29%。预计 2019 年，煤价将适度回落。

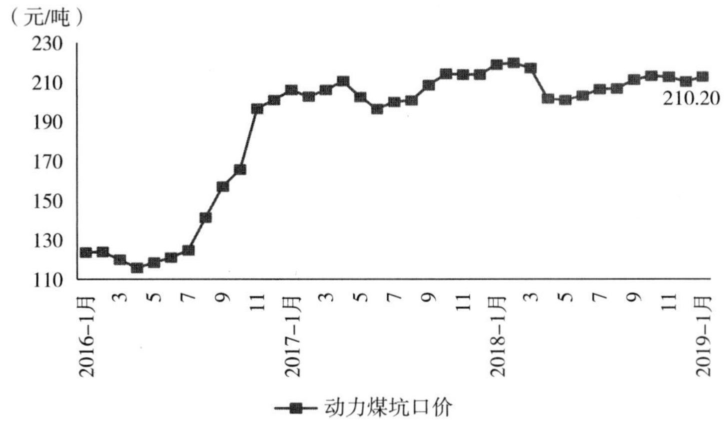

图1　2016年以来内蒙古煤炭平均价格走势

2019 年，支撑我区煤炭价格上涨的因素：一是环保政策趋紧和供给侧结构性改革持续推进，对煤价形成支撑。2019 年，煤炭行业的环保、安全检查将成为常态，且供给端去产能改革将持续实施。2019 ~ 2020 年，我区将继续推进规模小、装备相对落后、安全保障差的煤矿退出，到 2020 年，60 万吨以下煤矿将全部退出市场；从全国看，未来 2 年，煤炭行业还将削减 1.1 亿吨产能，支撑煤价上行。二是煤炭进口有所收紧，对煤价形成一定支撑。中国作为世界第一大煤炭进口国，受国家“平控”措施等政策影响，进口煤增长空间受限。2018 年 1 ~ 12 月全国进口煤炭同比增长 3.9%，涨幅同比下降 2.2 个百分点；12 月，全国进口煤炭 1023 万吨，同比、环比分别下降 55.01% 和 46.59%。2019 年，在国内煤炭市场下行压力加大的情形下，煤炭进口量难以实现大幅增长，对煤价形成一定支撑。

尽管煤炭价格回升存在有利支撑条件，但随着供应增加、需求下滑，煤炭价格涨幅受限，或将波动回落。一是煤炭去产能任务基本完成，供应由偏紧到宽松。“十三五”内蒙古煤炭落后产能退出任务为 1710 万吨，2016 ~ 2018 年共削减 2520 万吨，提前两年完成退出任务，煤价上涨支撑不足。二是煤炭产能产量继续释放，抑制煤价大幅上涨。随着主产区规模较大矿井投产，优质产能供应增加，2018 年，内蒙古原煤产量同比增加 8.6%，较 2016 年、2017 年涨幅分别扩大 16.8 和 1.1 个百分点。后期，随着行业集中度提升，国有重点矿产量占比提升，供应充裕，制约煤价上涨。三是港口煤炭库存高企，不利于煤价上涨。2018 年以来，随着煤炭运输能力不断得到提升，港口煤炭调入量得到保障，环渤海港口煤炭库存从 3 月 21 日突破2000万吨并不断波动增长，12月达2600万吨，同比上涨约50%。2019年1月，作为“煤炭价格风向标”的秦皇岛5500大卡动力煤价格为510元/吨，同比下降6.42%，煤炭上涨动力不足。四是煤炭中长期合同签订履行再升级，助力煤价稳定。国家进一步扩大2019年煤企签订中长期合同数量，并对煤炭产能、运输、价格作出指示，规定5500大卡下水煤价格不低于535元/吨，不高于600元/吨，有利于煤价稳定。五是清洁能源快速增长，煤炭需求增长承压。控制煤炭消费总量、减少煤炭消费在一次能源中的比重是能源改革的重要任务。2018年1～12月，全国核能、风力、太阳能发电同比分别增长18.7%、16.6%、19.6%，增长较快，根据电力发展“十三五”规划，到2020年，煤电占比将下降到55%，清洁能源发电比例将会大幅提升。在“蓝天保卫战”行动计划引领下，煤改气持续推进，全国天然气消费量同比增长16.6%，预计2019年国内天然气消费量将超过3000亿立方米，同比增11.3%。清洁能源替代作用增强，抑制煤价上涨。六是国际油价回落，带动煤炭价格下降。煤炭与原油作为两大重要化石能源的部分替代关系，决定了国际煤炭价格与原油价格的波动具有较强一致性。受美元强势、金油比持续回落及地缘政治风险等因素影响，预计2019年Brent和WTI原油期货价格分别同比下降14.6%和16.9%，带动煤炭价格下滑。

钢材价格将呈小幅上涨态势。2018年以来，我区主要钢材价格延续2016～2017年回升态势（图2），基本抵补了2011～2015年的价格跌幅。但需求不足及复产可能性增加等因素制约钢价上涨，预计2019年钢材价格将呈延续高位波动态势。

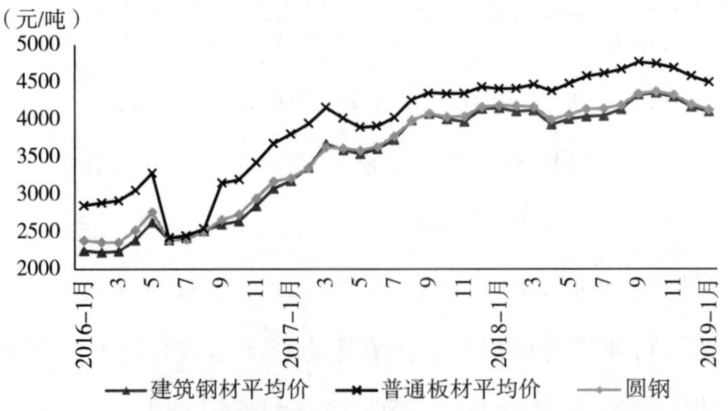

图2 内蒙古建筑钢材、普通板材、圆钢平均价格走势

2019 年，支撑钢材价格回升因素：一是大力维护化解过剩产能成果，支撑钢材价格上涨。2019 年，将推动传统产业优化升级，开展钢铁产能置换方案专项抽查，持续推进落后产能依法依规退出，逐步规范钢铁行业产能建设，对钢材价格上行形成支撑。二是宏观经济“稳中向优”推涨钢价。目前，中国经济发展具备韧性和潜力，仍是世界经济发展主要贡献者。2019 年，随着基础设施等领域补短板，将给钢铁工业带来发展空间，支撑钢价上涨。三是成本对钢价的支撑作用将加大。铁矿石供应结构性短缺，带动矿价高位运行。海外矿山发货增长态势渐缓，2018 年，我国累计进口铁矿石同比下降 1%，2019 年，受环保、安全、限产等因素影响，国内矿山出现不同程度的减产，预计到 2023 年末之前国内铁矿石供应每年下降 3%，新增产能有限。焦炭市场仍面临较大环保和去产能压力，价格有望偏强运行。成本的走高对钢价起到推涨作用。

在去产能效应带动下，钢铁行业自 2016 年以来走出困局，平稳增长。但钢材市场供大于求、部分品种结构不合理的问题犹存，尚难实现钢价持续平稳上涨。一是去产能胜利收官，企业复产冲动增强抑制钢材价格上涨。经过 3 年努力，全国化解了 1.5 亿吨过剩产能，彻底清除了“地条钢”。受效益好转影响，企业变相扩产能、盲目增产冲动增强，产能复产、“地条钢”死灰复燃等风险加大，影响钢价平稳合理上涨。二是钢材市场需求不足，钢价上涨承压。2018 年，全区固定资产投资同比下降 27.8%，其中采矿业、制造业、建筑业同比分别下降 33.4%、25.8% 和 91%。随着建筑、能源、汽车等行业用钢需求下降，预计 2019 年，我国钢材需求量为 8 亿吨，同比下降 2.4%，全球钢材消费量为 17.11 亿吨，同比增长 0.2%，涨幅较上年收窄 7.4 个百分点。同时，2018 年我国出口钢材 6934 万吨，同比下降 8.1%，出口需求减弱。未来钢材需求整体不足，支撑钢材价格上涨动力不足。三是钢材库存呈上升态势，供给增加不利于钢价上涨。2019 年 1 月，钢材社会库存连续 3 周增加，增至 1102 万吨，同比增长 18.05%。另外，2019 年国内要新增 800 万吨高炉有效炼铁产能和 1500 万吨电炉炼钢产能，钢材供应量将增加，预计 2019 年新增产量达 300 万吨左右，抑制钢材价格上涨。

电解铝价格有望震荡上行。2018 年以来，内蒙古电解铝价格波动下行，由 2017

年 10 月高位 16063 元 / 吨下滑至 2019 年 1 月的 13783 元 / 吨（图 3）。在产能置换和环保工作带动下，电解铝产能得到有效控制，2019 年，不会有违法违规电解铝产能形成，电解铝均价有望适度回升。

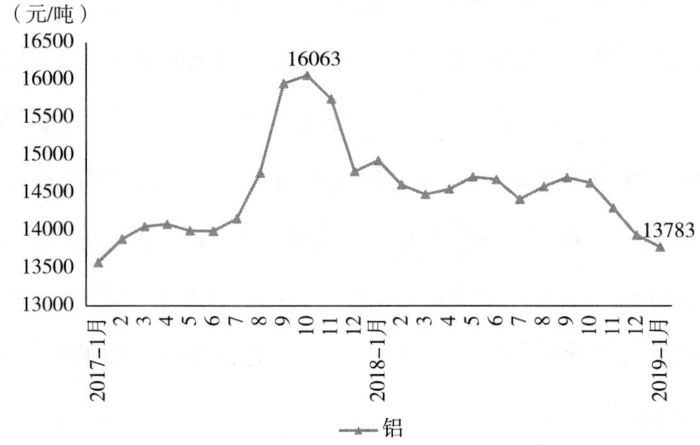

图3 2017年以来内蒙古铝价走势

2019 年，支撑铝价上涨的因素：一是产能置换和环保督查助力铝价上行。2018 年，我国电解铝关停产能近 250 万吨，400 万吨电解铝产能实现了跨省置换，规定 2019 年起未完成产能置换的落后产能，将不再视为合规产能，电解铝产能无序扩张得到控制。2019 年，受采暖季环保政策影响，我国将削减约 23 万吨电解铝运行产能，产量或将减少约 8 万吨。受以上因素影响，预计 2019 年中国电解铝产量增速将达 3.6%，较 2016 年、2017 年、2018 年分别同比下降 0.3、10.6、3.8 个百分点，对铝价上涨形成一定支撑。二是全球铝需求增长强劲，有利于铝价上涨。未来 5 年，建筑、运输和包装这三大行业在全球范围内实现显著增长，带动铝需求增长。预计 2019 年，全球铝消费将增长 3% ~ 4%，到 2023 年，对原铝的需求将保持 3.4% 的复合年增长率。尽管新的铝供应不断出现，但预计未来 5 年供应增长难以满足消费需求。2019 年全球铝市场短缺将不断扩大至达 210 万吨，同比增长 23.5%，助推铝价上扬。

随着清理整顿违法违规电解铝产能以及产能置换工作的顺利开展，电解铝行业走上了守法遵规的有序健康发展之路，但优质产能供应增加及国内需求疲弱制约铝价大幅上涨。一是国内电解铝供应增加趋势延续，限制铝价涨幅。2018 年，我区电解铝建成产能达 512 万吨 / 年，稳居全国第三，且有扩大之势。2019 ~ 2020 年中国电解铝计划新增产能约520万吨，其中，2019年我区新增产能达178万吨，占全国新增产能的73.3%。同时，2019年1月，我国主要地区铝锭社会库存总量仍高居100万吨以上，去库存仍需时间积累，不利于铝大幅上扬。二是国内铝需求总体疲弱，铝价大幅上涨艰难。建筑业是铝材消费的重要贡献者，消费需求占比达39%。2018年，全国和内蒙古房屋竣工面积同比分别下滑7.8%和17.4%，全国建筑领域耗铝量927万吨，同比下滑2.18%。2019年，随着农村自建房市场和棚改需求均有萎缩，建筑市场铝需求走弱态势显著。同时，我国国内废铝供应不足，与发达国家再生铝消费差距较大，但随着建筑物、汽车、机械设备的报废周期逐批到来，我国废铝的社会保有量快速增加，降价空间充裕。交通运输铝需求占比分别达17%。2018年，国内汽车产销量比上年同期分别下降4.2%和2.8%，为1990年来首次年度下降，2018年，内蒙古汽车类销售额同比下滑19.3%，汽车产业面临较大压力。随着购置税优惠政策全面退出及限购政策制约，2019年1月，国内汽车销量同比下降15.8%，汽车销量下降态势延续。预计2019年国内电解铝消费增速为3.3%，较2016年、2017年、2018年分别下降4.6、5.8和1.2个百分点，抑制铝价大幅上行。

三、对策建议

（一）持续推进农业领域供给侧结构性改革，保障农畜产品供需均衡

妥善应对猪瘟疫情，加大检验检疫力度，加快调节产区、销区供求关系；加大对生猪养殖主产区的环保投入，确保猪肉供给和价格稳定。加快建立主要农畜产品数据分析系统，建立监测预测预警和应急保障机制，保障供应稳定。加大高标准农田和农业水利等基础设施建设力度，确保农产品运输畅通；推动惠农惠牧政策切实落地，引导社会资本参与农业生产和相关项目。继续完善粮食最低收购价政策、加大对优质粮种植、加工和营销等全产业链的政策支持力度。鼓励食品、消费品等商业储备行业发展，调节供求关系，稳定物价。

（二）强化政策保障，稳定房价和房租

以“稳房价、稳地价、稳预期”为目标，坚持“房住不炒”的定位，保持调控政策的连续性稳定性，加强房地产市场供需双向调节，强化预期管理，建立租售并举的房地产长效机制，确保市场稳定。加快租赁市场制度建设，补齐租赁住房短板，保障市场健康、有序、规范发展，防止房租过快上涨，继续推进集体土地建设租赁住房试点工作。加快解决中低收入群体住房困难为中心任务，健全城镇住房保障体系。深化住房公积金制度改革，加大对低收入家庭租房购房的金融支持力度，提高住房公积金服务效能。加大房地产市场监管力度，打击侵害群众利益违法违规行为。

（三）统筹结构性去产能与优质产能供应，促进工业品市场良性发展

深化供给侧机构性改革，从根本上改变发展方式，优化煤炭、钢铁等产业结构，提高资源使用效率，增强工业品行业竞争力，稳定市场价格。坚持结构性去产能，综合安全生产水平和环保水平，以及所处地区煤炭市场供需状况进行煤炭去产能。加大对各储煤仓的煤量管理，确保煤炭外运稳定。通过产能置换、兼并重组等方式去钢铁产能，着力提高行业集中度。加大技术研发力度，发展航空航天、车船、建筑、电子电器等领域用铝，推进铝精深加工，推动产业规模化、精深化、链条化发展。

（四）加快推进重点领域改革，有效促进形成市场价格

对落后、三高企业实行阶梯价格政策，控制其信贷规模并提高融资成本，利用价格杠杆淘汰落后产能。适时放开竞争性环节价格，完善教育、医疗、养老等领域价格改革，大力发展石油、天然气等能源资源现货市场，推动期货市场创新发展。加快推进天然气价格改革，全面实行居民生活用水、用气阶梯价格制度。健全生产领域节能环保价格政策，加快非居民用气价格市场化，引导社会资本进入天然气勘探开发及销售领域，形成多元化竞争格局。探索生态产品价格形成机制，将生态环境成本纳入经济运行成本。加快健全以“准许成本加合理收益”为核心的政府定价机制，推进成本监审立法和成本信息公开。加强价格与财政、货币、产业、民生等宏观政策的协调配合，确保价格处于合理区间。建议增设反映服务消费总量的统计指标，加强服务价格检测预警。

IV

区域篇

呼和浩特市“十三五”以来经济社会发展情况及对策建议

王杰　李斌*

“十三五”以来，面对复杂多变的发展环境和艰巨繁重的改革任务，呼和浩特市全面贯彻落实党的十八大、十九大精神和习近平总书记考察内蒙古和参加第十三届人大内蒙古代表团审议时的讲话精神，全面落实五大发展理念，统筹推进“五位一体”总体布局，协调推进“四个全面”战略布局，坚持稳中求进工作总基调，扎实推动经济高质量发展，通过促进传统产业转型升级，壮大优势产业，培育发展战略性新兴产业，促进产业结构优化、经济发展方式转变，推动全市经济社会发展迈上新台阶。

一、呼和浩特市“十三五”以来经济社会发展情况

（一）发展质量和效益稳步提高

工业结构不断优化，发展质量稳步提升。一是优势产业发展势头良好。全市规模以上工业增加值年均增长 7.3%，11 个主要工业行业产值大部分实现正增长，对

* 王杰、李斌，呼和浩特市发展和改革委员会。

经济增长的贡献率平均达到26.6%；食品加工、电力能源、石油化工、生物医药、光伏材料、电子信息六大优势产业占全市工业总量的84.3%。二是战略性新兴产业发展较快。2017年全市工业战略性新兴产业实施亿元以上重点项目36项，占全部亿元以上工业项目的62%。战略性新兴产业项目建设已成为工业转型发展的重要推动力，对新旧动能转换起着重要作用。

服务业支撑能力不断增强，新业态引领行业发展。一是生产性服务业向专业化和价值链高端延伸。电子商务、现代物流、金融服务等新兴服务业快速发展，成功获批国家跨境电子商务综合实验区，国际快件始发国增至14个国家27个城市；各类物流企业达到643家，具备仓储、配送功能的物流园区（配送中心）70多家，形成末端配送网点近800个、智能快递柜6.8万个格口的发展格局。股权交易中心、融资担保、互联网金融等新型金融组织超过200家，形成了多元化、多层次的现代金融服务体系。二是生活性服务业向精细和高品质转变。旅游业正在由高速发展向优质发展迈进，2017年全市共接待国内外游客年均3907万人次，实现旅游收入年均759.16亿元。养老服务业保持稳定发展，各级各类养老服务场所达到371所，总床位数达到27285张，基本满足了我市社会老年人对机构养老的需求。

推进农牧业现代化，实现农牧业稳定增长。一是农牧业综合生产能力稳步推进。种植结构得到优化，粮食产量年均达130.85万吨。畜牧业养殖和生产水平逐步提高，目前，全市牲畜总头数406万头只，肉类年均总产量12万吨，鲜奶产量年均达到180万吨，禽蛋年均总产量达到3.5万吨。二是设施农业水平逐步提升。建成了131个标准化奶牛规模养殖场，规模化养殖水平达到80%，培育建设肉羊标准化生产基地和优质牧草规模化种植基地，肉羊规模化养殖水平达到45%。优质牧草规模化种植面积达到10万亩。“菜篮子”工程持续推进，蔬菜供给率夏秋季稳定在65%左右、冬春季提高到30%左右。

（二）民生发展水平不断提升

一是创业就业工作成效明显。坚持实施就业优先战略，深入推进“大众创业，万众创新”，建设各类就业创业基地和孵化器43个，认定玉泉区大盛魁文化创意创业园、金桥电子商务创业园等9家示范性创业平台，城镇登记失业率控制在预期目标以内，农村富余劳动力转移就业规模达到27.95万人。二是社会保障体系日益健全。加大社保扩面力度，截至2018年6月底，全市城乡居民养老保险参保人数达到76万人。全面实现了城乡居民基本医疗保险市级统筹，实现了“统一覆盖范围、统一筹资政策、统一保障待遇”等“六个统一”。加强低保扶持力度，城乡低保标准分别提高到7440元/年·人和5200元/年·人。三是教育事业健康发展。大力推进教育资源布局优化调整，加快推进“上好学”工程步伐。目前，全市共有普通高校24所，成人高校1所，中等职业教育学校60所，普通中学104所，小学206所，幼儿园359所，义务教育阶段在校生达25.8万人，专任教师达1.6万人，高中阶段毛入学率稳定在95%以上。

（三）三大攻坚战取得积极进展

一是系统性重大风险防范积极推进。加强政府债务限额管理，有序化解债务存量，着力加强金融监管，风险化解工作取得较大进展。二是脱贫攻坚战取得明显成效。制定出台精准识别、资金管理、产业扶持、教育扶持等30余项配套政策细则，深入推进精准扶贫、精准脱贫工作。2016年、2017年分别实现动态稳定脱贫人口16909人、6295人，2018年全市建档立卡贫困人口减贫6420人，53个贫困村出列，解决未脱贫1030户贫困户危房改造任务，完成易地扶贫搬迁164人。努力实现武川、清水河两个贫困县“摘帽”。三是环境防护和治理效果显著。全面落实“大气十条”，2016年和2017年，空气质量优良天数分别达到283天和255天，空气质量稳居北方城市前列；深入开展水污染防治，全市生活污水处理能力从37万吨/日提升到目前的52万吨/日。加强农业污染环境风险防控和环境保护监督管理，建立土壤污染防控重点监管企业清单，确保土地环境安全。

（四）创新驱动取得新进展

人才战略效果初现。先后制定出台了《呼和浩特市“纳贤引智”工作实施方案》《呼和浩特市大数据人才引进暂行办法》《呼和浩特市培养引进使用高层次人才规定》《呼和浩特市推进人才优先发展战略的若干措施（试行）》等政策文件，形成“1+N”人才政策体系。深入推进“千人计划”“草原英才”“青城英才”工程，海内外高层次创新创业人才引进取得进展。全市高素质研发人才占比不断提高，拥有R&D人员达到12597人，其中具有博士学历的有1621人，占全部R&D人员总量的12.9%。政府研发经费支出资金达到9.4亿元，同比增长6.6%，研发经费投入占地区生产总值的比重为1.2%。科技创新环境不断优化。创新创业体制机制不断完善，创新创业发展平台建设迈出新步伐。借助国家创新型城市获批的机遇，实施创新企业培育、创新载体建设、研发机构创新升级等八项工程，设立12亿元科技创新发展基金，持续推动创新创业发展。规划建设占地30平方公里科技城，建成了呼和浩特市科技创业服务中心，形成以大学科技园、留创园为代表的科技创业园区；成功引入科技创新精准化服务平台、中科院老专家技术中心呼和浩特工作站，培育建成国家级企业研发中心、工程技术中心2家，自治区级企业研发中心12家，院士工作站3家；和林格尔农业科技园创建国家农业高新技术产业开发区进展顺利。目前，全市建成国家和自治区级重点实验室13个、院士专家工作站13个，各级各类企业研发机构达到287家。科研成果大幅增加，有效发明专利1911件，万人有效发明专利拥有量6.14件，科技对经济增长贡献率达到50.8%。

二、呼和浩特市下阶段发展思路

2019～2020年是全面建成小康社会收官阶段，也是我市经济发展由高速增长阶段转向高质量发展阶段的关键时期。引领我市经济向高质量发展阶段迈进，需要保持头脑清醒，既要保持战略定力，坚定发展信心，利用好我国发展仍处在并将长期处于重要战略机遇期；又要增强忧患意识，看到经济运行稳中有变、变中有忧，外部环境复杂严峻，经济依然面临下行压力。在新时代和新形势下，要以习近平新时代中国特色社会主义思想为指导，把握发展大势，坚持稳中求进，聚焦主要矛盾发力，推动全市高质量发展，打好全面建成小康社会收官战。针对我市当前面临的挑战和机遇，明确今后一段时期的发展思路，重点关注以下几点。

（一）努力保持经济平稳健康发展

近年来，受自身结构调整和外部环境等多重因素制约，呼和浩特市地区生产总值、固定资产投资增速持续下滑，社会消费品零售总额增幅低于预期。下阶段，需充分发挥投资对稳增长的关键作用，在推进供给侧结构性改革方面，更加注重补短板对投资的带动作用，补齐公共服务和交通等基础设施短板，释放新兴产业投资空间和民间投资潜力。充分发挥消费对经济发展的支撑作用，保障就业和居民收入水平稳步提升，扩大中等收入群体，优化消费环境和供给，保持传统消费需求稳定增长，有效释放文化、教育、养老、旅游、医疗等消费潜力，推动消费升级。

（二）加快提升产业竞争力

当前，从工业看，呼和浩特市工业经济比重不大、工业布局不尽合理，结构性矛盾依然突出，增长依靠少数大企业，产业链短，产业集群少，产品附加值低；战略性新兴产业整体规模较小；科技进步、管理创新对工业经济发展的贡献率还比较低。从服务业看，住宿餐饮业等传统行业占比较大，物流、金融等现代服务业占重不高，新兴服务行业发展缓慢。下阶段，一方面，围绕提升规模效益和核心竞争力，加快推动传统产业改造升级；另一方面，紧跟高新技术制造业、数字经济、共享经济等发展动向，加快发展符合我市比较优势的云计算、新材料等战略性新兴产业，大力推动金融、旅游等现代服务业扩容提质。

（三）增强企业创新能力

首府城市汇聚全区数量较多、层次较高的高等院校和科研院所，科技、人才等要素相对密集。但创新要素的优势尚未充分利用和发挥，产学研结合不紧密，科技领域资金投入不足，对企业技术创新扶持不足，科技整体发展水平与沿海地区相比有持续扩大趋势，创新对经济发展带动不强。下阶段，需重点做好企业创新，针对我市高新技术企业规模较小，风险承担能力弱，采取有针对性的扶持政策，加快培育龙头企业；加大对现有龙头企业的引导和支持力度，研发新技术、新产品，提高企业竞争力。

（四）注重城区东西部平衡发展

近年来，呼和浩特市东部城区快速发展，成为一个充满商机活力、人居环境良好、具有较强聚集力和辐射力的现代化城区。相比而言，西部市政基础设施欠账多，公共服务供给不足，产业支撑城市管理不够精细。目前，西部城区仍无一所三级甲等医院，医疗资源相对匮乏；西部城区路网建设十分薄弱，居民出行便捷程度远不及东部城区居民；现代服务业发展不充分、高端服务业发展缓慢。下阶段，实现东西部城区相对均衡发展，需尽快补齐基础设施和公共服务短板，改善西部城区发展环境，提高人口集聚和承载能力，提升产业支撑能力，释放西部城区发展潜力，打造首府发展新增长极。

（五）打好三大攻坚战

从金融风险看，我市经济运行风险总体可控，已形成系统立体的规范债务管理、化解政府债务、防范金融风险的长效机制，但仍存在潜在债务风险，以及非法集资等违法违规金融活动。从扶贫攻坚看，精准脱贫任务艰巨，个别贫困群众还存在“等、要、靠”思想，集中贫困村易地搬迁进度缓慢。从污染防治看，我市生态环境质量总体改善，生态安全保障能力进一步提升，但电力能源、石油化工等产业占全市工业比重近一半，二氧化硫、氮氧化物、烟粉尘等污染物排放量较大，大青山自然保护区矿山地质环境恢复任务艰巨，空气质量优良天数与“十三五”控制指标还有一定差距。下阶段，一是坚决打好防范化解金融风险攻坚战，强化底线思维，抓住主要矛盾，协调解决金融领域突出问题，营造良好的金融生态环境。二是坚决打好精准脱贫攻坚战，精准发力施策，按照既定时间表和任务书加快推进，决不让一户群众在全面小康路上掉队。三是坚决打好污染防治攻坚战，加大超限超载治理、城市黑臭水体治理、农业农村污染治理、造林绿化等工作力度，努力在治本攻坚、爬坡过坎中实现全市环境质量的总体提升。

三、对策建议

（一）推进产业升级，全力打造现代化经济体系

一是大力推进工业强市战略。深入落实《呼和浩特市推动工业经济高质量发展实施方案》，扎实开展乳产业升级三年行动计划、百亿元级骨干企业培育行动计划和工业“小巨人”企业培育计划，进一步调整优化工业布局，提高产业集群化发展水平，把和林格尔新区核心区、金山国家级高新技术产业开发区、托清工业集中区以及西部区域打造成为新的增长极。发挥大数据产业优势，推动信息化与工业化深度融合，推动绿色农畜产品加工、电力能源、石油化工等传统优势产业向中高端迈进，生物科技、新材料、装备制造、电子信息等产业向新增长领域发展。激发和保护企业家精神，大力发展实体经济，扶持壮大民营经济，培育一批有创新能力的排头兵企业，扶持一批“专精特新”中小企业。强化金山新能源汽车、盛乐绿色食品加工、托清重化工、金桥光伏材料、和林格尔大健康等产业园的产业集中度和优势度，加快推进久泰能源煤制乙二醇、环聚新能源二期、中环光伏半导体级硅单晶、沃新能源汽车整车装配制造、创维电子搬迁等项目建设，提升发展的质量和效益。二是要进一步优化服务业结构。适应消费升级需求，持续增强电子商务竞争力。积极支持电商企业通过共建联盟、并购重组做大规模，引导生产企业搭建线上销售平台，打造特色化、专业化的电子商务品牌。鼓励国内外知名电商企业在我市建设仓储基地。加快发展农村电子商务，实施电子商务物流配送进农村示范项目。加快发展现代物流业。完善大型物流基地分类布局，完善二级以下物流网点和终端物流站点设置，建设物流总部基地、集散货物转运基地和物流综合服务基地。全力打造以全域旅游发展为目标，区域性旅游综合服务基地，健全现代文化产业体系和市场体系，积极发展出版、影视、动漫、文化创意等文化产业，推动文化产业与大数据、旅游、体育、健康、养老、会展等产业深度融合，培育和壮大新型文化业态，加快推进以和林奥威国际马文化产业园

和呼和塔拉为核心的马文化旅游产业，将文化产业和旅游产业打造为新的支柱产业，持续提升新兴服务业产值占比。三是要更加注重战略性新兴产业培育发展。以大数据云计算产业为基础，加快发展新一代信息技术产业，强化移动互联网、大数据、物联网、人工智能研发与应用，规划建设中国北方数据资源汇聚中心、政务服务云计算中心。加快发展工业互联网，推动信息技术与实体经济、公共服务深度融合。积极推进高端装备制造产业发展，积极推进高端装备制造产业发展，推进建设开沃汽车整装等项目，尽快形成新能源汽车整车制造能力。加强与航天科工、航天科技等企业合作，布局建设高性能医疗器械、航空装备制造项目。发挥新材料产业竞争优势，开发电子级硅材料、高纯铝、石墨烯、特殊镁合金等新型材料，形成一批新型产业集群。

（二）强化创新引领，加快推动新旧动能转换

一是加快推进创新载体建设。推进以呼和浩特科技城、金山国家级高新区为核心的科技创新载体建设，围绕传统优势特色产业和战略性新兴产业，重点规划、培育一批工程技术研究中心、企业研发中心、企业重点实验室等研发机构，着力提升企业自主创新能力，持续培育创新型企业。加快建设30平方公里“呼和浩特科技城”，与中关村、中科院等科研创新单位开展合作，建设企业科技精准化服务平台，推进华为云数据中心等11个项目建设。二是不断提高科技创新支撑力。加强科技人才队伍建设，大力实施纳贤引智行动，持续落实好《推进人才优先发展战略的若干措施（试行）》等政策，吸引海内外高层次人才、优秀高校毕业生留呼工作，为首府经济高质量发展提供人才支撑。三是推动产学研深度融合。依托高校和科研院所科技资源，加强基础性研究和重大科技攻关，推动产学研深度融合和一体化发展，破解产业发展技术难题。加强国际间、地区间科技交流与合作，引进关键性技术，促进科技成果转化，支持高新产业发展。四是积极支持创新型企业发展。继续支持新能源、新材料、生物医药、信息技术、节能环保等战略性新兴产业，突破和掌握一批关键核心技术，争取部分项目列入国家或自治区重大科技专项和计划，提升企业关键环节的科技创新能力。以应用技术为重点，加强移动互联网、物联网、

云计算、大数据技术等新一代信息技术在工业、经济和社会领域的广泛应用。五是深入推进大众创业、万众创新。推进金融支持和林格尔县和托克托县农民工返乡创业试点县创新创业发展，支持政务服务、电子商务、移动办公、互联网金融、智能家庭、远程医疗、网络旅游等一批新业态发展，多措施、多形式促进大众创业、万众创新实体经济发展。

（三）着力打造全面对外开放新格局，推动城乡区域协调发展

紧紧抓住国家新一轮“引资风”热潮及新出台的利用外资自由化便利化政策，做多做大经济总量。一是全力加大招商引资力度。以推进建设和林格尔新区和西部城区一体化建设为契机，着力点放在实体经济上，放在核心的制造业上。强化能源、材料、生物、食品加工等优势产业，科学规划和筹划重点引资项目，强化产业园区规划的特色吸引力，兑现落实招商引资政策。优化投资环境，以诚对企、以信纳商，打开以商招商、以企引企通道，积极吸引外资和民营经济，形成新的经济增长极。二是深度融入京津冀协同发展战略。进一步深化与京津冀地区的沟通对接、合作交流，打造联系更加紧密的区域发展共同体。抓住北京疏解非首都功能有利契机，积极承接北京产业项目转移。三是努力打造现代化区域性中心城市。全方位加强与呼包银榆经济区各城市合作，加快呼包鄂协同发展，推动产业布局、基础设施建设、社会保障等方面共建共享，构建区域联动、协调发展新格局。四是深入加强对外交流合作。积极开展与“一带一路”沿线国家经贸、文化、旅游、教育、会展等方面合作。创新与俄蒙合作机制，推进中蒙俄货运大通道建设，打造中蒙俄经济走廊核心节点。全力争取中蒙自由贸易试验区、国家跨境电子商务综合试验区申报建设，推进电子口岸、航空口岸建设。五是统筹推进和林新区规模化、高质量发展，西部城区产城协调融合一体化发展，东部城区资本、科技集聚创新型发展，北部山区建设生态园林低碳绿色发展。六是进一步完善覆盖城乡、内联外通的立体交通网络，推动京呼高铁建成通车，争取启动呼和浩特到银川、南宁高铁项目，打造区域性高铁枢纽。加快呼和浩特新机场综合交通枢纽建设，完善市域高等级公路体系。

（四）深入推进三大攻坚战，促进社会和谐稳定发展

积极采取有效措施，防范系统性债务风险，超前监测和预判，支持有条件的企业生产，破解企业债务链，逐步化解企业债务风险。严格加强金融监管，重点防范银行、非银行金融领域潜在的风险，综合整治金融乱象。采取有利措施，加强个人债务、房地产泡沫等金融风险防范，优化政府债务存量结构，控制增量，保障经济和社会稳定发展的平稳运行。继续深入打好精准脱贫攻坚战，继续不断改善贫困地区的生产、生活和生态环境，增强贫困群众获得感。继续推进生态文明建设，全面防治环境污染，遵循“以人为本、生态优先，因地制宜、和谐发展”的原则，加强城乡生态系统的保护与建设，加强大青山自然保护区、黄河沿岸和其他生态脆弱区保护，深入开展大气污染防治行动，强力推动达标排放。加强地下管网建设，促进雨污分流、强化污水治理，加强饮用水水源地保护，强化工业企业、旅游餐饮、交通穿越、农业面源污染、生活面源污染治理，加强土壤保护和治理，建设天蓝、山绿、水清、气爽的美丽首府城市。

包头市“十三五”以来经济社会发展情况及对策建议

王辉东　王明亮*

“十三五”以来，包头市深入贯彻党的十八大、十九大精神，以习近平新时代中国特色社会主义思想为指导，认真贯彻落实习近平总书记参加十三届全国人大一次会议内蒙古代表团审议时的重要讲话精神，按照自治区党委、政府重大决策部署，牢固树立和践行新发展理念，坚持稳中求进的工作总基调，以深化供给侧结构性改革为主线，加快新旧动能转换，推动高质量发展，经济保持总体平稳、稳中向好态势。

一、包头市“十三五”以来经济社会发展情况

（一）推动率先发展，转型升级步伐加快

产业结构持续优化，优质钢、特种钢比重达到90%，电解铝、稀土原材料就地转化率分别达到80%和85%，装备制造业占规模以上工业增加值比重达到13.6%，服务业增加值占GDP比重达到55.7%，绿色农畜产品加工转化率达到65%。供给侧结构性改革取得实效，钢铁、煤炭过剩产能化解提前完成“十三五”目标任务，银

* 王辉东、王明亮，包头市发展和改革委员会。

行业金融机构不良贷款率低于自治区1.08个百分点，生态环境、社会民生等领域发展的协调性、均衡性不断提高。基础设施日臻完善，“二环五纵八横”路网基本形成，包头机场完成国际机场航站楼改造，新建改造地下管网1746公里，集中供水普及率达到98.1%。可再生能源综合应用示范区获国家能源局批复。

（二）加快创新发展，发展活力不断增强

科技创新能力全面提升，培育认定高新技术企业107户，建成国家和自治区级重点实验室30个、院士专家工作站43家，各类研发机构246家，占自治区的50%。加大对非公经济发展的支持力度，全市非公经济增加值占GDP的比重达到62%。深入推进“大众创业、万众创新”，东宝生物入选自治区首批创新型企业“双创”示范基地。体制机制创新取得突破，推出625项改革举措，市级387项公共服务事项全部实现网上办理，包头铝业园区、稀土新材料产业园区和固阳金山工业园区先后获批国家增量配电业务改革试点。

（三）推进协调发展，协同效应持续显现

城乡协调水平不断提高，建成区绿化覆盖率达到44.3%，新建改造城市道路255条，打通“断头路”114条，“五横八纵”路网基本形成。区域发展协调性增强，主动承接京津冀和长江经济带产业转移，与北京中关村信息谷资产管理公司、天津滨海新区签订了合作协议。呼包鄂协同发展深入推进，包茂高速、跨黄河大桥等互联互通重大工程开工。军民融合深度发展，建成国家级军民结合产业示范基地，形成了以非公路矿用车、重型汽车等为代表的军转民装备制造产业集群，以杉杉电动客车等新兴产业为代表的民参军产业集群。

（四）坚持绿色发展，生态文明建设扎实推进

退耕还林还草、京津风沙源治理二期等重点生态工程稳步推进，森林覆盖率由15.1%提高到17.6%，草原植被覆盖度由29%提高到32%。推动中央、自治区环保督察反馈问题整改，实施了大气、水和土壤污染防治行动计划，全市环境空气质量

达标天数比例由2015年的68.4%提高到2017年的77.4%。资源节约和循环利用水平不断提高，2016年、2017年单位GDP能耗分别下降4.92%和4.24%，二氧化碳排放同比分别下降5.5%和3.9%。

（五）深化开放发展，发展空间不断拓展

主动融入“一带一路”和“中俄蒙经济走廊”建设，满都拉口岸实现常年开放，至蒙古国赛音山达和塔本陶勒盖公路铁路建设前期取得积极进展。中亚国际班列成功开通，保税物流中心（B型）获国家海关总署批准。航空口岸实现临时开放，开通至泰国、蒙古国等国际航线10条。

（六）突出共享发展，民生保障水平不断提升

2018年城乡居民人均可支配收入较2015年分别提高9309元和3768元。落实扶贫资金20.6亿元、减贫11062人，安置建档立卡贫困人口6362人，同步搬迁3170人。实现高校毕业生就业6.46万人，每年城镇新增就业人数达到4万人以上，城镇登记失业率控制在3.9%以内。全市学前教育三年毛入园率、九年义务教育巩固率分别达到94.1%、93.9%，社区、乡镇苏木健身体育设施覆盖率分别达到89.4%和95%。

（七）促进和谐发展，民族团结和边疆稳定大局更加稳固

累计争取国家、自治区各类资金7417万元，支持边境地区、牧区和少数民族聚居贫困地区发展。实施“七五”普法规划，推进法治政府建设。推进“三见警”常态化巡逻机制，健全安全生产责任制，实施“天眼”工程，深入开展信访积案化解“百日攻坚”活动，地区和谐稳定局面持续巩固。

二、包头市下阶段发展思路

当前，是决胜全面建成小康社会第一个百年奋斗目标的关键时期，是加快推动

经济高质量发展的重要战略机遇期。

政策机遇前所未有。党中央坚持稳中求进工作总基调，坚持新发展理念，坚持推进高质量发展，坚持以供给侧结构性改革为主线，坚持深化市场化改革、扩大高水平开放，坚定不移稳就业、稳金融、稳外贸、稳外资、稳投资、稳预期，努力在“巩固、增强、提升、畅通”上下功夫，大力支持民营经济发展，经济增长继续保持在合理区间，极大地提振了市场信心，为包头市高质量发展提供了良好外部环境。包头市是贯彻落实习近平总书记参加十三届全国人大一次会议重要讲话精神，实现从“挖土卖土”到“点土成金”的主战场，同时也是“一带一路”、沿黄生态经济带、“中蒙俄经济走廊”的重要组成部分，《呼包鄂榆城市群发展规划》得到国务院批复，政策叠加效应十分明显。

动能转换空间广阔。从产业空间看，包头市稀土新材料产业园基础设施不断完善，功能定位日益清晰，将成为推动新旧动能转换的重要载体、高端高质高效产业的集聚区、创新驱动和绿色集约发展的示范区。从生态空间看，包头市将利用环保倒逼机制，推动产业转型升级，提高产业绿色化水平，形成节约资源和保护环境的产业结构和空间格局。

经济发展预期向好。实现高质量发展，决胜全面建成小康社会，都离不开稳定的预期。2019 年以来，全市工业用电量、铁路货运量、公路货运量和金融机构贷款余额等多个经济先行指标保持高位运行，企业效益持续好转。同时，随着“放管服”改革的深入推进，企业信心和活力不断增强，市场主体总量持续增长。经济增长延续稳中有进态势，发展预期稳定向好。

与此同时，包头市在推动经济高质量发展的过程中仍然面临着一些突出问题和挑战。一是推动经济高质量发展任务艰巨。工业资源型、粗放型发展方式还未从根本上转变，“四多四少”问题依然存在。二是重大项目支撑不足。“单项冠军”企业和项目不多，亟需谋划落地一批引擎性项目，开展一批产业链精准招商试点，促进经济高质量发展。三是节能环保压力巨大。随着钢铁、电解铝等高耗能产业的快速发展，工业用电量增长较快，节能减排压力巨大。

今后一个时期，包头市将坚持以习近平新时代中国特色社会主义思想为指导，按照中央“五个坚持”“六个稳”经济工作要求，全面落实“巩固、增强、提升、畅通”八字方针，坚定发展信心，保持发展定力，创新发展思路，加快新旧动能转换，推动经济社会持续健康发展。

坚持规划引领。健全完善钢铁、铝、装备制造、稀土、煤化工新能源基地等主导产业发展规划，延伸产业链条、提升产业间同城协作配套能力。研究制定清洁能源输出基地发展规划，依托丰富的风光资源，打造中国北方千万千瓦级新能源汇集基地。

坚持创新驱动。强化创新平台建设，加快创建国家可持续发展议程创新示范区、国家军民融合创新示范区、国家稀土技术创新中心、国家农业科技园区等国家级创新平台。加快创新主体培育，推进科技成果转化，不断增强创新发展动能。

坚持项目带动。围绕《包头市十二大产业链图》开展精准招商，探索建立以政府为主导的产业链“链长制”和以国有企业为主导的产业集群“群长制”。围绕重点产业增链补链强链，形成重大项目有序接替、滚动发展态势，不断增强地区发展后劲。

坚持高质量发展。改造提升传统产业，重点推动钢铁、有色和能源产业向高端化、集群化、清洁化方向发展。大力培育壮大新兴产业，全力打造在国际国内具有重要影响的新材料、关键部件、高端装备和接续产业集群。做强做优稀土特色产业，提高稀土资源综合利用、精深加工、就地转化水平，逐步改变“挖土卖土”发展模式。

坚持改革开放。深化供给侧结构性改革和“放管服”、国资国企等重点领域改革，不断增强地区发展活力。积极融入“一带一路”和中蒙俄经济走廊，推进能源、装备、服务、商品进出口。推动包西高铁、包银高铁及满都拉至赛音山达跨境铁路规划建设，打造国家向北向西开放的重要战略支点。

三、对策建议

（一）坚决打好三大攻坚战，决胜全面建成小康社会

全力打好防范化解重大风险攻坚战，落实政府债务限额管理制度，强化政府投

资项目监管，坚决遏制各类隐形债务增量，把债务率降到合理水平。严格高负债企业举债约束，加强企业负债规模和负债率双重管控。规范民间借贷融资，有效管控流动性风险。全力打好精准脱贫攻坚战，全面落实“五个一批”要求，确保一年一个新进展、三年圆满完成脱贫攻坚任务。做好建档立卡贫困人口大病精准识别管理和集中救治工作，推行“四专一免”健康扶贫模式，落实“一降四提五兜底”医疗救助政策，贫困人口住院医疗费用及慢性病日常保障用药费用限额内个人实际报销（救助）比例达到95%。全力打好污染防治攻坚战，全面完成中央、自治区环保督察反馈问题整改落实工作。加强大气、水和土壤污染防治，开展钢铁、电力等重点行业和工业园区污染防治，推进原煤散烧治理，加强清洁取暖改造；推进废水资源化利用，落实河湖长制，实施河道生态修复和治理；加强农业面源污染防治，推进重金属污染耕地修复治理。

（二）加快产业转型升级，推动经济高质量发展

推动工业转型升级。实施落后和过剩产能淘汰、稀土产业提升、冶金产业提质、传统装备制造优化、轻工业增效行动，力争到2020年，优质钢、特种钢比重达到95%左右，铝和铜镁就地加工转化率分别达到90%和50%以上，重点企业数控化率达到60%，农畜产品加工转化率达到70%以上。培育发展新兴产业。壮大智能装备、新材料、大数据云计算、节能环保、生物医药、现代能源、军民融合等6大新兴产业，抓好20平方公里新旧动能转换核心区建设，推动可再生能源综合应用示范区建设，创建国家军民融合创新示范区。提档升级旅游、商贸等十大生活性服务业，培育壮大现代物流、电子商务等十大生产性服务业。深入推进乡村振兴战略。加快土地草牧场确权颁证，推进经营权有序流转。引导城市周边、山南、山北地区农业错位布局，补短板、强弱项、增活力，加快推动农村一、二、三产融合发展。

（三）培育壮大新动能，强化经济发展支撑

实施创新驱动发展战略。支持大中型企业创建领军型和国家级创新型企业，推

动科技型中小企业向“专精特新”发展，建设“质量强市”，到2020年全市高新技术企业、创新型企业均达到200家，认定培育科技小巨人、智能制造、军民融合科技创新示范企业各30家。高层次专技人员达到8万人左右，高技能人才达到18万人左右。鼓励支持引导非公经济发展。培育壮大龙头企业，实施中小企业培育工程，着力壮大非公经济规模。提升产业发展层次、科技创新能力，着力推动非公经济提档升级。推进简政放权、放宽市场准入，着力优化营商环境。有效解决融资难问题，降低企业成本，着力破解非公经济发展难题。做好亲商安商富商各项工作，着力构建新型政商关系。推动沿黄生态经济带建设。科学划定沿黄生态红线，加强流域生态体系修复和环境综合治理。推进快速大运力铁路通道、高等级广覆盖公路网建设，打造综合立体交通走廊。优化沿黄城镇和产业布局，打造黄河文化旅游品牌，建设沿黄地区文化旅游产业带。

（四）持续深化改革开放，有效激发经济发展活力

推进重点领域和关键环节改革。抓好“放管服”改革，落实“并联审批”“告知承诺”等举措，推行“六个一”服务模式，助推“最多跑一次”改革。深化商事制度改革，推行企业全程电子化登记，推进“证照分离”改革，实现“双随机一公开”监管全覆盖。推进工业园区配售电改革，深化国资国企改革。持续推进供给侧结构性改革，加大基础设施领域补短板力度，重点推动包银、包西高铁等项目建设。综合施策降低企业融资、物流、用能成本和税费负担，支持实体经济发展。拓展开放合作新空间。主动融入“一带一路”、中蒙俄经济走廊、京津冀协同发展和长江经济带建设，落实《呼包鄂协同发展规划纲要》《呼包银榆经济区发展规划》《呼包鄂榆城市群发展规划》，着力提升区域协同发展能力。

（五）加强生态环境治理，扎实推进美丽包头建设

推动绿色低碳循环发展。抓好国家“城市矿产”示范基地建设，推动工业固体废物和农作物秸秆综合利用，推广用水权、排污权、碳排放交易。推广新能源和清洁能源替代，强化能源消耗总量和强度“双控”。加强生态修复和保护。统筹山水

林田湖草系统治理，实施重点生态工程，推进重点区域绿化。实施湿地保护恢复、城市水生态提升综合利用工程，开展草原荒漠化、沙化治理，确保基本草原生态持续改善。深化生态文明制度改革。推进“多规合一”，科学划定生态保护红线、永久基本农田、城镇开发边界“三条红线”和“城市蓝线、绿线”。完善健全自然资源资产产权制度，编制自然资源资产负债表，开展领导干部自然资源资产离任审计。改善城乡人居环境。高起点编制新一轮城市总体规划，加快建设全国城市设计试点和“双修”试点城市，不断完善新都市区等基础设施和公共服务网络，全面提升城市功能品质。全面实施农村牧区人居环境整治七大工程，推进“厕所革命”“四好农村路”建设，完善农村牧公共服务设施，打造生态宜居美丽乡村。

（六）着力保障改善民生，不断增进人民群众福祉

完善就业和社会保障体系。做好高校毕业生、重点群体就业工作。发展养老事业和养老产业，统筹城乡社会救助体系，推进低保制度和社会救助、社会福利、慈善事业、优抚安置等相衔接，健全特困人群生活补贴自然增长机制。促进社会事业繁荣发展。实施教育提升三年行动计划，推进乌兰牧骑事业发展，深化医药卫生体制改革，落实全民健身国家战略。统筹抓好志愿服务制度化、外事侨务、气象、档案、防震减灾等各方面工作。提升社会治理水平。发挥工会、共青团、妇联等群团组织作用，推进“四级”综治中心规范化建设。深入推进“平安包头”建设，全面开展扫黑除恶专项斗争，切实保护人民群众生命财产安全。完善安全生产责任制，坚决防止重特大事故发生。扎实推进民族团结和边疆稳固。

兴安盟“十三五”以来经济社会发展情况及对策建议

杨梦轩　白玉潭*

“十三五”以来，全盟上下深入贯彻落实党的十九大精神和习近平新时代中国特色社会主义思想，坚决贯彻自治区党委、政府各项决策部署，牢牢把握稳中求进工作总基调，积极践行新发展理念，统筹推进稳增长、促改革、调结构、惠民生、防风险各项工作，全盟经济社会呈现质量提高、效益向好、后劲增强的良好态势。

一、兴安盟“十三五”以来经济社会运行情况

（一）新旧动能转换快速推进，产业转型步伐进一步加快

“十三五”以来，全盟产业结构持续优化，三次产业比例由 2016 年的 24.0 ：39.7 ：36.3 演变为 32.6 ：29.0 ：38.4。一是现代农牧业转型增效。“种植业质量提升、养殖业效益倍增、林果业产能递增”三年行动计划全面实施，种养殖结构进一步优化。积极打造绿色农牧业品牌，袁隆平水稻院士工作站落户兴安盟，“兴安盟大米”品牌知名度、美誉度和影响力大幅提升。二是工业发展稳中提质。生物制药、清洁能源等新产业、新动能加快培育。乌钢、烟厂实施技改升级和结构调整，传统产业

* 杨梦轩、白玉潭，兴安盟发展和改革委员会 。

焕发新的生机与活力。博源3052化肥试车运行，乌兰大化肥等项目加快实施。三是现代服务业蓬勃发展。金融、物流、商贸、电子商务等快速成长，万达广场、红星美凯龙、东北亚义乌国际商贸城落户兴安。全域旅游发展势头强劲，兴安盟整体列入国家全域旅游示范区创建行列，阿尔山荣获国家5A级景区和世界地质公园两项桂冠，全盟旅游接待人数和收入持续保持20%以上的增速，旅游业成为经济增长、转型升级的重点产业和先导产业。

（二）重点领域改革不断深入，改革成效进一步显现

2016～2018年，共启动实施改革任务857项，出台改革方案及文件348件。习近平总书记要求先行先试的三项重点改革任务取得明显成效，相对集中行政许可权试点改革、教师职称聘任和灵活编制改革、公立医院编制备案制改革等工作走进全区前列，改革呈现出全面发力、多点突破、纵深推进的良好局面。

（三）积极主动扩大对外开放，发展合力进一步汇聚

主动服务和融入“一带一路”建设、中蒙俄经济走廊、京津冀协同发展、东北振兴等国家发展战略，充分利用京蒙对口帮扶有利契机，加大与北京地区沟通交流，进一步承接北京地区产业转移，同时密切与港澳台及东南亚的交流与合作。成功举办中蒙绿博会、非公经济阿尔山论坛等经贸交流活动，在北京、深圳、南京等地积极开展招商引资，全方位对外开放格局加快形成。2016～2018年全盟累计引进项目531个，引进资金543.26亿元。

（四）坚定践行绿色发展理念，优势潜力进一步凸显

全力推进大气、水、土壤污染防治三年攻坚计划，实施污染防治项目248项，扎实推进能耗总量和强度“双控”，全面推进重点领域节能降耗，全盟环境得到进一步提升。积极落实新一轮草原生态保护补助奖励政策，深入实施主体功能区战略，编制完成阿尔山市、科右中旗国家重点生态功能区产业准入负面清单，扎实推进生态红线划定工作。启动实施400万亩退耕还林还草规划，共完成营造林143万

亩。加快实施“三北”防护林、天然林保护等工程建设，坚守生态底线，绿色发展优势进一步凸显。

（五）坚持以人民为中心，民生福祉进一步增进

一是脱贫攻坚扎实推进。深入落实“六个精准”“五个一批”工作要求，开展产业覆盖稳增行动，采取奖补、贷款、贴息等措施，贫困发生率由 2016 年的 7.2% 降至 2018 年的 1.8%。二是社会民生保障水平不断提升。2016 ~ 2018 年，城乡低保保障水平年均提高 12%。2018 年，城镇基本养老覆盖率达到 80%，农村基本养老覆盖率达到 82%，城乡居民医疗保险参保率达到 97.6%，中职学生就业率保持在 96% 以上。三是社会形势平稳有序。生产安全事故起数和死亡人数实现“双下降”，八类刑事案件发案率大幅度下降，“七五”普法工作全面启动实施，双拥共建工作扎实推进，先后被评为全区平安建设、维护稳定先进盟市。四是民族团结进步事业深入推进。广泛开展“民族团结一家亲”和民族团结联谊活动，大力实施兴边富民行动和“五个一”提升工程，成功承办全国民族团结进步创建经验交流现场会和十二届全国人大民族委员会扩大会议。

二、兴安盟下阶段发展思路

从全国看，我国仍处在重要的战略机遇期，经济发展由高速增长阶段转向高质量发展阶段。受外部贸易摩擦冲击、内部防范系统性风险等因素影响，经济下行压力不断增大，但供给侧结构性改革红利释放、经济结构改善等有利因素将成为有效的缓冲器，中央政治局会议的“六稳”工作要求也将增强政策托底效果。同时，越过改革开放 40 周年里程碑，2019 年新一轮改革开放举措有望提速落地，经济发展前景可期。

从自治区看，2018 年 3 月 5 日，习近平总书记在十三届全国人大一次会议内蒙古代表团审议时发表的重要讲话，为我区量身定制行动纲领。自治区认真贯彻习近平总书记提出的“四个着力”“五个结合”“三个扎实”要求，全面落实“一带一

路”“新一轮东北振兴”等重大战略部署，在经济高质量发展、产业转型升级、生态环境治理和保护等方面出台了一系列政策措施，将为我区经济稳增长发挥重要作用。同时，自治区勇于担当、实事求是、去虚求实，主动“瘦身”“减债”“挤水分”，为全区经济高质量发展甩掉了包袱，将为今后全区发展赢得时间与空间。

从兴安盟看，“十三五”以来，兴安盟发展质量持续改善，民生水平不断提高，城乡面貌显著变化，全盟逐步走上了结构优化、经济转型的高质量发展道路。展望“十三五”后半程，兴安盟发展环境和条件将明显改善。一是政策红利增多。习近平新时代中国特色社会主义思想以及治国理政新理念新思想新战略为兴安盟富民强盟、跨越追赶提供了根本遵循。特别是国家深入实施“一带一路”“新一轮东北振兴”京蒙扶贫协作等重大战略部署，将为兴安盟发展带来更多的发展机遇和政策红利。二是基础设施保障能力不断提高。“十三五”以来，全盟开工建设重点公路1164.1公里，农村公路2437.5公里，连接东北三省的高速公路全面贯通。乌兰浩特至白城快速铁路建成开通，白阿铁路阿尔山—芒罕屯段扩能等铁路项目加快建设，铁路网布局不断完善。现有航线16条、通达城市12个，旅客吞吐量年增速保持在20%以上。引绰济辽工程获批并开工建设，绰勒水利枢纽下游灌区项目基本完工，嫩江干流治理工程全面完成，水资源优势加快向发展优势、经济优势转变。兴安至扎鲁特等3个500千伏输变电工程顺利推进，伊兴乌500千伏输变电工程全线贯通，我盟成为东北地区电力外送的重要枢纽。三是高质量发展后劲不断增强。中粮60万吨玉米制乙醇、中广核生物燃气、同仁堂中草药种植等一大批符合高质量发展要求、符合我盟产业定位、能够促进农牧民增收的大项目好项目签约落地，将有效填补我盟多项产业空白，有力增强全盟经济高质量发展动力和后劲。

与此同时，全盟正处在转变发展方式、优化经济结构、转换增长动力的攻关期，总量不足、发展不充分依然是当前的主要矛盾，经济部分领域风险犹存。主要表现为：工业结构单一格局未从根本上改变，工业经济的脆弱性和抗风险能力不强的问题比较突出；新能源、生物制药等战略性新兴产业增长较快，但数量少、规模小，对工业增长的支撑尚显薄弱；旅游、金融、会展、商贸流通等服务业发展不充分，对经济增长的贡献率不高，对经济发展的拉动效应不强。

下阶段，我盟要始终坚持稳中求进工作总基调，着重把握好“稳”与“进”的关系，守住“稳”的大局，坚定“进”的方向，以稳健的步伐、稳妥的举措、稳定的环境，改进工作作风，增进民生福祉，推进经济高质量发展。一是全力建设从严治党阳光区，切实把各级党组织建设得更加坚强有力。坚持党要管党、全面从严治党，认真落实新时代党的建设总要求，将“严”字长期坚持下去，推动各级党组织更好地承担起团结带领全盟各族人民全面建成小康社会的历史重任。二是坚决打好“三大攻坚战”，着力补齐全面建成小康社会突出短板。统筹推进脱贫摘帽工作，全力打好脱贫攻坚战，全面加强生态保护建设，打好污染防治攻坚战。突出防范重点，有效化解重大风险。三是加快新旧动能转换，着力促进产业结构优化升级。深化供给侧结构性改革，引导发展要素向中高端产业集聚，提高产业层次和发展水平。四是全面实施乡村振兴战略，着力推进农牧业农村牧区优先发展。按照“产业兴旺、生态宜居、乡风文明、治理有效、生活富裕”总要求，全面落实“五个振兴”具体举措，着力建设乡村振兴样板区。五是支持民营经济健康发展，激发各类市场主体活力。毫不动摇支持民营经济持续健康发展，帮助他们融化市场冰山、跨过融资高山、翻越转型火山，捧回金山银山。六是坚持以人民为中心的发展思想，着力提高保障和改善民生水平。以民生优先为工作导向，按照“坚守底线、突出重点、完善制度、引导预期”思路，切实把民生底线守住、把民生安全网织牢。

三、对策建议

（一）积极构建现代化经济体系，推动经济实现高质量发展

深入实施我盟《扎实推进经济高质量发展的实施意见》，坚持质量第一、效益优先，以供给侧结构性改革为主线，大力推动质量变革、效率变革、动力变革。以提高供给体系质量作为主攻方向，以实体经济为着力点，坚持项目带动、投资拉动、创新驱动，全力打造经济发展新动能。全面梳理农畜产品加工、冶金建材、卷烟生产等传统产业链条，积极对接市场需求，找准重点领域和关键环节，鼓励和引

导传统产业优化结构、改造技术、提高品质，促进短链做长、单链做多、弱链做强，进一步发挥好传统产业基础支撑作用。要加快培育新兴产业，依托我盟资源优势和现有产业基础，重点推进新能源、新材料、节能环保、蒙中医药等产业加速发展，提高资源综合利用率和产业精深加工度，培育壮大一批龙头企业，打造一批新兴产业集群。加快发展现代服务业，不断提高现代服务业集聚区集聚能力和发展水平，继续培育和建设独具特色的服务业集聚区，积极发展电子商务，争创国家级电子商务示范基地。突出发展金融服务业，着力构建服务高效、安全稳定、适应经济社会发展多层次需求的金融体系，着力发展养老产业，鼓励社会资本兴办养老服务业，推进医疗卫生与养老服务相结合。深入实施旅游兴盟战略，大力推进全域旅游、四季旅游，将各旗县市、周边地区乃至与蒙古国的边境旅游资源作为整体统筹谋划，坚持连点成线、集线成面，一体推进、集约经营，做足山水文章、做热冰雪资源、做活文化特色，把旅游业真正打造成为全盟战略性支柱产业。

（二）着力挖掘有效投资，增强经济发展后劲

加大重点项目建设力度，不断完善领导包联责任制，进一步明确任务，落实责任，积极推进尚未开复工项目开工建设。对于能够按期复工的续建项目，全力加快建设进度，特别是紧盯国家、自治区“十三五”规划重点项目，采取超常规措施，及时解决项目实施过程中存在的问题，确保项目如期完工。加强投资主体多元化，强化企业投资主体地位，落实好国家、自治区鼓励支持非公经济发展的各项政策措施，吸引民间投资参与 PPP 项目建设，持续扩大民间投资规模。加大国家和自治区投资的争取力度，围绕国家和自治区重点投向，及时调整、充实、完善重大项目库。

（三）释放区域发展活力，加强经济发展基础保障

一是深入实施乡村振兴战略。坚持农牧业农村牧区优先发展，立足盟情农情，按照产业兴旺、生态宜居、乡风文明、治理有效、生活富裕的总要求，加快推进农牧业农村牧区现代化。深化农牧业供给侧结构性改革。大力发展现代农牧业，实施

新型农牧业经营主体培育工程，通过资金补助、项目扶持、技术培训等方式支持龙头企业、合作社、家庭农牧场、种养大户等新型经营主体发展，提升农牧业适度规模经营水平。二是推进县域经济发展。继续把县域经济作为统筹城乡发展的重要节点，发挥县域联结城乡、贯通三产的枢纽作用，切实抓好产业发展、民生改善、基础设施建设和生态环境保护，不断壮大县域经济规模和实力。按照“区域经济一体化、县域经济特色化”要求，加大对特色产业的培育和支持力度，促进各旗县（市）立足实际，实现特色发展、错位发展、协同发展。三是增强基础设施支撑力。以城镇化为核心、以园区为载体、以基础设施为保障，优化资金、土地、人力资源等要素配置，全力打造环境高地、投资洼地。要完善基础设施网络体系。加强铁路、公路、航空、水利、管道、电网、信息、物流等基础设施网络建设，增强城镇综合承载能力和公共服务能力，为经济社会发展提供基础支撑和要素保障。

（四）全方位扩大改革开放，释放经济发展新活力

一是推动各项改革落地显效。扎实推进各领域改革，全面落实中央、自治区党委深化改革部署要求，以习近平总书记嘱托内蒙古先行先试的三项改革为引领，以推动高质量发展为主要任务，全力推进“放管服”改革、投融资体制改革、农村牧区综合改革和电力、水利、农垦、林业等领域改革，深化文化产业发展、法治社会建设、抓党建促脱贫等重点改革任务，最大限度激发市场活力和全社会创造力。大力实施创新驱动发展战略，加大科技创新投入，加强产学研深度融合，完善创新激励政策，引进培养科技创新人才，在全社会形成鼓励支持创新的浓厚氛围。二是全面优化营商环境。牢固树立“抓环境就是抓发展”的理念，全方位、大力度打造一流营商环境，全面实施市场准入负面清单制度，积极落实我盟《关于优化营商环境的十项政策措施》。大力推动招商引资，建立健全产业项目招商激励机制，明确招商引资目标，完善招商引资举措，落实招商引资责任，加大招商引资考核力度，继续紧盯环渤海区域、长三角、珠三角等发达地区，积极走出去，寻找投资客商和投资项目，营造抓招商引资的浓厚氛围。大力降低实体经济成本，加大行政审批制度

改革，提高行政效能，降低企业用能、用地、用工等要素成本及融资、物流和制度性交易成本，充分利用电价洼地、厂房代建、产业基金、基地建设等系列优惠政策，加快构筑低成本竞争优势。积极完善项目审批工作。严格按照自治区《关于提高自治区级重大项目审批效率加快项目前期工作的通知》要求，简化办事程序，提高办事效率，为投资主体兴业创造良好的环境条件。三是促进开放合作、借力发展。主动争取和落实国家及自治区各项扶持政策，最大限度地挖掘政策含量，最大限度地把政策变成项目资金。继续主动融入“一带一路”建设，加强与京津冀、长三角、珠三角等地的区域合作，加快推进“阿海满”“兴白齐”区域协调发展，进一步加快推进面向俄蒙的开放合作。

（五）突出抓好生态建设和环境保护，释放绿色发展新动能

加强森林保护，扩大天然林资源保护范围。大力开展植树造林和森林经营，稳定和扩大退耕还林范围，加快重点防护林体系建设；加强自然保护区建设与管理，对重要生态系统和物种资源实施强制性保护，切实保护珍稀濒危野生动植物、古树名木及自然环境。强化农田生态保护力度。实施耕地质量保护与提升行动，探索实行耕地轮作休耕制度，加大退化、污染、损毁农田改良和修复力度，加强耕地质量调查监测与评价，实施保护性耕作推进工程等建设项目。加强草原重点生态功能区建设。

（六）着力保障和改善民生，全力维护社会稳定

一是坚决打好精准脱贫攻坚战。坚持把打赢脱贫攻坚战作为“十三五”期间头等大事和第一民生工程，精准施策，确保阿尔山市、扎赉特旗、科右前旗、突泉县、科右中旗如期完成脱贫摘帽任务。不断增强脱贫攻坚合力，严格落实党政一把手负总责的责任制，发挥好驻村工作队作用，鼓励引导各类民营企业、社会组织和个人参与扶贫开发，推动形成专项扶贫、行业扶贫、社会扶贫的“三位一体”大扶贫格局。二是统筹发展各项社会事业。优先发展教育事业，办好学前教育、民族教育和特殊教育，提升义务教育和高中阶段教育质量，完善现代职业教育体系，促

进各级各类教育协调均衡发展。加快健康兴安建设，完善基本医疗卫生制度，加快发展老龄事业和健康产业，推动医养结合，不断满足群众多样化健康需求。三是创新提升社会治理水平。健全完善社会矛盾排查预警、重大决策社会稳定风险评估机制，坚持教育转化、帮扶解困和重点管控相结合，及时妥善有效处理各类矛盾问题。完善立体化社会治安防控体系，严厉打击各类违法犯罪和敌对势力渗透破坏颠覆活动。全面落实安全生产责任制，加强公共安全和食品药品安全监管，坚决遏制重特大生产安全事故和公共安全事故。要深化双拥共建和国防教育工作，积极推进国防动员和后备力量建设，推动军民融合深度发展。

通辽市"十三五"以来经济社会发展情况及对策建议

刘兰英　赵英君　冯凯*

"十三五"以来，通辽市坚持以习近平新时代中国特色社会主义思想为指导，全面贯彻党的十九大和十九届二中、三中全会精神，深入学习贯彻习近平总书记系列重要讲话和总书记考察内蒙古重要讲话精神，全面落实自治区党委、政府和市委、市政府各项决策部署，全市经济保持稳中有进、稳中提质发展态势。

一、通辽市"十三五"以来经济社会发展情况

（一）坚持创新发展，发展质量效益明显提高

一是创新驱动战略深入实施。"十三五"期间，全市共获得自治区科学技术进步奖5项。实施多项人才培育引进计划。通辽市首家国家级农业科技园区获批。霍林河工业园区成功晋升为自治区级高新区。内蒙古民族大学成功创建自治区首批大众创业万众创新示范基地。二是全面深化改革持续推进。供给侧结构性改革成效明显，"十三五"以来，煤炭产能压减至5705万吨。"地条钢"全面出清。累计为企业减负近60亿元，减负增效工作获国务院第三次大督查通报表扬。"放管服"改革持

* 刘兰英、赵英君、冯凯，通辽市发展和改革委员会。

续深化，全面推行“多证合一”和“双随机、一公开”监管，加快推进“互联网+”政务服务。三是产业转型升级步伐加快。打造生态农牧、玉米生物、科尔沁肉牛、铝镍硅新材料、煤化工（乙二醇）、现代蒙医药、文化旅游等多元发展的全产业链发展模式和现代产业体系。粮经饲比例由2015年82：10：8调整为2018年的67：13：20。“增牛稳羊”战略效果显现，2018年牧业年度牛、羊存栏占比分别为23.9%和61.6%，较2015年牛存栏比例提高9.6个百分点。建成全国绿色食品原料标准化生产基地45万亩，全市“三品一标”有效用标企业总数达90家，认证产品达226个、产量160万吨，农产品地理标志“科尔沁牛”“通辽黄玉米”品牌价值不断提升。铝镍硅新材料产业实现了绿色循环发展，霍林河循环经济示范工程在联合国气候大会上获得“今日变革进步奖”，蓝宝石产能位居全国第一，哈兹列特铝连铸连轧技术和装备水平跻身国际先进行列。玉米生物产业技术实现了玉米全株产业化发展，普鲁兰多糖等产品突破了欧美垄断。新兴产业加快发展，可再生能源装机占比达到43.4%，位居全区第一，蒙药产业进一步发展壮大，“中国蒙医药之都”品牌支撑力不断增强。游客总人数突破640万人次，旅游总收入连续增长20%以上。

（二）坚持协调发展，发展整体性显著增强

一是防范化解风险取得初步成效。有序化解政府债务，出台一系列防风险举措，加快推进存量置换工作。稳妥防范金融风险，开展农村牧区高利贷综合治理、互联网金融风险集中整治，防范处置非法集资和乱办金融风险，守住了不发生系统性金融风险的底线。两年多来，重大风险从发散状态逐步向收敛状态转变。二是城乡区域协调发展成效显现。深入实施乡村振兴战略，在全区率先实现农牧业现代化。深化农村牧区综合改革，草原确权承包工作率先完成，永久基本农田划定全面完成。农企利益联结比例达到81%，其中紧密型联结比例达到58%。新型城镇化质量提升，全面放宽农牧民进城落户限制，2017年城镇常住人口比2015年增加7.9万人。科左中旗成功创建国家新型城镇化综合试点，科左中旗舍伯吐镇、开鲁县东风镇国家级特色小镇建设加快推进。

（三）坚持绿色发展，筑牢北方生态安全屏障

一是污染防治工作力度加大。实行最严格的环境保护制度，深入实施大气、水、土壤污染防治专项行动。大气污染防治成效明显，空气质量优良天数从2015年的259天增加到2017年的313天，2018年前三季度，优良天数占比为87.18%，相较于上年又有提高。切实有效改善水环境质量，认真贯彻落实河长制，各级河长开展巡河工作。土壤污染防治稳步推进，全面启动土壤污染状况详查，化肥农药使用基本实现“零增长”，用水用膜实现“双控制”。坚决迅速整改“霍林河露天煤矿生态恢复治理严重滞后”问题，截至2018年前三季度，已恢复植被面积630亩，完成总体工程量的88%。二是生态保护修复工程持续实施。大力实施农业高效节水、草原修复、天然草原现代畜牧业示范、科尔沁沙地治理“四个千万亩”重大生态修复和保护工程，累计完成高效农业节水工程427万亩、天然草原修复400万亩、科尔沁沙地“双千万亩”综合治理工程1122万亩，在扎鲁特旗北部1828万亩草原生态脆弱地区全面实施全年禁牧舍饲，草原生态接近20世纪80年代中期最好水平。治理水土流失面积109.4平方公里，科尔沁生态科技园和罕山、大青沟、乌旦塔拉等5个生物多样性示范区建设进一步巩固提升。新建湿地自然保护区39处，面积4900.77平方公里，占全市国土总面积的8.23%，荣获“全国绿化模范城市”称号。

（四）坚持开放发展，对外开放提升到新高度

一是对外开放水平明显提升。主动参与中蒙俄经济走廊建设，不断扩大对俄蒙开放，建成珠恩嘎达布其口岸至霍林郭勒至通辽、沈阳、大连国际铁路出区达海经贸国际合作物流大通道，与蒙古国肯特省缔结友好城市，成立蒙古国通辽商会，设立中国贸促会通辽市委员会驻蒙古国联络处，建立与俄蒙地方政府定期互访交流机制，组织企业参加了乌兰巴托内蒙古商品展览会和中蒙博览会暨中蒙“3+3”区域合作会议、中俄蒙工商论坛等展洽活动，聚俄优品跨境电商平台加快建设，推动了本地农产品远销俄罗斯。二是对内开放合作不断加深。融入东北振兴工作取得新进展，研究制定一系列落实新一轮东北振兴战略的重要举措，东北地区民营经济发展

改革示范城市和“双元”培育改革试点城市创建工作有序推进，霍林郭勒市沙尔呼热镇独立工矿区列入东北振兴专项支持范围，“四（平）—辽（源）—铁（岭）—通（辽）”协同创新合作加快推进。京蒙帮扶协作有序推进，研究储备了京蒙扶贫协作项目 107 个，落实京蒙扶贫项目资金 1.2 亿元。三是招商引资取得新成效。出台改善营商环境的政策措施，两年多来，全市新签约亿元以上项目 345 个，招商引资到位资金 1453 亿元。

（五）坚持共享发展，社会民生得到明显改善

一是脱贫攻坚取得积极进展。以实现“两不愁、三保障”为总体目标，扎实推进“五个一批”工程，实施 1489 户、4471 人口易地搬迁工程，选派近 7000 名干部驻村帮扶，对符合建档立卡条件的低保人口全部落实精准扶贫政策。推行“一降两免三兜底”健康扶贫保障机制，严格落实贫困家庭在校学生补助政策，2.06 万名贫困人口纳入低保保障范围，全市两项制度衔接率达到 35.2%。累计整合投入各类扶贫资金 120 亿元，扶持 3.38 万户、8.78 万人脱贫，贫困发生率由 2016 年初的 6.8% 降低到 2.87%。二是就业稳定、社保水平提高。全面落实就业优先战略和积极就业政策，城镇累计新增就业近 4.4 万人，实现高校毕业生就业 23410 人，年均实现劳务输出 46 万人以上，就业困难人员实现就业 1.2 万人，零就业家庭实现动态清零，城镇登记失业率控制在 3.7% 以内。覆盖城乡居民的社会保障体系基本建成，城乡居民基本医疗保险实现“六统一”，城乡居民基础养老金标准每人每月提高至 110 元。2017 年城乡居民最低生活保障标准比 2015 年分别提高 86 元和 83 元，率先在全区实现城乡医疗保险整合，基本实现异地就医结算。住房保障工程扎实推进。共改造城镇棚户区住房 1.67 万套，完成农村牧区危房改造 4.43 户，竣工游牧民安居工程 1111 户。三是教育现代化、健康通辽稳步推进。切实保证民族学校办学条件处于当地同级同类学校的优质水平。学前教育毛入学率达到 95.04%，九年义务教育巩固率达到 93.03%，高中阶段毛入学率达到 93.6%。医药卫生体制改革全面深化，公立医院改革、分级诊疗和多元办医实现新突破，全部取消药品价格加成，全面调整医疗服务价格。基本医疗服务体系更加完善，全市三级医院达到 9 所，旗县级医院整

体达到二甲以上水平，新改扩建67个苏木乡镇卫生院，新建10个急救分站，打造“30分钟医疗急救圈”。全市蒙中医院增加到14所，三级蒙医医院增加到4所，建设国家级蒙医重点学科（专科）6个，80%以上的嘎查村卫生室和社区卫生服务站能开展蒙中医药服务。食品安全示范市创建工作有序推进，食品药品安全防线进一步巩固。全民健身活动广泛开展，主城区全民健身中心开工建设。

二、通辽市下阶段发展思路

从国际看，发达经济体延续回暖态势，全球新旧动能转换加快，新一轮科技和产业革命形成势头，数字经济、共享经济加速发展，人工智能、信息网络、生物科技、清洁能源、新材料和先进制造等领域不断涌现，颠覆性技术、新产业、新模式、新业态层出不穷，新的增长动能不断积聚。

从国内看，我国发展仍处于重要的战略机遇期，经济长期稳中向好的基本面不会改变。随着供给侧结构性改革持续推进、创新驱动等重大战略的深入实施、金融去杠杆与金融监管不断取得新成效，经济发展空间和潜力将进一步拓展，企业内生增长动能将逐步释放，上游资源品涨价趋势将进一步缓解，新人口红利、双创红利将不断释放，新经济发展前景可期，全国经济仍将保持良好发展态势。

从自治区看，习近平总书记2018年参加全国人大内蒙古代表团审议时发表重要讲话，为全区“量身定制”了发展纲领。自治区党委政府全面对标对表党中央精神，在基础设施建设、产业转型升级、防范财政金融风险、生态保护和环境治理等方面出台了一系列政策措施，特别是痛下决心挤水分、化债务，为今后一个时期高质量发展甩掉了包袱，为保障经济社会平稳健康发展发挥了重要作用。

从通辽市看，2019年，我市面临的形势依然严峻复杂，但我市也具备难得的发展优势。一是政策红利将进一步释放。新一轮东北振兴、“一带一路”、京津冀协同发展、西部大开发等重大战略和系列重大政策举措将持续深入并逐步落实显效，自治区也将加大对蒙东地区发展的政策支持，这些明确的政策举措都有利于我市把国家、自治区的支持政策同自身实际紧密结合起来，进一步发挥自身优势和潜力，为我市建设转方式高质量发展先行区注入强大动力。二是经济高质量发展将进一步推进。近年来，我市深入落实习近平总书记“五个结合”重要要求，提出了打造“九链五都一市一城”的发展目标，下阶段，我市将大力推进生态农牧、玉米生物、科尔沁肉牛、铝镍硅新材料、现代蒙医药等九个全产业链发展，积极创建现代能源经济示范市，促进经济实现高质量发展。三是投资支撑能力将进一步增强。2019年，我市计划开复工建设项目613个，计划完成投资686亿元。同时，我市抓住国家出台《关于保持基础设施领域补短板力度的指导意见》的有利时机，积极谋划推进一批重大项目，保持有效投资力度。此外，抢抓国家加大基础设施建设投资力度的机遇，着眼煤、电、水、路等支撑要素，编制《通辽市基础设施网络建设三年行动计划》，将加快推进一批重大项目前期和建设，着力增强投资支撑力。

综合研判内外部形势，下阶段，通辽市将坚持以习近平新时代中国特色社会主义思想为指导，全面贯彻党的十九大精神，深入贯彻落实习近平总书记考察内蒙古重要讲话和参加十三届全国人大一次会议内蒙古代表团审议时的重要讲话精神，加强党对经济工作和各项事业的集中统一领导，主动适应和把握引领经济发展新常态，紧扣我国社会主要矛盾变化，对标党中央和自治区党委政府明确的新目标新部署新要求，聚焦决胜全面建成小康社会主要目标任务，抓住国家实施新一轮东北振兴、“一带一路”、京津冀协同发展、西部大开发等重大战略和自治区继续加大支持对蒙东跨越发展的历史机遇，把国家、自治区的扶持政策同自身发展实际有机结合起来，统筹推进“五位一体”总体布局，协调推进“四个全面”战略布局，坚持稳中求进工作总基调，牢固树立和贯彻落实新发展理念，按照高质量发展的要求，以推进供给侧结构性改革为主线，统筹推进稳增长、促改革、调结构、惠民生、防风险各项工作，坚决守住“三条底线”，大力促进“五化协同”“六区共建”，坚决打好打赢“三大攻坚战”，打造“九链五都一市一城”，加快构建区域现代化经济体系建设，确保如期全面建成小康社会，努力把通辽建成充满活力、独具草原文化魅力、彰显富强民主文明和谐美丽的新时代草原名城奠定坚实基础。

三、对策建议

（一）全面贯彻“六稳”要求，确保经济运行在合理区间

坚持稳中求进工作总基调，把“稳”放在首要位置，确保就业比较充分、居民持续增收、预期总体稳定，防止经济运行滑出合理区间。一是聚焦关键领域稳投资。抓住国家加大基础设施领域补短板力度的机遇，在重点领域加强项目储备，推动一批重大项目开工建设。二是顺应需求升级扩消费。加快推进落实完善促进消费体制机制实施方案等政策措施。加快建立健全层次高、覆盖广、约束强的质量标准体系，推进乳肉绒、粮果蔬、林沙草等特色优势产品打造成绿色安全放心的“通字号”名牌。三是妥善应对风险促外需。抓住国家支持加工贸易创新发展向中西部和东北地区转移的机遇，加大招商引资力度，积极承接加工外贸产业梯度转移。实施推动向北开放桥头堡建设行动方案，支持到发中欧班列常态化，充分发挥外资准入负面清单作用，大幅度放宽市场准入，努力吸引更多外资。

（二）全力打好三大攻坚战，确保跨越全面建成小康社会重要关口

围绕2020年完成攻坚任务，集中力量分类推进、精准施策、强化落实。一是打赢防范化解风险攻坚战。积极稳妥化解政府债务，认真落实国家防范化解地方政府隐性债务风险意见，确保把政府债务率降到合理水平。严防突发性金融风险事件，密切关注信用风险、流动性风险和地方法人金融机构风险，严厉整治非法集资和互联网金融乱象，依法打击农村牧区高利贷。把防范化解风险与服务实体经济结合起来，依法组建用好产业发展基金，支持引导大企业参与我市主导产业建设，认真落实国家关于深化小微企业金融服务等政策措施。二是打赢精准脱贫攻坚战。坚持现行扶贫标准，加快落实脱贫攻坚战三年行动方案，进一步提高脱贫攻坚的精准性，突出抓好产业扶贫、金融扶贫、教育扶贫、健康扶贫、易地扶贫搬迁、生态扶贫等重点任务，强化农村牧区低保制度与扶贫开发政策紧密衔接，加大贫困人口转移就业力度，深化京蒙对口帮扶合作，确保到2020年实现5.69万贫困人口稳定脱贫，4个国贫旗和2个

区贫旗县脱贫摘帽。三是打赢污染防治攻坚战。狠抓重污染天气应对，强化区域联防联控。持续推进集中式饮用水水源地置换、保护和规范化建设，加快推进污水处理厂“三低”问题整改工作，全面落实河湖长制，加强农牧业农村牧区污染防治和重点河湖治理，着力改善河流断面水质，严防地下水污染，确保污染水体大幅减少、饮用水源安全可靠。抓好重点地区工矿企业重金属等固体废物污染风险排查整治，开展农业面源污染治理，推进农业面源污染共防共治，确保产品质量和人居环境安全。

（三）加快产业结构调整，努力实现新旧动能转换接续

以打造“九链五都一市一城”为目标，加快传统产业改造升级，加快发展新兴产业，增强经济发展新动能。一是有力有序推进结构性去产能。坚持用市场化法治化手段推动落后过剩产能退出，统筹做好煤炭去产能、保供应、稳价格相关工作，积极推进电解铝产能指标置换。加大“僵尸企业”破产清算和重整力度，重点放在打通“僵尸企业”出清制度梗阻，健全企业、银行、政府各方责任共担和损失分担机制，妥善做好职工安置工作。二是推动主导产业全链条发展。打造铝镍硅新材料、玉米生物、肉牛、蒙医药、现代煤化工、文化旅游等九大产业全链条发展，以重点项目建设为抓手，构筑多维打造、多极支撑、多元发展的现代产业新体系。三是大力发展现代能源经济。积极推进现役煤电机组超低排放和节能改造，复制推广以“多能互补”集成优化为主要特征的供电模式，积极发展智能电网，有效推进用电方式改革，打造风、光、火、储多能互补，国家电网、地方电网、智能电网多网支撑，生产、生活、外送多元消纳，新材料、新能源、新装备、大数据多业发展的现代能源经济示范市。四是大力降低实体经济成本。加快落实国家减税降费政策，进一步清理规范涉企行政事业性和经营性收费，严格清理规范电网和转供电环节收费，货运车辆实行“递远递减”计费政策，加快政务信息共享，降低制度性交易成本，增强企业获得感。

（四）持续深化改革，进一步释放经济社会发展活力

站在更高起点深化改革创新，既要研究推出一批管用见效的改革创新举措，更要把精力放到抓贯彻落实上来。精准发力深化“放管服”改革，结合机构改革加快

转变政府职能，实行统一的市场准入负面清单制度，全面推开“证照分离”改革，努力做到企业开办时间再减一半，项目审批时间再砍一半，政务服务一网通办，企业群众办事只进一扇门、最多跑一次，凡是没有法律法规依据的证明一律取消。加快健全以“双随机、一公开”为基本手段、以重点监管为补充、以信用监管为基础的新型监管机制。畅通重大投资项目“绿色通道”，合力推进手续办理、政策落实、征地拆迁、群众安置等各项工作，提高审批效率。加快要素市场化配置改革，全面实施市场准入负面清单制度，落实产权保护政策，深入推进垄断行业改革，全面实施公平竞争审查制度，放宽民间资本准入领域，创造良好营商环境，激发市场主体活力，构建开放型经济新体制。深入推进电力体制和市场化改革。组建配售电公司，探索电力交易和输配电价形成机制，争取实施电力多边交易，以电价成本的新优势，打造招商引资和产业发展的投资“洼地”。

（五）实施创新驱动战略，加快释放创新新动能

强化企业创新主体地位，瞄准“高精尖”开展关键技术攻关和高端产品研发，将财政科技经费重点用于提高企业自主创新能力、高新技术产业化、科技创新服务平台建设和重大科技项目攻关，带动全社会研究与开发（R&D）经费显著增长。加强创新载体和平台建设，加强智库建设，加快推进霍林郭勒工业园区等地国家级高新技术开发区创建工作。推动“双创”再上台阶，在重点领域加大创业创新平台建设。深化科技体制改革，按照能放尽放的原则赋予科研人员更大的人财物自主支配权，重点探索享有科技成果所有权或长期使用权，改进科技人才评价方式，加大创新人才培养和引进力度。

（六）提升城乡协调发展水平，加快构建城乡融合发展格局

加快实施三大区域协同发展战略，推动北部霍扎一体化率先发展、中部两区一县一旗融合发展、南部三点一带跨越发展。加快建设百万人口区域中心城市，深入落实城市总体规划，全面完成中心城区“多规合一”，加快老城区改造提档、新城区高端提升、市政设施扩面提质，着力提升就业、住房、社保和公共服务水平，持

续提升城市文明程度，加快智慧城市建设。全面提升城关镇产业支撑和服务功能，培育一批自治区级特色小镇，积极创建国家级特色小镇。积极推进农村牧区人居环境整治和厕所革命三年行动计划，因地制宜搞好农村牧区人居环境整治，推动基本公共服务向农村牧区延伸，加强农村牧区精神文明建设。

（七）提升对外开放高度，着力构建全方位开放格局

积极融入“一带一路”战略。推进与口岸城市基础设施互联互通，推动“通满欧”货运班列和大连港集装箱班列常态化运营，积极申建国际航空口岸，打通南连港、北通欧多式联运大通道，推动与俄蒙及欧亚铁路通道沿线国家的经贸合作，大力发展跨境电子商务。加快融入东北经济一体化发展。认真对接落实好国家出台的一系列重大政策、重大举措和重大专项，积极争取蒙东承接产业转移示范区方案获得国家批复，承接落地一批产业转移项目，深入开展“铁四辽通”等次区域协同创新合作。深化与京津冀、环渤海、长三角等经济发达地区合作。紧盯世界、中国、民营“三个500强”和行业领军企业，大力实施产业链精准招商，积极引进高端项目、高端技术、高端人才和先进理念、新型业态。

（八）加快补齐民生短板，不断提升群众获得感、幸福感

坚持把群众的小事当作党委政府的大事，集中力量精准施策解决群众最关心、最直接、最现实的问题。一是促进高质量稳定就业。建立健全失业监测预警制度体系和应急处置工作机制，有效应对失业风险，城镇登记失业率控制在4.5%以内。完善和落实创业扶持政策，全面推进创业园区、孵化基地、实训基地和创业项目库建设，培育新型创业孵化模式。促进以高校毕业生为重点的青年和农村牧区转移劳动力、农村牧区贫困人口、城镇就业困难人员、退役军人、残疾人等重点群体实现就业。二是优化教育资源配置。发展民族教育，把通辽市建设成全区民族教育高地。扶持和规范普惠性幼儿园，改善义务教育薄弱学校办学条件，改善农村牧区寄宿制学校就餐、洗浴、取暖等条件。着力解决择校热、大班额等问题。进一步提高教师师德水平。三是推进健康通辽建设。扎实推进医疗卫生体制改革，加快推进分级诊

疗制度、现代医院管理制度、全民医保和药品供应保障制度建设。进一步完善城乡医疗卫生服务体系，加强医联体、医共体建设，优化医疗资源配置，打造主城区优质医疗服务集群区及县域医疗中心，建设康美通辽医院新院区、市中心血站等重点卫生项目建设。推动优质医疗资源下沉，改善医疗卫生基础条件，提升基层医疗卫生服务水平。健全公共卫生服务网络，增强公共卫生服务功能，完善突发公共卫生事件应急和重大疾病防控机制，提升应急处置能力。加强食品药品监管。坚持源头严防、过程严管、风险严控，完善食品药品安全监管长效机制，重点关注低收入人群农村人群的食品消费环境和网络销售食品问题，加快建立质量安全追溯体系，确保人民群众食品药品安全。四是积极推进平安通辽建设，继续完善信息化、立体化社会治安防控体系，严密防范和坚决打击危害国家和社会稳定违法犯罪活动，开展积案破案攻坚，确保社会治安秩序持续稳定。五是加强民族团结进步教育和创建活动，建设民族团结进步示范市。

赤峰市“十三五”以来经济社会发展情况及对策建议

董凌飞　纪晓光*

“十三五”以来，面对复杂的宏观经济形势，赤峰市委、市政府在以习近平同志为核心的党中央坚强领导下，全面贯彻落实上级党委、政府决策部署，主动适应经济发展新常态，自觉践行新发展理念，着眼于统筹推进“五位一体”总体布局和协调推进“四个全面”战略布局，扎实推进各项重点工作，全市经济社会保持平稳健康发展态势。

一、赤峰市“十三五”以来经济社会发展情况

（一）综合经济实力持续增强

千方百计增投资、稳基础、强产业，综合施策，主动作为，促进经济稳中有进、稳中提质。2016 ~ 2017 年，全市地区生产总值年均增长 5.6%，全社会固定资产投资年均增长 8.8%，社会消费品零售总额年均增长 9.1%，城乡常住居民人均可支配收入年均分别增长 8.5% 和 8.4%，累计实施投资 5000 万元以上重点项目 884 个，带动全社会固定资产投资完成 2890 亿元。

* 董凌飞、纪晓光，赤峰市发展研究中心。

（二）转型升级步伐持续加快

坚持扩总量与调结构并举，多元发展、多极支撑的产业格局加快形成。一是工业集中做好新型化、集约化的“加法”和淘汰落后产能、减排降耗的“减法”。重点启动两个40万吨铜冶炼项目入园扩建工程，投产一组煤化工、生物化工等大项目，加大生物医药、电子信息、云计算等项目的引进培育。工业园区集聚度不断增强，产值占全部工业比重达到47.6%。万元GDP能耗、水耗分别下降18.9%和13.6%。二是农牧业主攻调优结构和推动规模化、组织化、产业化经营。种植业和养殖业结构进一步优化，粮经饲比例优化为71 ：17 ：12。土地流转率、农牧民合作组织覆盖率、农畜产品精深加工转化率分别达到46.4%、50%和49.7%。三是服务业突出提档升级、创新突破。一批商业综合体投入运营，物流园区销售收入突破550亿元，“电商进村”实现全覆盖，9个旗县进入国家电子商务示范县行列。旅游业累计接待游客600万人次，累计收入突破500亿元。金融业营业规模大幅增长，新增各类机构15家，存贷款余额分别达到1020亿元和750亿元。

（三）发展保障能力持续提升

一是中心城市和旗县城关镇保持了发展强势。赤峰新区、桥北新区、松北新城建设突飞猛进，中心城区累计完成市政公用基础设施投资160亿元，建成区面积达到106平方公里，人口突破百万。9个旗县政府所在地建成区面积达到146平方公里。全市常住人口城镇化率提高到49%。二是美丽乡村建设实现跨越式发展。累计投入资金80.2亿元，集中改造基础设施，全面提升公共服务水平，农村牧区生产生活条件得到极大改善，90%以上的嘎查村从中受益。三是重大基础设施工程多点发力、高效推进。实现了县县通高等级公路、乡乡通等级公路、村村通油路，全市公路总里程达到2.7万公里。赤峰至京沈高铁全线开工，玉龙机场进出港旅客突破百万人次。农村牧区饮水安全、重点水库除险加固工程全面完成。启动了天燃气长输管道建设和宽带进乡村工程。四是生态保护与建设持续加强。制定了《赤峰市禁牧休牧和草畜平衡条例》，全市森林覆盖率达到35.6%，荣获“国家森林城市”“国家园林城市”的称号。

（四）改革开放持续深化

“放管服”改革成效明显，市本级取消下放行政审批事项301项，比例达74.3%。商事制度改革走在全区前列，全面实施企业登记注册“多证合一、一照一码”、个体工商户“两证整合”和全程电子化登记改革。投融资体制改革初见成效，我市被国务院表彰为推广政府和社会资本合作模式成效明显、社会资本参与度较高的城市。农村牧区、国有企业、国有林场、供销合作、城市执法、教育考试招生制度、校园足球、文化体制、机构编制等专项改革有序推进。对外开放水平不断提升。累计引进资金超过1000亿元，保税物流中心封关运营，“赤满欧”国际班列开通运行；与朝阳、承德、锦州等毗邻地区战略合作深入开展。

二、赤峰市下阶段发展思路

“十三五”时期，赤峰市经济社会发展处于大有作为的重要战略机遇期，但也面临着新常态下既要应对经济下行挑战、加快产业发展，又要推动产业转型升级的双重压力，具体表现在：经济发展不平衡不充分，经济总量小，产业层次低，农牧业大而不强，工业初级化特征明显，服务业占GDP的比重偏低；主导产业过于依赖资源，结构不合理；产业发展内生动力不足、创新驱动能力不强；新兴产业发展较慢，服务业发展相对滞后；生态环境脆弱，水资源供需矛盾日益突出；基础设施和服务条件亟待提高等。妥善处理好这些问题，是下阶段推动经济提质增效，实现健康持续发展的关键。

下阶段，赤峰市将坚持以党的十九大精神为统领，坚持以习近平新时代中国特色社会主义思想为指导，统筹推进“五位一体”总体布局和协调推进“四个全面”战略布局，坚定不移地贯彻党中央、自治区党委决策部署，坚定不移地贯彻稳中求进工作总基调和高质量发展根本要求，坚定不移地贯彻五大发展理念，进一步解放思想，转变思维方式，全面推动经济转型升级，增量与提质并行，扎实推动经济高质量发展，加快赤峰跨越崛起步伐，为开启全面建设现代化新征程奠定坚实基础。

（一）推动产业转型升级，构建现代产业体系

积极发展现代农牧业。以推进农牧业供给侧改革为抓手，积极构建现代农牧业生产体系、现代农牧业经营体系、现代农牧业服务体系，坚持走产出高效、产品安全、资源节约、环境友好的现代农牧业发展道路。按照"质量兴农、绿色兴农、品牌强农"的发展思路，加快转变农牧业发展方式，积极推动粮经饲统筹、农牧林渔结合、种养加一体、一二三产业融合发展，着力打造自治区绿色农畜产品生产加工输出基地。

改造提升传统产业。依托区位、资源优势和产业基础，推动资源型产业延长链条、非资源型产业发展壮大，培育传统产业发展新动能，推进实体经济与数字经济深度融合，实施企业"登云"工程，推动传统产业生产经营模式变革，推动传统产业高质量发展。

加快培育新兴产业。落实全市战略性新兴产业发展规划，出台重点新兴产业扶持政策，设立产业发展基金，下力气培育和发展清洁能源、生物科技、装备制造、新材料、节能环保、信息技术、通用航空等新兴产业。

大力发展现代服务业。按照"做大总量、优化结构、集中集聚、提质增效"的发展思路，提档升级传统服务业，加快发展现代服务业，调整优化服务业集聚区布局。坚持生产性服务业与生活性服务业并重，加快促动生产性服务业向专业化和价值链高端延伸、生活性服务业向精细化和高品质转变，全力打造自治区通疆达海综合物流枢纽城市、国家特色文化旅游和生态休闲度假基地，着力推动服务业发展提速、占比提高、效益提升。

（二）实施创新驱动发展，激发经济内生动力

实施科技创新驱动战略。大力发展科技事业，完善以企业为主体、市场为导向、产学研深度融合的技术创新体系，着力提升自主创新能力。围绕产业链部署创新链，加强重点领域技术研发、引进和科技成果转化，着力抓好知识产权保护工

作。强化企业创新主体地位，加强政策引导、资金扶持，激活企业创新发展的内生动力，发展培育一批高新技术企业。

实施创业创新驱动战略。强化创业创新政策扶持，实施创新平台建设、实用高新技术成果转化、重点领域关键共性技术攻关“三大工程”，发展“众创、众包、众扶、众筹”模式，推进大众创业、万众创新深入发展，加快创业型、创新型城市建设。

实施人才强市驱动战略。研究制定针对性和操作性强、具有吸引力的人才培养、引进、使用政策，完善人才流动激励机制，促进人才合理流动，激发人才创业创新活力。深入实施“玉龙人才”工程和“鸿雁引才”计划，启动“天南地北赤峰人返乡创业行动”计划，引进培育一批高水平的科技领军人才、能够突破关键技术的项目负责人和创业团队来我市创业创新，通过平台实现高层次创业创新人才集聚，全力打造人才高地。

（三）深化区域合作发展，构建区域协调发展新格局

全面推进区域合作发展。坚持开放发展理念，发挥综合区位优势，立足国际国内、面向自治区“北上南下、东进西出、内外联动、八面来风”的对外开放新态势，深入研究利用“两个市场、两种资源”，主动融入国家“一带一路”和京津冀协同发展、东北区域经济一体化发展、东北西部生态经济带等重大战略布局，着力打造自治区东部南北双向开放枢纽城市和“草原丝绸之路”重要节点城市。

突出抓好赤峰高新技术产业园区。优化城乡产业布局，落实“飞地经济”政策，按照“企业集中、产业集聚、经营集约”的思路，推动园区经济发展，举全市之力重点建设赤峰高新技术产业园区，集中打造赤峰东部工业走廊，引导加工和制造业项目向东部工业经济走廊有序流入、合理布局，形成若干特色产业集群，挺起赤峰工业脊梁；推动各地区园区向专业化、特色化发展，加大基础设施投入，不断提升园区的支撑力和竞争力；整合政策、资金、资源等要素，集中投向重点园区、重点产业和重点项目，提高产业孵化能力，推动赤峰工业经济集中集聚集约发展。

构建城乡协调发展新格局。有效提升中心城区综合承载能力，统筹新老城区发展，全面完成中环快速路、河道治理、综合管廊、供热扩能、污水垃圾处理等一批重大市政基础设施工程，以管网更新、交通疏堵、空间增绿、风貌治乱、业态提升为切入点改造老城区，不断完善中心城区运行保障。按照产业兴旺、生态宜居、乡风文明、治理有效、生活富裕的总要求，建立健全城乡融合发展体制机制和政策体系，加快推进乡村治理体系和治理能力现代化，加快推进农牧业、农村牧区现代化，走中国特色社会主义乡村振兴道路，推动农牧业全面升级、农村牧区全面进步、农牧民全面发展。

（四）加强生态环境保护与建设，坚决守住生态环境保护红线

严格划定生态保护红线、永久基本农田、城镇开发边界三条控制线，将开发强度和控制线落地上图，推动经济社会发展由扩张向提质转变。强化环境污染治理，实施大气污染防治行动。加强水污染防治，坚持系统治水，促进生活和生产污水达标排放。强化土壤污染管控和修复，加强农业面源和重金属污染防治，推进化肥、农药减量化使用，加强固体废弃物和垃圾处置。解决水资源严重短缺问题。坚持开源与节流并举、以节流为主的方针，切实在提高水资源保障能力上取得实质性进展。加强重点水源工程建设，确保东台子水库、琥珀沟水库、跨区域调水、城市引供水等一批重大工程建成投运。

三、对策建议

（一）继续全面深化“放管服”改革

推进以“放管服”为重点的商事制度改革，全面实行市场准入负面清单制度，推进“证照分离”“照后减证”改革，取消各类许可证，优化行政审批流程，加强行政审批规范化建设，营造公平竞争的经济发展环境，充分激发各类市场主体投资活力。推进“互联网＋政务服务”，加快推进并联审批、网上审批，深入推进“双随

机一公开”监管，推广招商引资和项目建设全程代办服务，实现“最多跑一次”的目标。

（二）切实降低实体经济成本

在既有降低企业成本政策基础上，进一步降低企业税费、制度性交易、用能、物流、社保等成本。全面落实西部大开发、扶持小微企业、发展循环经济等税收优惠政策和增值税降率、结构性减税降负等税收改革政策。继续运用好电价调控手段，落实战略性新兴和特色优势产业电价扶持政策，持续扩大电力市场多边交易和大用户直供规模，按监管周期动态调整输配电价，实施好输配电价倒阶梯政策，稳步降低一般工商业电价，创造条件实现工商同价，保持和扩大“电价洼地”效应。

（三）防范化解好重大风险

妥善处理化解政府债务，确保到2021年综合债务率降到合理区间。严格规范政府投资项目、举债融资、基金运作和购买公共服务行为，从严控制政府债务增量。加强金融安全管控，坚决打击非法集资等违法违规金融活动，有效防范化解银行信贷风险，密切关注房地产、国有企业债务等方面的风险，加强农村牧区高利贷综合治理，确保不发生区域性金融风险。加快社会征信体系建设，完善综合信用评价系统，建立严重失信黑名单和信息共享披露制度，健全失信联合惩戒和社会联防机制，增加失信成本，弘扬诚信文化，减少各类信用风险。

（四）不断提高要素保障能力

统筹使用财政、国土、水资源、环境指标等要素，引导要素更多向高质量发展产业和项目集聚。创新财政资金使用办法，统筹使用各类支持产业发展的财政资金，充分发挥好财政资金引导激励作用。灵活使用产业基金、“借转补”、事后奖补等多种方式，加大在传统产业转型升级、培育新兴支柱产业、发展现代服务业、实施园区振兴、建设创新平台等新动能领域投入力度。发挥土地资源最大效用，对在规定期限内未开工的项目，严格按照出让合同约定履行违约责任，构成闲置土地的，严格按照闲置土地处置办法查处。加快水权交易制度建设，积极开展排污权交易、碳汇交易，推动水资源、环保指标向高效率、高效益、高质量发展行业流转。大力提升基础设施支撑能力。着力推进一批重大基础设施建设工程，形成适度超前、布局合理、配套完善、满足发展需求的基础设施网络体系。

锡林郭勒盟“十三五”以来经济社会发展情况及对策建议

舍登　吉瑞萍*

“十三五”以来，面对复杂严峻的宏观经济形势、艰巨繁重的改革发展稳定任务以及经济发展进入新常态的深刻变化，锡林郭勒盟委、行署认真贯彻党的十八大、十九大和习近平总书记考察内蒙古重要讲话精神，奋力开创各项事业发展新局面，为决胜全面建成小康社会以及顺势开启全面建设社会主义现代化新征程奠定坚实基础。

一、锡林郭勒盟“十三五”以来经济社会发展情况

（一）经济保持平稳增长

2016～2017年，全盟地区生产总值年均增长5.7%，高于全区平均水平0.1个百分点；累计完成固定资产投资1218.81亿元；社会消费品零售总额年均增长8.49%，高于全区平均水平0.19个百分点；公共财政预算收入年均增长12.4%。2018年前三季度，全盟地区生产总值同比增长4.4%，增速居全区第8位，较上半

* 舍登　吉瑞萍，锡林郭勒盟发展和改革委员会。

年前移 2 位；固定资产投资同比下降 14.7%，位居各盟市第 2 位，高于全区平均水平 17.9 个百分点；社会消费品零售总额实现 195.06 亿元，同比增长 8.1%，增速位居各盟市第 2 位，领先全区平均水平 1.2 个百分点。

（二）转变发展方式积极推进

全盟多元发展、多极支撑的产业体系加快形成。截至 2018 年前三季度，全盟三次产业结构调整为 14.8 ：44.7 ：40.5。一是农牧业现代化稳步推进。2018 年前三季度，全盟羊出栏 633.85 万只，同比增长 7.2%；牛出栏 27.64 万头，增长 62%；生猪出栏 6.49 万口，增长 5.8%。全盟羊肉产量 11.74 万吨，增长 14.5%；牛肉产量 4.57 万吨，增长 70.6%；猪肉产量 5289 吨，增长 5.2%；生牛奶产量 36.32 万吨，增长 19.8%。农村牧区一、二、三产业加快融合，初步形成了牲畜养殖、屠宰加工、物流配送、消费产业链体系。二是工业经济稳中提质。2016 ~ 2017 年，工业增加值年均增长 6.1%，高于全区平均水平 1 个百分点。2018 年前三季度，全盟规模以上工业增加值同比增长 4.2%，低于全区平均水平 1.8 个百分点；全盟规模以上工业企业主营业务收入、利润总额同比分别增长 10.1% 和 56.6%，工业质量效益水平得到改善。三是服务业加速扩容升级。2016 ~ 2017 年服务业增加值年均增长 7.3%，高于全区平均水平 0.1 个百分点。服务业支撑力明显增强，2017 年服务业对经济增长的贡献率达到 74.6%。传统服务业提质增效的同时，新兴服务业发展多点开花。其中，旅游业实现快速增长，2016 ~ 2017 年，旅游总收入年均增长 14.5%。2018 年前三季度，全盟服务业继续保持领跑优势，增加值增速分别高于第一、第二产业 0.5 和 0.9 个百分点。

（三）基础设施不断完善

"八横七纵六出口一环线"的公路网格局已显雏形，国省干线公路网络衔接不断完善，苏木乡镇嘎查行政村通畅率达到 100%。截至 2018 年，全盟铁路网密度达到 113 公里 / 万平方公里，建成和运营铁路里程居全区各盟市首位。航线网络布局日臻合理完善，通航城市达到 13 个。

（四）创新水平不断提升

主要支柱产业技术装备水平明显提升，安全生产水平居行业领先水平。煤矿单井（矿）平均规模为600万吨/年以上，处于全国、全区上游水平。已建、续建、新建创业园区或孵化基地28处，入驻创业者1552户。

（五）改革开放取得重大进展

启动草原生态环境损害责任追究机制，产业化经营联结带动农牧民3.5万户。持续推进“放管服”改革，两年累计新增市场主体2.6万户。建成并应用投资项目在线审批监管平台。主动融入“一带一路”，扎实推进与蒙古国口岸互联互通建设，共运行中欧班列575列，增长200%，“三互大通关”改革和国际贸易“单一窗口”建设有序推进。主动融入京津冀协同发展，与京能、北控清洁能源、天润等大型企业签订合作协议。“锡赤朝锦”区域合作纳入《国家“十三五”东北振兴规划》，合力共建“锡赤朝锦”辽蒙海陆开放合作试验区正在争取国家层面支持。

（六）绿色发展能力显著增强

生态文明制度建设试点全面推开，清洁能源发展和生产方式清洁化取得重大进展，非化石能源占一次能源消费总量比重达到10%左右。完成京津风沙源治理等重大生态工程建设167万亩、矿山地质环境治理5万亩，截至2018年上半年，全盟草原植被盖度平均达到46%。

（七）民生福祉加快提升

脱贫攻坚取得积极进展，8个重点贫困旗县中，4个区贫旗县已接受自治区贫困旗县退出验收。居民收入快速增长，2018年上半年城乡居民收入比达到2.79：1。就业和物价总体稳定，物价水平和城镇登记失业率连续控制在2%和3.4%以内。

二、锡林郭勒盟下阶段发展思路

“十三五”中后期是贯彻党的十九大精神的关键阶段，是决胜全面建成小康社会、谋划“十四五”规划承上启下的关键时期，全盟经济社会发展面临诸多发展机遇。

一是实施重大战略带来的机遇。中央经济工作会议确定的“六稳”政策，为全盟补足民生、基础设施短板和弱项提供了重要机遇。同时，随着国家推进科教兴国、人才强国、创新驱动、乡村振兴、区域协调发展、可持续发展和军民融合等在内的七大战略，将为全盟今后争取项目、资金和政策支持提供重大机遇。

二是供给侧结构性改革带来的机遇。2016 年，国务院先后发布关于钢铁、煤炭行业化解过剩产能实现脱困发展的意见，经过近两年去产能工作的纵深推进，能源重化工业进入整合优化新阶段。尤其，随着国家煤炭加快推进去产能、释放优质产能，煤炭产能有效利用率明显提升，主要能源重化工业产品 PPI 价格实现持续上涨，带动煤炭、钢铁行业（企业）利润率快速提升，这为全盟释放能源重化工业先进产能提供了重要机遇，也为推动全盟产业转型升级和发展现代能源经济提供了重大契机。

三是消费需求升级的机遇。随着我国经济持续较快增长和城镇化水平的持续提高，中等收入群体加快壮大，更多农民工转为新市民，相关领域消费必将成为产业发展的新蓝海，这为全盟发挥绿色、健康方面的潜力和优势，进一步做大做强新能源、旅游、绿色农畜产品和康养等产业发展提供了难得的发展机遇。

四是新一轮承接产业转移的机遇。当前，我国正进入新一轮重化工业和制造业转移的新周期，东南沿海、长江经济带以及京津冀等地区出现新一轮重化工业和部分制造业向外转移的新趋势。为此，我盟顺应国家产业转移新趋势，按照本地区产业政策和环保要求，通过强优势、补短板，有选择性地承接东南沿海等发达地区重化工业与部分制造业，对补齐全盟产业发展短板，推进相关产业迈向中高端带来重大机遇。

五是改革开放进入新阶段所带来的机遇。当前，正值我国改革开放四十年的关键节点，向改革要红利、向开放借东风迎来难得机遇。同时，全盟近年投产项目逐步开始达效，锡盟至山东特高压交流电力外送通道以及锡盟至江苏泰州特高压直流输电工程的建成，蒙能、京能和华润3个电厂即将投产发电，特高压配套外送风电项目已全部核准、开发规模达到700万千瓦，太子城至锡林浩特铁路、锡林浩特机场改扩建项目的加快推进以及高等级公路相继落地，这些都将为下阶段全盟经济发展提供重要条件与现实支撑。

但也看到，面对外部环境稳中有变，尤其是中美贸易战对出口及相关投资的冲击，未来可能直接或间接向全盟进一步传导。且过去依靠资金大水漫灌（信贷扩张）、项目旱涝保收（短缺经济）、政府单一目标（唯GDP论）和较少底线约束（忽视生态环境）等做法已难以适应高质量发展的新要求，加之近年结构调整难以及时到位，内外交织使得全盟经济社会发展面临诸多挑战。

一是经济运行面临新挑战。当前，全盟经济处于持续下滑态势，增速已由2016年的7.2%下滑到2018年前三季度的4.4%。归结下滑原因，既有当前推动高质量发展“挤水分”因素影响，更主要是在消费结构升级、重化工业边际扩张收窄背景下，以传统重化工业规模扩张为主的全盟经济未能充分适应新趋势，导致行业资本产出回报率和投资吸引力持续下降，固定资产投资较大幅度下降，进而引致经济增速持续下降。加之受全盟去杠杆、调结构缓慢影响，未来能源重化工行业以及固定资产投资下行压力依然不容小觑，下阶段经济下行压力不减。

二是产业结构调整缓慢，构建多元发展多级支撑的现代产业新体系面临挑战。一方面，锡盟当前产业结构不合理问题依然突出，服务业占比的快速提升是以第二产业（尤其是工业）增速放缓为背景的。基于此，继续做大做强工业依然是当前及今后推动全盟发展的关键所在。另一方面，从服务业自身发展看，增速趋于放缓的同时，内部结构也表现出明显的不合理，交通运输、商贸、餐饮等传统产业占比仍高达80%以上，文化旅游产业对经济增长的贡献率较低，现代生产性服务业发展依然存在很大不足。总体，总书记所指的产业发展“四多四少”问题在锡盟依然突出，工业结构单一、产品层次不高的状况还未从根本上改变，构建多元发展、多极支撑的现代产业新体系面临挑战。

三是短板弱项进一步凸显，改善营商环境面临挑战。从基础设施看，目前，全盟铁路复线率仅为18.5%，低于全区12.5个百分点，还有6个旗县区所在地未通旅客列车，高速铁路尚处于空白；全盟仍有4个旗县未通一级以上公路，占全区的1/3；运输机场等级低、航线少、运营管理水平不高。从人才要素看，全盟在吸引人才、留住人才方面面临巨大障碍，这在很大程度上影响了战略性新兴产业发展以及传统产业升级改造进程，营商环境亟待改善。

四是发展不充分不平衡问题较为突出，均衡发展面临挑战。一方面，发展不充分问题较为突出。全盟产业发展存在主导产业高度趋同趋势，产业项目仍主要以能源电力为主，新兴产业项目少，部分旗县甚至几年都没有一个较强支撑力的新项目。即使在有限的新兴产业领域，也存在一哄而上抢夺产业、企业和项目的内耗现象，很大程度上抑制了新兴产业的培育壮大，不能尽快形成新增长点。另一方面，发展不平衡问题突出。全盟规模以上工业企业仅有275户，部分地区规模以上工业企业户数为个位数，有6个旗市区全年产值不足20亿元，不及1户中型企业。尤其是西部地区基础产业发展存在很大不足，部分乡镇产业发展滞后，城乡发展不平衡问题突出。

五是三大攻坚战面临新挑战。从脱贫攻坚看，全盟贫困人口数量相对较少，但受脱贫标准和时限限制，后期贫困情况越发复杂，脱贫攻坚压力和难度趋增。同时，统筹考虑基础和参照，即使到2020年全面脱贫建成小康（实现两不愁三保障），但在2035年与全国同步基本建成现代化，脱贫工作依然任重道远。且更为重要的是，当前，光伏扶贫、对口帮扶扶贫和异地搬迁扶贫等方面取得一定成效，但产业扶贫和技术培训等激发内生动力的造血式扶贫比例依然偏低，难以调动扶贫对象的主动性和积极性，构建脱贫长效机制较为缺乏。从风险防范看，金融风险防范中存在“一刀切”现象，导致防风险节奏、力度和配合不当，不仅影响经济发展相关正常投入，也会因紧缩偏快而提升融资成本，进而影响到新经济领域初创企业和传统技改企业的正常资金需求。同时，全盟整体发展水平依然较低，整体还处在经济发展的起飞阶段，在基础设施建设和民生改善方面依然面临巨大任务，资金需求巨大。但受当前经济下行和化债压力加大等因素影响，政府资金来源渠道进一步收缩，对下阶段经济发展和民生改善投入产生不利影响。从污染防治看，作为欠发达地区，未来一段时期全盟工业经济仍将以能源、煤炭等资源型产业为主导，作为主攻方向的有色金属冶炼及下游精深加工业仍属耗能较高产业，能耗需求增长在所难免，使得单位地区生产总值能耗强度指标不能很好达标，这将对新上项目产生不利影响。同时，全盟环境污染防治不仅面临增量的消化，还承担存量继续削减的艰巨任务，尤其在环境问题呈复合型、压缩型，多阶段多领域多类型问题累积叠加大背景下，如何找到产业（或项目）发展和节能降耗之间的契合点，如何平衡能源输出与能耗增长，是全盟下一步发展必须突破的难点。此外，受经济下滑、企业竞争力下降以及去杠杆等现实因素影响，打好污染防治战可能会进一步增加政府财政压力、抬升企业成本和挤压能矿资源项目空间，如何平衡好保增长、增项目和优生态的关系，成为政府、企业需统筹的重要问题。

六是重大项目结构不合理，项目推进面临挑战。从“十三五”规划重大项目推进情况看，项目结构不合理和推进不畅问题较为突出。规模项目不多，战略性新兴产业、技术创新类高质量项目较少，部分项目策划不严不实，实际执行中存在无从推进的现象。且受土地指标趋紧、征地拆迁难度加大等因素影响，部分项目未能及时开工，推进后劲尚显不足。此外，部分基础设施项目受经济下滑、去杠杆及政府财政资金压力加大等因素影响，减缓了开工和进度，后期项目推进力度有待加大。

总体看，“十三五”后期，如何把握诸多机遇，应对多方挑战，推动全盟全面建成更高水平小康社会，顺势开启现代化新征程，要求更高，任务更重。下阶段，全盟需抓住市场、环境倒逼机遇和政策利好，以党的十九大精神为统领，按照经济高质量发展要求，以推进供给侧结构性改革为主线，持续推进改革开放，以建设国家重要的清洁能源输出基地、绿色畜产品生产加工基地和国家级生态高端畜产品之都、旅游休闲目的地和全域旅游示范区为抓手，着力转变经济发展方式，加快调整产业结构，更加注重改造提升优势特色产业、发展战略新兴产业、培育服务业领域支柱产业，转换发展动能，促进经济持续健康发展和社会和谐稳定。

三、对策建议

（一）加快产业结构调整，全力构建现代经济体系

一是加快推进现代农牧业进程。按照抓好“一条主线、两条底线、三大战略、四项改革工作”的要求，以农牧业“六化”为引领，围绕建设国家重要绿色畜产品生产加工基地和生态高端畜产品之都，加快深化畜牧业供给侧结构性改革，推动传统农牧业向现代农牧业转型升级，实现农牧业大盟向农牧业强盟转变。二是加快推进工业经济提质增效。积极谋划一批传统能矿产业延链、补链、强链项目，增加中高端供给，让传统产业换发新动能，构建光伏产业链。增强冶金产业发展优势，延伸资源产业链，保持传统产业竞争优势。大力发展大数据、装备制造、蒙中医药等战略性新兴产业。 三是加快推动文化旅游融合发展。加强旅游基础设施建设，完善全盟文化旅游大数据中心和云服务平台，深入推进智慧旅游、“旅游 +”在文化创意、体育、演艺、康养等领域实现更大突破，不断丰富旅游文化产品有效供给。集中力量打造面向京津冀客源市场，重点抓好元上都旅游区、乌拉盖九曲湾、中国马都核心区文化生态旅游景区高 A 级景区创建工作，打造一批高质量的旅游文化产品。四是进一步优化区域布局结构。按照“抓龙头、铸链条、建集群”的思路，统筹推进区域协调联动发展。南部多伦县、蓝旗、太旗、白旗等地依托区位优势，强化与京津冀地区产业合作，承接产业转移，发展非资源型产业。西部东苏旗、西苏旗依托二连浩特口岸，加快苏尼特右旗国家级小微企业创业创新示范基地建设，承接劳动密集型产业转移；利用富余机组和电价优势，吸引高耗电行业龙头企业，实现产业链整体转移。北部地区要充分发挥资源优势，着力延伸煤电产业链条，打造煤—电—冶—加、煤—电—工业固废综合利用等循环经济产业链。中部锡市、阿旗要充分发挥电源基地优势和作用，抓好电源点及配套新能源项目建设，同步发展风机整机制造和运维产业，打造锡林浩特新能源装备制造产业基地。

（二）突出规划引领，夯实基础支撑

深入落实习近平总书记考察内蒙古重要讲话和为内蒙古题词精神，进一步解放思想，重点盯住特高压配套电源点、新能源项目、西乌旗白音华高精铝板带、太旗人造金刚石和各地新建的重点农牧业产业化、文化旅游等一批投资额度大、事关全局的大项目，全力以赴推动项目早开工、快建设。结合国家补短板重点任务，加快推进多丰进京铁路、集通铁路电气化改造、锡林浩特到太子城快速铁路、锡林浩特机场改扩建和重点公路等基础设施建设；着眼于提高城镇宜居水平，加大城镇供热、排水、排污管线改造升级力度，扩大有效投资。借助西部大开发纵深推进、东北全面振兴以及自治区推动蒙东地区发展等既有战略契机，积极争取国家和自治区的政策、资金、项目、用地等方面支持，借助京津冀协同发展、长江经济带协同发展、雄安新区建设和京蒙扶贫协作等战略机遇，开展精准招商，积极承接先进产业转移，增强发展后劲。

（三）转变发展理念，形成发展新思维

在资金来源渠道收窄背景下，未来要在投融资模式上加快创新，在抓大项目、大投资的同时，充分抓好中小项目。转变比较优势的认识思维，将过去强调的土地低价供应和环境容量大、遍地掘金的供给硬环境转向以人才、技术和营商为主的软环境，深入挖掘生态环境、文化等方面的优势与潜力。综合考虑区域资源条件以及产业发展现状，重点聚焦农畜产品深加工、立足清洁能源利用方面的中高端制品业；因地制宜打造旅游、康养、经贸等各类特色镇。

（四）高质量打好三大攻坚战，夯实高质量发展基础

做好顶层设计，严格执行中央扶贫标准，压实扶贫主体责任，着力激发贫困人口内生动力，不断提升脱贫攻坚成效，着力夯实贫困人口稳定脱贫基础。高质量打好金融风险防治攻坚战，牢固树立“过紧日子”的思想，除保工资、保运转、保基本民生外，进一步压减一般性支出，积极推广运用PPP模式和盘活存量资产资金等方式，加快探索专项债券等规范化的融资渠道，稳步推进地方债置换，高质量打好

污染防治攻坚战。

（五）加大改革开放力度，最大程度激活全社会发展活力

按照国家、自治区和盟委安排部署，有序做好机构改革相关工作，深入推进生态文明制度改革、农村牧区四项改革，加快推进试点改革，尽快在推动龙头企业和农牧民结成利益共同体、深化与蒙古国等的合作，增强口岸对锡盟沿边开发开放和外向型经济发展的带动能力，做大做强进口资源落地加工，引导外向型企业扩大生产规模。积极主动融入京津冀协同发展、环渤海经济圈建设等重大战略，加强与东北、华北地区深层次融合联动发展，促进生产要素在地区间合理流动。

（六）统筹做好民生工作，不断增进人民福祉

一要主动适应新产业、新模式、新业态发展，出台做好当前和今后一段时期就业创业工作的实施意见，完善相关扶持政策，认真做好创业担保贷款发放、就业培训、农村牧区劳动力转移就业等工作。二要适时提高机关事业单位津贴的水平，加强对垄断性行业收入分配监管，逐步缩小行业收入差距。加快廉租住房建设，着力解决城市低收入家庭住房困难。三要建设海绵城市、智慧城市和地下综合管廊，更好提升居民出行居住等方面的便捷性与幸福感。四要提高基本公共服务水平，助推各级各类教育全面发展、均衡发展。五要认真落实《“健康锡林郭勒2030”实施方案》，以提高人民健康为中心，以推进医疗卫生供给侧结构性改革为主线，完善公共医疗服务体系，提高医疗保障水平。六要支持养老服务企业连锁化、专业化经营，培养一批有影响力的龙头企业和知名品牌。七要大力发展文化体育产业，加快完善城乡体育设施建设，积极发挥好自治区级青少年足球训练基地的作用。

（七）完善监测和考核评价体系，助力经济高质量发展

设计好适应本地区经济发展新常态、顺应高质量发展要求的比较科学合理的指标体系、标准体系和统计体系，有序推进政绩考核改革，通过差异化考核的制度性安排，引导各地区各部门充分发挥优势资源，实现错位发展。

乌兰察布市“十三五”以来经济社会发展情况及对策建议

马玉峰　索靖华　张芳　张宇晓　马镇　苏秉*

“十三五”以来，在中央、自治区党委政府的正确领导下，在人大、政协监督支持下，市委、市政府团结带领全市人民，以习近平新时代中国特色社会主义思想为指引，全面学习贯彻落实党的十九大精神，认真贯彻落实中央、自治区的重大决策部署，按照新发展理念和高质量发展要求，全面深化改革开放，实施乡村振兴战略，坚决打好防范化解重大风险、精准脱贫、污染防治“三大攻坚战”，经济社会发展各项工作深入推进，基本完成了“十三五”前半程目标任务。

一、乌兰察布市“十三五”以来经济社会发展情况

（一）致力三大攻坚战，夯实全面建成小康社会基础

一是精准有效打赢风险防控攻坚战。严格执行地方政府债务管理的相关规定，除新增地方政府债券外，严禁新增其他地方政府债务。积极申请地方政府债券置换来化解政府债务，确保不发区域性和系统性财政金融风险。协调银行扩大信贷规

* 马玉峰、索靖华、张芳、张宇晓、马镇、苏秉，乌兰察布市发展和改革委员会。

模，规范放贷环节，金融支持实体经济能力逐步增强。建立和完善了金融风险监管监控长效机制。促进地方金融机构改革与发展，金融生态环境建设持续推进。完成了市县两级国有担保体系建设，形成了资本金达10亿元的国有担保集团，全市中小企业融资担保能力不断增强。二是迎难而上打赢精准脱贫攻坚战。脱贫攻坚成效显著，2016～2018年，退出贫困人口14.4万人，贫困发生率下降到1.79%。大力推动产业、金融、易地搬迁、教育、健康、社会保障兜底等各项扶贫工作，2016～2018年通过产业发展实现6万人稳定脱贫，通过易地扶贫搬迁实现2万人稳定脱贫，通过教育扶贫实现1.5万人脱贫，通过社会保障兜底实现4.3万人稳定脱贫。我市家庭医生签约率为100%，慢性救治一批51168人，大病救治一批6585人，重病兜底一批1037人。三是铁腕治理打赢污染防治攻坚战。制定出台《乌兰察布市大气污染防治实施方案》。全市集中开展燃煤散烧治理，加快淘汰10蒸吨以下小锅炉。系统推进水污染防治、水生态保护和水资源管理，岱海水质恶化趋势得到基本控制，城市（城镇）建成区黑臭水体基本消除。实施农用地分类管理，完成农用地土壤污染状况详查点位核实工作，梳理土壤污染重点企业，开展污染地块环境管理。

（二）致力创新发展，实力乌兰察布再上新台阶

一是创新成为发展新引擎。先后出台《乌兰察布市关于实施创新驱动发展战略的意见》等一系列支持科技进步支持政策措施。培育和发展各类新型科技创新平台，形成了“一园两院五站十七中心”科技创新体系，科技创新得到进一步提升。二是工业实力切实增强。风电、光伏并网装机达到652万千瓦，600万千瓦风电基地项目获批。建成国家第一条薄层石墨烯生产线。华为、阿里、苹果、优刻得等数据中心项目进展顺利，华唐、鸿联九五、博岳等知名企业入驻，软通动力乐业空间在孵企业40家。三是现代农牧业平稳发展。粮食作物呈现“两增两减双提高”态势，经济作物呈现“一增一减一稳定”态势，种植业总体上呈现结构性调优、质量提高的良好态势。围绕肉羊、生猪、肉（奶）牛三大主导产业，调整养殖结构，规模化比例不断提高。农畜产品加工转化率达到62%。全市“三品一标”认证产品

达到 243 个。四是服务业突破发展。我市被列为全国唯一非省会中欧班列铁路枢纽节点城市。累计开行中欧班列 152 列，带动木材、皮件等产业迅速发展。集宁现代物流园区被评为国家示范物流园区，天津港物流基地、曹妃甸内陆港挂牌成立。博源数字化配煤项目建成投用，国家煤检中心获准授权。七苏木中欧班列枢纽物流基地、北方陆港国际物流中心等物流项目进展顺利。旅游基础设施建设加快，新增国家 4A 级旅游景区 4 家，3A 级景区 1 家。

（三）致力协调发展，魅力乌兰察布焕发新光彩

一是城乡格局持续优化。中心城区建成区面积由“十二五”末的 65 平方公里拓展到 84.7 平方公里。常住人口城镇化率由 45% 提高到 49.7%。城市框架结构日趋合理，功能布局不断完善，基本实现了城市的均衡发展。统筹推进“三山两河”亮化工程，中心城区建城区绿地率为 37.01%、建城区绿化覆盖率为 40.02%、人均公园绿地面积为 24.34 平方米。二是美丽乡村成效显著。土牧尔台镇、岱海镇入选全国特色小镇，27 个村镇荣获“全国文明村镇”“国家美丽村镇”等称号。南村成为全国农村人居环境保障示范村。三是基础设施建设加快。截至 2018 年底，全市公路通车总里程为 16728 公里，全市平均路网密度为 31.04 公里 / 百平方公里。截至 2018 年底，地区电网已投运 500 千伏、220 千伏、110 千伏变电站 88 座。兴和七家营水库、卓资隆盛水库建成。集宁—北京点对点专用光缆一期项目顺利运营，二期工程稳步推进。

（四）致力绿色发展，美丽乌兰察布提升新气质

一是提高生态文明水平。深入实施主体功能区战略，划定生态红线区域。中旗、后旗、四子王、化德国家重点生态功能区产业准入负面清单已获国家批复并实施。成功创建国家园林城市、国家卫生城市，白泉山山体修复暨公园建设项目荣获中国人居环境范例奖。二是构筑绿色生态屏障。着力推动重点生态工程建设，累计完成林业生态建设 130 万亩，森林覆盖率达到 23.46%。京津风沙源治理二期工程共完成 54.7 万亩，全市天然林资源保护工程公益林建设完成 12.6 万亩，新一轮退耕林

完成 14.75 万亩。

（五）致力开放发展，活力乌兰察布谱写新篇章

一是供给侧结构性改革扎实推进。依法取缔“地条钢”生产企业 3 家，产能 110 万吨。完成蒙维与乌兰察布中联水泥熟料产能置换。2018 年全市商品住宅库存 245.6 万平方米，同比下降 22.6%，非商品住宅库存 100.7 万平方米，同比下降 39.5%。2018 年全市纳入统计范围的规上工业企业资产负债率为 74% 左右，同比下降 1 个百分点。取消免征停征涉企行政事业性收费 49 项。实施电力多边交易、“营改增”等政策，企业用电成本和税费负担下降 27.7 亿元。2016 ~ 2018 年，全市一般公共预算支出中八项民生支出占到 76% 以上。全市争取上级预算内资金 38.05 亿元，全部用于补短板项目建设。二是重点领域改革稳步推进。认真落实习总书记要求内蒙古先行先试三项改革。“放管服”改革取得实质性进展，及时动态调整市级行政权力和公共服务清单，审批环节减少 27%。投融资体制机制不断创新，察哈尔经济技术开发区成为无审批承诺试点。建成全区首个市场诚信平台。三是开放合作持续深化。乌兰察布高铁车站建成投用，张呼高铁乌兰察布至呼和浩特东段正式开通运营。中欧班列稳步开行。乌兰察布机场开通航线 9 条，通达 14 个国内重要城市。唐山曹妃甸港乌兰察布内陆港开通运营。乌大张三地在工业、旅游、文化等方面合作深入推进并签署了一系列框架协议。依托京蒙对口帮扶的合作优势，紧抓北京产业转移和非首都功能疏解重大机遇，在产业、教育、医疗等各方面与北京建立更加紧密的协作关系。积极对接国家“一带一路”发展倡议，加强乌兰察布与“丝绸之路经济带”沿线国家经贸合作。

（六）致力共享发展，幸福乌兰察布迈出新步伐

一是人民生活持续改善。截至 2018 年底，全市城镇居民人均可支配收入和农村牧区居民人均可支配收入分别达到 30999 元和 10764 元，比“十二五”末分别增加 6402 元和 1421 元，年均增长 8% 和 8.5%。二是公共服务供给能力不断提升。学前三年毛入园率为 95.61%，全市九年义务教育巩固率达 96.9%，高中阶段教育毛入学

率达94.3%，职业教育、民族教育、民办教育、特殊教育加快发展。公共卫生服务能力和水平大幅提升，全市现有医疗卫生机构2108个，床位9456张；市中心医院升级为三甲医院。全市各类公共文化服务设施全部免费开放，以乌兰牧骑为主体的文艺队伍建设不断加强。聚集体育强国和健康乌兰察布建设，不断提高竞技体育水平。三是民生保障水平持续提升。城镇登记失业率控制在4%。社会保险持续扩面，社会养老保险实现了制度全覆盖。城乡低保标准分别提高到600元/月、4476元/年。养老事业加快发。在全区率先实行困境儿童救助制度。殡葬改革初见成效。加强保障性住房建设，全市城市棚户区改造开工5.42万套。

（七）致力自身建设，和谐乌兰察布创造新局面

持续巩固和扩大“六个专题教育”“四个专项整治”和落实“十项基本制度”的成果。全面推行行政权力清单化管理，实现重大事项合法性审查全覆盖，加大政务公开力度，规范行政权力运行，健全完善反腐败体制机制。统筹推进法治专门队伍、法律服务队伍和法治人才队伍建设，形成一批切实可行的制度成果和实践成果。加大具有法治实践干部的使用力度。质量安全监管力度加大，实现事故起数、死亡人数“双下降”。食品药品安全工作加强，国家食品安全示范城市创建工作走在全国前列。以创建全国文明城市为抓手，深入开展社会文明大行动。加快推进社会信用体系建设，建成“信用乌兰察布”信用信息共享平台。

二、乌兰察布市下阶段发展思路

展望“十三五”后半程，从外部环境看，全球经济总体上延续复苏态势，但贸易保护主义抬头，增加了经济运行的外部不确定性。中美贸易摩擦等外部环境变化对我国经济运行必然带来影响，但我国经济长期向好的基本面没有变，有望延续稳中有进、稳中向好发展态势。中央加强对西部地区、民族地区、边疆地区的倾斜支持，加大力度支持中西部承接东部产业转移、加快生态基础设施建设等，这有利于自治区争取更多资金、项目和政策，对我市发展形成重要利好。

从乌兰察布市看，“十三五”后半期的实施环境与规划初期已经有较大变化，经济发展面临经济增长低于规划预期、经济发展不平衡不充分突出、内生动力支撑不足、资源要素制约明显等问题，未来面临着经济发展速度与质量效益、工业发展与主导产业选择、城市化与生态环境保护等诸多两难问题。但也看到，我市发展也面临重大机遇和有利条件。当前，我市全面构建起以高等级公路、铁路、高铁、航空为骨架的立体交通网络，已进入首府一小时经济圈，进入首都一小时经济圈，高铁经济时代即将来临，我市融入“京津冀”协同发展战略具备了更加成熟的条件。同时，我市积极争取列入国家物流枢纽布局，全力争取开通铁路口岸、航空口岸，积极申请集宁区作为中俄、中蒙的临时停靠口岸地，我市在“一带一路”国际贸易中的战略地位极大提升。此外，优越的清洁能源资源、良好的气候地质条件、宝贵的生态资源，将更好地转化为产业优势与经济动能，进而推动我市经济迈向高质量发展。

下阶段，我们要全面贯彻落实党的十九大精神，以习近平新时代中国特色社会主义思想为指导，统筹推进“五位一体”总体布局和协调推进“四个全面”战略布局，认真贯彻新发展理念，坚持稳中求进工作总基调，统筹推进稳增长、促改革、调结构、惠民生、防风险各项工作，坚决打好防范化解重大风险、精准脱贫、污染防治“三大攻坚战”，奋力夺取决胜全面建成小康社会伟大胜利。一是经济增长更加注重提高发展质量和效益。推动高质量发展是当前和今后一个时期确定发展思路、制定经济政策的根本要求。以深化供给侧结构性改革为主线，坚持质量第一、效率优先，以科技创新为源动力，加快构建现代经济体系，推动经济增长的质量和效益显著提升。二是产业转型更加注重结构优化升级。大力培育新能源、新材料、大数据、云计算等战略性新兴产业，推动冶金、建材等传统产业转型升级，延伸产业链条，加快新旧动能转化。三是开放发展，更加注重交通优势的发挥放大。围绕打造开放发展新高地，着力发挥交通区位优势，力促集大高铁加快建设，积极推进国际航空口岸建设，进一步优化域内公路网，将交通优势切实转化为发展优势。四是民生改善，更加注重补短拉长攻坚克难。以铁的决心攻坚克难，坚持突出工作重点，在打赢三大攻坚战中取得新成果。以提高均衡性和群众获得感为目标，找准差距症结，深入剖析原因，抓牢具体举措，在对标找差的过程中发现问题、解决问题。五是改革攻坚，更加注重持续深化确有成效。在制度创新上用力，在瓶颈难点处突破，在市场主体增活力、强动力上见成效。拓宽思路、创新思维，最大限度发挥乌兰察布优势，以时不我待的精神谋求发展。

三、对策建议

（一）转换动能，精准施策提高质量

一是着力供给侧结构性改革。坚持化解过剩产能，加速过剩产能市场出清，坚决依法处置闲置低效用地。继续清理规范涉企收费，扩大电力多边交易规模，降低企业用电成本。发挥政府投资引导作用，激发民间投资活力。二是着力重大项目建设。紧盯“一带一路”沿线地区、“京津冀”、长三角和珠三角，围绕大数据、新能源、新材料、现代物流、现代旅游等产业实施精准招商。积极对接一批有实力的企业，着力引进一批带动型和高附加值工业项目。不断推进体制机制创新，着力打造有利于企业发展的环境。创新机制与方法，着力推进项目落地。三是着力破解发展瓶颈。优化土地资源供给，盘活用好土地存量。积极推动金融创新，强化直接融资渠道拓展。为金融业发展创新营造有利的社会环境，提高金融服务实体经济积极性。加快红格尔水库竣工蓄水，头道沟、吉庆峡水库开工建设。

（二）砥砺前行，迎难而上强力攻坚

一是坚决打赢防范化解重大风险攻坚战。贯彻落实中央、自治区对化解政府债务的部署，在严格落实地方政府债务限额管理和预算管理制度、防止新增各类隐性债务的同时，积极筹措资金化解存量债务。加大处置金融风险工作力度，加大不良贷款清收处置力度，严厉打击恶意逃废债行为。二是坚决打赢脱贫攻坚战。把脱贫攻坚作为头等大事和第一民生工程，以脱贫攻坚统揽经济社会发展全局，所有工作

向脱贫攻坚倾斜，举全市之力打赢这场硬仗。三是坚决打赢污染防治攻坚战。牢固树立“绿水青山就是金山银山”的理念，坚守生态底线，不碰环保红线，像爱护生命一样爱护生态，守护好我们最大的优势、最宝贵的财富。

（三）创新驱动，建设现代经济体系

一是加强创新能力建设。发挥企业科技创新主体作用，围绕我市主导特色产业，开展新品种、新材料、新技术科技试验示范和技术攻关。建立铁合金和石墨新材料研究院，加快高端产品和先进工艺研发，促进创新成果与市场对接，打通向现实生产力转化的通道。二是加快传统产业转型升级。加大中低微铬铁、中低碳锰铁、高硅硅锰合金等高端产品开发，鼓励现有矿热炉改造提升。加大高端氯碱化工产品开发力度。推动萤石资源集约化发展，扩大氟化工下游产品的生产规模。提升品牌知名度和加工能力，打造绿色农畜产品生产加工输出基地。三是培育壮大战略性新兴产业。加快600万千瓦风电项目建设，打造新能源外送示范区，探索新能源消费示范区。以“陕京四线”和“呼张延”输气管道建设为契机，加快天然气加工及输出基地建设。推动石墨烯、新能源电池材料相关项目建设，构建磷酸铁锂正极材料、石墨负极材料全产业链。四是大力发展现代服务业。深度挖掘俄蒙市场，积极争取列入国家物流枢纽布局，建设“一带一路”和中俄蒙经济走廊先导试验区。深入推进与天津港、曹妃甸港等港口的合作。引进国内大型物流企业，建设集仓储加工、物流配送、信息服务、综合配套为一体的集散中心。大力发展旅游业，围绕“京郊草原·避暑之都”旅游品牌，强化品牌宣传与城市形象塑造，发挥我市天蓝水碧、空气清新的独特优势，大力发展全域旅游、四季旅游。五是积极培育新业态。加快推进华为、苹果、阿里、优刻得等数据中心项目实施。充分发挥百度双创中心、软通动力乐业空间的孵化作用，培育一批大数据应用企业。以华唐、博岳、鸿联九五等企业为依托，重点发展呼叫外包、视觉工业等产业。

（四）五城联创，着力提升城市品位

一是加强规划引领。继续深入推进“多规合一”试点工作，形成统一的规划

蓝图和信息管理平台。实现中心城区控制性详规全覆盖，认真落实国家第二批城市设计试点工作，提高建筑设计水平和质量。二是建设精品城市。统筹推进市政道路、供热供水、电力通讯、垃圾处理等方面建设，完善城市地下管网规划，协同推进老旧管网改造工程，全面提升市政基础设施水平。三是提升管理水平。大力推进创城工作，建设海绵城市、国家生态园林城市、国家森林城市、国家节水城市，创建一批文明县城、园林县城和卫生县城。大力推进城市管理综合执法体制改革，持续推进市容市貌综合整治。四是突出特色乡镇。全面推进美丽乡村、特色小镇和少数民族特色村寨建设，在乡村原有的文化与空间基础上进行优化提升，构筑优势产业集聚区，努力推荐申报国家级、自治区级特色小镇和少数民族特色村寨。

（五）蹄疾步稳，全面实施乡村振兴战略

一是调整优化农业产业结构。以市场需求为导向，坚持走特色路、打绿色牌，持续深化农牧业供给侧结构性改革。抓住马铃薯主粮化机遇，以做强种薯产业为方向，以培育引进深加工企业为重点，推动马铃薯全产业链发展。引进培育一批产业化龙头企业，进一步延长产业链、提升价值链、拓宽增收链。二是全力促进农民增收。大力促进农牧民就业转移，鼓励农牧民自主创业。深化供销合作社改革，加快创建自治区级、国家级示范社。鼓励土地流转经营，不断激发农村经济活力。大力改善水电路讯房等基础设施，建好管好护好运营好农村公路。开展农村环境综合整治，实施农村牧区垃圾处理设施建设工程，推进“厕所革命”。完成饮水安全工程建设任务。大力发展休闲农业、体验农业、田园综合体等新业态。大力推进农村精神文明建设，推进“乡村文化振兴战略”。

（六）生态优先，倾力推动绿色发展

一是推进生态建设保护。完成国家重点生态建设工程任务。扩大退耕还林还草和轮作休耕，加大禁牧休牧轮牧力度。加大地方政府财政投入力度，加强自然保护区管理。二是形成绿色发展方式。落实国土主体功能区规划，明确各类保护区边

界，推进严格监管常态化。严格控制开发强度，实施碳排放、能源消耗、水资源消耗、建设用地等总量和强度“双控”，多为生态“留白”，多给自然“种绿”。实施全民节能行动计划。加强生态文明教育，让绿色消费、绿色生活成为时尚，让尊重自然、保护自然成为习惯。

（七）做实做好，持续增进民生福祉

一是完善社会保障体系。大力实施就业创业促进工程，继续加大创业园（孵化基地）、众创空间等创业平台的建设力度。全面实施全民参保计划。提高退休人员养老金、城乡居民医保财政补助标准。继续扩大医疗保险覆盖范围，落实城乡居民就近参保和新生儿免费参保。完善跨省异地就医即时结算工作，实现全国范围内异地就医直报。提高社会救助对象救助标准，提高弱势群体和优抚对象补贴标准，筑牢困难群体兜底保障网。深化殡葬改革，加快公益性殡葬基础设施建设。二是扩大优质公共服务供给。实施义务教育优质均衡发展，多措并举发展学前教育，规范幼儿园办学行为。加快普通高中优质特色多样化发展。优先发展民族教育，重视特殊教育，支持规范民办教育，办好继续教育，加快高等教育内涵发展。持续深化医药卫生体制综合改革和公立医院综合改革，促进城乡居民公共卫生服务均等化发展。推动蒙中医药事业传承发展。深入开展爱国卫生运动，做好公共卫生和重大疾病防控。改革完善计划生育服务管理。推动乌兰牧骑事业发展，加强艺术精品创作，广泛开展群众性文化活动。加大文物、文化遗产、非遗保护力度。推进全民阅读，建设“书香乌兰察布”。深入开展重点领域重点行业常态化大排查大整治，坚决遏制重特大安全事故发生。健全突发事件应急处置机制，提高预测预警和防灾减灾能力。全面贯彻党的民族宗教政策，深入开展民族团结进步教育和创建活动。注重发挥老干部、工商联、工会、共青团、妇联、红十字会、科协、文联等组织的桥梁纽带作用，认真做好统计、地震、气象、档案等工作，推动各项社会事业再上新台阶。

（八）共商共进，打造自治区开放高地

一是持续深化改革攻坚。统筹推进投融资、放管服、电力体制等重点改革任

务，推动实现更高质量、更有效率、更加公平、更可持续的发展。继续做好阶梯水价、污水处理、供热计量、医疗服务等领域的价费改革。深化农村土地制度改革，加快土地确权进度，完善“三权”分置制度。努力构建“信用乌兰察布”，持续开展信用信息“双公示”工作，探索在各领域推广应用信用信息。二是持续推进开放合作。主动融入京津冀协同发展，依托京蒙对口帮扶平台，积极承接产业转移，打造承接非首都功能产业集聚地。发挥“一带一路”建设的开放引领作用，加快推动航空临时口岸、内陆铁路口岸和保税物流建设。依托区位优势，积极推动临时口岸开通，开展面向俄蒙的货运包机业务。加快乌大张合作区建设，借助京张冬奥会契机，深入推动三市在冰雪旅游等领域的合作。

鄂尔多斯市“十三五”以来经济社会发展情况及对策建议

武燕 *

“十三五”以来，鄂尔多斯市认真贯彻落实中央、自治区各项决策部署，深入推进供给侧结构性改革，着力加快新旧动能转换，扎实推动经济高质量发展，全市经济社会各方面取得显著成效。下阶段，全市将围绕经济平稳运行、新旧动能转换、民生改善等重点领域集聚发力，扎实推动经济高质量发展。

一、鄂尔多斯市“十三五”以来经济社会发展情况

（一）推动经济高质量发展取得新成效

经济保持平稳运行。2016 ~ 2017 年，累计组织实施亿元以上重大项目 514 项，完成固定资产投资 2808.5 亿元。对接设立了产业基金 15 支，总规模近 500 亿元，新增社会融资 703.8 亿元。累计完成社会消费品零售总额 1504 亿元，年均增长 8.5%。近两年累计使用外资 20.6 亿美元，2016 年成为自治区唯一的全国外贸百强城市。

新旧动能转换加快推进。一是工业提质升级步伐加快。非煤产业占工业总投资

* 武燕，鄂尔多斯市发展和改革委员会。

比重达到82.9%，增加值占比达到50%。京东方二期、云泰互联、罗克佳华等项目建成投运，库布齐沙漠光伏应用领跑基地、光伏治沙项目获批实施。煤炭洗选率提高到90%，就地转化率提高到19%，成功注册了“鄂尔多斯煤”商标。2017年获批成为国家四个现代煤化工产业示范区之一，中天合创煤炭深加工二期、伊泰120万吨精细化学品等项目建成投运；伊泰200万吨煤制油、北控40亿立方米煤制气、国电投80万吨煤制烯烃等项目获国家发改委批复；神华煤制油二、三线，新蒙煤制气，华星煤制气等项目前期工作有序推进。二是服务业品质化、多元化、融合化发展亮点频现。全市服务业占地区生产总值比重提高到44.1%，较2015年提高3个百分点。实施了加快发展现代服务业三年行动计划，启动创建国家级旅游业改革创新先行区和国家全域旅游示范区，城川红色教育基地、响沙湾莲花酒店、万家惠欢乐世界、康巴什康镇、乐康吧等特色文化旅游项目投入运营。鄂尔多斯综合保税区获批并开工建设。招商落地天津港、天津物产等国内大型物流企业，开工建设10个标准化物流园区。三是现代农牧业建设加快推进。国家现代农业示范区和100个产业结构调整典型示范村建设加快，新增现代农牧业节水基地46万亩，流转土地20万亩、草牧场345万亩。培育龙头企业64家、公司化养殖园区43处、家庭农牧场425家，专业合作社882家。新增认证“三品一标”品牌31个、全国绿色食品原料标准化生产基地54.5万亩。

供给侧结构性改革成效显著。通过在建煤矿减量置换，累计引导退出煤炭产能915万吨，退出108万吨水泥、25万吨电石产能。大力推进房地产去库存，积极把握住建部将我市列为房地产去库存试点城市契机，通过棚户区改造货币化安置、创新征迁模式、产权共有、“租售”并举、商用房改公共服务用房、扩大住房公积金覆盖面等综合措施，2016年化解存量房589.8万平方米，2017年消化库存511万平方米。出台了支持工商企业降本增效一系列政策措施，通过降低企业用电成本、减免税费、落实各类补贴等措施累计降低企业各类成本170亿元。制定实施了年度补短板工作方案，基础设施、科技创新等地区发展的薄弱环节明显增强。

创新驱动取得进展。鄂尔多斯市高新技术产业园区升级成为国家级高新技术开发区。全市研究与试验发展（R&D）经费支出占GDP比重达到0.8%左右，接近全区平均水平。截至2017年底，全市高新技术企业总数达61家，自治区级以上各类研发机构101家。落实科技奖励政策。2017年为各类科研机构、企业发放奖励资金5000万元。全市人才总量达35万人，其中高技能人才3.98万人，高层次创新创业人才3.5万人。

（二）决胜三大攻坚战取得新胜利

坚决防范化解重大风险。出台了防控地方金融风险工作方案，2016年帮助企业转贷续贷306亿元，2017年处置银行不良贷款128.52亿元，守住了不发生区域性金融风险的底线。高度重视政府债务风险，出台了政府债务化解五年规划和年度方案，2016年争取政府债券置换资金641.8亿元，增长71.2%，2017年政府债务置换率达85.5%，完成政府债务化解年度目标。持续开展安全生产大检查，安全形势总体平稳。建成市、旗两级食品药品综合监管平台，保障了人民群众“舌尖上的安全”。

坚决防治大气、水、土壤污染。大力整治环境突出问题，2016年全面完成中央环保督察7项整改任务、棋盘井蒙西地区71项年度环境整治任务。2018年，率先在全区编制印发了《鄂尔多斯市污染防治三年攻坚行动实施方案》和八个配套子方案及年度任务清单，3年共安排了2183项具体防治任务。按照自治区部署开展了我市生态保护红线初步方案，市域面积30%纳入生态保护红线。

坚决推进精准脱贫。2016年以来，全市共有21个自治区级贫困嘎查村全部退出摘帽，唯一的区贫旗杭锦旗也完成了自治区的脱贫摘帽验收并进行了公示，贫困人口减少到了目前的620户1427人，贫困发生率降低至0.13%以下，基本消除绝对贫困。2016年以来，全市投入财政专项扶贫资金6.24亿元，发放金融扶贫富民贷款11.66亿元。

（三）重点领域改革全面深化

突出抓好总书记指示我区先行先试的三项改革。建立完善龙头企业与农牧民利益联结机制，市级以上龙头企业达到328家，专业合作社达5650个，龙头企业与农牧民建立紧密型利益联结的比例达47%。探索编制自然资源资产负债表，形成了具有典型西北特色的自然资源资产负债表。创新同俄蒙合作机制，综合保税区和国际航空口岸获批，内陆港建设全面启动。

推进简政放权和商事制度改革。全面实施《权责清单》《公共服务事项清单》等八张清单，推行“二十八证合一、一照一码”改革，企业登记注册基本实现全程电子化。推行政务服务“一窗受理”模式，基本实现统一综合受理、统一分类审批、统一窗口出件，市政务服务中心通过国家标准化试点验收。设立了国家工商总局鄂尔多斯商标注册受理窗口，内蒙古鄂尔多斯资源股份有限公司获评中国商标金奖。

强化财税金融和国资国企改革。设立了中小微企业转型发展基金，引导金融机构加大对中小微企业信贷支持力度。设立专项发展基金和创业基金等基金，发挥财政资金的引导作用和放大效应。加大股权融资力度，“十三五”新增社会融资567亿元，储备上市挂牌企业107户，新增区域性股权市场挂牌企业62家，基本实现内蒙古股权交易中心在我市各旗区全覆盖。

推进农村牧区综合改革。出台了《深入推进农牧业供给侧结构性改革的贯彻落实意见》。推动农村牧区集体产权制度改革，开展农村牧区土地草牧场确权换证工作，土地确权登记颁证外业测量92%，草原确权外业测量基本完成。推进不动产统一登记工作，核发不动产登记证书36712本。

深化生态文明建设改革。推进生态保护红线、环境质量底线、资源利用上线和环境准入负面清单“三线一单”制度落实，出台了农业用水、居民生活用水阶梯价格改革方案，实行最严格的水资源管理制度，实现了“三条红线”控制指标全面覆盖。建设了环境监测在线平台，在自治区率先实现环境质量自动监测全市全覆盖。全面推行河长制，实施河长制验收办法、会议制度、考核办法等6项制度。实施跨盟市水权转让一期工程，获配水指标0.6576亿立方米。率先开展排污权交易，运用市场化手段盘活环境容量指标，已有63个项目参加交易，率先获得盟市发放排污许可证权限。推动碳排放权有偿交易，17家企业参加京蒙跨区域交易。积极开展电力多边交易，参与企业达到100户，节约成本14亿元。

二、鄂尔多斯市下阶段发展思路

今后一段时期，推动全市经济运行趋稳向好的积极因素不断增多。从全国宏观形势看，国家先后出台的《完善促进消费体制机制进一步激发居民消费潜力的若干意见》《优化口岸营商环境促进跨境贸易便利化工作方案》等稳投资、稳外贸、促消费政策红利逐渐释放，基础设施领域补短板力度不断加大，为我市经济拓展需求空间，增强发展动能提供利好。能源消费仍将保持稳定增长，煤炭价格短期较为平稳，对我市能源经济发展形成良好支撑。从鄂尔多斯市看，在一系列稳增长、促改革、调结构、惠民生、防风险政策措施的推动下，我市一些经济指标开始企稳回升，经济稳定增长的积极因素正不断积累。2018 年前三季度，公共财政预算收入、铁路货运量增速较上半年分别回升 1.8 和 0.2 个百分点，规模以上工业增加值企稳回升。同时，一批新的经济增长点正在逐步形成，一批重点项目将建成投产，将对扩投资、稳增长形成积极推动作用。

与此同时，我市经济社会发展中仍面临一些挑战。从外部环境看，全国经济运行稳中有变、稳中有缓，2018 年前三季度 GDP 同比增长 6.5%，为 2009 年一季度以来的低点。外部挑战变数明显增多，国内结构调整阵痛继续显现，出口增速虽然受抢出口效应影响异常大增，但 PMI 新出口订单创两年半以来新低，贸易摩擦影响逐步显现，后续不容乐观。固定资产投资增速持续处于低位，受金融去杠杆等影响后期仍难以大幅回升，对我市能源化工产业稳定增长带来较大挑战。

从鄂尔多斯市看，经济发展动力不足、发展后劲减弱、环境约束趋紧等问题亟待解决。全市固定资产投资连续下滑，2018 年计划实施的亿元以上重点项目较 2017 年减少 71 项，同比下降 23.4%，计划投资额下降 400 亿元。同时，高质量项目储备严重不足，缺乏支撑能力强和带动作用大的新项目，新建项目普遍存在规模小、投资强度低的问题，难以形成有效补给和支撑。重大项目储备库中，基础设施和传统产业项目占 57% 左右，新兴产业项目不足 5%，能够适应新形势、遵循新发展理念、满足高质量发展要求的项目偏少。我市能耗制约问题也愈加凸显，2018 年 1 ~ 8 月，全市规上工业能耗增长 28.5%，较上年同期净增能耗 740 万吨，节能降耗任务异常艰巨。

综上所述，下阶段，我市将聚焦经济运行，重点支持实体经济健康发展，集中开展重点项目攻坚，着力打造良好营商环境；聚焦新旧动能转换，进一步构建现代能源经济体系，大力培育新产业，推动更高层次对外开放；聚焦生态环境改善，扎实推进污染防治攻坚战，完善绿色发展长效机制；聚焦乡村振兴战略实施，深化农村牧区综合改革，大力发展现代农牧业，全面推进人居环境整治，打好精准脱贫攻坚战；聚焦保障改善民生，发展公平而有质量的教育，健全社会保障体系，繁荣发展文化事业。

三、对策建议

（一）全力推动新旧动能转换，着力构建多元发展、多极支撑的现代产业体系

加快推动产业结构转型升级，把实体经济做实做强做优，力争到 2020 年，培育一批产值超千亿元产业园区，工业投资占比、非煤产业增加值占比进一步提高。一是做好现代能源经济的文章。建设国家级清洁能源输出主力基地、现代煤化工产业示范基地，力争煤炭就地转化率达到 30% 左右。推进煤炭分级分质利用，提高煤炭洗选率，到 2020 年达到 98%。发展壮大煤炭电子交易市场，扩大“鄂尔多斯煤”影响力和话语权。推进煤电产业绿色化、清洁化发展。加快蒙西至天津南、上海庙至山东电力外送通道配套电源点建设，积极推进蒙西至湘南和鄂尔多斯至江苏电力外送通道。推动煤化工向高端化、终端化方向发展，重点推进神华煤直接液化二、三线，伊泰煤制油，国电投烯烃，华星煤制气，新蒙煤制气等项目。稳定常规天然气生产规模，加快启动煤层气、页岩气等勘探开发工作。稳步开展风能、太阳能新能源分布式交易试点。积极争取国家启动配置上海庙至山东特高压通道配套新能源二期 400 万千瓦，并扩大我市外送指标。二是加快传统产业升级步伐。打造国

内最大的优质羊绒生产基地和绒山羊种源基地。推动发展无汞PVC、PVC糊树脂、氯化聚氯乙烯等氯碱化工循环经济补链项目。推动陶瓷产业集群化发展，打造自治区高端陶瓷生产基地。三是加快培育新产业、新技术、新动能、新增长极。加快高端装备制造、信息、新材料、节能环保、生物医药等新兴产业发展，积极引进配套零部件产业和项目，打造产业配套、产品对接、优势互补的产业集群，建成西部重要的装备制造基地。大力发展大数据产业，积极争取自治区大数据产业优惠电价支持政策。推动煤提取石墨烯粉体、粉煤灰提取氧化铝等关键技术和产业化应用上取得重大突破，建设国家煤制石墨烯研发中心。四是全力推动现代服务业提档升级。生产性服务业重点发展设计咨询、金融租赁、电子商务、科技服务、会展经济、现代物流等业态。生活性服务业积极推进文化创意、商贸、健康养老等拓展提升，到2020年，现代服务业增加值占生产总值的比重达到45%。推进国家全域旅游示范区建设，打造沿黄风光旅游带、库布其沙漠旅游带、草原旅游带和沙漠峡谷旅游带为重点的旅游发展布局，建设对接晋陕宁等周边省区的旅游通道，建成国家级旅游度假区。充分发掘鄂前旗、乌审旗、鄂托克旗等红色旅游资源，努力打造成国家西部红色旅游示范区。推进“大物流”产业发展，加快物流园区、仓储配送中心以及冷链物流、电商物流等设施的空间布局和建设运营。发展特色专科医疗护理、疗养度假、健身休闲、养老养生等健康产业，建设若干健康产业示范区。五是加快现代农牧业规模化、品牌化发展。推动农业供给侧结构性改革，推进高标准农田建设。实施新型经营主体培育工程，培育和提升一批家庭农场、农民专业合作社。实施农畜产品品牌战略工程，打造一批以“鄂尔多斯”冠名的国际国内知名品牌。

（二）强化节能环保治理措施，节约高效利用资源

多措并举强力推进节能环保工作。严格落实国家、自治区和鄂尔多斯市制定的产业政策，加大淘汰落后产能，严控新增能耗，培育节能环保产业，为加快经济转型发展腾出能耗空间。以市场机制和政策扶持为引导，鼓励重点用能企业引进、应用节能新工艺、新技术进行节能改造，大力发展循环经济、绿色经济，提高资源综合利用效益。加强煤化工、电解铝、火电等行业清洁生产审核，推动企业实施清洁

生产技术改造，进一步提高企业清洁生产水平。

（三）着力优化产业发展环境，夯实高质量发展基础

强化基础设施保障。加快推进包鄂西高铁项目，力争“十三五”期间开工建设。加快推动呼准鄂铁路提速升级，纳入京张—张呼高铁的配套快速客运铁路集群。加快推动蒙华、准朔、南部、东乌铁路出口通道建设，推动集疏运体系建设，大力发展集装箱业务，打造完备的产地煤炭外运系统。打通至满都拉、甘其毛都公路口岸及天津港、唐山港等沿海港口的公铁、铁海联运通道。全面打通出省高等级公路通道，实现与相邻省外高速互联互通，提升出区的通畅性、便利性。推动实施包茂高速扩建、树林召至包头滨河新区等重点公路工程，提升盟市间互联互通水平。开通鄂尔多斯航空口岸至欧美、东南亚、俄蒙等国家和地区国际航线，建设支线机场、通用机场和直升机起降点，打造区域性航空枢纽。大力推进大容量、多路由、高安全性干线光缆网络建设，推进城际网络的高速互联、城市网络的光纤覆盖和农村牧区宽带的延伸覆盖。

（四）扎实打好三大攻坚战，有力破解发展难题

优化金融生态环境，加大对非法集资等违法违规活动的打击力度，防控好房地产、地方性金融机构、企业债等集聚风险。积极稳妥化解政府性债务，完善地方政府专项债券管理，推动地方国有金融资产管理公司发展。按照精准脱贫要求，深入开展驻村包联帮扶行动，注重扶贫与扶志、扶智、扶能相结合，着力抓好产业扶贫，统筹抓好住房安全、教育扶贫、社会兜底保障等，解决好因病致贫、因学致贫、因灾致贫等问题，确保到2020年，已退出建档立卡贫困人口脱贫成效巩固提升，精准脱贫攻坚战取得全面胜利。深入践行“绿水青山就是金山银山”理念，加快淘汰落后产能，推进大气、水、土壤污染防治和多污染物综合治理，加大重点园区、矿区环境综合整治，坚决制止和惩处破坏生态环境行为，力争3年内生态环境质量明显提升，努力把生态变成鄂尔多斯最大活力点。

（五）坚持共享发展，不断增进人民福祉

一是全面实施乡村振兴战略。完善土地草原出让收入使用范围，提高农牧业农村牧区投入比例。扩大金融机构农村牧区金融服务覆盖面，扩大涉农涉牧领域信贷投放，提高金融服务水平。规划建设一批现代农牧业产业和特色小镇，提升沿黄沿线地区经济发展水平。扶持壮大市级以上龙头企业，构建更加紧密的农企利益联结机制。二是促进区域协调发展。推动达旗与包头、准旗与呼和浩特、乌审旗与榆林、鄂前旗与银川联动发展，建立区域协同发展工作机制，促进产业协同发展、基础设施建设互联互通、发展要素自由流动。三是提高基本公共服务水平。打造全国教育信息化示范区。以委托管理、联合办学等方式提升高校教学水平。推进健康鄂尔多斯建设，完善公共医疗服务体系，提高医疗保障水平，发展远程医疗、疑难疾病联合会诊等新型医疗模式。大力发展文化产业，深化国家公共文化服务标准化试点建设，打造全区文化体制改革示范区，继续蝉联全国文明城市。争取将城川民族干部学院建成全国干部教育培训基地。大力发展体育事业，加快完善城乡体育设施建设，打造鄂尔多斯国际那达慕大会文化体育活动品牌，建设自治区级青少年足球训练基地。

巴彦淖尔市“十三五”以来经济社会发展情况及对策建议

王晓鑫　张煦　张玉*

“十三五”以来，巴彦淖尔市深入学习贯彻习近平总书记系列重要讲话精神，认真落实中央、自治区和市委、政府各项决策部署，牢固树立和践行新发展理念，坚持稳中求进工作总基调，持续推进产业转型升级，打造新引擎、构建新动力，推动经济向更高质量、更有效率、更加公平、更可持续发展迈进。

一、巴彦淖尔市“十三五”经济社会运行情况

2016 ~ 2017 年，全市地区生产总值年均增长 5.3%，固定资产投资累计完成 1384.9 亿元，一般公共预算收入累计完成 127.2 亿元，社会消费品零售总额年均增长为 8.9%，城乡居民收入年均增长均为 7.9%，收入比为 1.8 ：1。

两年以来，我们坚持稳中求进的总基调，全市经济实现平稳增长。深入开展“项目建设年”活动，确保固定资产投资稳定增长，以建设河套全域绿色有机高端农畜产品生产加工输出基地作为目标，全面深化农牧业供给侧结构性改革，大力发展绿色、生态、高效农牧业，认真落实中央和自治区扶持企业发展的政策措施，全

* 王晓鑫、张煦、张玉，巴彦淖尔市发展和改革委员会。

力稳定企业运行，促进工业经济提质增效。实施了一系列旅游、电子商务、物流等现代服务业重大项目，加快培育新的经济增长点。通过多措并举实现了前两年经济较为稳定地增长，综合经济实力实现了新的提高。

两年以来，我们坚持推动产业转型升级，新旧动能加快转换。推动农牧业绿色发展，全市粮食生产能力稳定在60亿斤以上，肉羊饲养量和出栏量均居全区第一，农畜产品加工业基本形成乳制品、肉类加工、酿酒、粮油加工、番茄、炒货等十大特色优势产业。积极培育发展新动能，矿山冶金业有色金属采选业成为全区第二大有色和黄金生产加工基地，能源工业新能源总装机487万千瓦，占全区总装机容量的13%，化学工业形成焦化、甲醇、硫酸、化肥等多门类产业体系。积极承接产业转移，形成了生物制药、新材料、新能源等增长动力强、后劲足、潜力大的新兴产业，“十三五”规划前两年，战略性新兴产业增加值占地区生产总值比重分别达到2.7%、3.6%。大力发展现代服务业，旅游业发展势头强劲，电商、金融、物流等现代服务业蓬勃发展，金融机构人民币存贷款余额稳步扩大。

两年以来，我们坚持民生优先，公共服务水平进一步提升。各级财政投入民生资金占一般公共预算支出的70%以上。覆盖城乡居民的社会保障体系基本建立，保障标准超过全区平均水平，36万户城乡中低收入家庭居住条件得到改善。各级各类教育协调发展，7个旗县区全部通过国家义务教育均衡发展验收，十二年免费教育全面实施。组建跨区域、跨层级的医疗联合体14个。巩固和完善基本药物制度，开展以市医院牵头的医联体药品联合采购。市医院、市中医院晋升为三甲医院，成立全区首家“医共体”。公共文化服务体系日益完善，乌拉特中旗乌兰牧骑荣获“全区十佳乌兰牧骑”称号，《鸿嘎鲁》获得全区首届蒙古语戏剧节入选剧目奖，河套文化的影响力传播力显著增强。平安巴彦淖尔建设扎实推进，群众安全感明显提升。

两年以来，我们坚持多点发力，城乡基础设施保障能力进一步提高。推进城乡建设，市政基础设施进一步完善，供水普及率达到98.14%，集中供热普及率达到87%以上，城镇燃气普及率达到88.73%，污水处理率达到98.26%，垃圾无害化处理率达到99.04%。不断完善交通运输体系，行政嘎查村全部通沥青水泥路，京新高速巴彦淖尔段、省道311建丰农场至建设段、青山至乌根高勒一级公路、沿黄一级公路九庄段建成通车，国道242甘其毛都至临河段公路加快建设，包银高铁完成线位选择和站场选址。完善农田水利设施建设，灌区续建配套与节水改造、排水设施改造、高标准农田建设成效显著，近70%的耕地生产条件得到改善。

2018年，我市积极应对经济下行压力，主动对标对表高质量发展要求，统筹推进稳增长、促改革、调结构、惠民生、防风险各项工作，全市经济运行呈现总体平稳，稳中有进的态势。前三季度，全市地区生产总值同比增长5%，固定资产投资完成172.3亿元；一般公共预算收入完成39.4亿元，社会消费品零售总额同比增长8%，城镇常住居民人均可支配收入同比增长7.7%，农村牧区常住居民人均可支配收入同比增长9.6%。

一是三次产业平稳发展，质量效益明显提高。农牧业生产稳中有升。第一产业增加值同比增长3.2%。绿色农牧业品牌影响力扩大，“天赋河套”区域公用品牌成功发布，首批授权河套酒业、兆丰面业、圣牧高科等6家企业10个产品使用。工业经济企稳回升，第二产业增加值同比增长1.6%。战略性新兴产业增加值同比增长19.6%，快于规模以上工业17.8个百分点。服务业增势较好，第三产业增加值同比增长9.5%。服务业对GDP的贡献率达到77.5%。旅游业加快成长，游客接待量、旅游收入同比分别增长17.5%、20.8%。电子商务加速发展，全市有6个旗县区的电子商务产业园投入运营，电商企业达到1290家，交易额同比增长20.3%。

二是项目建设稳步推进，新旧动能转换全面起势。出台了《重大项目储备库建设办法》，录入国家重大项目库项目412项，总投资2700亿元。亿元以上重大项目开工112项，国道242线临甘一级公路、省道311线建丰农场至建设段、磴口中水回用等基础设施项目建成。力景华荣有机肥、东立多晶硅一期、蒙能10万千瓦风电、金草原现代冷链物流等产业化项目投产。盾安多晶硅二期、西部铜业、东升庙矿业完成技改升级。恒嘉蓝宝石一期、中粮面粉加工、杭龙生物质热电、联源热电、神华20万千瓦风电、四华20万千瓦风电、中核龙腾光热等项目加快推进。

三是三大攻坚深入推进，发展基础更加坚实。防范化解重大风险取得积极进展。按照自治区化债工作部署，逐级制定了政府债务、“十个全覆盖”债务化解方案，超额完成年度目标任务。持续开展打击非法集资行动和互联网金融风险专项整治，金融风险得到有效控制。脱贫攻坚持续推进，全市3898人实现稳定脱贫，乌拉特前旗摘帽。建成易地扶贫搬迁安置点13个，搬迁人口2167户、4196人，按期完成自治区下达的搬迁任务。4万千瓦光伏扶贫项目按期并网，1569户贫困人口从中受益。污染防治取得新进展，全面推进大气、水和土壤污染防治。中联水泥、金牛煤电、联邦制药、神华能源等企业完成污染治理，加油站地下油罐防渗改造工程完成43%。全面实施河湖沟长制，黄河黑柳子断面水质为二类，总排干入黄河口断面水质为四类，乌梁素海湖心区断面水质为四类，黄河水厂水源地水质为三类。

四是深化重点领域改革，发展活力进一步释放。供给侧结构性改革有效落实，放管服改革不断深化。印发了《巴彦淖尔市企业投资项目审批“一次办结”改革实施细则（试行）》和流程图，审批时间由过去的200多天减少为112天，审批效能大幅提升。持续降低企业负担，停征免征首次申领居民身份证工本费等6项行政事业性收费，减少企业负担1.4亿元。三次降低一般工商业电价，平均每千瓦时降低6.4分。积极开展电力多边交易，降低企业用电成本3.46亿元。农村牧区综合改革稳步推进，土地草牧场确权进展顺利。教育医疗、财税金融、生态文明等改革有序实施。营商环境持续优化，市本级27个部门、340项事项全部进驻服务大厅。

五是生态建设深入推进，绿色发展优势更加凸显。加大生态建设和环境保护力度，山水林田湖草沙综合治理取得积极成效。积极实施484万亩盐碱地改良工程，规划编制、土壤普查等工作稳步推进，五原县5万亩示范区进入工程总结评估阶段。乌梁素海流域生态修复申报成为国家第三批试点工程。点源污水“零入海”工程有序推进，乌后旗、磴口县污水处理厂再生水全部实现回用，国土绿化稳步推进，完成生态造林56万亩，乌兰布和沙漠植树造林5.7万亩，坚持以开发促治理，加快发展沙产业，乌兰布和新增沙产业面积1.7万亩。

二、巴彦淖尔市下阶段思路

从国际看，全球主要经济体有望继续保持复苏态势，但反全球化趋势和贸易保护主义空前抬头，对国际贸易、投资等带来一系列负面影响，加大了全球经济风险，加剧了全球资本和产品竞争。同时，需要密切关注美国贸易保护主义政策与经贸摩擦风险对出口的影响。

从国内看，党的十九大以来，面对我国发展进入新时代后主要矛盾的新变化，国家层面的宏观经济及产业政策大幅度调整，政策的导向作用和约束作用均在强化。我国经济进入新常态，处于爬坡过坎的关键时期，宏观发展环境已从“稳中向好”转变为“稳中有变”，正处于结构调整和转型升级的关键阶段。目前，国内居民消费疲软、基建投资下滑、民营经济不稳、资本市场信心不振等新情况的出现，稳就业、稳金融、稳投资、稳外资、稳外贸、稳预期成为当前乃至未来一段时间的重要决策部署。

从内蒙古看，随着国家“一带一路”倡议的深入实施，中蒙俄经济走廊深入推进，自治区全面扩大对外开放、开展对外经济合作与交流的步伐进一步加快，资金、技术、管理和人才“走出去、引进来”将成为经济发展的新趋势。从结构动能看，无效供给加快破除，实体经济成本持续降低，高新技术、大数据云计算等新产业蓬勃兴起，太阳能电池、新能源汽车、石墨及碳素制品等新产品增势强劲，互联网、信息技术、现代服务业等新业态快速发展。

从巴彦淖尔市看，全市经济下行压力犹存，发展不平衡不充分问题依然突出，质量效益有待进一步提高。主要表现为：经济总量小，增长内生动力不足，经济增长后劲亟待加强。产业转型升级任务艰巨，产业结构“四多四少”的状况没有根本改变，传统产业占比依然较大，新兴产业尚未形成有效支撑，新动能对经济发展的引领支撑作用尚未充分发挥。旅游、电商物流、金融等现代服务业发展水平有待进一步提升。口岸进口煤铜资源就地加工转化率不高，对蒙开放优势尚未充分发挥。与此同时，分析党的十九大以来一系列宏观政策取向、市场变化态势、区域竞争格局和技术进步趋势的新变化，我市仍然处于大有作为的战略机遇期。一是国家持续推动以破、立、降为政策目标的供给侧结构性改革，推动新一轮产能周期扩张带来的资源型产品市场改善机遇。二是中央相继出台一系列稳投资政策，补短板成为供给侧结构性改革的重点任务，特别是基础设施等领域补短板力度将加大。且随着放管服改革的持续深化，投资项目审批“一次办结”改革取得突破性进展，将有效促进实体经济壮大提升。三是习近平总书记在民营企业家座谈会上肯定了民营经济在国家经济发展中的重要作用，国家多部委相继加大了对民营企业，特别是中小微企业的扶持力度。国家税务总局出台了关于促进民营企业减税降费的若干措施；商务部大力倡导民营企业参与进博会、广交会及“一带一路”国际合作；国家发展改革委表示支持民营企业进入电力、石油、天然气、铁路、航空、通信、军工等重要领域。随着一系列政策举措的落地显效，民营经济发展空间将进一步拓展，发展潜力将充分释放。四是新一轮个税改革助推居民增收，消费体制机制和政策环境更趋完善，居民消费信心和消费意愿较强，对提振消费形成利好。

下阶段，巴彦淖尔市将以习近平新时代中国特色社会主义思想为指导，全面落实绿色高质量发展要求，发挥我市水、绿、文化等方面的独特优势，大力推进“五区一市”共建，努力实现“塞上江南、绿色崛起”。

建设绿色产业集聚区。以建设河套全域绿色有机高端农畜产品生产加工输出基地、国家清洁能源基地和河套文化特色旅游度假基地为重点，推动产业向绿色化、高端化、智能化方向发展。

建设生态文明示范区。全面贯彻“绿水青山就是金山银山”的理念，运用系统思维统筹山水林田湖草沙综合治理与开发利用，实现生态环境持续好转。

建设乡村振兴样板区。大力实施乡村振兴战略，深化农村牧区改革，加快推进城乡融合、农村牧区一二三产业融合发展，促进农牧业增效、农牧民增收、农牧区增绿，实现产业兴旺、生态宜居、乡风文明、治理有效、生活富裕。

建设对蒙开放先行区。主动融入“一带一路”建设、中蒙俄经济走廊，促进中蒙矿能合作，推动资源就地精深加工，把甘其毛都口岸建设成为集进出口贸易、仓储物流、跨境旅游、文化交流于一体的综合性口岸特色城镇。

建设美好生活共享区。牢固树立以人民为中心的发展思想，补齐民生短板，让人民生活更加殷实富裕，公共服务更加优质均衡，人民群众共享改革发展成果。

通过五区共建，把巴彦淖尔建设成为现代经济体系与绿色生态环境相互协调、现代城市文明与传统乡村文化融合互动、现代城市风貌与秀美田园风光交相辉映的现代化生态田园城市。

三、对策建议

（一）持续扩大有效需求，保持经济平稳发展

继续把投资和消费作为拉动经济社会发展的主动力，发展产业项目的直接支撑作用和基础设施、社会事业项目的基础支撑作用。一是狠抓重大项目建设。进一步落实项目推进责任制和《重大项目管理办法》，加大项目资金、用地、审批等方面的协调力度，强化要素保障，推动重大项目建设全面提速。实施亿元以上重大项目114项。临河区国家产业融合示范园、恒嘉蓝宝石二期等项目75项；新建包银高铁、新泰和石墨、黑猫煤化工等项目30项；建成神华国能20万千瓦风电、四华20万千瓦风电等项目45项；推进海钰硫钛铁资源循环利用、丰裕石墨等项目前期工作。继续加强重大项目策划力度，对入库项目逐一、逐项从策划、储备、审批、开工全程盯办，形成“开工一批、续建一批、竣工一批、储备一批”的项目滚动机制。二是着力稳定有效投资。始终坚持把稳投资作为拉动当前经济稳增长的重要抓手，发挥投资对优化供给结构的关键性作用。激发民间投资活力，落实好国家和自治区关于促进民间投资的政策措施，解决好民营企业不能投、不愿投、不敢投的问题。规范有序推进政府和社会资本合作，在环保、交通能源、社会事业等领域，集中推介一批回报机制清晰明确、使用者付费为主的PPP项目。加大招商引资力度，以“店小二”的精神，认真做好签约项目全流程服务，推动项目尽快由意向协议转化为落地实施。瞄准长三角、珠三角、京津冀等重点区域，紧盯行业龙头企业，引进一批有实力的大型企业，投资现代农业、生态建设、先进制造业、现代服务业等领域。拓宽投融资渠道，利用政策性金融和开发性金融、直接融资和间接融资、全国性市场和区域性市场的社会融资功能，多渠道筹措建设资金。加大地方政府债券额度争取力度，认真做好2019年中央、自治区预算内项目的争取工作，继续对接德国复兴银行、法国开发署和国家烟草基金公司，多渠道筹措建设资金。三是促进消费提档升级。持续增强消费对经济发展的基础性作用，顺应消费需求变化，挖掘消费潜力，促进消费品提档升级。积极发展医养结合、文化创意、全域旅游等新兴消费，支持

社会力量提供教育、文化、养老、医疗等服务。主动应对电子商务对我市实体商贸企业销售的分流，积极引导并扶持企业发展电子商务，支持企业依托地方优势产业或知名品牌开展网络营销，实现网络经济与实体经济的有机结合。

（二）加快工业转型升级，推进新旧动能转换

推动工业高端发展。全力推动产业集聚化、链式化、规模化发展，确保优势产业提质增效，新兴产业总量规模扩大。紧紧抓住转型升级窗口期，整合集聚要素资源，支持龙头企业发展，推动符合转型升级方向的农畜产品、矿山冶金、建材化工等传统工业企业改造升级。落实招商引资优惠政策，支持现有企业新上项目或重大技术改造。高度关注生产经营困难的企业情况，落实“一企一策、一业一策”措施，切实解决企业生产经营中的困难和问题，保持工业经济平稳运行。大力发展战略性新兴产业，全力推进国家清洁能源基地建设，实施上海庙至山东特高压外送160万千瓦风电项目，积极争取光伏“领跑者”基地、第二批光热示范、生物天然气产业化示范等项目，加快分布式风电、微电网、清洁能源供热等应用，为电力消纳探索新路径、新办法。发展壮大新材料、数字经济、装备制造、蒙中医药、节能环保、生物科技等新兴产业，全力推进石墨小镇建设，争取中科院大数据产业园落户我市，培育更多的经济增长点。实施园区振兴发展计划，明确园区管理机构职能定位，理顺管理体制和工作机制，强化投资服务功能。差异化定位园区发展方向，重新修订工业园区总规、详规、产业规划。积极引进各类资本，推动园区与专业化运营公司合作，代理园区的规划、标准厂房建设、招商运营，商业化打造石墨、晶体、新能源装备等一批园中园。

（三）扎实推进三大攻坚战，推动经济高质量发展

切实防范化解重大风险。按照“谁举债谁还债”“旗县是主体、盟市要兜底”的要求，坚持“开前门、堵后门”，严控增量和化解存量并重，科学规范政府举债行为，坚决遏制隐性债务增量，确保完成年度化债任务。优先偿还与“十个全覆盖”10项工程直接相关项目工程款，确保农民工工资及时足额发放。动态梳理调

整政府投资项目，民生项目要坚持尽力而为、量力而行原则，避免出现大的资金缺口。严厉整治非法集资，依法打击农村牧区高利贷。大力推进精准脱贫。进一步加大扶贫资金整合力度，在项目和资金安排上向深度贫困地区给予重点支持和倾斜。巩固扶贫成果，严格执行国家教育扶贫、医疗扶贫、政策兜底等政策标准，保证脱贫家庭人均纯收入达到或高于国家标准。全力抓好易地扶贫搬迁问题整改，扎实推进配套产业发展，确保贫困人口搬得出、留得住、能致富。加强光伏扶贫项目后续管理，切实抓好项目运行管理、资金发放等工作，确保贫困户长期受益。稳步推进污染防治。持续推进中央环保督察反馈意见整改落实，实现主要污染物排放总量大幅减少，生态环境质量总体改善。打好蓝天保卫战，突出抓好散煤、工业、机动车等污染防治，继续实施燃煤机组超低排放改造，加快淘汰城市建成区 10 蒸吨以下燃煤锅炉，大气优良天数比例保持在 83.8% 以上，PM2.5 浓度下降 19% 以上。持续开展清水行动，全面落实河湖沟长制，狠抓工业污染防治，加强城镇生活污染治理，强化地下水保护与治理，全面整治农村环境，继续推进水源地环境整治工作。全面实施净土行动。加强重金属污染防治，严格污染地块环境管理，加快推进土壤污染治理与修复。积极争取自治区节能考核差别化政策，力争完成“十三五”能耗“双控”目标。

（四）深入实施乡村振兴战略，推进农业转型升级

按照产业兴旺、生态宜居、乡风文明、治理有效、生活富裕的总要求，全力推进河套全域绿色有机高端农畜产品生产加工输出基地建设。加快农牧业农村牧区现代化，推进河套区域公用品牌建设。加大品牌培育保护力度，建立健全“天赋河套”区域公用品牌授权和退出机制，加强品牌宣传营销推介，在大中城市设立“天赋河套”产品展销中心，在大型连锁超市设立销售专区，继续办好绿色农畜产品国际博览会，全面打响河套区域品牌。做好“三品一标”产品认证，年内新增产品 60 个以上。全面推进标准化生产，鼓励龙头企业和规模化新型经营主体建设标准化生产基地，市标准化实验室建成投用。强化质量安全追溯管理，将市级以上农牧业龙头企业、“三品一标”认证企业、授权使用“天赋河套”商标企业全部纳入追溯信息

管理平台。大力提升农牧业产业化发展水平，农畜产品加工转化率达到78%以上，促进农牧业全产业链发展。发展休闲农牧业、观光农牧业、创意农牧业，培育农村牧区新产业新业态，促进要素跨界配置和产业有机融合。做好国家级现代农业产业园、农业高新技术产业示范区等申报建设，加快建设田园综合体，发挥平台载体示范引领作用，带动乡村产业集群化发展。

（五）继续深化重点领域改革，增强经济发展内生动力

推进经济体制和生态文明体制等方面的改革，持续推进简政放权、放管结合、优化服务工作。进一步优化营商环境。重点抓好“最多跑一次”改革，深化投融资体制机制改革，推进投资在线监管平台使用。启动工程建设项目审批制度改革，年内基本建成统一的工程建设项目审批和管理体系，力争将审批时间压减至100个工作日以内。加强事中事后监管。稳步推进公平竞争审查，全面清理和废止妨碍公平竞争的规定和做法。扎实推进收费监管，严格落实国家、自治区取消、停征和降低的收费项目标准，加大违规收费行为的查处力度。加快推进诚信制度建设，继续做好信用信息共享平台建设，扩大信用产品应用范畴，探索在行政管理中使用信用记录和信用报告，落实守信联合激励和失信联合惩戒措施。完善现代市场体系，认真落实国家和自治区税费减免、电价优惠等政策，推动使用“天赋河套”品牌的农畜产品加工企业进入电力多边交易，下大力气减轻企业负担。持续推进天然气、用水、供热、医疗等重点领域价格改革。

（六）切实保障和改善民生，进一步增进人民福祉

统筹推进城乡义务教育一体化发展，办好乡村学校，切实缩小城乡、区域、校际之间的办学差距。深入推进创业就业工作，加大推进创业园建设力度，开展多种形式的技能培训，促进家庭服务业规模化发展。抓好就业扶持和创业担保贷款政策落实，推动创业创新带动就业，确保就业局势基本稳定。严格落实各项社会保障政策，稳步提高城乡低保、特困人员供养、优抚补助标准，全力保障困难群众基本生活。推进健康巴彦淖尔建设，完善医联体政策体系，全面提升基层医疗卫生院和旗

县医院诊疗服务能力；充分利用信息化手段，推动远程医疗全覆盖；推广医养结合新模式，深化家庭医生签约服务，促进医疗卫生服务向社区、家庭延伸，确保建档立卡贫困人口和计划生育特殊家庭签约服务率达到100%。鼓励社会力量兴办医养结合机构，发展蒙中医特色医养结合服务，满足老年人健康多元化服务需求。落实各项增收政策，促进基层干部、科研人员、技能人才、新型职业农牧民等重点群体增收。全面治理拖欠农牧民工工资问题，推动保障农牧民工工资支付的各项制度措施在各类企业基本实现全覆盖。推进全民参保计划，实现法定人员全覆盖。

（七）构建全方位开放格局，增强经济发展活力

深度融入“一带一路”和中蒙俄经济走廊建设，积极创建中蒙（甘其毛都—嘎顺苏海图）国际产能合作区、内蒙古国检试验区、边民互市贸易区、国家边境旅游试验区。加强口岸基础设施建设，完成“七进七出”矿能通道升级改扩建、出境车辆服务区、联检大楼改造等项目建设，加快神华巴能驰恒口岸监管区建设，争取口岸跨境铁路、重载公路启动建设，完善危化品监管场所冷链仓储物流等设施，全面提升通关能力，力争口岸年过货量突破2000万吨。开通运行蒙古国南戈壁省罕宝格达至乌拉特中旗、临河至乌兰巴托国际客运线。推动口岸贸易多元发展，开展原油、成品油进出口贸易，扩大肉类、果蔬、将仁、羊绒制品等产品贸易，积极创建国家级出口食品农产品质量安全示范市。主动参与和服务“一带一路”、中蒙俄经济走廊，深度融入呼包银榆经济区，沿黄沿线经济带和宁蒙陕甘毗邻地区，加大与京津冀、长三角、珠三角等地区全方位合作，推动绿色优质农畜产品向高端市场迈进。

乌海市“十三五”以来经济社会发展情况及对策建议

乌海市经济研究中心

“十三五”以来，乌海市聚焦全面建成小康社会，围绕“十三五”规划确定的既定目标，扭住发展不放松、攻坚克难不退缩，全力抓重点、调结构、补短板、强弱项、惠民生，各项工作取得了新进展。下阶段，乌海市将以供给侧结构性改革为主线，以建设现代化经济体系为支撑，聚焦聚力“五区”建设，加快建设富裕、美丽、文明、和谐的幸福乌海，着力打造祖国北疆亮丽风景线上的璀璨明珠。

一、乌海市“十三五”以来经济社会发展情况

2016 ~ 2017 年，全市地区生产总值年均增长 6.03%，固定资产投资年均增长 6.8%，社会消费品零售总额年均增长 7.88%，城乡常住居民人均可支配收入分别年均增长 6.6% 和 7.48%。

着力稳增长调结构，发展质效同步提高。三次产业比重由 2015 年的 0.8 ：60.3 ：38.9 调整为 2017 年的 1.2 ：57.6 ：41.2。一是工业经济转型步伐扎实推进。源通焦炉煤气制 LNG 等传统产业转型延伸项目投产，卡博特恒业成气相二氧化硅等一批精细化工项目加快建设，新能源、新材料、装备制造等战略性新兴产业占地区生产总值比重达到 6.3%，高于全区 3.1 个百分点。乌海高新技术开发区被认定为自治区级高新

技术产业开发区。二是现代服务业呈现新气象。开工建设了乌海鸿达物资交易中心等生产性服务业项目，万达广场等生活性服务业项目投入运营。以旅游业为第三产业转型发展重点，2018年上半年实现旅游收入32亿元、同比增长31%，乌海湖被评为国家水利风景区，龙游湾湿地、金沙湾景区分别入选国家湿地公园、国家沙漠公园试点。设立全区首家“金融驿站”和“金融超市”，金融业对GDP贡献率达到6.8%。三是大力推进乡村振兴战略。“乌海葡萄”获地理标志证明商标，被认定为“世界沙漠绿洲葡萄酒产区”。完善农企利益联结机制，带动2万余名农区居民增收致富，绿色生态农业产业园入选全国首批创业创新园区。

贯彻创新发展理念，有效激发发展活力。一是深入推进改革攻坚。完成公立医院综合改革等4项国家级改革试点任务，完成服务业创新等3项自治区级改革试点任务。推进“放管服”改革，成立行政审批服务局，审批时限压缩52.7%。二是全力提升科技创新能力。2017年全市拥有国家级高新技术企业达到14家，研究与试验发展支出经费占GDP的比重达到1%；每十万人拥有专利授权数同比增长21%。我市荣获全国科技进步先进市。三是推动大众创业、万众创新。建成各级各类众创空间7家，全市创客空间累计培育孵化企业60余家，孵化内蒙古世环新材料股份有限公司挂牌上市新三板。四是实施“互联网+”行动计划。云计算中心投入使用，智慧公交投入运营，列入国家“互联网+政务服务”示范工程，成为国家智慧城市、信息惠民城市试点，入选“宽带中国”示范城市。五是实施人才兴市战略。累计投入人才开发专项资金1287万元；引进和培养享受“国务院政府特殊津贴专家”“草原英才”和“自治区突出贡献专家”60余人。六是深入实施质量强市战略。截至2018年上半年，全市有国家级标准化试点4个、自治区级4个，中国驰名商标、内蒙古著名商标达26件。

坚持统筹协调发展，不断完善公共基础设施建设。一是合理调整土地利用结构。城乡建设用地比重由75%调整为86%，适当降低交通水利设施和其他建设用地比重，为旅游业、新产业、新业态以及民生类项目预留充足的发展空间。二是巩固提升农村基础设施。完成危房改造6920户，完成街巷硬化299.59公里，均超额完成自治区下达目标。完成村村通电任务并对农网工程进行升级改造。三是城市综合承载能力持续增强。乌海湖大桥通车，完成荣乌高速棋盘井至乌海段、国道110黄河大桥主体工程等；乌海机场运营12条航线，2017全年完成旅客吞吐量45.4万人次，较2015年增长21.1%。实施了一批市政基础设施、城区绿化美化和城市水系建设工程，2017年供热普及率、燃气普及率、集中供水率分别达到92%、94%、100%。

坚持绿色发展，全面提升生态文明建设水平。一是加大区域大气污染联防联控力度。2016 ~ 2017年，累计投入大气污染防治资金88.6亿元，组织实施1200多个大气污染防治项目。2017年中心城区优良天数比2015年增加40天。二是大力实施生态建设工程。2016 ~ 2017年累计实施生态绿化项目117个，跨入全国绿化模范城市和国家园林城市行列。颁布实施《乌海市海勃湾生态涵养区保护条例》，全面建立“河长制”责任体系，获评全国首批水生态文明城市。三是加快循环经济发展。海勃湾工业园区初步发展成为以能源重化工产业结构为特点的循环化改造和循环经济的典型园区，启动实施了餐厨废弃物资源化利用和无害化处理试点城市建设，2017年全市生活垃圾无害化处理率达到99%。

坚持协调发展，全面增强发展的整体性。一是对外开放水平持续提升。与“一带一路”20多个国家建立了贸易往来；“乌蒙欧”国际班列实现常态化运营，国际陆港、唐山港·乌海内陆港运营；2018年上半年对外贸易总额完成4770万美元，同比增长21.7%。二是区域协同发展实现破题开局。乌海及周边地区一体化上升为自治区发展战略，成功举办呼包银榆经济区第五届联席会议等区域性会议；与周边盟市在产业、环保、金融等领域达成合作意向项目70余项，取得实质性进展36项。

始终坚持民生优先，社会大局和谐稳定。一是实施精准扶贫、精准脱贫。截至2017年，全市现有建档立卡贫困户1313户、2968人，完成脱贫1289户、2904人，未脱贫24户、64人，脱贫率达到98.2%。二是努力促进就业增收。2016 ~ 2017年累计新增就业人数达到18022人，城镇失业登记率3.46%，控制在自治区下达目标以内，“零就业”家庭保持动态清零。三是夯实社会保障体系。低保、特困供养人员集中、分散生活补助等社会保障标准均居自治区前列，我市入选全国首批全民参保登记计划试点城市、第二批电子社保示范城市。城乡养老服务覆盖率高于全区平均水平。四是完善住房保障体系。截至2017年底，全市棚改项目新开率101%。五是提升公共服务水平。实现了农区、棚户区公办园全覆盖，全市义务教育学校办学条件基本实现标准化；优化职业教育专业设置，2016年以来市中职学生参加自治区技能大赛获奖累计50个。与全国9686家医院开通跨省异地就医住院医疗费用直接结算业务；市人民医院晋升三级甲等医院；我市被确定为第二批国家医养结合试点。

总体而言，“十三五”以来，全市聚焦全面建成小康社会，各项工作任务取得积极进展。但困难多、压力大的局面现实存在。主要体现在：一是产业转型升级缓慢，传统路径依赖仍较严重。二是新旧动能转换滞后，内生发展动力活力不足。三是投资持续增长压力较大，重大项目实施进展缓慢。四是基础设施存在短板，社会民生服务能力有待提高。五是区域联合联动不畅，引领带动作用尚未显现。

二、乌海市下阶段发展思路

科学研判发展形势是做好下一阶段工作的重要前提和思想基础。今后一个时期，乌海市面临诸多重大机遇。

从区域协调发展及分工看，国家将进一步强化举措推进西部大开发，支持资源型地区经济转型发展。从区域战略布局方面提出了深入推进长江经济带发展、加快京津冀协同发展等一系列重大战略部署，这为乌海市发展带来新机遇。一方面，国家区域重大战略及国土空间开发格局的优化，将促进能源重化工产业向原料基地就近、环境容量更大的西部地区转移。基于全市氯碱焦化主导产业竞争优势和相对完善配套体系优势，依托国务院赋予的“两大基地”功能定位，有选择性地做好承接东中部发达地区氯碱、焦化产业及相关制造业转移，实施延链、补链、强链项目，为全市推动转型升级创造了难得机遇。另一方面，“中蒙俄经济走廊”建设的深入推进，有助于发挥乌海市地处中蒙俄经济走廊和河西走廊古丝路经济带交汇点的区位优势，为全市打通对内对外通道、资源接续、要素补充、市场扩容和产业合作带来新机遇。同时，自治区第十次党代会提出，推动乌海及周边地区一体化发展；自治区党委十届五次全会提出，要打造沿黄经济带，使之成为带动西部盟市、联动蒙晋陕宁的区域经济增长极。这为乌海市加速产业升级步伐、拓展地区发展空间，有效化解区域同质化竞争矛盾，指明了方向。

从供给侧结构性改革看，我国工业化、城镇化进程远未结束，大规模城乡基础设施建设对能源重化工产品的绝对需求仍然庞大。经过近两年去产能的纵深推进，从2016年下半年开始，氯碱和焦化行业进入“剩者红利”的新阶段，行业产能利用率明显提升、供需关系显著好转，氯碱和焦化行业主要产品价格连续下跌局面得到扭转，带动了相关行业（企业）利润率和产能利用率的快速回升。从政策基调看，这些行业去产能依然是未来的主旋律，在此背景下，虽然未来能源重化工业不可能出现以往爆发式的增长，但需求和价格将会稳步趋升，这为乌海市充分借助在产能规模、产业技术和资源成本等方面的优势，进一步释放相关行业先进产能以及积累发展资金提供了重要契机，为推动产业转型升级提供了有利的市场环境。

从技术创新进步看，当今世界正处于新技术革命和产业革命爆发期，以互联网技术、清洁能源技术等为代表的新技术应用正在改变着社会形态和产业分工，这为乌海市利用新技术改造传统产业和发展新产业、新业态、新模式提供了新机遇。一方面，国内外精细化工行业得到了前所未有的快速发展，这为乌海市借力先进技术实现化工行业转型升级提供了重大机遇；同时，新一代信息技术应用的快速推广，化工行业产品向功能化、精细化、差异化方向发展趋于可能，有利于加快推进乌海市化工产品由大规模生产和大批量销售的传统模式，向差异化、定制化和服务化新模式转变。另一方面，能源技术变革蓄势待发，能源将朝着清洁化、智慧化的方向发展，能源互联网与分布式能源技术、智能电网技术、储能技术将深度融合。这些为乌海市发挥能源优势，加快推进能源消费、供给、技术、体制革命，推进“氢经济示范城市”建设，打造全国乃至全球能源经济引领者提供了难得的发展窗口。

与此同时，乌海市经济社会发展中仍面临一些挑战。一是周边产业同质化竞争带来的挑战。一方面，以乌海市、鄂尔多斯棋盘井以及阿拉善乌斯太为主的小三角地区，在主导产业、产品结构方面相似性较高，发展战略和目标定位趋同，区域间产业同质、无序竞争、重复建设、资源浪费、环境污染等问题难以在短时间内得到改观。虽然近年来自治区发布实施了一系列推动小三角地区一体化发展的指导性文件，但在产业协同发展这一关键领域基本没有实质性进展。另一方面，乌海与银川、石嘴山相邻，相比于银川市，存在城市规模较小、带动能力不强、服务功能缺项等问题，同时与石嘴山市主导产业趋同现象也比较突出，在争取国家和自治区政策支持、重大项目布局方面面临较大的竞争压力。二是从严的环保政策带来的挑战。在新发展理念的指导下，国家更加强调创新、绿色、质量、效率等发展要求，将进一步提升资源开发产业和一般加工制造业产能规模及工艺技术门槛，项目建设和生产的环保要求也会更加严格。乌海市作为初级加工产业集中地区和生态环境脆弱区，不仅新上资源开发及加工项目会受到产业政策限制，已建成项目的生产运营也会受到影响。此外，环保设施改造和运营使环境成本内部化，也会进一步加大企业生产经营的成本压力。同时，由于多年来粗放式资源开采和利用对环境造成的进一步破坏，环境方面存在的历史欠账较多、存量环境治理任务艰巨。在国家环保政策趋严和乌海市打造宜居城市的内外夹逼下，环境容量问题成为乌海市未来发展的重大制约。

下阶段，乌海市将高举中国特色社会主义伟大旗帜，以习近平新时代中国特色社会主义思想为指导，深入贯彻落实习近平总书记考察内蒙古和参加十三届全国人大一次会议内蒙古代表团审议重要讲话精神，牢牢把握稳中求进工作总基调，自觉践行新发展理念，统筹推进“五位一体”总体布局和协调推进“四个全面”战略布局，着力推动转方式“五个结合”，牢固树立发展第一要务，创新第一动力，人才第一资源，以高质量发展为根本要求，以供给侧结构性改革为主线，以加快建设现代化经济体系为支撑，坚守发展、民生、生态底线，坚决打好防范化解重大风险、精准脱贫、污染防治三大攻坚战，以建设区域创新型城市为统领，以提升人民幸福指数、提升区域服务能力为两翼，全力打造转型发展示范区、投资贸易首选区、城乡融合先行区、生态环保攻坚区和优教优医普惠区，建设富裕、美丽、文明、和谐的幸福乌海，打造祖国北疆亮丽风景线上的璀璨明珠。

三、对策建议

（一）突出项目建设抓手，不断夯实经济发展基础

一是转变抓项目的思维与理念。要在投融资模式上加快创新，更要在投资效益方面做足文章，尤其要处理好基础设施建设规模与实际需求关系，既要砥砺前行，更要量力而行。要充分树立中小项目同等重要的思维，增强抓中小项目的能力，形成“大项目顶天立地，中小项目铺天盖地”的局面。二是做好项目策划与包装工作。增强项目策划与推进能力，重点围绕科教兴国、人才强国、创新驱动、乡村振兴、区域协调发展、可持续发展和军民融合等七大战略以及基础设施补短板方面，加快策划一批具有引领性的大项目。同时要结合创业创新特点，策划配套充实中小型项目，做到增量项目与存量项目、大项目与中小项目相得益彰、相互补充。三是强化项目推进的责任意识。结合重大项目实施情况，因地制宜，切实解决制约项目推进中的关键问题，按照“前期项目抓开工、在建项目抓进度、竣工项目抓投产、签约项目抓落地”的思路，破难点促开工、创条件促投产。

（二）围绕打造转型发展示范区，加快产业结构调整

一是引导传统优势产业向中高端发展。调整与优化现有氯碱和焦化企业，积极进行技术改造和扩建，适时适度地扩大生产规模，以规模求市场、以体量争地位，保持全市两大主导产业在全区全国同行业的优势地位。主动承接京津冀、长江经济带等产业转移，加快聚乙烯多联产、气相二氧化硅等项目建设进度，促进主导产业链条的延伸、拓展和耦合，实施延链、补链、强链重点项目；延伸焦炉煤气产业链条，合理发展焦炉煤气制液化天然气、甲醇项目。优化原料结构，将煤制氢、煤基甲醇制烯烃作为调整原料结构的重要手段，加快发展功能性化学品和专用化学品，大力发展功能性树脂，积极开发新型特种合成材料。二是推进新产业新业态新模式创新。结合能源产业技术变革趋势，争取氢能源发展取得新突破。推进氯碱化工与

煤化工耦合发展，积极发展中高端精细有机氯产品、1，4– 丁二醇及其下游产品、PVA 及下游合成纤维，丙烯酸、PE 及下游衍生高分子合成材料等，大力发展以氯碱化工为依托的农药及中间体等精细化工。培育发展生物医药产业，逐步延伸产业链条，由原料药、医药中间体向成品药、制剂拓展。推动乌海大数据产业园、浙江亿邦大数据等一批信息产业项目建设。三是加快促进现代服务业提标提质。推动生产性服务业向专业化和价值链高端延伸，生活性服务业向精细化和高品质转变。加快发展现代物流、检验检测服务、节能环保服务、信息技术服务等生产性服务业，大力培育特色专业市场，积极引进第三方专业化服务机构，打造乌海及周边地区生产性服务业中心。全力做好甘德尔山、乌海湖、乌兰布和沙漠和乌海城四篇文章，围绕精品酒庄、黄河风情、乡村民宿等旅游资源，打造“山水沙城相融互促”特色旅游城市和西部旅游集散中心。壮大现代金融业，发展多层次资本市场，提高金融服务实体经济能力。立足服务当地、辐射周边，提升现代商贸、健康养老、家庭服务等生活性服务业发展质量和层次，带动区域人流、物流、信息流、资金流向乌海市集聚。推进化工行业商业模式创新，鼓励区域内龙头企业主动进行营销电商化改革，在现货交易的基础上，探索建立区域性乃至全国性化工主产品期货市场，通过应用期货工具，进一步整合周边资源与要素。四是夯实产业转型升级技术支撑。加快推进“两化融合”和“互联网 +”行动计划，在生产经营领域全面推进智能工厂试点示范应用。落实《乌海市关于创新管理优化服务培育壮大经济发展新动能加快新旧动能接续转换的实施方案》，积极发展新产业、新技术、新业态、新模式、新平台，促进制度创新与技术创新融合互动，新动能培育与传统动能改造协调互动，提升实体经济发展的质量和竞争力。以建设区域创新型城市为统领，围绕特色优势产业，加强核心技术和专项技术的创新力度，加快实施一批重大科技项目，着力突破一批制约产业发展的关键共性技术，巩固、提升已有的技术优势。加快编制实施《乌海市军民融合深度发展规划》，依托“军民融合平台”，引导具备条件的企业开展军用新材料研发生产。发挥航天十二院氢等离子煤制乙炔项目的示范引领作用，进一步挖掘和储备军民融合发展项目，改造传统电石法乙炔生产工艺，促进氯碱化工产业提质升级。设立乌海—上海发展促进中心，探索在上海市、北京市和深圳市等建立科创中心，推进“外地孵化、乌海转化”。

（三）围绕打造城乡融合先行区，推进城乡治理和建设一体化

一是完善农区公共服务。按照城市标准加强农区基础设施建设，完善市、区、镇、村间纵横衔接、环环相扣的路网体系，健全农区供水、供电、供气、供暖等公共基础设施，推动城市基础设施网络向农区延伸。扎实推进农区人居环境综合整治，继续推动农区“厕所革命”，加快提高卫生厕所普及率。建立标准统一、反应迅速、部门联动的农区公共服务机制，推进非农部门职能向农区拓展，保障农区居民同等享受便捷公共服务，打造乌海市为全区城乡（郊）融合先行区和示范区。二是全面提升农业发展质量。以推进葡萄产业提质增效为重点，提高全要素生产率，增强产业综合竞争力。积极推广“葡萄专业村”“葡萄标准园”生产经营模式，引导葡萄产业适度规模经营，加快标准化、机械化、品牌化进程，降低生产经营成本，保障绿色优质供给，将“乌海葡萄”打造成为一张闪亮的城市新名片。推进差异化、个性化、集群化葡萄酒庄、酒堡建设，培育葡萄种植与葡萄酒生产、特色文化旅游相结合的产业新模式，促进一二三产业融合发展。鼓励利用太阳能＋储能系统发展模式，将温室大棚改造成绿色恒温温室大棚，实现温度智能化调节，推动绿色能源和绿色农业有机结合。加大龙头企业扶持力度，进一步完善紧密型利益联结机制。三是强化城乡社会治理创新。深入开展“平安乌海”建设，完善立体化社会治安防控体系，夯实维护社会稳定的基础。健全突发事件应急处置机制，增强防灾减灾能力。加强食品药品安全监管，探索智慧监管、信用监管新模式，提升群众安全感和满意度。

（四）围绕打造生态环保攻坚区，打赢蓝天碧水净土保卫战

一是加强生态保护和修复。深入实施重点林业工程，着力构建以乌海湖为核心，以沿边、沿路、沿山、沿河防护林为生态绿化带的生态廊道，提升生态系统质量和稳定性。因地制宜推进城市绿化，适当引入社会资本，建设绿点、绿线、绿网、绿面相融互促的城市绿地系统。坚持建设和保护并重，发展林、沙等生态

产业，提高生态建设可持续性。二是有效防范和降低生态环境风险。加强重点行业环境风险管控。落实工业污染源全面达标计划，推进电力企业超低排放改造，强化乌海湖清淤和库区扬尘治理，严格控制面源污染。完善矿山企业生态环境准入、退出机制，强化企业生态环境治理主体责任，持续改善矿区生态环境。加强环境应急管理能力建设，健全全市、区联动的环境事件应急网络。建立政府、企业环境和社会风险预防与化解机制，有效化解涉环保“邻避”问题。三是坚决打赢蓝天碧水净土保卫战。加强乌海及周边地区大气污染联防联控，推动建立与石嘴山地区的大气污染协作机制，推进跨行政区域联防联控。加强矿区综合整治，重点推进露天剥离项目排土场整治工作，加快矿区道路硬化，严格企业生产作业，减少穿爆、采装、排土、运输环节环境污染。推进工业污染源全面达标排放，基本完成火电、钢铁等重点行业无组织排放治理任务，推动实施钢铁、建材、铸造等行业超低排放改造。严格贯彻落实《水污染防治行动计划》，系统推进水污染防治、水生态保护和水资源管理，严防“黑臭水体”的产生，确保饮用水和黄河乌海段水质安全。全面实施土壤污染防治行动计划，分类推进土壤环境保护和污染治理，构建土壤环境质量监测体系，有效管控农用地和城市建设用地土壤环境风险。

（五）围绕打造投资贸易首选区，优化内外发展环境

一是形成城市“火车头”带动格局。完善现代基础设施网络，围绕包银高铁建设任务及进度，及早谋划高铁沿线经济带。全面畅通乌海与毗邻地区的出入通道，推进绕城快速通道工程建设。完善市政基础设施，统筹推进水利、能源、信息、物流等基础设施网络体系建设，鼓励社会资本积极参与公共交通设施建设。启动创建国家卫生城市工作，内涵式常态化创建全国文明城市，持续扩大“中国书法城·乌海”品牌效应。二是打造资源要素集聚高地。优化用地结构和产业布局，对能耗较大的低端产业坚决进行调整。盘活存量土地，进一步提高建筑密度和容量，建设高端标准化厂房，大力发展总部经济和战略性新兴产业。最大限度推进与京津冀、长江经济带等区域间人流、物流、资金流和信息流的畅通，引入科技金融、知

识产权、第三方服务人才招聘和培训等功能平台，提高城市功能机构集聚程度。借力自治区创业创新引导基金，设立产业引导子基金，引导孵化新产业、新业态和新模式。三是深入推进全面深化改革。充分发挥软硬环境的“洼地效应”和“磁力效应”，以商事制度改革为突破口，将“最多跑一次”改革向纵深推进。稳步推进财税、金融、城市管理等领域改革，更好发挥市场主体的创新活力和创造动力。按照高质量发展要求，积极构建相关政策体系、标准体系、绩效评价体系等，全面清理保护落后产能的优惠政策，鼓励各类企业向“生产得好、制造得优”充分发力。抓好国家、自治区试点改革任务，努力以试点突破带动整体推进。四是持续扩大对外开放。加强与俄蒙的互联互通，鼓励企业在策克、乌力吉、甘其毛都口岸设立物流中心，建设自治区向北开放的煤炭能源资源储备加工交易基地。加快实施“走出去”战略，完善乌海海关、国际陆港服务功能，推动“乌蒙欧”班列常态化运转，引导鼓励特色优势产业建设境外生产加工基地。积极对接“京津冀”协同发展战略，主动承接北京非首都功能向外转移产业和科技成果转化。探索开展与沿海发达地区的点对点对接合作，创新共建共享机制，扩大与长三角、珠三角等地区的合作，加强与上海国家级园区合作，探索发展“飞地经济”。五是加快推动乌海及周边地区一体化发展。推动成立自治区层面的乌海及周边地区一体化发展议事协调机构。主动对接周边地区，加快推进合作意向的落地实施。开展沿黄经济带建设工作，主动融入呼包鄂榆城市群。全面加强与陕甘宁区域的内引外联，建设宁蒙合作先导区。

（六）围绕打造优教优医普惠区，统筹做好民生工作

一是优先做好就业与增收工作。抓好高校毕业生、外来农民工等重点群体就业创业，强化高质量职业技能培训，加强众创空间和创业孵化基地建设，积极开发就业岗位。适时提高机关事业单位津贴的水平，建立企业职工工资正常增长机制。加强对垄断性行业收入分配监管，健全国有资本收益、国有企业利润分配调节机制。二是重点做好教育与医疗服务水平。建立高质量的全方位全周期健康服务体系，着力创建普惠型区域医疗卫生中心、推动蒙中医药事业振兴发展，推进全市医疗卫生

与健康服务水平、医学科技创新水平、居民健康水平走在自治区前列。深化公立医院综合改革，健全分级诊疗和基本药物制度，提升医务人员业务水平，增强重大疾病防控和突发公共卫生事件应急处置能力。建立健全职业病防治制度，依法落实职业病防控措施，加强作业场所职业病危害因素监测、评价和控制。实施办学条件提质工程，提升婴幼儿早期教育质量，扩大公办幼儿园覆盖面，推广民办公助幼儿园模式。均衡发展义务教育，优化高中教育教学资源配置。加快建设现代职业教育体系，精准培养专业化技能人才。三是突出做好养老工作。支持养老服务企业连锁化、专业化经营，建设一批有特色的养老中心和社区老年人日间照料中心，培养一批有影响力的龙头企业和知名品牌。促进养老与医疗、保险、教育、健康、旅游等相关产业互动发展，将养老服务人才培养纳入现代职业教育体系规划，鼓励职业学校开展养老服务学历教育和养老服务培训工作。

阿拉善盟“十三五”以来经济社会发展情况及对策建议

侯建梅　王焱 *

“十三五”以来，阿拉善盟认真落实中央、自治区和盟委、行署的各项要求，坚持稳中求进工作总基调，坚持新发展理念，以供给侧结构性改革主线，着力推动经济高质量发展，国民经济和社会发展取得显著成效。

一、阿拉善盟“十三五”以来经济社会发展情况

国民经济发展趋于平稳。2016 ~ 2017 年阿拉善盟地区生产总值年均增长 5.85%，低于预期目标 2.2 个百分点，完成中期目标的 73%。2018 年前三季度，全面地区生产总值增长 9.4%。

结构调整取得重大进展。三次产业结构由 2016 年的 4 ：66 ：30 调整为 2017 年的 6 ：57 ：37。农牧业方面，种植业结构调整有序推进，农牧业生产稳定增产、产业化稳步发展。第一产业增加值两年年均增长 4.2%。粮食总产量由 2016 年的 15.65 万吨增至 2017 年的 15.95 万吨，增长 1.9%。牧业适度发展，牲畜头数持续下降。牲畜存栏由 2016 年 175.89 万头（只）降至 2017 年 149.45 万头（只），下降 15.03%。工业方面，工业成为拉动全盟经济增长的引擎和主动力，工业增加值两年

* 侯建梅、王焱，阿拉善盟经济信息中心。

年均增长 5.8%。2018 年前三季度，第二产业增加值同比增长 11.3%，增速较上半年提高 8.1 个百分点。其中，规模以上工业增加值同比增长 14.2%，较上半年提高 11.8 个百分点。工业用电量同比增长 15.2%，实现工业税收 18.21 亿元，同比增长 15.84%。服务业方面，消费品市场保持稳定，旅游业快速发展。第三产业增加值两年年均增长 5.5%。2018 年前三季度，全盟第三产业增加值比重达 35.4%，对经济增长的贡献率为 24.1%，拉动 GDP 增长 2.3 个百分点。

投资规模持续加大。“十三五”以来，在国家、自治区的大力支持以及全盟上下的共同努力下，全盟固定资产投资逐步回升。2016 ~ 2017 年，全盟固定资产投资年均增长 15.2%，高于预期目标 4.2 个百分点，完成中期目标的 136%。2018 年前三季度，全盟 500 万元以上固定资产投资同比下降 24.6%，高于全区投资增速 8 个百分点，呈低位逐步回升态势。房地产投资同比增长 944.2%，商品房销售呈现购销两旺局面，商品房销售面积同比增长 297.0%。全盟 142 个重点建设项目开工 127 个，完成投资 117.5 亿元，重点建设项目有序推进。

发展支撑条件更加坚实。近年来，全盟基础设施条件明显改善，“水困行难”瓶颈制约得到有效缓解。实施了阿右旗巴丹吉林镇新水源、腾格里经济技术开发区等供水工程。三旗通勤机场建成运营，结束了全盟没有航空运输的历史，京新高速公路临河至白疙瘩段（阿盟境内）、国道 307 线雅布赖至山丹（蒙甘界）段一级公路的建成通车，苏木镇通油路率达到 100%，实现了交通立体化发展。电网规模逐步扩大，500 千伏主干网架加快建设，农网升级改造工程效果明显，以 220 千伏输电线路为主架、110 千伏和 35 千伏线路为支架的电网结构基本形成。新能源开发利用步伐加快，2018 年，我盟风电装机容量 65.26 万千瓦（接入宁夏电网 42.26 万千瓦，接蒙西电网 23 万千瓦），光伏装机容量为 65.5 万千瓦。

城镇化水平明显提高。按照盟委、行署统筹城乡发展的总体要求，城乡经济社会发展取得长足进步，城镇承载能力大幅提高，新型城镇化建设稳步推进。2017 年，全盟常住人口城镇化率、户籍人口城镇化率分别为 77.69% 和 62.52%。城镇多项指标稳步提升，2017 年全盟用水普及率、城镇生活污水和垃圾处理率均达到 90% 以上，较 2015 年分别提高 5、10 和 1 个百分点。城镇特色日益彰显，2017 年阿拉善左旗被评为自治区生态宜居县城示范旗县和国家卫生县城，阿拉善右旗被评为自治区生态宜居县城先进旗县和自治区园林县城，额济纳旗入选自治区生态宜居县城达标旗县。

民生和社会事业全面发展。城乡居民收入稳步提高，2017 年城镇常住居民人均可支配收入达到 37858 元，分别高于全国、全区平均水平 1189 元和 1915 元，比 2015 年增长 17.4%；2017 年农牧区常住居民人均可支配收入达到 18186 元，分别高于全国、全区平均水平 4754 元和 5602 元，比 2015 年增长 16.7%。就业创业工作不断加强，城镇新增就业人数两年累计新增 8171 人，完成中期目标的 136%。2018 年前三季度，城镇新增就业 3395 人，完成目标任务的 113%；农牧民转移就业 2803 人，完成目标任务的 93.4%；尚有失业人员 2500 人，登记失业率为 2.32%，控制在自治区下达目标 4% 以内。社会保险扩面工作进展顺利，2017 年全盟参加城镇职工基本养老、基本医疗、失业、工伤和生育保险人数均超额完成自治区下达目标任务。脱贫攻坚有序推进，全盟两年累计脱贫 5896 人，如期完成规划中期脱贫任务，贫困发生率下降到 3% 以内，其中，阿左旗和阿右旗已退出贫困旗县。学前教育和义务教育学校标准化建设稳步推进，实现了十五年免费教育。医药卫生体制改革稳步推进，医疗卫生和公共卫生服务体系建设得到加强，疾病预防控制能力和基本医疗保障标准逐步提高。

生态文明建设成效显著。通过实施以“适度收缩、相对集中”为主要内容的发展战略，推进三北防护林、天然林保护、退牧还草、阿拉善左旗贺兰草原等重大生态工程项目，生态文明建设取得显著成效，局部生态环境逐步好转。2017 年，森林覆盖率提高到 8.26%，天然草原植被盖度提高到 23.26%。节能降耗形势严峻，2018 年以来，我盟规模以上工业能耗持续上升。前三季度，全盟规模以上能耗达 409.3 万吨，同比增长 15.5%，单位 GDP 能耗分别增长 2.3% 和 8.5%。大气污染防治稳步推进，重点行业、矿山开采等环境问题综合排查整治活动取得实效。

对外开放不断扩大。招商引资保持良好增势，我盟充分利用“西洽会”“科博会”等国内各类大型招商平台，吸引了一批带动力强、科技水平高的大项目、大企业。2017 年，全盟引进国内（区外）到位资金 172 亿元，较 2015 年增长 9.7%，两年年均增长4.4%。对外开放不断扩大，投资环境进一步改善，进出口贸易和口岸加工业稳步发展。2017年口岸过货量达到1334.38万吨，是2015年的1.75倍，两年年均增长35.6%。进出口总额35.59亿元，同比增长23.5%，区域协同发展取得实质性进展，与甘肃、宁夏等周边省区在资源综合利用、基础设施建设、文化旅游发展、园区共建共赢等领域交流合作不断深化。

二、阿拉善盟下阶段发展思路

“十三五”后期，阿拉善盟面临的形势会更加复杂严峻，制约经济高质量发展的结构性矛盾逐步显现，保持全盟经济平稳发展难度加大。一是地区经济增长基础不稳固。传统行业部分指标呈下降态势，对经济增长的拉动作用不明显。工业结构仍显单一，41个工业行业大类中，我盟仅有16类，仅靠部分资源型行业拉动，新动能未充分发挥作用。贸易增长动力不足，内贸企业受单一行业影响较为严重，如限额以上批发业中，煤炭销售占比达到70%以上，消费热点缺乏、产品供给不足现象较为严重。二是固定资产投资支撑力尚显不足。“十三五”以来，全区各盟市固定资产投资均出现不同程度的下滑。2018年三季度末，全盟固定资产投资降幅虽有收窄，但缺少大的投资增量支撑。受化解政府债务、企业融资难融资贵、市场疲软等因素影响，全盟重点建设项目仅完成年度计划的40.5%，进度和投资额不足。其中，投资占近一半比重的重大产业类项目完成不足1/3，投资占1/3比重的阿拉善经济开发区项目仅完成21.8%。部分项目前期工作不完善、质量不高，已开工项目投资额不足、进度迟缓，已完工或季节性停建缓建项目增多，招商引资力度不大，新建大项目少、储备不足，投资领域支撑不够。三是高质量发展任务艰巨。我盟产业转型升级项目仍以传统优势产业为主，战略性新兴产业、高新技术产业、装备制造业比重小，尚未形成集群优势，支撑力明显不足，产业结构升级动力有待增强。2018年重点建设项目中，战略性新兴产业项目10个，占142个重点项目的7%，投资额仅占全盟总投资的2.7%。此外，服务业发展水平有待提升，科技成果转化为现实生产力不够，对外开放水平不高，生态环境还很脆弱，基础设施建设滞后，城镇综合承载能力较弱。

与此同时，随着国家积极的财政政策和“一带一路”等重大战略的深入实施，我盟在基础设施建设、新能源产业、农畜产品加工和文化旅游等方面存在诸多发展优势和发展空间。下阶段，全盟将紧紧把握稳中求进工作总基调，坚持供给侧结构性改革主线，坚决打好三大攻坚战，坚决守好发展、民生、生态三条底线，推动经济社会持续健康发展。

一是坚决打好三大攻坚战。坚决守住不发生系统性区域性风险的底线，严格控制债务增量，积极化解存量债务。加强金融风险监测和应急处理，积极消化银行业金融机构不良贷款，使不良贷款率降至合理区间，防范和处置非法集资，有效防范化解债务风险。加大精准脱贫力度，落实脱贫攻坚三年行动方案，确保现有贫困人口全部脱贫，贫困发生率控制在3%以内。打好污染防治攻坚战，推进乌海及周边地区环境综合治理，持续巩固环境治理成果，实施好蓝天、清水、净土、矿山生态修复治理“四大工程”。

二是进一步稳投资补短板。充分发挥政府投资的杠杆撬动作用，突出抓重点、补短板、强弱项。重点聚焦基础设施和生态建设等领域的薄弱环节，加大关键领域补短板稳投资力度，进一步增强经济发展后劲。抓好协同发展重点任务落实，力争巴银铁路开工建设，确保长流水至中卫一级公路建成通车，加快东风航天城至十四号基地一级公路、特莫图至民勤二级公路等一批重大工程的前期工作进度。创新融资机制，坚持多渠道筹措资金，通过间接融资发挥信贷支持作用，通过股票、债券等资本市场工具来直接融资，合理安排地方政府专项债券规模，优化发行流程，增加合法合规PPP项目，撬动社会资本进入补短板的重大项目。

三是进一步调结构提能力。首先，加快培育新产业。推进阿拉善外送上海庙通道160万千瓦风电项目，建设阿拉善盟风光热综合新能源基地。推进石墨、高端树脂、镁合金等新材料产业，建设“中国石墨产业创新共建基地”、中商碳素新型碳材科技产业园等项目，加快形成氟化石墨—石墨电极—石墨电池等新材料产业链。推进航天发射和科技创新区建设，共同完成联合实验室、航天科技体验中心、火箭零部件制造及配套组装产业园建设。研究开发阿拉善特色蒙医药技术和民间验方，力争将我盟有基础、有受众的蒙药制剂推广到全区蒙医医疗机构使用。其次，加快培育新动能。加大科技研发投入，加强石墨等重点领域、关键技术攻关和特色资源产品研发，实施创新驱动战略。加强阿拉善荒漠治理科技孵化园、精细化工高新技术孵化园等载体的建设和运营。大力培育大数据应用产业，推动互联网、大数据、人工智能和实体经济深度融合，在医疗、养老、教育、文化、交通运输、物流等领域推进“互联网+”行动。建立完善创新创业公共服务体系，加大“助保贷”“小额担保贷款”等扶持创新创业措施力度，促进“大众创业、万众创新”。深入实施人才强盟战略，通过“草原英才”“阿拉善英才”工程，加强高技能人才培养、管理和激励，建设一支高素质的企业家队伍。第三，加快培育新增长极。强化“大园区”载体支撑，突出抓好高新区飞地经济产业园、国际物流产业园、石墨产业园、科技产业园、医药化工产业园“五个产业园”项目建设，打造千亿元园区。培育壮大文化旅游业，大力推进国际旅游目的地建设，加强品牌旅游景区创建，实施月亮湖、敖伦布拉格、曼德拉山岩画等26个景区旅游景区提升工程。加快完善口岸基础设施，加强公路、铁路、电子通关等基础设施互联互通。重点建设策克进口肉类指定口岸、乌力吉口岸基础设施及“一关两检”等项目，做好策克口岸农畜产品加工产业园、煤炭洗选精深加工园区等项目前期工作，加快推动阿拉善盟（中蒙俄）能源战略通道建设取得进展。实施科技型中小企业成长和“专精特新”中小企业培育计划，推动民营经济加快转型升级。拓宽民营企业融资渠道，建立健全企业与商业银行、投资机构的战略合作机制。

四是进一步扩内需促开放。在教育、医疗、养老、文化、体育、娱乐等行业和领域，合理引导和布局产业投资，鼓励、支持和引导民间投资健康发展。稳步提高城乡居民收入水平，促进农牧民增收，缩小城乡收入差距，维持和提升消费水平，发挥消费的稳增长作用。大力实施乡村振兴战略，推进农业供给侧结构性改革，推动农牧区信息、物流等基础设施建设提档升级，促进新兴消费方式普及，增加市场广度，持续扩大内需。积极承接京津冀、环渤海等发达地区产业转移，加强基础设施、社会民生等领域的合作，促进区域协调发展。

五是进一步减负担优环境。继续全面落实减税降费有关政策，切实降低企业税费负担和用电、物流成本等，为企业转型升级、提质增效、轻装上阵创造更加有利的外部条件。拓宽融资渠道，支持有条件的民营企业在新三板、股权交易中心挂牌融资，降低融资成本。持续推进“放管服”改革，着力打造服务更优、成本更低、效率更高的投资环境。深化投资审批制度改革，制定实施投资项目在线平台“一张网”审批立项改革实施方案，推进工程建设项目多评合一、多审合一，开展企业投资项目承诺制改革试点，落实告知性备案制度。加快“证照分离”“多证合一”和“不见面”审批，推动公共资源交易全程电子化。

六是进一步保障和改善民生。大力推进社会领域供给侧结构性改革，统筹推进各阶段教育协调发展，深化教学、绩效、招生三项改革，推进教育信息化建设，提高教育教学质量，建设和谐美丽校园。统筹实施普及健康生活、优化健康服务、完善健康保障、建设健康环境、发展健康产业 5 项重点任务，推进 20 项重大工程和 45 项行动计划以及 7 类 9 项全面深化改革任务措施，全方位、全周期维护和保障人民健康，大幅提高人民健康水平。实施就业优先战略，做好重点群体就业工作，扶持创业、带动就业，加强职业技能培训，全面提升公共就业服务水平。完善社会保障体系，坚持兜底线、织密网、建机制，实现“应保尽保”。

三、对策建议

（一）构建中蒙俄经济走廊阿拉善国际经贸新通道

以策克和乌力吉口岸为重要节点，以乌力吉—巴彦浩特—中卫铁路建设为突破口，以兰州、宝鸡、西安、重庆等重点城市为中转，贯穿南北，打造外与蒙俄、内与长江经济带联通，以运输为主线，以能源、电力工程为支撑的中蒙俄经济走廊新通道，争取纳入国家“十四五”规划。

（二）加快能源外送通道建设

加快建设阿拉善盟—上海庙 160 万千瓦风电项目，全力推动 1000 万千瓦风光电基地项目落地实施。做好阿拉善盟综合新能源基地风电、光伏、光热等重大项目前期工作和电力外送通道的推进，争取阿拉善盟敖伦布拉格—湖北（或江苏）±800千伏直流特高压外送通道列入国家规划。

（三）加强重点生态功能区建设

全盟三个旗全部列入国家重点生态功能区（防风固沙型），目前已委托相关专家对阿拉善生态治理模式进行研究，提出“国家乌贺原生态屏障”，即乌兰布和沙漠、贺兰山—狼山、鄂尔多斯高原生态屏障体系建设，争取列入自治区规划，将乌兰布和生态沙产业示范区及其周边地区作为“山水林田湖草沙”一体化发展的国家先行试点。

（四）加大自治区对阿拉善盟重大工程的推进力度

水资源严重匮乏、现代服务业发展滞后依然是我盟经济社会发展的主要瓶颈，把黄河国家级科泊尔沙漠滞洪区工程纳入国家、自治区《水利改革发展“十四五”规划》，把阿拉善盟腾格里经济技术开发区引黄调水工程、巴丹吉林沙漠5A级旅游景区创建列入国家、自治区重大工程，适度给予阿盟政策和资金支持，促进项目加快落实，对我盟今后的发展将起到举足轻重的作用。

（五）加大自治区对阿拉善盟基础设施建设的支持力度

推动巴银高铁与包银高铁同步开工建设，实施额济纳—酒泉铁路项目。推进阿拉善左旗通勤机场升级支线机场项目尽早开工，将腾格里梦想航空通用机场列入自治区规划，加快推进实施。促进敖伦布拉格—巴音木仁高速公路、国道213线达来呼布—东风航天城一级公路以PPP模式开工建设，加快推进国道213线东风航天城至十四号基地一级公路、省道228线十四号基地至巴丹吉林段公路、国道331线北银根至路井段公路等项目实施。

满洲里市“十三五”以来经济社会发展情况及对策建议

刘亚杰　李国威*

“十三五”以来，满洲里作为我国最大的陆路口岸，得到了国家、自治区多项有关“一带一路”建设和中蒙俄经济走廊方面的战略规划及宏观政策支持，进一步明确了满洲里作为国家重点开发开放试验区、边境旅游试验区、沿边国家级口岸的重要地位，成为中蒙俄合作先导区“一轴两翼”开发开放布局及与俄蒙全方位对接合作的龙头。两年多来，满洲里市面对错综复杂的国内外形势，深入贯彻落实习近平新时代中国特色社会主义思想和上级各项决策部署，坚持稳中求进工作总基调，坚持新发展理念，落实高质量发展要求，全力推动质量变革、效率变革、动力变革，以供给侧结构性改革为主线，着力打好三大攻坚战，加快改革开放步伐，统筹推进稳增长、促改革、调结构、惠民生、防风险各项工作，主要宏观调控指标处在合理区间，经济结构持续优化，防范化解金融风险取得初步成效，生态环境改善，人民群众获得感、幸福感、安全感增强。

* 刘亚杰、李国威，满洲里市发展和改革委员会。

一、满洲里市“十三五”以来经济社会发展情况

经过两年多的经济社会发展，满洲里市成为中国县级市全面小康指数前100名上榜城市，按照国家2020年全面实现小康社会十项基本标准，“十三五”中期满洲里在全区已经率先建成全面小康社会。根据2017年底的统计数据，“十三五”中期，满洲里经济增长速度高于自治区平均水平0.9个百分点，高于呼伦贝尔市平均水平1.4个百分点。人民生活水平和社会文明程度已有较大提高。

（一）力促产业转型升级，推动经济稳定增长

“十三五”以来，满洲里市坚持以提高经济发展质量和效益为中心，推进项目建设，调整产业结构，经济转型升级迈出新步伐。制定出台了《落实“五个结合”加快转变经济发展方式的实施意见》，两年来共实施重点项目378个。2017年全市生产总值达162.9亿元，三次产业结构比例由2015年的2 ：26 ：72调整为2 ：20.7 ：77.3。进出口品类逐步丰富，对俄农产品、特色食品进口品类不断增多，出口的品类拓展到机械零部件、医疗器械和药材等。2016 ~ 2017年，满洲里市新增境外投资项目49个，投资总额5.4亿美元，境外投资木材采伐及加工行业集中度达七成，境外农业种植也已形成规模化发展趋势。华能10MW光伏发电并网运行，祺通10MW光伏发电项目开工建设。木材企业精深加工比例达55%，联众木质颗粒和铅笔板、凯润实木家具、森诺黄酮素、凯盛华强木制门窗等深加工项目投产达效；装配式木结构建筑生产企业增至12家，生产规模达到100万平方米，获评国家级装配式木结构建筑示范市。伊泰中俄农产品贸储基地试生产，恒升粮油加工项目加快推进，全市进口农产品年加工能力达到75万吨。华芯科技VR芯片、联众云计算中心、乾有国际宝玉石等项目相继开工建设，部分达到投产。

（二）坚持开放发展，全面提升对外开放水平

一是深化对外开发开放。在国家“一带一路”倡议引领下，满洲里充分发挥口

岸优势，出台了《进一步扩大对外开放的实施意见》，不断扩大双边经贸合作，实现互惠互利，促进共同发展。帆达国际物流中心、锦达国际物流园、芯片加工等多个项目进展顺利，与西安综合保税区互设保税仓，临沂商城满洲里边境仓成功挂牌，荣获中国开发区“最佳竞争力奖，贸易额突破10亿元。中俄互市贸易封闭区与国门景区实现连通，免税交易B厅、精品出口厅对外开放，俄罗斯入区商品达639类，近5000种，边民收益范围辐射至呼伦贝尔全境，年交易额突破2亿元。对外交流合作层次提升，中俄区域协调联络机制日趋完善。成功加入“大图们”倡议物流委员会，并与俄罗斯鄂木斯克市、额尔登特市以及蒙古国乔巴山市缔结友好城市，与俄罗斯克拉斯诺亚尔斯克市和新西伯利亚市签署全方位合作协议，与伊尔库茨克州和布里亚特共和国建立司法合作关系，试验区建设与远东开发互动格局不断完善。二是加强跨境互联互通。“十三五”以来，满洲里市充分利用地处中蒙俄经济走廊大通道核心区域的区位优势，坚持互利共赢的开放战略和共商共建共享原则，以政策沟通、设施联通、贸易畅通、资金融通、民心相通为重点，提高互联互通水平，加快跨境俄蒙大通道互联互通建设，提高口岸便利通关水平，完善欧亚陆路大通道枢纽建设。

（三）坚持创新发展，提高发展质量效益

一是培育创新发展新动力。北方国际科技博览会层次提升，4家企业获得国家高新技术企业认证，双实肉类食品有限公司获批自治区企业研究开发中心。满洲里国际技术转移中心正式挂牌成立。青年创业场获批自治区众创空间试点，成立京蒙合作现代农业技术转移满洲里工作站。扎赉诺尔区获批国家传统知识产权保护试点县（区）。2所学校获批自治区中小学知识产权教育试点学校。二是推进体制机制创新。2017年形成改革试点7项、改革成果162项，2018年以来形成改革试点7项、改革成果132项。

（四）坚持绿色发展，加强生态文明建设

一是扎实推进主体功能区建设。城市主体功能区建设试点获得国家批复，城

市近期建设、南区历史文化新区保护和中心区控制性详细规划编制完成。加强对二卡湿地保护，严格依法打击违反野生动植物资源保护法律的行为。二是着力打造循环经济。绿色低碳发展方面，2016 年建筑节能改造楼房 65 栋，30.3 万平方米，完成投资 3800 万元，惠及百姓近万人。工业节能方面，2017 年全年规模以上工业增加值能耗下降 3.5%。完成全市 89 户规模以上工业企业在用设备变频节能技术改造。三是加快生态安全建设。草原生态系统恢复方面，启动草原确权工作。重新划定生态保护红线。扎实推进呼伦湖专项治理。单位生产总值能耗、主要污染物排放量等约束性指标完成情况好于年初预期，生态环境不断优化。湖泊湿地生态保护方面，通过开展退耕还湖、退渔还苇等工程进一步保护二卡湿地，在农田里开展生态种植、生物防害、拒绝农药、减少化肥使用避免造成湿地水质污染。

（五）坚持共享发展，增进人民福祉

一是推进精准扶贫。2016 年自治区开展建档立卡“回头看”工作，保留建档立卡人口 17 户 49 人，将不符合建档立卡条件但仍处于贫困状态的 93 户 260 人转为市级贫困人口，纳入到《2016 年满洲里市扶贫工作实施方案》中，通过一年的帮扶工作，贫困户达到脱贫标准。2017 年市委、市政府自我加压，通过社区初审、镇（办事处）复审，市扶贫办逐一入户核实的方法，将因病、学、灾等原因致贫、返贫以及2016年脱贫成效不稳定的96户232人（其中低保人口98人）贫困户纳入到《2017年满洲里市扶贫工作实施方案》。二是加强民生保障。保障性住房工作有序推进，公共租赁住房实物配租 2068 套，入住率为 89.8%。累计新增就业达万人，城镇登记失业率为 3.5%。满洲里学院附属中学、第十二学校、互贸区幼儿园和双语民族幼儿园投入使用，义务教育发展基本均衡县创建成果不断巩固。医药卫生体制改革步伐加快，5 所公立医院和 1 所企业医院取消药品加成。健康满洲里加快建设，强化食品药品安全风险防控和全过程监管，市民饮食用药安全得到有效保障；粮食安全盟市长责任制全面落实。第四次荣获全国文明城市殊荣，市民文明程度不断提升。双拥共建成效显著，实现全国双拥模范城“六连冠”。

二、满洲里市下阶段发展思路

今后一段时期，满洲里市经济社会发展面临重大发展机遇。一是支持满洲里开发开放的政策机遇。“十三五”以来，国家发布多项支持沿边口岸城市的政策，尤其是满洲里综保区、边境旅游试验区获批，为我市全方位开放带来机遇。一方面，加快建设满洲里综保区，将极大地促进满洲里产业转型升级，形成新经济增长点，构建联通欧亚大通道和中蒙俄经济走廊保税物流重要枢纽，拓展跨境区域合作空间战略平台。另一方面，满洲里市作为全国首批两个边境旅游试验区之一，满洲里边境旅游试验区肩负着“探索旅游扩大开放政策、构建产业发展政策体系、探索旅游产业促进新模式、探索完善旅游服务管理体系”等我国沿边地区先行先试、探索创新的重任，这将为满洲里加快发展国际服务贸易业、文化旅游业提供千载难逢的发展良机。二是推动经济高质量发展的机遇。“十三五”以来，在新时代、新常态形势下，我国经济发展更加注重绿色低碳、高质量、高效能，着力推动“互联网 +”、大数据、云计算的广泛应用，加快实施“中国制造 2025”，着力推动智能制造、绿色制造，加快发展现代服务业新业态和新模式，一系列新的产业政策和举措都将为我市进出口资源加工、绿色农畜产品深加工、商贸物流、文化旅游、跨境电子商务等重点领域创新发展提供良好的政策支撑。三是提倡生态文明建设和推进全域旅游带来的机遇。满洲里既是国家、自治区主体功能区规划确定的重点开发区，又是国家主体功能区试点示范地区。在国家、自治区旅游政策支持下，满洲里市政府多渠道投资融资建设旅游景区，创新实施“1+5+X”旅游综合管理体制，边境旅游、跨境旅游、旅游服务贸易发展迅速。尤其是 2016 年 10 月满洲里获批国家全域旅游示范区创建单位，11 月中俄边境旅游区晋级为国家 5A 级旅游景区，2018 年 3 月获批国家边境旅游试验区，满洲里的国内外知名度愈来愈高，将为“十三五”后期我市旅游业大发展提供难得历史机遇。

下阶段，满洲里市将立足发展实际，紧抓发展机遇，以习近平新时代中国特色社会主义思想为指导，全面贯彻落实十九大和十九届二中、三中全会精神，全面贯彻落实习近平总书记考察内蒙古时重要讲话精神和参加全国人大内蒙古代表团审议时的重要讲话精神，统筹推进“五位一体”总体布局、“四个全面”战略布局，贯彻落实“创新、协调、绿色、开放、共享”五大发展新理念，贯彻落实高质量发展要求，坚持以供给侧结构性改革为主线，突出满洲里在“一带一路”和中蒙俄经济走廊战略规划建设中的重要地位和作用，加强对外开放，提高创新能力，加快新旧动能转换，坚决打好三大攻坚战，持续保障和改善民生，着力建设更加开放、活力、美丽、美好、幸福、满意的满洲里。

三、对策建议

（一）全力打好三大攻坚战，夯实全面建成小康社会基础

一是防范化解重大风险。全面防范房地产和金融风险，把去库存作为房地产工作的重点，建立购租并举的住房制度。细化《促进满洲里市房地产市场健康发展的实施办法》，引导满洲里市房地产市场科学开发、良性运行。制定出台《满洲里市公共租赁住房管理办法》，扩大公共租赁住房覆盖面。完善政府性债务预警机制，将政府债务分类纳入一般公共预算和政府性基金预算。严格执行政府性债务举、借、用、还管理办法，严把政府债务举借审批关，严控新增债务，实行规模控制。妥善处理存量债务和在建项目后续融资。运用好PPP模式，引导社会资本参与市政公共设施和产业投资。二是打好精准扶贫攻坚战。坚持实事求是，充分发挥“互贸＋互联网＋精准扶贫”的特色扶贫新模式，引导、扶助贫困边民“靠边吃边”，促进边民脱贫致富。依托满洲里市口岸城市的特殊性，扩大精准边贸扶贫小组，把现有市级贫困人口和相对贫困人口纳入到其中，定期组织困难群众到互贸区体验店进行边民交易活动，长期有效的解决贫困户生活必需品的来源。深入实施产业扶贫、健康扶贫等行动计划，开展扶贫攻坚集中整治行动。三是坚决打好污染防治攻坚战。以习近平生态文明思想为重要指引，坚持“绿水青山、冰天雪地都是金山银山”的理念，深入实施水、气、土壤污染防治。按要求完成市区宾馆洗浴锅炉淘汰工作；严

格落实国家《呼伦湖流域生态与环境综合治理实施方案》；开展土壤环境质量状况调查与评价，加快生态保护与修复，完善生态环境治理体系。组织开展“回头看”和后督察，整改到位，防止问题反弹。

（二）加快新旧动能转换，力促产业提质升级

全面落实新发展理念，提高全要素生产率，构建现代化经济体系。以创新驱动推动新旧动能转换，创新资源配置水平，建设创新平台，以人才与技术为支撑，加速突破传统发展模式和产业结构的“路径依赖”，围绕内部管理、技术装备、质量标准、技术研发等内容，通过兼并重组、“破”“立”并举等措施，倒逼落后产能淘汰、“僵尸企业”退出、低效企业转型转产，加快推动企业兼并重组，推动满洲里传统产业优化升级。继续将实体经济作为发展着力点，围绕提高供给体系质量，加快发展现代服务业，培育新动能。大力引进木材精深加工项目，推动国家级木结构建筑技术研发中心建设。积极申建口岸粮油质量监测中心，推动进口农产品加工产业上规模、提质量。加大外贸企业扶持力度，支持外贸企业从边境小额贸易向综合性多元化贸易、贸工一体化方向转变，不断壮大贸易总量。巩固木材等大宗货物进口规模，扩大农产品、化肥、液化石油气、有色金属、汽车等品类进口，鼓励进出口贸易向机电、芯片等高新技术产品和供应链金融、外贸保险、交易交割等新业态延伸，全力提高高附加值商品出口比例。积极培育汽车平行进口集散中心。大力发展现代物流业，启动平安天然气储存输配、天悦进口化肥储运基地等项目建设，提升物流业发展支撑能力。深化与阿里巴巴等电商企业合作，建设云仓储和木材产业电商基地，申报国家跨境电子商务综合试验区。推进“旅游 +”，促进旅游业态产品转型升级，全力创建国家全域旅游示范区。积极落实园区振兴计划，提高扎赉诺尔工业园区、进口资源加工园区和国际物流产业园集约化发展水平，优化园区空间布局和产业定位，力争新增规模以上工业企业 5 户。

（三）充分发挥优惠政策优势，着力打造全面开放新格局

持续深化互贸区深度开放工作，全面实施“一线放开、二线管住”的运行模

式，进一步扩大进口免税商品种类，允许第三国免税商品入区，争取实施“负面清单”管理模式。协调并支持中俄双方企业就俄方一侧贸工综合体建设进行整体包装，尽快推动俄方开放边境线铁丝网，形成中方以满洲里互贸区为核心、俄方以后贝加尔斯克为核心的跨境合作区域。积极推进境外经贸合作区建设，进一步发挥木材进口、粮食回运等产业发展资源优势，推动国际产能分工合作，提升国际经济技术合作水平。加强与周边旗市在园区规划、通道建设、旅游开发等方面的务实合作，放大试验区政策辐射效应，推进区域经济一体化。争取政策支持，让满洲里成为向俄罗斯和外蒙金融机构开放的先行试点城市，改善对外贸企业的金融服务。继续办好北方国际科技博览会、中俄蒙国际旅游节、国际文化艺术节和满洲里（国际）论坛等品牌活动，促进对外开放深度拓展。

（四）加强重大基础设施建设，着力增强口岸辐射能力

深度融入国家“一带一路”建设，加快打造中蒙俄经济走廊重要节点，不断拓展口岸服务功能。推动满洲里雷达站出口公路项目、国道 331 线满洲里至阿拉坦额莫勒段公路补充工程起点变更项目、满洲里至新伯鲁克（中俄蒙三国“0”号界碑）公路项目、国道 331 线跨滨洲铁路立交桥项目、绥芬河至满洲里国家高速公路海拉尔至满洲里段公路工程加快建设。推进中俄公路口岸货运通道对接，加快中俄满洲里—后贝加尔斯克公路口岸货运通道的连接道路建设，实现公路口岸客货分流。制定《航空产业发展规划》，积极推动运行满洲里至北京、呼和浩特的新航路，优化整合国内、国际航线，基本形成以满洲里机场为枢纽的航线网络布局。充分发挥中欧班列运营平台作用，增加“满俄欧”等始发班列开行频次。推进“三互”通关改革，完善国际贸易“单一窗口”建设，推行“联合查验、一次放行”通关模式，深化中俄口岸联检部门信息互换、监管互认、执法互助等多领域合作，确保口岸通关环境最优。推动公路口岸进境免税店尽早获批。争取在海南建立满洲里口岸对俄出口农产品种植基地，打造“南菜北运”出口果菜品牌。

（五）加大改革创新力度，释放经济发展活力动力

重点突破人才集聚与管理的制度障碍，下大力气加快推进人才培养、评价、流动、激励、引进等重点领域和关键环节的改革，加快形成规模宏大、结构合理、素质优良的创新创业人才队伍，建立符合科研规律的科技创新管理制度和国际科技合作机制。设立专业化的双创行政审批机构，实行审批职责、审批事项、审批环节“三个全集中”。扎实推进“证照分离”商事制度改革，深入实施“多证合一、一照一码”登记制度改革，扩大许可备案项目整合范围，加快工商注册登记全程电子化进程。推动“互联网+公共资源交易”电子平台、政府采购商城、政务大数据建设。加快建设以“互联网+健康医疗”为核心的“智慧医疗”系统，加大重大传染病和地方病综合防治力度，推广家庭医生签约服务，推动健康满洲里建设。

二连浩特市“十三五”以来经济社会发展情况及对策建议

方丽婷*

“十三五”以来，在市委的正确领导下，在市人大、政协的依法监督和有力指导下，二连浩特市紧紧围绕“四个全面”战略布局，全面落实自治区党委、政府各项决策部署，牢固树立新发展理念，锐意进取、攻坚克难，坚决守住发展、生态和民生三条底线，统筹推进各项工作，口岸经济社会实现稳步发展。

一、二连浩特市“十三五”以来经济社会发展情况

（一）优势特色产业发展壮大

一是国际贸易物流业规模壮大。贸易主体不断壮大，现有外贸企业1398家，专业市场7家，规模较大的物流园8个，贸易物流业发展条件进一步完善，被联合国亚洲及太平洋经济社会委员会《政府间陆港协议》列为国际陆港城市。修订出台《支持外贸企业能力建设暂行措施》，稳步扩大铁矿石、铜矿粉、木材、煤炭、纸浆、粮油等大宗商品进口，粮食、肉类进口指定口岸获批，实现油菜籽、亚麻籽、

* 方丽婷，二连浩特市发展和改革委员会。

葵花籽等粮油商品进口，取得活羊进口资质，启动整车进口口岸申报工作，外贸货品种类极大丰富。中欧班列开行路线已增至26条，打通了我区直达欧洲的陆路运输通道，口岸开放功能进一步增强。连续成功举办十届二连浩特中蒙俄经贸合作洽谈会，积极搭建跨境电商平台，开通跨境电商货物快速通道，启动实施“空地联运”项目，禹力等7家跨境电商平台上线运营，成为口岸传统商贸转型升级的突破口，禹力公司旗下的“城市商店”已成为蒙古国最大的电商交易平台。口岸年进出口货运总量突破1500万吨，贸易额突破200亿元。

二是进出口加工业提档升级。围绕推动木材、粮油、饲料、畜产品等进口资源落地加工、转化增值，狠抓工业项目引进和实施，建成远东木材交易中心、东新粮油等一批重点工业项目，连吉祥磊铁精粉干选、钧玮矿业铁精粉加工、雏鹰粮油仓储物流园等项目启动实施，加工业规模化、集约化生产经营水平明显提升。边境经济合作区基础设施及中小企业创业园PPP项目开工建设，园区基础设施逐步完善，入区工业企业74家，铁精粉、水泥、木材、绒毛年设计生产能力分别达到600万吨、240万吨、150万立方米、1000吨，以木材、铁矿石、农畜产品、建材等为主的多产业加工格局基本形成。

三是边境特色文化旅游业活力增强。加快推进国家全域旅游示范区、中蒙跨境旅游合作区、边境旅游试验区建设，不断完善旅游基础设施和城市旅游功能，综合博物馆、旅游驿站景观、中蒙国际马术演艺基地、国门景区游客中心等项目建成投入使用，旅游综合服务中心、地质公园提档升级等项目开工建设，口岸旅游吸引力进一步增强。主动适应大众旅游时代的发展需要，完善以化石遗迹游、异域风情游、民族特色游、边关文化游为主体的旅游产业体系，成功举办“茶叶之路”国际文化旅游节、二连浩特—扎门乌德全民健身综合运动会等系列品牌活动，积极培育乡村绿色果蔬采摘、生态观光和农家乐等产业，旅游产品供给日益丰富。促成中蒙两国旅游部门签署旅游合作协议，开通茶叶之路旅游专列，协调增开国内国际航线，旅游交通便利化程度提高，年接待国内外游客超200万人次，旅游业收入达49亿元。

四是清洁能源产业取得新突破。充分利用丰富的风光资源，加快发展风能、太阳能等清洁能源产业，编制完成《新能源发展总体规划》《100%可再生能源应用示范城市规划（2016–2020）》，可再生能源微电网示范项目顺利实施，风光电装机容量达36万千瓦，年风光发电达7.5亿千瓦时。中海油二连浩特新能源有限公司投资建设的全盟首家大型风电供暖项目和二连浩特国际学院清洁电供热项目建成投入使用，口岸清洁能源就地消纳和转化实现零突破，新能源产业链条进一步延伸。

（二）重点领域改革不断深化

一是坚定不移推进供给侧结构性改革重点任务。研究出台了《关于推进供给侧结构性改革，促进产业提档升级的实施意见》《关于有效化解过剩产能、妥善处置“僵尸企业”的实施意见》《关于做好房地产去库存工作，进一步促进房地产业稳步发展的实施意见》《促进农牧民、外来人员、境外人员购房方案》《关于降低企业成本减轻企业负担推动实体经济发展的实施意见》《关于补齐城乡公共服务、基础设施建设、生态和水资源保护利用等方面短板的实施意见》等一系列政策措施，推动供给侧结构性改革不断深化。积极推动木材、农畜产品、铁矿石等加工企业提档升级，6家企业实现兼并重组、3家企业实施技术改造，工业能耗有所降低。制定《非住宅商品房去库存、促进房地产市场健康发展实施意见》，通过政府采购商品房、平房区危旧房屋置换、举办房地产交易展示会等，促进消化库存房源，“十三五”以来，房地产业累计消化库存房源超1400套。切实做好降低企业成本工作，降低企业税费负担，取消、降低、暂停、免征行政事业性收费共计32项，取消、降低、放开政府定价经营性服务收费11项。加大关键领域和薄弱环节补短板力度，完成水源地扩建、三水厂及配套管网、水质净化等供水能力保障工程，城市日供水能力达到3.2万吨；建成二连国际学院新校区、蒙古族中学、蓝天幼儿园、新华书店，实施妇幼保健院、急救中心等项目，公共服务基础设施逐步完善；改造完成气膜馆、网球场等场馆，利用国际会展中心增设各类体育活动场地，群众性文体活动场所条件进一步改善。

二是稳步推进其他重点领域和关键环节改革。按时完成党政机关、参公事业单位公务用车制度改革工作，有效降低行政成本。“放管服”改革取得阶段性进展，在自治区率先启用投资项目在线审批监管平台，发放了全区首批“二十四证合一、一照一码”营业执照，“双随机一公开”监管方式实现全覆盖，营商环境进一步优化。组建财政投资评审中心，对政府投资项目实行全过程评审。推进企业投资项目承诺制试点工作，完成《企业投资项目承诺制改革试点工作方案》，便捷高效、责任明确的新型审批体系已初步形成。创新金融合作机制，率先在全国实现图格里克现钞调运、图格里克结售汇及资金清算、中蒙本币互换协议项下图格里克融资等业务，开通全盟首个非税收入电子缴库系统，跨境人民币结算境外参加行已覆盖蒙古国所有商业银行。不断完善通关查验机制，关检合作“三个一”模式实现全覆盖，“三互”大通关覆盖公路、铁路口岸，口岸货物通关时间缩短40%以上。全面推进医药卫生体制改革，全部取消药品加成，100项医疗服务实行按病种收费制度，建立全市统一的城乡居民基本医疗保险制度。制定“健康二连”建设实施方案，成立城乡居民医保服务中心，实现社会保险多险合一经办。推进文化体制改革，组建融媒体中心，报社和广播电视台实现采编和经营“两分开”。创新社区治理和服务机制，扁平化、网格化、信息化“三化”管理模式基本实现，“全国社区治理和服务创新实验区”顺利通过民政部验收。

（三）三大攻坚战持续推进

一是有效防范化解各类风险。加强政府债务管理，成立政府性债务管理领导小组，制定《地方债务风险化解规划》《地方债务风险应急预案》等，通过加强财政预算管理、规范财政资金使用、争取新增债券和各类基金、盘活存量资金、处置国有资产、推广PPP模式等措施，积极推进政府债务化解。有效防控金融风险，制定出台《关于开展金融风险防范存在问题专项整治方案》，起草《服务实体经济防控金融风险深化金融改革实施意见》，有控有降清收、处置不良贷款。积极开展防范非法集资宣传、农牧区高利贷问题排查、金融交易场所排查整治等活动，有效防范和化解各类金融风险问题，“十三五”以来未发生非法集资类案件。

二是稳步实施精准脱贫攻坚。国家贫困线下31户82名建档立卡贫困户全部实现脱贫。制定《二连浩特市城乡低收入人群帮扶脱困实施方案》《全市2018年–2020年定点帮扶工作方案》，实行城乡一体化精准帮扶，对每户低收入家庭进行精准摸底、精准分类，找准“穷根”，量身制定帮扶方案。成立驻村脱贫攻坚工作队，下派驻村干部，因户施策对退出贫困线、按贫困边缘户管理的19户进行帮扶。

三是污染防治工作成效显著。制定印发《二连浩特市生态环境保护“十三五”规划》，扎实开展“蓝天保卫、清水、净土”三大行动，努力营造生态环境质量与人民生活水平相适应的良好发展氛围。制定并通过新一轮草原生态保护奖励机制，切实加强草牧场监管，严格落实禁牧休牧和草畜平衡制度，大力实施京津风沙源治理工程，草原生态环境得到持续改善。制定环境整治行动方案及大气、水、土壤污染防治计划，成立大气污染、水污染、工业企业污染和生态环境保护四个专项整治推进组，集中进行整治，空气质量得到明显改善，年优良天数达340天以上。加大水源地保护工作力度，饮用水源地保护区内无集中式排污口、无网箱养殖等情况。制定印发《二连浩特市贯彻落实土壤污染防治行动计划的实施方案》，切实加强土壤污染防治力度，城镇低效用地再开发政策、矿山地质环境保护和土地复垦制度得到落实，荣获“第三届国土资源节约集约模范市”称号。创新“城乡一体化”市容环境管理模式，制定《“美丽乡村”活动实施方案》《农村牧区环境卫生管理办法》等，村容村貌持续改善，赛乌素嘎查被评为“全国文明村镇”和“全国环境整治示范村”。

（四）全方位开放格局初步形成

一是开发开放载体建设积极推进。稳步推进二连浩特国家重点开发开放试验区建设，《二连浩特重点开发开放试验区建设总体规划》于2016年5月9日正式获批并印发。推动自治区党委、政府出台《关于加快满洲里、二连浩特国家重点开发开放试验区建设的若干意见》，为试验区建设提供新一轮政策支持和保障。先导性工程建设推进顺利，二连浩特—扎门乌德跨境经济合作区，我方一侧3平方公里核心区PPP项目主体工程开工建设；边民互市贸易区一期工程正式封关运营，截至目前入驻商户已达123家，自治区出台《内蒙古自治区边民互市贸易区管理办法（试行）》，明确了自治区毗邻国商品可入区交易，商品交易范围扩大，互市贸易活力进一步增强。

二是互联互通基础设施建设进一步完善。锡二线铁路全线贯通，二连至包头旅客列车开通，集二线铁路扩能及铁路站场改造项目列入国铁总公司“十三五”规划。二广高速二连至赛汉塔拉段公路可研报告获批，二满线一级公路新建单幅主体贯通，省道312线二连段、国道331与省道312重载连接线公路建成通车。机场改扩建工程通过竣工和行业验收，国际航空口岸纳入国家口岸发展“十三五”规划。中蒙俄跨境铁路双幅电气化改造、中蒙俄跨境高速铁路中线工程、中蒙跨境高速公路等重大项目列入《建设中蒙俄经济走廊规划纲要》。

三是与蒙俄务实合作逐步夯实。践行“亲、诚、惠、容”周边外交理念，创新同蒙俄合作机制，研究制定《深化创新同蒙俄合作机制实施方案》，定期与蒙古国驻二连浩特领事馆磋商会晤，促进双方会议机制常态化。积极开展地区互访交流，与蒙俄17个地区建立友好合作关系。制定出台《二连浩特市蒙古国边民服务管理办法（试行）》，切实加强党对蒙古国边民的服务和管理。积极加大对蒙援助援建力度，援建完成蒙古国东戈壁省综合医院、市政广场改造、扎门乌德公路口岸检疫消毒通道等工程，赢得了蒙古国毗邻省市高度认可。创新教育领域合作机制，修订出台《外国籍学生奖学金实施办法（试行）》，引导和鼓励更多的外国籍学生来我市就学。内师大二连国际学院与蒙俄高校实现“2+2”联合办学，在扎门乌德市开办全区首家“孔子课堂”，对外教育交流合作迈出新步伐。创新对蒙医疗卫生服务模式，在市医院设立蒙古国患者接诊“绿色通道”，给予蒙古国患者减免20%检查费政策，年均接诊蒙古国患者3000多人次。与蒙俄地区互办文化节、文化周等活动及“伊林杯”“娜荷芽杯”等品牌赛事，深入实施中蒙足球精品工程，二连浩特—扎门乌德青少年足球交流基地建成投入使用，中蒙俄多元文体实现相互交融。

（五）城乡面貌大为改观

积极推进全国文明城市、国家卫生城市、国家食品安全示范城市“三城联创”，高起点规划、高标准建设、高效能管理城市，市容环境和功能不断优化，城乡面貌焕然一新。重新修订完善城市总体规划，大力实施给排水、供热、绿化、美化、亮化、硬化等市政基础设施工程，“十三五”以来，新增绿地面积达1051万平方米，人均公园绿地面积达到21.75平方米，城市绿化率达38.92%。制定城市分级分区管理方案和配套措施，完善市政公共设施日常维护与监管机制，“12345”综合服务热线、电子警察等“智慧城市”一期工程建成投用，城市精细化管理水平进一步提升。建立机关单位包联街路、包联小区工作机制，加大市场秩序、环境卫生、交通文明执法和管理力度，城市形象明显提升。顺利实施美丽乡村建设，健全农牧区基础设施和公共服务投入长效机制，实施了建住房、打机井、安装净水设备、农网升级改造、安装“户户通”机顶盒等工程，并配套建立后续管护机制，农牧民全部接网通电，实现了广播电视通讯和村村响全覆盖，农牧民生活生产条件进一步改善。

（六）各项社会事业蓬勃发展

一是社会事业协调发展。与区内名校建立对标机制，顺利通过国家义务教育均衡发展验收，汉、蒙授本科上线率均高于“十二五”时期，教学质量稳步提升。强化医疗、医保、医药“三医”联动，制定出台《市医院重点专科建设规划》，城镇职工、城镇居民区内、跨省异地就医全部实现直接结算，荣获自治区卫生应急规范市称号，医疗服务水平得到提升。出台《公共文化服务体系建设协调机制实施方案》和配套改革方案，建立公共文化活动场所共建共享机制，实现机关单位文体活动场所面向市民免费开放；乌兰牧骑恢复挂牌，制定出台《二连浩特市深入贯彻落实习近平总书记重要指示精神 加快推进乌兰牧骑事业发展实施方案》，从机构、人员、编制、经费、场所、作品创作等方面给予保障；成功举办自治区成立70周年“心连心”艺术团慰问演出，推出大型实景历史剧《天骄传奇》《成吉思汗的黑纛》，举办青少年艺术节、全盟首届广场舞健身操大赛、耐力马联赛等文体活动，市民的文体生活进一步丰富。大力发展养老服务业，实施聚祥福养老服务中心工程；积极探索实施具有口岸特色的异地养老模式，成功启动了二连—三亚—蒙古国“两国三地异地养老”服务模式，养老服务水平进一步提升。

二是民生保障更加有力。稳步推进就业创业，建成电子商务暨创新创业孵化基地、民族文化创业园、天利创业孵化园，制定《全面推进“大众创业、万众创新”

工作实施方案》，全面落实就业创业扶持政策，取消户籍限制，扩大扶持范围，建立“互联网＋就业”模式，“十三五”以来，全市累计征集就业岗位近5000多个，累计新增就业人数达2300多人，城镇登记失业率控制在2.4%以内。稳步扩大社会保障范围和支付标准，全面启动全民参保计划，建立全市统一的城乡居民基本医疗保险制度，形成“参一保五”新格局，新农合参合率达100%，城镇职工、城乡居民政策范围内住院费用基金支付比例分别达到85%和75%。城乡居民养老金待遇、“五保”“三无人员”供养、最低生活保障、保障性住房等主要民生指标位居区盟前列。建立“以房管人、以证管人、以业管人”管理模式，实现流动人口教育、医疗、社保等公共服务均等化、全覆盖。加大保障性安居工程、老旧小区综合改造、“厕所革命”等民生工程实施力度，民生状况持续改善。

二、二连浩特市下阶段发展思路

“十三五”以来，二连浩特市经济社会发展基础日趋坚实，发展水平日益提高，但自身依然存在产业基础相对薄弱、口岸优势未能充分发挥、民生领域短板亟待补齐等突出问题。下阶段，国际经济发展环境依然复杂多变，口岸贸易壁垒和国际贸易摩擦依然存在；国内经济发展进入新常态，保持经济稳步增长的不确定因素和困难增多，国内外市场需求难以再现强劲增长态势。加之全市企业效益下滑、投资及消费信心不足，我市经济运行回落放缓趋势愈加明显。

但也看到，二连浩特市经济社会发展仍面临诸多发展机遇。一是国家大力实施向北开放战略，我市联通蒙俄、直达内地的区位优势将更加凸显。二是中蒙全面战略伙伴关系不断深化，又恰逢中蒙建交70周年，为我市统筹谋划各项合作创造利好。三是“三区”基础设施逐步完善，过货量稳步增加，活羊进口加工初具规模等有利因素不断积聚，为我市发展落地加工、延长产业链条、增加产业附加值奠定坚实基础。四是我市可同时享受开发开放、振兴东北、西部大开发等优惠政策，政策叠加效应将有助于推动我市产业转型、民生改善等多领域加快发展。五是自治区深化区域合作，明确提出“以二连浩特、集宁为枢纽，加快建设二连浩特国家重点开发开放试验区，辐射内蒙古中部”，这将推动我市在深化区域合作加快发展。

综上分析，未来几年是二连浩特市高质量发展的重要机遇期，也是经济转型升级的关键期和挑战期，我们将紧紧抓住发展的“窗口期”，放眼全局、把握大局，加快培育新的经济增长点，奋力开创口岸经济高质量发展新局面，努力实现建成中国北方一流口岸城市的目标定位。下阶段，二连浩特市将以习近平新时代中国特色社会主义思想为指导，全面贯彻党的十九大和十九届二中、三中全会精神，统筹推进“五位一体”总体布局，协调推进“四个全面”战略布局，坚持稳中求进工作总基调，坚持新发展理念，坚持推动高质量发展，坚持以供给侧结构性改革为主线，坚持深化市场改革、扩大高水平开放，加快建设现代化经济体系，继续打好三大攻坚战，着力激发微观主体活力，创新和完善宏观调控，统筹推进稳增长、促改革、调结构、惠民生、防风险工作，保持经济运行在合理区间，进一步稳就业、稳金融、稳外贸、稳外资、稳投资、稳预期，提振市场信心，增强人民群众获得感、幸福感、安全感，保持经济持续健康发展和社会大局和谐稳定，为全面建成小康社会收官打下决定性基础。

三、对策建议

（一）持续打好三大攻坚战，夯实全面建设小康社会基础

防范化解重大风险方面，加快推进政府债务化解，在保工资、保运转、保民生的基础上，继续调整财政支出结构，严控新债。丰富债务化解措施，积极利用土地出让收入、盘活存量资金、处置闲置国有资产等方式，全力还旧债。加大各类金融风险防控力度，严格落实地方金融监管责任，严厉打击各类非法集资、互联网金融乱象等，守住不发生系统性风险的底线，维护社会和谐稳定。精准脱贫方面，进一步巩固脱贫结果，完善脱贫后续管理长效机制，继续按照《全市 2018 年 –2020 年定点帮扶工作方案》对退出贫困线、按贫困边缘户管理的 19 户进行帮扶，防止出现返贫现象。充分发挥驻村脱贫攻坚总队和驻村干部作用，因户施策实行各类帮

扶，积极引导贫困户转变思想观念，早日实现增收致富。污染防治方面，坚决贯彻落实习总书记生态文明思想，加大环境整治力度，突出抓好禁牧和草畜平衡等重点工作，持续推动草原生态改善。加大对大气、水、土壤污染防治力度，抓好各污染企业环保改造、医疗和工业废物达标排放、建筑和餐厨垃圾处置等工作，保持一片净土蓝天。

（二）着力抓好重大项目建设，增强经济发展后劲

加快未启动实施项目前期各项工作，落实建设条件，促进项目早日开工建设见成效；加大对已启动实施项目的推进力度，切实协调解决项目实施过程中的困难和问题，动员和督促业主加强施工组织，争取项目如期完工。加大沟通争取力度，争取我市谋划的各重点项目列入国家、自治区、锡盟各层面统筹推进盘子，给予更多政策、资金支持。加大招商引资力度，立足现有优势，以跨境经济合作区、边民互市贸易区、边境经济合作区等为主要载体，吸引国内外有实力的企业来我市投资兴业，高水平填补产业空白。

（三）扎实推动主导产业优化升级，增强产业支撑力

做大做强国际贸易物流业，主动适应国内外市场需求变化，加快转变贸易发展方式，减少传统贸易路径依赖，推动外贸结构调整优化。巩固对蒙贸易，拓展对俄贸易，延伸对欧贸易，力争汽车整车、偶蹄类动物等国内市场需求潜力大的产品进口，拓展中欧班列业务，引导高新技术、高附加值商品出口，不断丰富过货品种。积极培育发展跨境电商业务，力争形成集口岸服务、分拨转运、保税仓储、线上交易、线下展示、金融支付、快递派送为一体的全产业链条。促进进出口加工业提档升级，以补短板、提档次、延链条为主攻方向，加大项目引进和建设力度，促进加工业提质增效。坚持产城融合理念，调整优化边境经济合作区空间布局和产业结构，科学谋划设计境外粗加工与境内精深加工相配套的产业链条，创造条件让更多进口资源落地加工、过埠增值。依托“两种资源、两个市场”优势，不断发展壮大铁矿石、木材等进口加工业和新型建材、矿山机械等出口加工业，加快推进进口活

羊隔离场所建设，引进进口活羊加工企业，培育工业经济新的增长点。做活边境特色文化旅游业，以全域旅游、品牌引领、区域联动、共享融合为原则，加快推进国家全域旅游示范区、中蒙跨境旅游合作区、边境旅游试验区建设，以PPP模式整体推进景点景区提档升级和文化旅游项目建设，提高旅游要素配置水平，完善旅游公共服务体系，切实增强旅游知名度和影响力，努力建成北方重要的跨境文化旅游集散地。做优清洁能源产业，建成可再生能源微电网等一批风光电项目，推动清洁能源供热等一批项目投用，积极引进光伏组件、储能设备等制造项目，进一步延伸清洁能源产业链条。加快发展互联网大数据等相关产业，落实微电网示范项目负荷，切实提高清洁能源就地消纳和转换能力。积极探索开展分布式光伏发电及分散式风电项目，为清洁能源产业发展寻找新途径。

（四）全面深化改革开放，激发创新发展新动能

对内主动融入区域发展大局，建立政府引导、市场驱动、企业主体的区域合作模式，主动融入京津冀经济圈、呼包银榆经济带，加强与其他试验区、同类口岸城市以及进口资源流入地、出口产品流出地的沟通联系，促进资金、人才、科技、信息等要素对接共享，更好利用两种资源、两个市场，推动互利共赢，实现共同发展。加快推进重点开发开放试验区、跨境经济合作区、边民互市贸易区等开放载体建设，探索更高层级的开发开放，参与中蒙自贸协定联合可行性研究，启动自由贸易试验区研究、论证、申报工作，积极推进体制机制创新，努力打造合作新平台，增添发展动力，切实做好先行先试、率先发展这篇大文章。

（五）繁荣各项社会事业，持续保障和改善民生

围绕“幼有所育、学有所教、劳有所得、病有所医、老有所养、住有所居、弱有所扶”的目标，大力实施就业创业、科学教育、医疗卫生、社会保障、文体娱乐、养老服务、城市建设及治理等各项民生工程。进一步完善就业创业体制机制，多渠道开发就业岗位，促进城乡劳动力充分就业，增加居民收入。努力提升公共服务水平，坚持教育优先发展理念，继续完善全市各学校校园基础设施，提高基础教

育质量，发展职业教育，壮大高等教育，逐步扭转初高中生源外流现象。办好市医院和蒙中医院，完善与区内外知名医院合作长效机制，努力实现常见病诊疗和常规检查不出二连。提升社会服务兜底能力，健全城乡困难群体、特殊群体的社会保障机制，不断提高居民生活质量，继续保持各主要民生指标位居全区前列。完善公共文体服务体系，丰富群众业余文体生活，打造健康二连，努力提升各族群众的物质和精神生活水平。继续推进异地养老、旅居式养老等服务项目，积极探索筹建老年人养护院和老年人医院，提供优质老年服务。加大城市建设和管理力度，力争在全国文明城市、国家卫生城市、国家食品安全示范城市“三城联创”上实现新突破。

内蒙古呼包鄂协同发展的形势及建议

缪增位 *

呼包鄂协同发展是国家实施区域协调发展战略的重要组成部分，是自治区第十次党代会确定的推动我区城乡区域协调发展的一项重大决策部署。自治区全面实施《呼包鄂协同发展规划纲要（2016–2020年）》以来，呼包鄂三市在协同发展体制机制完善、基础设施互联互通、产业协作、生态环境联保共治、基本公共服务共享、创新驱动、对外开放等方面取得了重大进展，成为自治区区域协发展的排头兵。

一、呼包鄂协同发展主要成效

（一）协同发展顶层设计进一步强化

制定印发《呼包鄂协同发展章程》《呼包鄂协同发展联席会议制度》和《呼包鄂协同发展2018年重点工作任务》。出台《加快推进呼包鄂协同发展的若干政策措施》，从产业协作发展、基础设施互联互通、生态环境共建共保、公共服务共建共享、人才和科技创新、财政扶持、金融支撑、土地保障、营商环境优化、开放合作、其他等11个方面提出了48条政策措施。

---

* 缪增位，内蒙古自治区发展和改革委员会。

（二）协同发展各领域取得积极进展

基础设施互联互通深入推进。编制完成《呼包鄂交通运输协同发展规划》（2018-2020 年）。包茂高速包头至东胜改扩建工程、S31 大饭铺至龙口（蒙晋界）等高速公路项目和国道 110 线呼和浩特至毕克齐等国省干线公路项目进展顺利。呼准鄂铁路动车组开通，呼张客专全线铺轨完成，包头至银川高铁、包头至西安高铁（包头至榆林段）项目正在加快推进。呼和浩特新机场获国家发改委批复。呼和浩特市地铁 1 号、2 号线一期工程建设工作有序推进。

产业协作持续强化。包头—鄂尔多斯（蒙西）产业转型升级示范区建设有序推进。召开呼包鄂旅游一体化发展峰会，完成《呼包鄂旅游一体化发展规划》，开展三市旅游服务和联合执法。推进呼包鄂地区现代物流、文化体育、家庭健康养老等领域服务业发展。组织召开重大项目融资对接会、基金项目推介座谈会、民营企业重大项目融资对接会，加强对呼包鄂地区金融支持。

生态环境共建共保全面加强。加快呼包鄂地区京津风沙源治理二期、天然林资源保护、退耕还林还草等生态工程建设。编制完成《呼包鄂沿黄生态廊道建设方案》，推进实施沿黄生态廊道建设。以国家生态文明先行示范区建设为抓手，探索水权交易制度建设。积极开展饮用水水源地环保专项行动，破解跨界饮用水水源保护区违规项目清理整治难题，促进保护区规范化建设。建立呼包鄂城市群大气污染源清单以及呼包鄂区域联合执法机制。

协同创新水平逐步提升。积极推进和林格尔新区和呼包鄂国家自主创新示范区建设，国家火炬和林格尔新区大数据特色产业基地、国家新型工业化产业示范基地（大数据）获批。加快三市大型科学仪器设备资源开放共享、技术交易市场和技术转移联盟建设。大力推进呼包鄂地区创新平台建设。举办“草原英才”高层次人才合作交流会暨呼包鄂人才创新创业周活动。

公共服务共享深入推进。加快推进呼包鄂区域“同频互动课堂”平台建设与应用。呼包鄂实现了在自治区范围内定点医疗机构持卡门诊就医、药店购药直接结算和区内外异地住院费用直接结算。建立完善呼包鄂三市 12349 便民为老服务信息平台，呼包鄂三地凡有老人入住当地养老机构的，均享受当地同城化的养老机构床位运营补贴和意外保险补贴等优惠政策。

改革开放步伐更趋加快。和林格尔新区正式开行中欧班列。在呼包鄂三市工商登记实现无纸全程电子化及无介质电子营业执照。包头、鄂尔多斯国际航空口岸实现对外开放。呼和浩特出口加工区整合优化为综合保税区，鄂尔多斯综合保税区通过国家验收。

二、呼包鄂协同发展面临的形势

“十三五”以来，面对错综复杂的国内外发展环境，呼包鄂地区深入贯彻党的十八大、十九大和习近平总书记系列重要讲话精神，全面落实中央、自治区各项决策部署，牢牢把握稳中求进工作总基调，深入践行创新、协调、绿色、开放、共享发展理念，坚持以供给侧结构性改革为主线，加快新旧动能接续转换，统筹做好稳增长、促改革、调结构、惠民生、防风险各项工作，综合经济实力稳步提升，经济结构进一步优化，传统产业转型升级加快，新兴产业较快增长，人民生活水平不断提高。呼包鄂区常住人口从2016年年底的802.11万人增加到2018年年底的809.35万人，分别占全区常住总人口的31.8 %和31.9 %。2018年地区生产总值占全区的比重为55.4%，年均增长6.0%，高于全区0.7个百分点。规模以上工业增加值年均增速为7.1%，高于全区1.7个百分点；社会消费品零售总额从2016年的3608.5亿元增加到2018年的3816.6亿元，分别占全区的53.9%和52.2%。2018年常住人口城镇化率达到75.9%，高于全区13.2个百分点。

下阶段，呼包鄂地区立足自身优势，顺应发展潮流，加快区域协同发展，机遇难得。一是国家区域协调发展战略深入实施带来的机遇。实施区域协调发展战略是新时代国家重大战略之一，是贯彻新发展理念、建设现代化经济体系的重要组成部分。党的十八大以来，以习近平同志为核心的党中央把协调发展作为治国理政的基本发展理念之一。习近平总书记指出“呼包鄂三市空间地理集中、产业基础好、区位优势明显，要优化资源要素配置和生产力空间，形成有竞争力的增长极”，为呼包鄂协同发展指明了方向。呼包鄂榆城市群上升为国家战略，同时全国有关地区围绕促进区域协调发展与正确处理政府和市场关系，在建立健全区域合作机制、区域互助机制、区际利益补偿机制等方面进行积极探索并取得一定成效，为呼包鄂区域协同发展指明了方向、提供了有益借鉴。二是以人为核心的新型城镇化扎实推进带来的机遇。党的十八大以来，我国大力推进新型城镇化建设，确立了以人的城镇化为核心、以城市群为主体形态、以城市综合承载能力为支撑、以体制机制创新为保障的建设思路。新型城镇化快速发展，不仅成为呼包鄂地区培育发展新动能和推进供给侧结构性改革的重要抓手，而且有效发挥着对区域和农村的辐射带动作用，为缩小城乡发展差距、推进城乡发展一体化提供重大利好。三是经济体制改革日趋深入带来的机遇。我国在相关会议中明确强调大力实施经济体制改革，经济运行保持合理区间的状况下，加快配套领域的改革进程，如户籍制度、农民财产权利等，以便将市场活力激发出来，促使经济发展环境得到有机改善，经济发展的体制机制障碍得到消除，这对呼包鄂地区经济发展将起到巨大的推动作用。四是开放型经济体系的全新构建。十八大以来，开放型经济体制改革日趋深化，内陆沿边开放逐步扩大，紧抓全球产业重新布局的机遇，协调发展贸易、投资、技术创新等，积极推进基础设施互通互联，这有力推动呼包鄂地区加快形成开放协调发展新格局。

但也看到，呼包鄂地区在领导推进机制、协同发展水平和资金保障机制等方面仍存在一些亟待完善的困难和问题，主要表现为以下几方面。

一是协同发展推进机制还需进一步完善。呼包鄂三市和自治区有关部门对协同发展的重要性和战略意义认识不够，深入研究、主动合作、积极作为不够，欠缺协同发展、创新发展的思维，缺乏突破体制壁垒、敢于改革创新的勇气和担当，在推进自治区推进呼包鄂协同发展战略有关决策部署的落实和研究出台配套政策措施上明显不力。呼包鄂三市落实协同发展战略的主体责任不到位，三市虽然各自成立了推进呼包鄂协同发展领导小组和专项小组，但部门会商机制和自治区部门专项合作组未真正建立起来并有效运行，有关督查考核机制也有待进一步健全。呼包鄂三市除参加自治区牵头召开的领导小组会议和市长联席会议外，各平行专项小组和职能部门的协商沟通和互动往来明显不足，协商常设平台还未搭建，沟通不及时、协调不畅通，协同推进效果较差。

二是协同发展的质量和水平有待提高。长期以来，以行政区划为主的财税、社保等体制所限，且呼包鄂三地的公共资源、管理机制、人力等各自独立，城乡、地区、行业分割，统一规划和统筹管理难度较大，加上自治区和三市协同发展的资金保障、智力支撑等协同支撑体系尚未建立，除交通基础设施互联互通、医疗社保等基本公共服务共享客观上因国家层面也在推动取得了一些进展，产业协作、生态环保、人才科技创新、改革开放等领域协同效果不佳。三市从体制机制上突破行政壁垒不够、主动合作意识不强，共同协作的重大项目和重要事项少。区域一体化水平不高，尚未形成合理的分工协作和互补关系，特别是产业同构、资源分散、无序低效竞争等问题不同程度存在，产业合作项目不多、产业协作配套方面不够紧密、产业关联度不高、上下游配套不强、产业错位共赢发展不够。

三是部分重大项目工程推进缓慢。跨省市项目协调难度大、前期手续繁杂、审批要件标准不统一、涉及部门多、融资压力增加、运行效益差等诸多原因，导致部分重大项目推进缓慢。尤其铁路、公路和机场等基础设施建设项目受土地、规划、环保、林业、资金以及征地拆迁等因素收紧制约，项目推进缓慢。

四是创新发展水平有待提高。呼包鄂地区科技创新能力与全国平均水平相比还存在很大差距，对有效解决“四多四少”问题的助推作用不强，科技创新对经济高质量发展支撑不足，主要表现在：创新投入不足，创新产出较低，高层次人才储备不足；基层科技管理部门作用弱化；全区各类创新平台载体，无论是从质量和数量上，都需进一步提高，特别是国家级平台载体数量较少，引导和示范作用不强。

三、对策建议

（一）进一步完善协同发展的推进体制

一是增强大局意识，进一步落实协同发展主体责任，把协同发展工作摆上市委市政府的重要工作内容，切实将部门会商机制和专项小组机制有效运转起来。二是建立健全三市协作互动机制和高层对话体系，协调推进区域合作中的重要事项，解决重大问题。建立完善三市责任分工体系和工作运行机制，把各项目标任务分解细化，落实到市直部门、旗县和具体单位，研究落实措施，提出具体要求，加强督查考核。三是自治区有关部门要结合部门职能研究出台贯彻落实呼包鄂协同发展有关决策部署和政策文件的配套措施，按照自治区政府文件要求尽快牵头成立部门专项工作组和协调机制，切实发挥本行业（系统）的牵头指导作用，比如研究建立呼包鄂旅游协同发展联盟、呼包鄂技术创新联盟等。

（二）切实提高协同发展的质量和水平

一是树立区域“一盘棋”意识，在思想理念上破除行政区划框框，推动引导呼包鄂三市在城市规划、产业布局、政策制定、要素配置、项目实施等方面协调一致。二是推进重大基础设施一体化建设，以客运专线和城际轨道交通为重点，加快区域对外通道、区域内市际通道、城际快速通道以及重要枢纽客运设施等建设，优化路网结构，提高路网质量。三是统筹产业和项目布局，科学规划各城市产业定位，基础设施建设和布局，强化区域内城市间产业分工，延伸产业链条、提升产业协作配套能力，实施产业分类监管，促进区域优势互补、产业错位发展、避免同质竞争，提升区域整体竞争力。四是强化政策、资金和智力等支持，抓好现有政策的落实，积极争取国家和自治区有关支持，在规划、立项、资金、政策等方面给予倾斜扶持，设立呼包鄂协同发展专项资金，引入国内外高端智库，开展关键性重大课题研究，扩大呼包鄂协同发展宣传，联合开展高水平的区域化招商引资，形成全社会共同推进呼包鄂协同发展合力。

（三）加大重大基础设施推进力度

加大与国家有关部委、中铁总、金融机构等汇报对接，积极争取国家在规划和建设资金上的支持。拓展融资渠道，加大中央和自治区财政性资金、债券资金等对基础设施建设的支持力度。提高各级政府有关职能部门项目审批效率、压缩审批时间。盟市旗县政府加大征地拆迁、资金配套，进一步强化与土地、林业、草地等部门和有关方面的协调力度，为加快推进包头—银川、呼和浩特至太原高铁（集宁－大同段）项目建设，进行充分论证后启动呼和浩特—鄂尔多斯直达高速公路项目，推进中蒙跨境铁路和公路建设等重大基础设施建设创造良好条件。

（四）推动区域协同创新

聚焦经济高质量发展，围绕各地区主导产业集聚创新资源，优化科技重大项目布局，提升关键共性技术的持续供给能力。加快构建区域创新体系，推进呼包鄂国家自主创新示范区、鄂尔多斯市可持续发展议程创新示范区创建。推动自治区高新技术产业开发区、农业科技园区提质升级。进一步推进准格尔旗国家创新型县（市）建设。在创新资源较为集中区域开展创新政策先行先试。

2018 年呼和浩特经济技术开发区发展报告

王学军　高明 *

2018 年，呼和浩特经济技术开发区认真贯彻落实习近平新时代中国特色社会主义思想，统筹推进“五位一体”总体布局，协调推进“四个全面”战略布局，深化供给侧结构性改革，严格落实国家、自治区、呼和浩特市关于推动经济高质量发展的工作部署，坚持稳中求进总基调，积极开展对外交流，改善营商环境，推进项目建设，稳定企业运营等，经济社会发展取得新成果、新进展。

一、2018 年园区总体运行情况

呼和浩特经济技术开发区创建于 1992 年，2000 年 7 月经国务院批准晋升为国家级经开区，下辖“五园一镇”，即如意工业园区、金川工业园区、出口加工区、白塔空港物流园区、留学人员创业园（国家级科技企业孵化器）和托管的沙尔沁镇（沙尔沁工业区）。现管辖总面积为 281.6 平方公里，已开发面积 50 多平方公里，常驻人口 22 万人。截至 2018 年底，开发区入驻企业 3347 家，拥有“四上”企业 132 家，其中，规模以上工业企业 42 家。2018 年，规模以上工业企业完成工业总产值

---

* 王学军、高明，呼和浩特经济技术开发区。

277.4亿元；完成工业增加值73.5亿元，同比增长3.0%，位居全市第六位；完成公共财政预算收入15.6亿元；固定资产投资完成58.8亿元，增速位居全市第五位，其中，工业固定资产投资完成4.4亿元；引进国内资金14.1亿元；社会消费品零售总额完成32.1亿元。

（一）产业结构优化升级

一是工业提质升级步伐加快。目前，园区工业基本形成6大产业体系。2018年，完成工业总产值188.1亿元，占开发区工业总产值的67.8%。其中，以伊利集团为代表的绿色食品加工业，完成工业总产值62.3亿元；以创维电子为代表的电子信息制造业，完成工业总产值8亿元；以阜丰、齐鲁制药、双奇药业为代表的生物发酵和生物制药业，完成工业总产值61亿元；以利乐为代表的包装材料产业，完成工业总产值48.5亿元；以精诚高压为代表的装备制造业，完成工业总产值3.1亿元；以爱迩光伏材料、赛宝伦、日月太阳能为代表的新能源新材料产业，完成工业总产值5.1亿元。二是服务业对开发区经济增长的拉动作用愈加明显。2018年，开发区服务业实现营业收入125.1亿元；完成增加值13.6亿元，同比增长27.2%，占地区生产总值的15.6%，同比上升2.6个百分点。

（二）园区功能布局更趋优化

一是如意总部基地建设卓有成效。如意工业园区转型为集行政、商务、金融为一体的总部基地。其中，金融商务优势逐步显现。积极引进中维华信基金管理有限公司、平安银行呼和浩特分行、天骄航空有限公司入驻如意总部基地，总部企业规模不断壮大。2018年，如意总部基地范围内泽信青城、东润豪景、信达商务中心、天泰董事汇广场等在建项目12家，占地总面积1285.11亩，建筑面积161.05平方米。

二是金川工业园区加快产业转型升级。金川工业园区按照“转型升级”和“产城一体化”的总体定位，结合呼和浩特西部城区一体化高质量发展实施意见的新要求，加快经济转型，大力发展电子商务、生产性和生活性服务业等新兴产业，着力构建与如意总部基地相呼应、相均衡的“一体两翼”发展格局。建筑面积4.14万平方米的电子商务产业园电商孵化大厦投入使用后，入园企业达80余家。

三是呼和浩特出口加工区已获国务院批复同意整合优化为国家级综合保税区。大力开展与综合保税区验收相关的基础设施建设等前期准备工作，建成信息化系统并与“金关二期”全面对接，为转型升级为综合保税区奠定基础。晶科能源有限公司投资单晶硅25GW项目、一九零五远程视频云计算存储基地项目、呼和浩特跨境电商进口商品体验店项目积极洽谈推进。

四是留创园“草原硅谷”功能初显成效。截至目前，引进各类高层次人才212名。其中，院士1名（柔性引进),“千人计划”专家2名（柔性引进)，博士118名；4个创业人才团队入选“草原英才”团队，7名高层次人才入选“草原英才”个人；创业导师192人，孵化企业210家，高新技术企业6家，进入产业化、市场化企业50多家，获得自主知识产权130项，带动就业3103人，其中年解决大学生就业200人；组织创新创业活动73场（次)。初步形成了IT类、新材料新技术类、医药生物科技类、互联网电商类创新产业体系和以航天云网、创客星空为载体的国家级众创空间，“草原硅谷”功能初显成效。

五是白塔空港物流园区积极打造多体系物流基地。高质量编制完成了《呼和浩特新机场临空经济区总体规划》及《产业发展战略研究》。积极推进多体系物流基地建设，夯实空港物流园区3平方公里建成区基础设施和配套工程，拥有市级小型微型创业创新示范基地1家。2018年新增注册企业8家，其中，正在办理注册手续的全球购跨境电商有限公司和内蒙古嘉楠耘智信息科技有限公司注册资本均超过1亿元；投资20亿元的中国呼和浩特跨境电商特色产业园项目可研报告已进入编制环节；推动即将落户园区的全球购跨境电商有限公司利用出口加工区保税仓库、查验区等功能模块开展前期业务。

六是沙尔沁工业区建设全面铺开。沙尔沁工业区结合和林格尔新区总体规划，大力发展实体经济，建成呼和浩特市战略性新兴产业基地。投资210亿元的爱迩光伏产业园一期工程，投资10亿元的三主粮年加工10万吨燕麦系列产品加工项目，投资13.5亿元的麒麟明珠胶原蛋白肠衣生产项目，投资11.3亿元的坤瑞玻璃制品加工项目等一批重点项目陆续投产；一期投资25亿元的金宇国际生物产业园项目，总投资11亿元的勤达碳纤维复合材料等重大项目开始调试。截至目前，入驻园区企业50余家，已投产企业23家，其中，规模以上工业企业10家。

（四）招商引资和重点项目推进情况

一是积极参加各类招商引资洽谈会议。2018年，开发区签约项目14项，新增在谈储备项目7项。其中，总投资8.8亿元的创维智能家电产业园区项目已完成备案批复，土地组件材料已报至国土厅；从包头市引进的内蒙古达通石油机械制造有限公司年产800万米抽油杆、300万件抽油杆接箍、70万件油管接箍项目已具备签约条件，正在编制可研；借助"一带一路"机遇接洽的新加坡丰树物流中心建设项目已进行多轮对接，现正积极为企业解决用地等方面的需求。二是重点项目引领作用凸显。2018年，开发区计划实施的重点项目共25项，总投资496.7亿元。其中，超100亿元的项目2项，总投资235.6亿元；投资10亿元以上100亿元以下的项目7项，总投资195.1亿元；投资亿元以上10亿元以下的项目13项，总投资63.7亿元。截至2018年底，25个项目已开复工22项，项目开复工率88%，全年完成投资56.7亿元，占全部固定资产投资的96.4%。

（五）科技成果创新情况

截至2018年底，开发区拥有国家级科技企业孵化器1个，国家级小型微型企业创业创新示范基地1个，国家众创空间4家，自治区级科技企业孵化器3个，自治区级众创空间试点基地1个，市级小微企业创业创新基地4个；拥有科技型中小企业300余家，其中高新技术企业55家；拥有省级以上各类研发机构36个，其中国家级研发机构6个；拥有国家知识产权示范企业2家，国家知识产权优势企业4家，自治区级知识产权工作试点企业5家，市级知识产权工作试点企业14家；拥有省级以上名牌产品的企业9家，名牌产品20项。2018年，开发区战略性新兴产业占总产值的比重达到48.6%，占工业增加值29.9%；全年申报各类科技项目、产业政策扶持项目105项，共获得扶持资金4077.9万元，在全市范围内发挥了较好的区域带动和示范作用。

二、园区发展面临形势

下阶段，呼和浩特经济技术开发区面临诸多机遇：一是“一带一路”建设、呼包鄂协同发展、西城区一体化高质量发展等区域发展战略为开发区带来重大利好。二是中央及自治区关于鼓励发展民营经济系列举措落地显效，将有效提振民营经济发展信心。三是中央经济工作会议关于供给侧结构性改革、创新驱动、深化改革等一系列会议精神为开发区下一步工作提供方向指引。但也看到，开发区经济社会发展中仍存在一些困难和问题，对后期开发区发展形成制约。

一是经济增长动力仍显不足。在国内经济增速放缓、市场需求回落背景下，传统行业发展空间受限，尤其是中小微制造业企业面临较大经营压力，如何能在竞争激烈的市场环境生存下去是当前企业需要解决的首要难题。突出表现为企业利润空间缩减增加企业债务风险，也制约了企业技术改造、产品升级、新旧动能转换步伐，加之具有市场竞争力的专精特新技术难以引进，企业投资信心大幅回落，招商引资难度不断增加，新经济增长点培育缓慢。从目前调查摸底情况来看，2019 年开发区工业经济增长点主要集中在现有企业技改升级后的产能释放，新投产企业的经济增长点较少，经济增长动力有待增强。

二是要素瓶颈愈加凸显。首先，融资难、融资贵问题依旧突出，项目投资难度和企业运行成本加大，进而制约项目建设进程和企业发展。其次，建设用地指标紧张、用地报批难度大、建设用地价格高等问题增加招商引资难度，极大地影响了企业投资积极性。第三，人才引进不足。受地区条件制约，开发区在科技、人才等创新资源与东部沿海地区相比均处劣势，加之部分好的人才引进政策难充分落地，导致企业人才引进存在一定难度，企业创新原动力较为缺乏。

三是对外开放水平亟需提升。由于呼和浩特经济技术开发区处于内陆地区，既不沿边也不沿海，对外开放不足一直是开发区的薄弱环节，对开发区动力活力释放形成较强制约。一方面，外向型经济发展滞后，外贸依存度以及对外合作水平较低，出口对开发区经济增长的贡献率不高。利用外资明显不足，外商投资项目配套能力较弱，投资成本偏高，导致招商项目数量质量不高，实际利用外商投资到位减少。另一方面，对外开放意识不强，开发区经济发展长期主要依靠投资拉动主导，利用国内与国际“两种市场、两种资源”的发展开放型经济的能力尚待加强。

三、园区发展的主要思路和主要任务

下阶段，开发区将坚持以习近平新时代中国特色社会主义思想为指导，认真贯彻落实自治区、呼和浩特市各项工作部署，坚持工业立区、服务业兴区、科技强区、生态建区、惠民富区发展理念，扎实推动开发区经济高质量发展。

（一）对标高质量发展，全力争当西城建设主力军

按照东西城区一个标准、先后一个力度、全市一盘棋的总体要求，一是积极配合市规划局进一步深入了解纳入西部城区一体化发展范围内的金川园区具体情况，提出发展规划和思路，坚持城乡统筹、落实“多规合一”，形成一本规划、一张蓝图，强化规划的战略引领和刚性控制作用，提升城市承载能力。二是全力落实西部城区建设过程中的干部职工工作和生活保障。加快4.4万平方米的金川科技园综合楼装修进度，统筹西迁的市级委办局各类审批服务平台设施，力争2019年7月份完工投入使用，打造西部城区行政中心；在金川科技园综合楼的西部行政中心内建设一个可容纳300人左右的大型视频会议中心；牵头负责并交由国有公司投资建设1万套职工住宅。三是按照《西部城区拆除临时和违法违章建筑专项行动实施方案》的具体要求，协调配合城管执法局等相关部门，切合实际，立足长远、在开发区范围内开展大规模拆违拆临专项行动，为西部城区整体综合整治开好头、起好步。

（二）加强经济运行调度，实现经济稳中向好

一是做好现有规模以上企业调度分析预警，积极帮助企业解决困难。稳定生产，确保超高压、阜丰生物、利乐包装、齐鲁制药等支柱企业实现稳中有增。注重规模以下工业企业的发展潜力，重点扶持培育一批科技含量高，市场前景好的工业小巨人企业早日“入规”。配合我市相关部门做好“百亿元”级企业培育工作，助

推伊利集团、阜丰、齐鲁、金宇四家企业产值再上新台阶。二是加大对新建企业的服务力度。积极帮助创维电子公司搬迁项目落实开工条件，力争早日落地。推动方维风能科技有限公司分布式风力发电系统成套设备产业化项目尽快开工建设。继续抓好金宇保灵生物科技产业园一期工程和华希生物奶牛乳房炎疫苗生产基地项目的建设，确保两个项目2019年全面投产。尽力为爱迩2GW新型高效双面发电电池和组件制造新建项目在融资合作、产品研判、市场开拓、厂房租赁等方面予以帮助，使项目尽快摆脱困境。积极帮助勤达科技碳纤维复合材料制品项目解决资金难题，尽快让项目走上正常化轨道。抓好企业技改项目，鼓励传统产业进行内部挖潜，积极帮助有能力的传统产业进行技术改造，促进产品升级，加快新旧动能转换进程。

（三）坚持招商引资引智，增强经济发展活力

一是全面提升招商引资实效。进一步调整招商引资方向，引进一批科技含量高、辐射带动强、发展潜力大、社会效益好的科技型、创新型项目。针对重点项目，努力实现投产一批、建设一批、储备一批、谋划一批。依托各园区现有光伏新能源产业、绿色食品加工业等优势产业，着眼于“增链”“补链”，开展产业招商，产业链招商，打造产业集群，推动传统产业优化升级项目，助推实体经济做大做强。进一步加强开发区项目储备库和跟踪服务机制建设，积极开展项目主动对接，有效提升招商引资成功率。二是切实加强人才引进和产业孵化率。着力引进重点科研院所、院士工作站、研发机构等来开发区建立科研基地、研发中心。有针对性地组织举办招商引资、纳贤引智推介活动，引进10名以上“两院”院士、“千人计划”、“万人计划”专家等技术创新能力强、引领作用显著、产业发展亟需的高层次人才。充分利用我市大数据等资源优势，开展精准招商、定向招商。围绕云计算、食品、医药、光伏、电子等优势特色产业，对相关产业链上下游进行精细梳理，着力引进一批龙头企业、关联企业，不断延伸产业链条，提高附加值，推动传统产业迈向中高端，新建市级以上企业研发机构5家，自治区级以上1家，打造充满活力、更具竞争力的创新创业生态系统。

（四）致力改革创新，优化资源配置

坚持问题导向，认真梳理各领域改革创新任务，夯实精简高效的体制机制优势，引领创新发展。一是着力推进土地利用模式创新。严格执行国家工业项目投资强度与用地控制指标及工程建设项目用地标准，提高单位土地面积产出率。通过收回、置换、盘活、监督管理等多种方式提高土地资源节约集约利用率，有效解决工业用地指标紧缺的问题。进一步规范开发区土地出让行为，从源头控制土地闲置现象，提高开发区土地供地率。二是着力推进“放管服”行政改革。整合行政资源、简化审批流程，加快推进行政审批网上办理平台建设。按照责权清单再造审批流程，精简审批环节，推行企业投资建设项目审批“集中清单”，将企业投资建设项目审批与事中事后监管相对分离，打破以审代管，着力打造星级服务。加强立项、土地、规划、建设、环保、城市管理等行政审批工作的改革创新，建立高效、便捷的审批服务机制。承接好94项市级管理权限，加快实施相对集中行政许可权改革，打造行政审批事项精简规范、审批流程便捷高效的西部国家级开发区。

（五）紧抓基础设施建设，提升公共服务水平

一是高水平实施城市精细化管理。深入推进城市精细化建设管理行动，实施主次干道环境综合整治和背街小巷整治；实施一批绿化亮化提升工程，持续提升城市“颜值”。加强智慧开发区建设，在城市治理、公共服务等方面提供更加便捷高效的智慧应用。深化城市治理，加大城市环卫保洁、停车管理、打非拆违等工作力度。加快垃圾分类处理基础设施建设，党政机关、事业单位率先推行生活垃圾强制分类。坚持不懈推进“厕所革命”，加快城市公共厕所提档升级，分批推进农村人居环境和公共厕所建设改造。二是高质量完成金海路提升改造工程建设。开发区将开展冬季施工，保障按工期完成管网排迁和绿化带改迁、钢箱梁加工安装等各项工程，坚决按照市委市政府要求，进一步强化组织领导和项目建设管理，最大限度降低工程建设对交通运行、百姓生活的影响。加强质检、安监、审计监督等跟踪工作，安全文明施工，力争在2019年建成通车，让城市更加畅通，市民出行更加便

捷。三是高强度推进绿色生态环境建设。强化“绿水青山就是金山银山”理念，主要污染物排放总量大幅减少，空气质量优良天数比例达到80%以上，城市生活垃圾分类收集全覆盖，构建绿色产业体系，提高准入门槛，凡是不符合环保要求的一律不予审批，重点推进“散乱污”企业整治工作，严格清查辖区内“散乱污”企业，发现一家关停一家。深化大气污染防治，加强挥发性有机物治理，打好餐饮油烟污染治理攻坚战，加大工业废气、工地扬尘、秸秆焚烧污染治理力度，让群众真切感受到空气质量一年更比一年好。进一步加大治水力度，聚焦污水收集管网及处理设施建设、雨污分流等重点工作。加强水源地保护，确保饮用水水源地水质达标率保持100%。全面实施“土十条”，加强土壤污染防治，改善土壤环境质量，保障土壤环境安全。持续抓好中央环保督察和自治区环保大检查反馈问题整改，确保环保突出问题得到有效解决。打赢污染防治攻坚战，生态环境质量显著改善，让开发区的天更蓝、水更清、地更绿、环境更优美。

2018年包头稀土高新技术产业开发区发展报告

杨阳 *

包头稀土高新技术产业开发区（以下简称稀土高新区）成立于1990年，1992年被国务院批准为国家级高新区，是全国唯一以稀土资源命名的国家级高新区，是内蒙古自治区首家超千亿元园区。辖区总面积120平方公里，总人口15万。拥有注册企业8849家，其中稀土企业95家；科技型中小企业和高新技术企业106家；上市及挂牌企业14家。先后被国家有关部委认定为国家稀土产业转型升级试点、国家知识产权示范园区、国家产城融合示范区等22个国家级基地（中心）。

一、2018年高新区总体运行情况

（一）经济运行稳中向好

一是经济实力提升。稀土高新区全年完成地区生产总值增长6.8%；规模以上工业增加值增长8%；固定资产投资完成57.92亿元；社会消费品总额实现81.21亿元、增长5.8%；一般公共预算收入增长9.5%；城镇居民人居可支配收入增长6.7%。高新技术企业增加值增长42.6%，战略性新兴产业增加值增长11.5%。二是产业结

* 杨阳，包头稀土高新区经济发展局。

构优化。稀土、铝铜、装备制造三大主导产业实现规模以上工业增加值71.33亿元，占全区工业总量的75.3%。铝水在已经实现100%就地转化的基础上实现了二次转化，铜转化率由76%提高到了100%。包头稀土新材料深加工基地投入使用，打通磁材后加工瓶颈，促进了钕铁硼毛坯向终端应用产品转变，钕铁硼毛坯就地转化率从“零”提高到80%。镨钕转化率由20%提高到75%，镧铈转化率由30%提高到60%。现代服务业对经济增长的贡献率达到35.7%，服务业增加值增长6.9%。三是民营经济健康发展。出台《关于促进民营经济高质量发展的20条政策措施》，着力破解融资难、市场准入、服务保障等关键难题。营商环境进一步优化。民营经济占地区生产总值、投资总量、税收收入的比重分别达到64%、85.9%和63.2%，东宝生物、天和磁材、震雄铜业3家民营企业获得自治区优秀民营企业表彰。

（二）科技创新支撑更加有力

一是创新创业人才集聚。成立自治区首家人力资源服务产业园，新引进带资金、带技术、带项目的创新创业人才26名，累计引进“海归”创业人才389名，其中博士136名、硕士146名。二是创新成果持续涌现。推进国家知识产权示范园区建设，开展企业专利实力评价、稀土专利分析、产业知识产权联盟建设和专利导航等工作，全社会研发经费（R&D）投入强度达到6.5亿元。在稀土、装备制造等领域开展关键技术公关和重点成果转化项目，稀土着色剂、稀土钢、稀土陶瓷釉等项目取得重大技术突破，达到国内领先水平。全区累计拥有专利达到2723项，其中发明专利660项，PCT专利7项。三是产学研协同发展。实施“科研院所＋企业”创新创业行动，合作共建天津大学包头技术转移中心。包头稀土研究院建设“国家稀土新材料测试评价行业中心获得工信部批复，“白云鄂博稀土资源研究与综合利用国家重点实验室”基本建成，全年开展各类科研项目38项。建设了上海交大包头材料研究院产业园、中科院包头稀土研发中心产业园，承接两大院所引进孵化13家高新技术企业、33个产业化项目。全区累计拥有工程中心和企业技术中心73家，其中自治区级以上45家，重点实验室6家，院士工作站8家。

（三）政府职能持续转变

一是推行“互联网＋政务服务”。实施行政审批“一窗受理、集成服务”，“马上办”“网上办”“就近办”“一次办”事项实现率分别为100%、35.4%、19.7%、59.2%，“最多跑一次”事项比例达到59%。二是实施国家基层政务公开标准化规范化试点。区级行政审批事项由89项精简至22项，审批时限由23个工作日压缩到2.9个工作日。三是开展内蒙古自治区“证照分离”改革试点。推行“26证合一”标准化、规范化材料清单管理，企业登记审批实现缩短50%以上，2018年新增商事主体1422户，累计拥有注册企业8849户。

（四）民生福祉加快提升

一是基础设施建设日益完善。科学规划城市交通，新改建和整治城区主干道30公里，打造景观示范街27条，集中整治改造街巷10条。整治城市河道6公里，改造各类管网5.5公里。绿化水平不断提升，新建公园广场1个，新增绿化面积24万平方米，绿化覆盖率达到43%。二是保障体系日趋完善。新增城镇就业2060人，转移农村劳动力1093人，城镇登记失业率控制在3.7%以下。为困难群体分配公（廉）租房332套。发放低保金、救助金等各类兜底保障资金681.35万元，城乡低保、城乡特困补贴、高龄津贴、优抚对象补贴等10项惠民指标保持自治区最高水平。三是社会事业协调发展。均衡发展各类教育，新建改扩建学校、幼儿园8所。医疗卫生水平大幅提升，成立自治区首家“智慧医疗孵化基地”，新增医疗机构5家，基层医疗卫生机构标准化建设达标率超过90%。

二、园区发展面临形势

2019年是我国经济新常态新阶段的关键一年，面临的形势更加复杂严峻。从外部环境看，当前世界经济呈现动能趋缓、分化明显、下行风险上升、规则调整加快的特点。中美经贸摩擦的负面冲击和不利影响对出口造成不确定性。从国内环境看，当前，全国经济下行压力有所加大，企业经营困难增多，稳就业被列为“稳就业、稳金融、稳外贸、稳外资、稳投资、稳预期”工作之首。同时，我国经济发展的不确定性明显上升，结构性调整刚刚触及到本质性问题；新旧动能转化尚未结束。从园区自身看，园区经济现仍处于新旧动能转换阶段，产业结构还需进一步优化，战略性新兴产业支撑能力还需进一步加强，技术创新、产品创制等各方面仍存在不足，投资力度还需加大，需要吸引更多优质项目落地。

与此同时，园区发展也面临诸多机遇。一是改革开放的机遇。习近平总书记强调：“进入新时代，国际国内形势发生广泛而深刻的变化，改革发展面临着新形势新任务新挑战，我们要抓住机遇、迎接挑战，以更坚定的信心、更有力的措施把改革开放不断推向深入。”下阶段，我国改革开放步伐有望进一步加快，随着一系列改革开放红利的逐步释放，稀土高新区发展动力和活力将进一步释放。二是政策新机遇。当前，稀土高新区民营经济占园区生产总值的比重达到64%，民营经济发展至关重要。2018年，我国陆续出台了多项政策措施支持民营企业发展，如解决中小企业融资难、融资贵问题，大幅减税降费等。后期，随着支持民营经济发展政策措施的落地显效，将不断激发园区民营经济发展活力，提振高新区经济增长。三是区域联动发展的机遇。当前，我区大力推进呼包鄂榆城市群发展、呼包鄂协同发展，着力打造沿黄生态经济带，加快创建呼包鄂自主创新示范区以及包头市加快建设稀土高新技术产业带等一系列重要举措，将为稀土高新区充分发挥比较优势，有效激发产业发展潜能、拓展经济发展新空间带来难得机遇。

三、园区发展的主要思路和主要任务

2019年，稀土高新区将坚持以习近平新时代中国特色社会主义思想为指导，全面贯彻党的十九大和十九届二中、三中全会精神，认真贯彻落实习近平总书记在十三届全国人大一次会议内蒙古代表团重要讲话精神及自治区、包头市各项决策部署，坚持稳中求进工作总基调，贯新发展理念，落实高质量发展要求，以供给侧结构性改革为主线，统筹推进稳增长、促改革、调结构、惠民生、防风险各项工作，全力打好防范化解重大风险、精准脱贫、污染防治三大攻坚战，重基础、谋发展、强服务、保民生，着力在加速产业升级、推进项目建设、强化改革创新、加快城乡融合发展、持续改善民生等五方面取得新突破，实现经济社会持续健康发展，为全面建成小康社会收官打下决定性基础，以优异成绩庆祝中华人民共和国成立 70 周年。

（一）谋发展，切实提升实体经济竞争力

牢牢把握发展第一要务不动摇，坚持“一切围绕发展、一切促进发展、一切保障发展”，以项目建设和有效投资为抓手，不断做大总量、做优结构，推动高新区经济提档升级。要坚定不移推进产业结构调整和发展方式转变，紧紧围绕提档升级主导产业，加快集聚战略性新兴产业，蓬勃发展现代服务业，构建全面体现新发展理念的现代化产业体系，着力推动经济发展更高质量、更有效率、更加公平、更可持续。

（二）强服务，努力营造一流的制度环境

认真落实促进民营经济发展的政策措施，千方百计支持和服务企业发展，花更多时间和精力关心企业和企业家成长，切实破除项目建设中的各种“梗阻”，培育形成发展新动能。要抓好政策落实，制定相关配套举措，提高政策落实的协调性，多措并举减轻各类市场主体负担，让企业从政策中增强获得感。要深化“放管服”改革，深入推进“最多跑一次 + 马上就办”，优化调整行政许可等事项办理模式，进一步压减企业开办和项目审批时间，持续优化营商环境。

（三）重基础，加快补齐高质量发展短板

高度重视和化解各类风险隐患，以最高标准、最严要求、最硬措施，坚决打好打赢“三大攻坚战”。要加强科技创新平台建设，依托中科院、上海交大等创新载体，不断强化科技创新有效供给，创造更多应用型创新成果。要统筹城市规划建设管理，完善公共基础设施，着力打造宜居城市环境。要继续下大力气抓好工业园区基础设施建设，强化产业协作配套，提升服务保障水平，为项目建设、产业发展提

供坚实支撑。

（四）保民生，不断增强人民群众获得感

牢固树立以人民为中心的发展思想，顺应人民群众对美好生活的新期待，不断加大民生投入，狠抓民生改善和公共服务体系建设，让发展成果更多更好更公平地惠及全区人民。要统筹推进生态环保、就业创业、社会保障、食品药品安全等领域工作，加快补齐教育、医疗等民生短板，推进社会治理共建共治共享，不断增强人民群众的获得感、幸福感和安全感。

V

专 题 篇

判断内蒙古发展形势需要关注的几个问题

张永军

2008年美国金融危机爆发，时至今日，近10年时间，由此带来的影响体现在思维方式、宏观调控、产业发展、人民生活、生态建设等方方面面。“不谋全局者，不足谋一域”，对于内蒙古这样一个欠发达地区而言，只有全面认识、把握当前发展形势，才能更好地推进内蒙古高质量发展。

一、判断短期形势需要用中长期宏观思维来把握

首先，从经济周期和结构优化升级看，2008年美国金融危机引发全球经济危机，时至今日已10年，我们用了10年时间认识、把握、消化这次危机带来的影响。这期间，党中央不断完善发展思路，提出应对举措。2012年党的十八大召开，明确提出：“当前，世情、国情、党情继续发生深刻变化，我们面临的发展机遇和风险挑战前所未有”“在任何情况下都要牢牢把握社会主义初级阶段这个最大国情，推进任何方面的改革发展都要牢牢立足社会主义初级阶段这个最大实际”。这两句话，实质是对发展阶段的清晰判断。随后，做出了“三期叠加”“经济发展新常态”等系

列论断，实质是我们正式从周期理论考虑经济发展问题。因此，我们今天判断经济形势一定要从经济发展周期角度去思考。2017 年 7 月 24 日，习近平总书记主持政治局会议分析研究当前经济形势和经济工作，提出，经济运行中还存在不少矛盾和问题，要站在经济长周期和结构优化升级的角度，把握经济发展阶段性特征，保持头脑清醒和战略定力，坚定不移抓好供给侧结构性改革，妥善化解重大风险隐患，促进经济社会持续健康发展。

其次，从我国中长期发展战略看，已形成了比较系统的中长期发展战略体系，2012 ~ 2017 年，历经 5 年努力，形成了十九大提出的新时代中国特色社会主义思想和 14 条基本方略，并做出了具体安排，到 2020 年，既要全面建成小康社会、实现第一个百年奋斗目标，又要开启全面建设社会主义现代化国家新征程，向第二个百年奋斗目标进军（2050 年），并分 2035 年和 2050 年两个阶段来安排，这是我国未来的发展蓝图，也是实现中国梦的路线图。

第三，从世界各国发展预期看，国际预期持续改善，2017 年，全球经济增长速度达到 3%，这是自 2011 年以来的最快增长。全球约 2/3 的国家增长速度高于上一年。2018 年和 2019 年全球经济的增长预期将稳定在 3% 左右。据 IMF 估计，2018 年和 2019 年全球增长将达到 3.9%，对全球增长贡献一半的新兴亚洲发展中国家将增长 6.5% 左右，独联体国家经济增速将高于 2%。

最后，从我国面临的挑战看，2008 年国际经济危机后，主要经济体均进行了战略调整，美国实施重振制造业战略，德国实施工业 4.0，日本推行安倍经济学，等等。国内面临劳动力成本上升与劳动密集型产业转移双重挤压，传统产业面临严峻挑战。新旧业态转换难度加大，新技术、新模式、新业态等对传统产业的改造升级迫切需求加剧。

上述客观环境的变化，要求我们必须因应形势，作为省级政府而言，回顾过去，客观评价和认识“内蒙古现象”，需要强化问题导向；展望未来，立足于中观层面，需要不折不扣地落实好中央战略部署，为此，必须以全面贯彻落实党的十九大精神为核心，以 2018 年为新起点，在此框架下来谋篇布局。

二、谋划未来支撑点需要考虑的六个关键因素

2018 年自治区政府工作报告明确提出，预计 2018 年增长 6.5% 左右，要实现上述目标，可能取决于 6 个关键因素。

一是取决于对国家战略的落实。党的十九大明确提出科教兴国战略、人才强国战略、创新驱动发展战略、乡村振兴战略、区域协调发展战略、可持续发展战略、军民融合发展战略，共七大战略，并且写进党章。建议在上述国家战略下谋划内蒙古的发展路径和举措，制定实施方案或者行动计划，寻找新的经济增长点是当务之急。

二是取决于对新技术的应用。能源技术、信息技术、生物技术改变了传统生产和生活方式，应用好就能够促进传统产业改造升级，培育出一批战略性新兴产业。如智能车间、平台经济等等。建议以国家创新服务业发展为契机，培育一批新模式、新业态、新产业。

三是取决于改革创新。特别是在“破、立、降”上如何突破。如非公经济发展问题和如何突破“明放暗不放”问题。建议以国务院推进“破、立、降”三大改革为契机，全面抓好内蒙古营商环境建设。

四是取决于质量、效率、动力三大变革推进落实。质量变革突出抓好全面提升产品、工程和服务质量，全面抓好品牌建设，深化质量导向改革；效率变革突出抓好提高行业发展效率、提高要素配置效率、深入推动流通革命、完善对外开放体制机制；动力变革突出抓好强化企业创新主体地位、强化创新平台建设、加快培养创新队伍、优化创新环境。

五是取决于人力资源和现代金融服务于实体经济。按照党的十九大提出的要求，构建实体经济、科技创新、现代金融、人力资源“四位协同”现代化产业体系。建议重点关注人力资源和现代金融，如产业投资基金规范化运作问题。

六是取决于服务业引领转型。深入贯彻落实《国务院办公厅关于加快发展生活性服务业促进消费结构升级的指导意见》（国办发〔2015〕85 号）、《关于加快发展

生产性服务业促进产业结构调整升级的指导意见》（国发〔2014〕26号）、《服务业创新发展大纲（2017–2025年）》（发改规划〔2017〕1116号），切实发挥好服务业在引领工业、农牧业转型升级的牵引作用。建议尽快修订加快服务业发展的若干政策规定和编制内蒙古自治区服务业创新发展大纲，每年召开一次全区服务业创新发展大会。

三、未来预期目标的把握

一是建议构建符合高质量发展要求的指标体系。中央经济工作会议提出，必须加快推动形成高质量发展的指标体系、政策体系、标准体系、统计体系、绩效体系、政策考核。建议结合“十三五”中期评估，系统总结内蒙古“十三五”以来的发展成就及存在的突出问题，结合党的十九大精神，进行全面修订和补充，为推进“十四五”发展打好基础。

二是建议强化区间调控思维。结合李克强总理重要讲话精神，正确理解和把握经济运行合理区间，一方面，“区间”是指经济增长率、就业水平等不滑出“下限”，物价涨幅等不超出“上限”，即经济运行不但要实现经济增长，而且要实现比较充分的就业，居民收入不断增长，环境有所改善，是一个多重目标的协调发展；另一方面，要向市场释放明确的发展预期，提振信心。

立足高质量发展新要求　推动内蒙古经济新发展

杨臣华　张永军　付东梅　刘军

2018年以来，我区经济增长进入历史低位，表面上看，是受内需大幅回落、供给疲软影响所致，但深层原因在于多年的粗放式发展模式固化了能矿资源依赖型、单一产业带动型和传统要素驱动型的发展形态，衍生出产业结构单一、经济效益低下等一系列问题，使经济增长极易受到外部市场、政策环境变化的冲击。下阶段，必须围绕高质量发展的内涵要求，将推动高质量供给、需求、投入产出、收入分配和经济循环作为当前和今后一个时期确定发展思路、制定经济政策的主要任务和根本要求，处理好长期转型与年度稳定运行的关系，既要放眼长远"谋胜局"，更要冲关夺隘"赢开局"。

一、夯实新兴产业发展支撑力，提高供给体系质量

新兴产业作为提高供给体系质量的关键环节，涵盖发展方式、结构、动力的多重转向，是结构高级化、效率最佳化和价值最大化的有机统一。近年各地发展实践表明，新兴产业发展越快、越好的地区，供给与需求的适配性、产业体系的整体性和生产活动的创造性就越强，经济发展就更具活力和可持续性。我区目前尚未摆脱对传统发展方式认知和行动上的路径依赖，经济总量和财税收入仍主要依靠传统产

业贡献，战略性新兴产业增加值占比不足 5%，远不能支撑当前经济的规模扩张和供给质量提升。下阶段，必须紧盯科技、市场、产业发展趋势，以培植新兴产业为着力点，由被动式供给转为主动供给，用创新供给引领经济转型。

一是要对接市场要求，明确新兴产业发展重点。聚焦新兴产业，大力拓展全区新兴产业发展新空间。聚焦数字经济，推动新技术、新模式大范围拓展应用，推进智慧园区和智能工厂建设，推动规模以上工业企业数字化改造。聚焦绿色经济，加快布局生态经济产业链。聚焦服务业提质升级，开展现代服务业品牌价值提升行动，促进互联网、大数据、云计算与服务业融合发展。聚焦现代能源经济，加快布局涵盖能源流、信息流、价值流以及能源设备的智慧能源网络，推动能源物联网建设，打造世界级的多种能源综合利用基地。

二是要加强对新兴产业的政策供给。新兴产业的发展壮大离不开政策支撑，尤其在其起步阶段，更需要制定针对性政策。因此，需遵循新兴产业发展规律，加快构建支撑新兴产业发展的政策体系，重点在准入标准、资源要素价格、公共交易平台、监管机制、开放协作机制等方面加强政策供给，优化新兴产业发展的政策环境。

三是要加强对新兴产业发展的资本供给。新兴产业发展的风险和不可预见性较大，需要大量长期可持续的资金支持。因此，有必要建立多元化的资金保障机制，重点通过推进市场化的基金运作模式、加强财政专项资金支持、打造全周期金融服务模式、建设高效稳定的担保（再担保）体系，以及设立新兴产业企业上市储备库等方式，强化新兴产业发展的资金支撑。

二、发挥有效投资关键作用，带动整体需求结构优化

高质量发展阶段，有效投资作为供给侧和需求侧两端发力的重要引擎和最佳结合点，需要发挥出更大的作用。2018 年以来，全区投资大幅下滑，上半年投资增速已断崖式下跌至 –38.3%，其中，民间投资大幅跳水至 –23.4%，均为历史最低点，在全国排名更是垫底。因此，推动我区需求质量提升，首先必须要牢牢抓好投

资这个关键因素。下阶段，需重点在项目库、资金、审批制度供给等方面和有效释放民间投资上发力，抓实抓好有效投资持续落地，以高质量投资带动整体需求结构优化。

一是要主动出击抓项目。首先，强化地方领导干部的思想准备，开展大讨论、大学习，牢固树立高质量发展阶段，越是欠发达地区越是要抓项目、抓发展的思想导向，增强各级干部抓项目的主动性。其次，优化项目储备结构，按照确保科技高度、投资强度、绿色程度、产业链长度、项目深度“五度”标准，围绕新一代基础设施建设、数字经济和新产业、污染防治、扶贫攻坚等重点领域，优化充实自治区重大项目库。同时，制定全区各级政府固定资产投资、项目建设考核办法，压实主体责任。

二是要抓审批、保进度，推动项目加快落地。保进度的前提还需在提高审批效率上出实招，目前，各盟市审批流程基本是各自为政，因此，有必要出台全区统一的项目审批管理办法，同时，加快自治区在线审批监管平台和各部门自建系统对接进度，确保“平台下无审批”。对于重大项目，要通过建立协调推进机制、强化调度督导等方式，推动重大项目尽快落地，真正实现重大项目对全区投资的强大支撑。

三是要释放民间投资发展活力。民间投资一直是我区经济发展中最具活力和效率的部分，是支撑全区投资增长的主要力量。但近年来社会资本的投资活跃度下降，民间投资出现持续下滑态势。因此，必须在激发民间投资活力上出实招、出硬招，关键要不折不扣执行好近年国家和自治区出台的一系列促进民间投资政策，同时，针对区情实际，制定出台能够切实保障民间资本权益的细则。

四是要强化资金和项目的对接。及时有效的资金保障是项目建设的关键因素，我区很多项目因得不到金融机构认可而导致项目落地滞后。下阶段，首先要做好与银行的沟通协调工作，通过建立银企资金项目对接服务平台等方式，加大力度向银行推荐符合放款要求的项目，争取更多授信支持。其次，要使用好中央预算内资金使用管理，强化执行主体责任。同时，要用好新增政府债券，提高债券使用效率。

三、强化发展新要素支撑，全面提高投入产出效率

一个地区的要素投入结构在一定意义上决定着产业结构，调结构、转方式能否取得实现突破和取得成功，关键在于根本性地改变要素投入结构。长期以来，我区走的是依赖于资源、土地、劳动力等传统要素大规模投入的粗放式发展道路，虽然一定时期内实现了经济快速增长，但自主创新能力不强、生产技术效率改善不快，全要素生产率没有成为效率源泉的主体。下阶段，须尽快补齐创新、人才、营商环境等要素短板，大力促进生产要素从低质低效领域向优质高效领域流动，加快提高全要素生产率，努力在质的大幅提升中实现量的有效增长。

一是要提升高质量发展的创新要素支撑。创新是引领发展的第一动力，推动高质量发展，离不开创新的重要支撑作用。针对我区创新驱动的薄弱环节，首先要完善创新发展的体制机制，重点在出台完善技术创新体系、强化企业技术创新主体地位、促进科研成果转化的政策方面多做文章、做好文章。同时，要加强创新平台和科技创新服务体系建设，做好创新服务支撑。

二是要强化高质量发展的人才支撑。人才是支撑发展的第一资源。对我区而言，关键要在引才、用才，培养技能型人才上下功夫。引才要聚焦“精准”，尤其要充分挖掘好海内外内蒙古籍优秀高层次人才、团队和企业家的潜力。用才要聚焦“灵活”，不求所有、但求所用，最大限度实现“聚天下英才而用之”。技能型人才要聚焦“实用有效”，通过优化学科设置、加强技能培训等方式，扩大技能型人才队伍规模，推动人才结构与产业转型升级需求相匹配。

三是要为高质量发展营造良好的营商环境。营商环境是一个地区发展的重要软实力，也是决定地区综合竞争力的关键因素。对我区而言，优化营商环境重点需在政务服务环境和法治环境上下功夫。通过推进管理体制、运作模式改革和数据资源整合，提升政府治理能力和水平。通过严格履行重大行政决策程序，落实重大行政决策终身责任追究制及责任倒查机制等手段，营造公平正义的法治环境。

四、完善按要素分配的体制机制，形成更合理、更有序的收入分配格局

优化收入分配结构既是扩大居民消费需求、优化产业结构的基本要求，也是推动经济发展方式转变的强大动力和基础保障。就我区而言，在转型和发展过程中既出现了收入差距过大的问题，也遇到了收入分配不公的问题，在当前经济社会面临重大调整的关键时期，如果解决不好，势必影响经济升级和社会转型。下阶段，需围绕优化二次分配结构、补齐公共服务短板等方面，加快完善按要素分配的体制机制，促进收入分配更加合理、有序。

一是要协同推进新动能成长与就业转型，加快培育就业新增长点。通过提升新兴产业就业比重、强化新模式新业态就业吸纳力、出台适应新就业特点的用工和社保制度等手段，实现更高的就业质量，夯实居民增收基础。

二是要推进转型发展与优化收入分配结构，建立由市场决定的公平高效的要素分配机制。重点提升企业职工、行政事业单位职工、科技人员等群体收入分配质量。同时，建立国有资本和公共资源收益分享机制，推动国有资源收益由人民合理共享。

三是协同推进公共产品和服务供给数量质量双提升。通过完善保障和改善民生的财税调节机制、大力促进教育公平、加强基本养老保险体系建设等方式，提高公共资源配置效率，维护社会公平正义与和谐稳定。

五、推动资本要素“脱虚向实”，促进经济高质量循环

保持实体经济与虚拟经济合理的适配度，是经济持续稳定发展的基础。我区资本层面存在三大失衡：实体经济结构性供需失衡、金融和实体经济失衡、房地产和实体经济失衡，资本和要素大量流向房地产和虚拟经济，出现资产泡沫化问题，加大了金融风险，也加重了实体经济的融资成本。下阶段，需在做大做优做强实体经

济的基础上，进一步推动资金“脱虚向实”，让金融回归服务实体经济的“本源”。

一是要做大做强做优实体经济。实体经济是经济增长内生活力与动力的重要源泉，也是高质量发展的根基。振兴实体经济，关键在提升实体经济数量规模的同时，以降低企业融资成本和制度性交易成本为重点，切实增强企业造血功能，推动企业轻装上阵。

二是要引导资金“脱虚向实”。金融是现代经济的血脉，服务实体经济是金融的本分和天职。更好地发挥现代金融作用，关键要在调整优化信贷结构、大力发展普惠金融等方面下功夫，构建多元支撑实体经济发展的金融体系。同时，要加快完善促进房地产市场平稳健康发展的长效机制，控制信贷资金过度流向房地产领域，引导资本更好服务于实体经济发展。

落实“三个第一” 推动高质量发展

——论习近平总书记“三个第一”思想对我区的指导意义

赵云平　程利霞

习近平总书记在参加十三届全国人大一次会议广东代表团审议时提出了“发展是第一要务，人才是第一资源，创新是第一动力”思想，尽管这是对广东发展提出的要求，但对于正处于转型升级关口期的内蒙古来说，则更具现实指导意义。“三个第一”是一套系统化的战略设计，其中，发展是目标、创新是路径、人才是抓手。我区在发展实践中必须把握好坚持第一要务、用好第一资源、激发第一动力的关系，把“三个第一”作为推动高质量发展的总体指导思想。

一、坚持住发展这个第一要务

进入新世纪以来，我区依托得天独厚的能矿资源优势，抓住我国工业化、城镇化加速带动能源重化工产品市场需求扩张的市场机遇，借助国家西部大开发、东北振兴等一系列政策机遇，强力实施资源转化战略。2002 ~ 2009 年，我区曾经取得过经济增长速度八年领跑全国、人均 GDP 排名全国前五、总量排名前进九位的增长奇迹，依靠“羊煤土气”实现了“扬眉吐气”。经济快速增长使全区综合经济实力、政府公共财力、城乡居民收入、民生及公共服务、基础设施状况均得到了显著改善，人民的获得感、幸福感空前提升。但在坚持发展这个第一要务方面，我区绝不能出现懈怠思维。

坚持好发展第一要务，首要前提是保持一个相对平稳较快的经济增长速度，以保证社会财富蛋糕不断做大。但是，近几年我区却出现了过度淡化经济增长速度的倾向。有观点认为，过去经济发展中出现的一系列问题，都是GDP考核导致片面追求经济增长速度“惹的祸”，仿佛GDP成为了万恶之源。还有观点认为，近几年经济增长速度持续下滑，是因为我们不再盲目追求增长速度的结果，主动降速是为了给转型升级腾出空间。这些知其然而不知其所以然的观点，对经济增长的认识从一个极端走向了另一个极端，对于我区坚持好发展第一要务是极其有害的。其实，规模、速度与结构、质量之间不是非此即彼的单一选择关系，而是对立统一的辩证关系，并不存在速度高就质量一定差的问题，相反，经济发展的质量和结构是以一定的规模和速度为基础的。首先，从区域竞争规律来看，往往遵循“人均决定幸福、体量决定地位”的规律。我区“八年增长辉煌”期间，人均GDP曾经位居全国前五，但总量仅占全国的2%左右，人均GDP再高对全国经济的贡献也是微乎其微，经济分工仍然摆脱不了小省地位，而广东当时人均GDP水平低于我区，但总量贡献却占到全国的1/10，经济强省地位无可撼动。我国目前人均GDP水平世界排名80多位，是个典型的发展中国家，但经济总量世界第二是支撑我国世界大国地位的重要基础，这都是体量决定地位规律的现实写照。因此，对于像我区这样的欠发达地区来说，坚持“能快就不要慢”的发展方针，尽快做大经济总量是争取有利分工地位的永恒主题。其次，从我国现行经济体制看，往往表现为速度效益型经济。我国的税收制度不同于西方以所得税为主的税制，主要实行以流转税为主体的税收体制，无论是增值税还是营业税等都与经济流量高度相关，有经济流量才会有税收，无经济流量则无税收，增长快则税收高，速度慢则税收少。不同于所得税制具有经济增长“稳定器”作用，流转税制下经济增速与税收之间呈现“马太放大”的正相关关系。尤其在我国现行的“财权上收、事权下放”的分税制和地方各级财政“分灶吃饭”财税体制下，对于地区经济来说，促进经济增长、拓展税收来源、保障公共财力是地方政府的不二选择，如果没有较快且稳定的经济增长，地区就业及民生服务都会出现问题。这才是“问苍天 GDP 究竟何物，让官员生死相许”的根本原因，GDP 政绩考核只是手段而已。我区作为国家边疆少数民族自治区，虽然享受国家较多方面的转移支付和其他倾斜性支持政策，但保持较快且稳定的经济增长速度，仍然是我区保障财税就业、提升民生福祉的前提和基础。

近几年来，随着我国经济发展进入新常态，我区经济增长出现了严峻的快速下滑态势，从增长辉煌期最高的 20% 多断崖式滑落到 2017 年经济增速只有 4%，位列全国倒数第 3 位。经过统计“挤水分”后，2017 年我区人均 GDP 排位已跌至全国第 10 位，经济总量跌至第 22 位，如果任由这种趋势扩大，经济增长或将面临严重的“失速”风险，进而引发财政支付、就业民生等一系列问题。同时，经济规模的相对缩小也不利于我区在高质量发展阶段争取到有利的产业分工地位和政策支持，甚至影响到我区在投融资等方面的政策手段运用，从而更不利于长远发展。

党的十九大报告提出，我国的社会主要矛盾已经转化为人民群众对美好生活的需要与不平衡不充分发展之间的矛盾。但对于我区来说，发展不充分更是我区社会矛盾的主要方面。尽管我区曾经实现过较快增长，但我们必须清醒地认识到，我区欠发达的区情没有实质改变，经济总量仍不够大、产业体系仍不够全、收入水平和民生服务仍然较低、基础设施欠账较多，保持“能快就不要慢”的增长速度，促进经济总量快速做大和排名地位上升，仍然是高质量发展阶段必须遵循的主线。我区必须重视目前过度淡化经济增速的倾向，改变“从 GDP 崇拜”到“GDP 憎恨”的极端认识，树立我区第十次党代会提出的发展底线思维，坚持扩大有效投资与培育新动能并重、发挥传统优势与培育新产业并举，努力推动在高质量发展阶段处理好长远转型升级与年度稳定运行的关系，力争保持一个较高的经济增长速度且行稳致远。

二、激发出创新这个第一动力

解决了发展是第一要务这个战略目标问题，接下来就需要解决如何实现高质量发展的路径问题。正如李纪恒书记所说，发展是第一要务的思想不能变，但是发展的内涵和方式变了。进入新时代，我们的发展一定是适应当前时代的高质量发展；是能够很好满足人民日益增长的美好生活需要的发展；是更好地适应市场需求，高效率的、质量优先的发展；是体现新发展理念的发展。可见，实现高质量发展需要我区发展思路转变、发展动力转换、发展路径转轨和发展模式转型。

特殊的资源禀赋和区情特点决定了我区过去的经济增长主要靠资源驱动、投资驱动，且在特定时期对我区的地区崛起和工业化腾飞起到了不可或缺的作用。但是，由于我区已经形成的产业体系基本以生产中间投资品的能源重化工产业为主，与国家总体经济运行态势尤其是投资增长形势高度相关，随着我国发展进入新时代、经济进入新常态，这些产业普遍出现了市场萎缩、增长放缓、效益下降的局面，加之由于产能过剩和环保问题，国家采取了从严从紧的产业政策，我区经济增长出现了严峻的动力不足问题。传统增长动力的衰减急需培育新的动能来替换，这就要求我区既要加快传统产业的改造升级，又需要培育新兴产业，这必须激活科技创新这个第一动力，使科技在推动全区经济增长中发挥关键性、基础性作用。正如习总书记在参加内蒙古代表团审议时强调，推动经济高质量发展，思维方式不能还停留在过去的老套路上，要利用新的动能，走创新驱动发展之路。

但是，科技创新体系不完善、综合创新能力低一直是制约我区发展的突出短板，我区主要科技创新指标在全国的位次都比较靠后。2016 年全区发明专利授权数量为 871 件，仅占全国总量的 0.3%，居全国第 27 位；企业技术创新能力仅列全国第 29 位；高新技术产业化水平仅为 14.17%，列全国第 28 位；高水平的创新平台和载体严重缺乏，317 家国家级重点实验室，我区仅有 2 家；332 个国家工程技术中心，我区仅有 2 家，总体科技创新能力位于全国第三梯队靠后的位置。完善科技创新体系、激发科技创新活力、促进科技成果转化，通过提升产业体系的技术含新量来提高经济发展的含金量，是我区扎实推动经济高质量发展的不二选择。

鉴于我区科技创新水平和能力全方位落后，补齐我区科技创新短板也需要人才、投入、平台、机制多管齐下。但对于我区来说，最为关键紧迫的就是解决“人”的问题，只要抓住“人”这个关键，其他问题都会迎刃而解。这就需要切实落实好习近平总书记讲的“人才是第一资源”这把金钥匙。

三、保障好人才这个第一资源

无论是科技创新、制度创新还是管理创新，人都是最核心的要素，创新驱动的实质其实是人才驱动。我区实现从资源驱动转化为创新驱动，最为紧迫的就是在发展理念上的“以物为本”尽快转向“以人为本”。

无论在传统经济体系中还是现代经济体系中，人力资源都具有无可替代的关键作用。首先，从供给端看，人力资源是不可或缺的生产要素，充足廉价的劳动力资源是巨大的竞争优势，我国之所以成为世界制造业中心，前期庞大的人口规模形成的劳动力无限供给红利起到了关键作用。尽管现代科技应用促进制造业生产工艺不断现代化，单位产出对劳动力的需求在减少，那也主要是对体力和手工操作的减少，对劳动力创造性和技能性依然提出了更高要求，劳动力供应结构和素质仍然是一个地区产业环境竞争力的重要内容。其次，从需求端看，人力资源是最重要的需求主体。生产的最终目的是为了人的消费，因而，人口规模集聚形成的消费需求是产业尤其是现代服务业生成和发展的前提，同时，人口结构和素质不同衍生出的需求差异性，也是决定一个地区产业发展路径和区域产业分工的重要诱因。正是由于人力资源对于现代经济发展中的独特重要性，马克思把劳动力作为生产力构成要素中最具能动性的要素。十九大报告把人力资源与实体经济、科技创新、现代金融一起，作为现代产业体系的四大支柱。习近平总书记提出的以“人民为中心”的发展思想，除了“发展为了人民”的内涵以外，更有“发展依靠人民”的含义。因此，走创新发展之路，实现高质量发展，关键在人，抓手也在人。

解决我区高质量发展的人力资源问题，除了上述在理念上提高对人力资源的认识以外，当下需要抓紧解决三个关键问题。一是积极参与全国性“抢人大战”，厚植最基本的人力资源规模基础。从 2016 年底开始，武汉率先出台人才引进政策打响全国人才抢夺战第一枪，南京、成都、西安等二线城市纷纷跟进，政策一个比一个优惠，人才争夺层次逐步下移到本科层次。而面对全国轰轰烈烈的“抢人大战”，我区至今仍然没有任何行动。如果再不采取行动，坐等其他地区抢完人才而政策红利消失，我区将会同高铁建设一样，又一次因为“醒悟慢”而失去发展机会。只有通过积极参与“抢人大战”，保住最基本的人力资源规模，才能保障我区产业转型升级的劳动力供给，并为新产业衍生壮大创造市场潜力，同时，通过年轻人口和高素质人口的引入还可以解决人口老龄化和结构素质低等问题，为我区经济高质量发展注入不竭动力。二是做好重点人才队伍的引进、用好和保护工作，发挥好领衔人才的关键作用。对于我区来说，重点是科技人才、企业家和产业工人三支队伍建设。首先，要坚持守好存量不流失和加大外部引进力度并重，通过体制机制创新最大限度地为科技人员创新创业创造条件、激活动力，提升高质量发展的科技引领能力。其次，是培育和保护好企业家队伍。企业家队伍是推动经济高质量发展最珍贵的人力资源，他们将在创新链与产业链的结合上起到对接点的作用，在资本与科技的结合上起到黏合剂的作用，在聚人引才过程中起到梧桐树的作用。我区必须按照建立亲、清政商关系要求，为企业家培育、成长和更好地发挥作用建立良好的营商环境。再次，加强劳动力培训及再教育体系建设，解决产业转型升级的劳动力适应性问题。要引导我区大学转变办学理念，把建立应用型大学、提升为地区经济发展服务能力作为办学导向，支持大学、科研院所与企业合作共建培训基地，逐步建立起一支合格的产业工人队伍。三是用好制度创新这个利器，在体制机制上寻求突破。经济发展要以人为本、创新驱动是人才驱动，但人是按一定规则行事的，规则有没有活力直接决定着人才能否引得来、用得好、留得住。我区作为欠发达的边疆少数民族自治区，引人聚人的事业前景、基础环境、待遇条件都与发达地区存在着较大差距，如果不能够在体制机制和政策支持方面比其他省区采取更大胆、更突破的措施，我区必将在人才争夺中处于弱势地位。为此，我区必须充分利用民族区域自治制度赋予的先行先试权利，出台科研机构管理、人事编制管理、利益分配制度等多方面的大力度优惠政策，通过较高的制度梯度抵减我区在技术梯度和产业梯度方面的劣势，为推动高质量发展培育核心竞争力。

以新发展理念加快构建现代化经济体系

付东梅　刘军

党的十九大确认了中国发展新的历史方位，规划了未来30年经济社会发展蓝图，就建设现代化经济体系提出一系列新思想新战略。中央经济工作会议上强调，要做好8项重点工作，推动我国经济在实现高质量发展上不断取得新进展。2018年是我区全面贯彻落实党的十九大精神的第一年，需聚焦十九大新发展理念和习近平新时代中国特色社会主义经济思想，坚持质量第一、效益优先，推动经济向更高质量、更有效率、更加公平、更可持续的方向发展，加快建设现代化经济体系。

一、内蒙古经济发展仍处于大有作为的重要战略机遇期

（一）新发展理念将引领我区经济实现新发展

党的十九大明确了新时代新发展理念，就建设现代化经济体系提出一系列新思想新战略，将引领我区经济实现新发展。一是党的十九大明确将创新作为引领发展的第一动力，顺应国家要求和建设创新型内蒙古的需要，我区应用基础研究、产学研融合等领域工作将进一步深入，有利于我区加快推动传统要素驱动向创新驱动转变，形成以创新为引领的经济发展模式。二是国家始终把解决好“三农”问题作

为全党工作的重中之重，强调农业农村优先发展，为我区加快农牧业生产经营模式创新，推进农牧业转型升级，促进农村牧区全面发展提供了有力支撑。三是支持边疆民族地区加快发展，支持资源型地区转型发展，为我区加快转型、加速赶超提供了机会，尤其是“强化举措推进西部大开发形成新格局”，将为我区带来新的更大机遇。四是加快完善社会主义市场经济体制，为提高我区要素资源配置效率，加快推动经济发展效率变革提供了支撑。五是以“一带一路”建设为重点，加强全面开放，为我区深化中蒙俄经济走廊建设，全方位提升开放型经济发展水平，推动进出口成为经济增长重大支撑提供了动力支撑。尤其是加大西部开放力度、探索建设自由贸易港等新思路的提出，更为我区对外开放取得突破性进展提供了难得的历史机遇。

（二）国家经济平稳向好将推动我区需求动力变革

近年来，国家经济运行总体呈现稳中趋好的态势。2018 年，经济向好的基本面没有变，我区需求端结构优化、效益提升具备有力支撑。投资方面，2018 年作为“十三五”规划的第三年，投资加速，且资金将更多地投向精准扶贫、城镇化等方面，有利于改善我区投资结构，把“短板”补齐，为保证经济平稳增长创造条件。同时，我国正处于转型调整的关键期，顺应国家投资结构优化需求，以国家制造业梯度转移和产业承接为契机，我区将继续加大对新能源、新材料、高端装备等战略性新兴产业投资力度，有利于我区进一步优化投资结构、提升投资效益，保持投资对经济增长的拉动力。此外，随着国家信息技术、分享经济等现代服务业加速发展，以及中长期服务业发展规划等政策出台，我区服务业发展加快，将为投资增长提供新动力。消费方面，消费已成为拉动经济增长的第一动力，国家加快推进重大消费工程，努力扩大住房、养老、旅游等消费，加快消费基础设施建设，这与我区的消费发展需求高度契合，随着消费结构升级步伐加快和城乡居民收入的持续增长，我区消费规模面临更大的增长空间。同时，我区积极推进电子商务与商贸流通、休闲旅游、文化产业等领域的融合发展，加强城镇物流配送网点、农村牧区消费基础设施建设，一批本地化电子商务公共服务平台、交易平台相继涌现，便民连锁超市实现全覆盖，极大提升了商贸流通效率和居民消费便捷程度，将有效激发之前由于消费环境欠佳而不能释放的消费潜力，进一步提升消费对经济增长的支撑力，推动全区经济发展动力变革。

（三）供给侧结构性改革深入推进将带动我区供给质量效率提升

近年来，自治区以提高供给质量为主攻方向，在深化供给侧结构性改革中为调整优化结构拓展了空间。随着改革的深入推进，我区供给体系质量效率将得到进一步提升。一是传统产业持续优化升级，支撑力将进一步巩固。以产业延伸化为抓手，倒逼低端产能转型升级，一批重大项目上马，不仅有效化解了过剩存量产能，更为先进产能腾出发展空间，必将辐射带动一批企业痛下决心转型升级，提升全区传统产业发展效率和资源配置效率，为经济增长提供稳固支撑。二是新兴产业发展势头良好，产业结构单一化风险降低。2017 年，全区亿元以上投资项目中，除能源等少数传统支柱产业项目外，大多是高端装备、云计算和高新技术等新兴产业项目，一批科技含量高、经济效益强、支撑作用大的新兴支柱产业项目落地见效。随着新兴产业规模化发展，我区产业结构单一化风险降低，经济提质增效后劲得到进一步增强。三是“三去一降一补”扎实推进将推动市场供需平衡。2018 年，供给侧结构性改革仍是全区经济转型升级的主线。去产能方面将更加注重引导去产能与产业优化布局、转型升级相结合；降成本方面，将进一步减轻企业税费负担，清理和规范中介服务收费，继续扩大电力多边交易和大用户直供规模，降低企业制度性交易、用能用地等成本；补短板方面将全面加大对减贫脱贫的支持力度，提高公共服务水平。随着“三去一降一补”工作的扎实推进，将有效缓解供需失衡矛盾，降低经济波动性和风险，推动全区经济可持续健康增长。四是互联网、大数据、人工智能同实体经济深度融合，将激发经济发展新动能。我区作为全国规模最大的云计算和大数据基地，在推动实体经济向数字化、网络化、智能化转型方面具有良好的发展优势和实践基础。目前，自治区正在谋划建设乳业、能源、生物医药等特色产业大数据平台，深化数字化设计、柔性自动化生产线、智能物流系统等技术在实体经济中的应用，将进一步促进我区实体经济与数字经济、智能技术的融合，在创新引领、现代供应链、共享经济等领域培育新增长点，形成新动能。

（四）对外开放格局不断完善将拓展我区经济发展空间

围绕加强创新能力开放合作，自治区深入推进对外开放战略，全方位、多领域、深层次对外开放格局不断完善，后期将迎来更大发展空间。一是对外开放“软硬件”保障更加有力。“硬件”方面，曹妃甸港乌兰察布内陆港揭牌运营，我区及周边省份有了更新的出海口和多式联运现代物流业大通道。2017 年前 10 月，我区对“一带一路”沿线国家进出口超 500 亿元，同比增长 33.6%，对外贸易发展势头正值强劲。“软件”方面，自治区成立 70 周年之际，借助国家平台向全球做了成功推介，内蒙古知名度和影响力明显提升；连续举办三届“中蒙俄智库国际论坛”，七届“‘一带一路’国际能源投资发展战略论坛”，人才、资源等多方面合作不断深入并将持续推进。二是区域协作不断深化。首条高铁开通运行，首条跨省动车运营通车，融入京津冀协同发展和东北振兴的步伐加快。京蒙对口合作帮扶对象在原乌兰察布市、赤峰市基础上新增通辽市、兴安盟，借力首都资金、项目、人才，助推自治区发展的渠道进一步拓宽。国务院出台措施，支持内蒙古主动对接东部省市，我区积极与山东省进行前期对接，并将逐步开展实质性合作，形成合作共赢新局面。

二、内蒙古构建现代化经济体系的发力点

（一）深入实施创新驱动战略，加快推进动力变革

一是强化科技与经济深度融合。聚焦产业发展方向实施重大科技专项，广泛开展应用型科技研发，瞄准科技前沿抢先布局战略性技术，着力在资源能源高效利用、现代农牧业发展、新一代信息和生态环保等领域实施一批重大科技专项，掌握一批自主核心技术。积极推动开放创新，吸引跨国公司、知名研发机构和高校来我区设立研发中心，支持企业走出去利用区外创新资源。二是加强创新平台建设。推进一流科学工程和设施集群建设，加快推进高水平科研机构、新型研发机构建设。

积极争取国家实验室、综合性国家科学中心等高水平创新平台和重大科技基础设施落户。构建一批低成本、便利化、全要素、开放式的众创空间。三是深化科技体制改革。强化基础研究、应用研究、成果转化及产业化衔接，加快建设科技成果转化示范区，健全技术转移转化市场体系。四是聚力打造创新创业人才高地。突出“高精尖缺”导向，培养引进一线创新人才、青年科技人才和高技能人才。

（二）深入推进供给侧结构性改革，进一步提升供给体系质量效率

一是综合运用财政、金融、价格杠杆等多种手段，通过技术、质量、环保、安全、用地、能耗等标准的倒逼，着力减少无效和低端供给，扩大有效和中高端供给，提高全要素生产率，推动供需动态平衡。二是加快推动质量变革。推广实施优质服务承诺标识和管理制度，全面提升产品、工程和服务质量。加强内蒙古品牌建设，围绕能源化工、装备制造等优势产业，推动产业规模聚集向品牌聚集发展，做大做强主导产业品牌，着力打造新兴产业集群，培育壮大战略新兴产业品牌。深化质量导向改革，引导企业增强质量、品牌和标准意识。三是加快推动效率变革。提高行业发展效率，加快发展先进制造、数字信息、商务服务等高生产率行业。引导金融、信息等生产性服务业向专业化和价值链高端延伸，支持健康养老、文化等生活性服务业向精细化和高品质转变。提高要素配置效率，深化资源性产品、垄断行业等领域要素价格形成机制改革，放开竞争性业务和竞争性环节价格。推进电力、天然气等能源价格改革，扩大蒙西、蒙东电网电力市场交易电量，推动落实蒙东电网同网同价。

（三）加大开放体制机制创新，提升对外开放层次水平

一是全面深化与俄罗斯和蒙古国的合作机制，加强基础设施规划、技术标准体系对接，加快建设呼伦贝尔中俄蒙合作先导区、满洲里综合保税区、鄂尔多斯综合保税区、二连浩特—扎门乌德跨境经济合作区。二是建立和完善投资便利化机制，放宽境外投资限制，简化境外投资管理程序。健全对外投资促进政策和服务体系，完善对外投资合作国别指南和产业指引。建立负面清单管理制度，复制推广国家自

由贸易试验区改革经验，对接国际贸易投资新规则，探索建设自由贸易港。三是加强区域合作，主动融入环渤海，全面对接京津冀和长江经济带，在保持特色产业合作规模基础上，全力挖掘新能源、新材料、生物制药等领域合作潜力。深化鲁蒙合作，立足资源禀赋、产业层次，建立符合双方共同发展愿望的对口合作机制。

（四）聚焦发展根基，大力振兴实体经济

一是加快互联网、大数据、人工智能与实体经济深度融合。坚持工业和现代服务业双轮驱动，推进“智能化 +”“标准化 +”，建成一批具有市场竞争力的大产业基地，提升全区产业集聚区、高新区、各类开发区发展水平。大力实施“互联网 +”行动计划，促进互联网和实体经济深度融合。二是加大金融政策支持力度，疏通金融服务实体经济的通道，发挥资本市场撬动作用，推动企业重组整合，努力培育具有市场竞争力的骨干企业。完善服务实体经济和产业创新的综合金融服务体系，支持中小微企业技术创新。三是继续深入推进企业降成本，进一步降低水电气、物流等可自主下调的“弹性”成本，适时降低企业缴纳的社保费率。四是保护企业家精神，稳定企业家信心，打造“清”“亲”新型政商环境，加强对各种所有制组织和自然人财产权保护，让企业家专注创业、安心创业。

持续转型赢取发展新空间

付东梅　刘军

产业是经济之本，产业转型升级是经济可持续发展的必然选择。改革开放以来，内蒙古立足区情实际，坚持在发展中促进产业结构调整，以产业结构调整带动经济转型升级，从主抓单一产业向三次产业协调发展、从同质化发展到特色化发展，产业体系日趋完善，产业结构不断升级，实现了从传统农牧业大区到工业化强区的转变，由偏重工业发展到三次产业协调发展的转变，为内蒙古经济持续健康发展提供了持续推动力。

一、持续推动产业转型升级，40 年发展成就辉煌

改革开放的 40 年，既是内蒙古产业规模体量不断壮大、产业体系不断完善的 40 年，也是产业结构不断优化升级的 40 年，产业发展成效显著、亮点纷呈。

产业规模体量不断壮大。改革开放以来，内蒙古坚持以发展为第一要务不动摇，产业规模从小到大、产业实力从弱到强，实现了“蝶变新生”。一是工业实现由能源产业单一拉动到六大优势特色产业为代表的现代工业体系的跨越提升。2017 年，工业增加值比 1978 年增长 112.7 倍，年均增速 12.9%。主要工业产品供给能力名列前茅，煤炭、电力、清洁能源风电装机、外送电量均居全国首位。现代煤化

工、稀土新材料、云计算、单晶硅产业规模保持全国第一。二是服务业扬帆起航，实现发展、壮大、繁荣。2017 年，服务业增加值比 1978 年增长 150.7 倍，年均增长 13.7%。金融、文化旅游、信息、物流等现代服务业提速提质，进一步强化了服务业对经济发展的支撑。三是农产品供给实现了由长期短缺向总量平衡、丰年有余的历史性跨越。2017 年，第一产业增加值比 1978 年增长 8.7 倍，年均增长 6%。成为全国 13 个粮食主产区、6 个粮食净调出区之一。绿色有机农畜产品产量占全国 1/3 以上，牛奶、羊肉产量居全国首位。

产业结构逐步优化升级。40 年来，内蒙古产业结构在经济实力提升中发生了意义深远的根本性变化。产业结构基本实现由农业为主，向一、二、三次产业协同发展的转变，三次产业比例由 1978 年的 32.7 ∶ 45.4 ∶ 21.9 调整为 2017 年的 10.2 ∶ 39.8 ∶ 50，实现了跨时代的产业大转移，形成了二、三产共同支撑经济增长的发展新格局。一是工业转型升级成效显著，煤炭、火电、化工行业占规模以上工业增加值的比重不断下降。其中，煤炭对工业增长的贡献率由 2012 年的 35.9% 下降为 19.6%，扭转了“一煤独大”的格局。新能源、新材料、节能环保、高端装备等战略性新兴产业不断壮大，增速明显快于工业平均增速，为新常态下内蒙古持续健康发展注入了新动能，赢取了新空间。二是服务业结构大幅优化，由改革开放初期以传统零售餐饮为主，快速发展为生活性服务业和生产性服务业竞相发展的现代格局。尤其进入新世纪以来，金融、文化旅游等现代服务业快速发展，金融业占服务业的比重由 2000 年的 4% 升至 2017 年的 13.7%。2017 年，旅游业总收入、接待国内外游客人数分别达到3440.1亿元和1.2亿人次，分别是2000年的79.5倍和14倍，实现由满足基本生活需求向高品质消费服务拓展。三是农业发展实现了粗放型生产向集约化水平不断提高的历史性跨越。农牧业综合机械化水平超过 80%，农畜产品加工率达到 60%，超过全国平均值，农牧业综合生产能力迈上新台阶。

产业技术水平快速提升。改革开放以来，我区通过引进国内外先进技术，加大对科技和人力资本的投入等措施，持续提升产业技术水平和创新能力。尤其党的十八大以来，我区依托资源优势和产业特色，坚持高起点规划、高标准建设、低排放生产，重大建设项目的技术水平显著提高，全区自主创新项目增多，传统产业技术改造步伐加快。目前，能源、化工、冶金、农畜产品加工等支柱产业的技术装备水平高于全国平均水平，新建的一批大型煤化工、氯碱化工、天然气化工项目的规模与技术装备达到世界先进水平，其中新型煤化工领域煤制油、煤制烯烃、煤制二甲醚、煤制甲烷气、煤制乙二醇五大示范工程的全国首套装置，均在我区建设而且取得了突破性进展，重点钢铁、有色冶炼企业的技术水平达到国内先进水平，具有世界领先水平3.6万吨黑色金属垂直挤压设备等一批创新技术成果得到推广应用，为提升产业整体装备水平奠定了基础。

产业集聚发展成效显著。改革开放以来，我区通过设立经济技术开发区、高新技术产业园区等一批产业园区，集聚发展相关产业。截至“十二五”期末，全区拥有自治区级及以上高新技术开发区10个，特色科技产业化基地78个，工业园区产值占工业总产值比重达到70%以上，形成了一批在国内外有影响力的产业集群。目前，我区已成为国家重要的综合能源基地、现代煤化工生产示范基地、有色金属生产加工和现代装备制造业基地、绿色农畜产品生产加工基地，形成了在区域产业分工中的新优势，成为拉动国家和区域经济的重要增长点。

二、聚焦关键再发力，赢取高质量发展新空间

40年发展实践证明，正是由于持续不懈的推动产业结构转型升级，内蒙古才告别传统粗放的发展阶段，逐步呈现出经济结构持续优化、增长动力加快转换、发展质量迈上新台阶的可持续发展新局面。新时代背景下，要推动我区经济高质量发展，仍需牢牢牵住产业转型升级这个“牛鼻子”，尤其要把握关键，做深做细做好新产业、新动能文章。近年各地发展实践也表明，新兴产业发展越快、越好的地区，供给与需求的适配性、产业体系的整体有机性和生产活动的创造性就越强，经济发展就更具活力和可持续性。2017年，我区经济总量和财税收入仍主要依靠传统产业贡献，战略性新兴产业增加值占比不足5%，远不能支撑经济的规模扩张和供给质量提升。原因除传统要素生产率下降外，更主要的原因在于创新、人才、配套政策、资金保障等要素支撑不足。下阶段，需从要素支撑、政策环境、资金支持等

方面，夯实新兴产业发展基础，以新产业的发展、新动能的培育，助力产业转型再上新台阶，赢取内蒙古高质量发展的新空间。

（一）明确新兴产业发展重点

当前，通过经济转型提升全要素生产率获得新增长点，已成为世界各国实现新一轮经济繁荣的战略选择。以绿色、智能为特征的新一轮科技革命和产业变革蓄势待发，颠覆性技术不断涌现，正在重塑全球经济和产业格局，打开先进生产力发展新空间。但是，我区对新兴产业市场的反应、对新兴产业项目的把控和推进力度等方面仍有较大差距，目前我区重大项目三年滚动计划中，新兴产业项目数量仅占8.6%。为此，应加快发展新技术、新产业、新模式，推动生产要素向高端化、智能化、绿色化、服务化方向转移，全面提升行业效率，为经济增长注入新的发展动力。

一是聚焦新兴产业规模化，加快布局新能源汽车、工业机器人、高性能医疗器械、石墨（烯）新材料等重大项目。加大稀土永磁电机、高铝煤炭资源利用、蒙药制剂等领域成果产业化转化力度，加快建设蒙中药生产加工基地，培育国家重要的石墨（烯）新材料产业基地，高标准建设国家大数据综合试验区。以呼包鄂为重点，高水平建设“中国制造 2025”示范城市，推动高生产率行业集聚发展。二是聚焦数字经济，实施智能制造示范工程，加快布局人机智能交互、数字化设计、柔性自动化生产线等技术的重大项目，推进智慧园区和智能工厂建设。开展工业互联网创新发展工程，建设一批工业互联网平台，推动规模以上工业企业完成数字化改造。三是聚焦绿色经济，加快布局生态经济产业链。依托大草原、大森林、大湖泊等特色生态资源，扩大生态旅游、健康养生、休闲娱乐等新兴产业供给，促进我区生态经济效益释放。以加快建立完善绿色生产和消费制度为导向，壮大节能环保、清洁生产、清洁能源产业。四是聚焦服务业提质升级，促进互联网、大数据、云计算与服务业融合发展。加快布局大旅游、大健康、大物流和现代金融等现代服务业项目，高水平建设国家级现代服务业集聚示范区，在旅游资源富集区建设全域旅游示范区。五是聚焦现代能源经济，打造世界级的多种能源综合利用基地。

（二）提升新兴产业发展的创新支撑

当前，我区创新发展动力没有得到充分激发，主要科技创新指标在全国的位次都比较靠后。2017 年我区研发投入占 GDP 的比重仅为 0.82%，居全国第 25 位；全区发明专利授权数量为 6271 件，仅占全国总量的 1.5%，居全国第 27 位；90% 以上高新技术企业没有设立研发机构，高水平的创新平台和载体严重缺乏，协同创新模式较为单一，支撑产业升级、引领高质量发展的关键核心技术亟待加强。针对我区创新驱动的薄弱环节，首先要完善创新发展的体制机制，重点在出台完善技术创新体系、强化企业技术创新主体地位、促进科研成果转化的政策方面多做文章、做好文章。同时，要加强创新平台和科技创新服务体系建设，做好新兴产业发展的创新服务支撑。

一是完善创新发展的体制机制。强化企业技术创新主体地位，出台具体举措，明确在引导新兴产业企业加大研发投入、强化对企业技术创新的源头支持、建立以创新为导向的企业考核评价体系等方面的细则。完善科研成果转化机制，打造“互联网 + 技术转移”服务平台。构建科技创新资金保障机制，建立从实验研究、中试到生产的全过程科技创新融资模式。二是加强创新平台支撑。在数字经济、绿色经济、现代能源经济等重点领域建立一批国家级技术创新平台，成为引领全区自主创新发展的先行力量。支持新能源、新材料等行业龙头企业创建国家级工程（技术）中心、重点实验室，成为引领全区新兴产业创新发展的领军力量。三是加强科技创新服务体系建设。确定科技创新服务机构的性质及市场地位，完善相关服务标准及行为规范。整合各类公共创新载体和资源，建立开放式公共科技服务中心。围绕自治区重点培育的新兴产业，加快建立产业技术创新联盟。

（三）强化新兴产业发展的人才支撑

随着创新成为经济发展的动力，区域竞争从过去的拼产业、拼资本转向拼人才，人力资本成为发展的制高点，什么样的人才决定什么层次的产业、多大规模的资本流入，拥有一支规模宏大、素质优秀、结构合理的人才队伍，对于内蒙古发展战略性新兴产业，提高自主创新能力，转变经济发展方式意义重大。但目前，我区人力资源配置不能满足科技创新与新兴产业发展要求，产业创新创业人才团队中，能源化工、农畜产品加工等传统领域的占到56.7%，战略性新兴产业只占33.7%，人才与产业的匹配度不高，“选、引、育、用”全链条人才生态仍需优化。对我区而言，关键要在引才、用才，培养技能型人才上下功夫。

一是实施精准聚焦的引才工程。调整已有人才工程支持范围，聚焦四新经济发展和管理需要，面向国内外重点引进一批带项目、带成果的人才团队。大力引进海内外内蒙古籍优秀高层次人才、团队和企业家，扶持奖励其通过总部回迁、项目回移、资金回流、技术回乡等方式创新创业。二是建立灵活开放的柔性用才机制。在高校、科研院所、重点园区和企业设立“万人计划”专家工作站，吸引专家来我区开展创新研究。制定高层次人才到市县域挂任科技副职的激励措施，拓展基层借智借力渠道。鼓励用人单位通过薪酬补贴、项目资助等方式灵活使用“候鸟专家”。畅通人才在不同体制间的流动通道，妥善解决高层次人才在身份编制、职称评聘、社会保障等方面的后顾之忧。三是建设实用有效的技能型人才培养模式。加强现代能源经济、人工智能、智能制造、大数据等领域的新兴交叉专业建设，打通高技能人才与工程技术人才职业发展通道。建设一批高水平的国家级和自治区级技能集训基地，推动职业教育、企业生产对接国际标准。

（四）加强针对新兴产业发展的政策供给

新兴产业的发展壮大离不开政策支撑，尤其在其起步阶段，更需要制定针对性政策。目前缺少针对新兴产业具体领域的财税、资金专项支持细则，同时，新兴监管制度尚未及时建立，共享经济、平台经济、数字经济等领域或因新型监管制度滞后而导致恶性竞争、信息泄露等无序发展的乱象。同时，以互联网为核心的分享经济、信息经济等在我国兴起并蓬勃发展，不可避免地对传统产业产生越来越大的冲击，同时也对传统的管理模式提出了挑战，引发了一些新的社会矛盾与冲突，迫切需要政府各部门协调行动，进一步创新管理体制机制。因此，需遵循新兴产业发展规律，加快构建支撑新兴产业发展的政策体系，重点在准入标准、资源要素价格、公共交易平台、监管机制、开放协作机制等方面加强政策供给，优化新兴产业发展的政策环境。

一是强化既要规范、更要放活的治理理念，对现有准入、产业、财政、土地、环保等方面政策进行全面审查清理，破除制约新经济发展的不合理束缚和“隐性壁垒”。二是建立差别化的资源要素价格动态调整机制。三是建立自治区级、市、旗县三级公共资源交易平台，提高资源要素配置效能。四是完善新兴产业监管机制。建立对跨界融合新产品、新服务、新业态的部门协同监管机制，推动信息互换、监管互认、执法互助，构建线上监管与线下管理协同配合、产品质量与应用安全协同监管的体制。建立适应新兴产业发展需要的新型监管机制和容错纠错机制，营造鼓励创新、宽容失败的社会氛围。

（五）强化新兴产业发展资本供给

科技研发、科研成果转化为生产力的过程中，以及新兴产业发展的风险和不可预见性较大，需要大量长期可持续的资金支持。目前，我区相关资金扶持力度不够、手段不多，因此，有必要建立多元化的资金保障机制。

一是扩大基金规模。建立总规模350亿元的新兴产业发展引导基金，推动设立1500亿元新兴产业发展基金群。推进基金运作模式市场化。二是统筹自治区级财政专项资金。强化企业牵头组建的国家级和自治区级创新平台的补助建设经费支持。对新兴产业的产业链关键环节提升项目提供贴息资助。对成功吸引战略性新兴产业方向创业风险投资的项目给予补助。三是支持商业银行设立科技型企业服务专营机构。重点向科创企业发展前端延伸金融服务，打造全周期金融服务新模式。四是建设高效稳定的担保、再担保体系。实施金融机构创业创新担保贷款贴息，对初创期科技型企业和具有自主知识产权、市场前景好的科技型企业给予倾斜性的资金支持。五是扩大企业直接融资规模。设立新兴产业企业上市储备库，启动科技型中小微企业新三板和区域性股权交易市场挂牌培育计划。设立自治区级知识产权质押贷款的风险准备金，建立科技贷款风险补偿机制，探索知识产权证券化业务。

加快推进沿黄生态经济带产业发展的建议

付东梅　杜勇锋　田洁　徐盼

打造集聚度高、竞争力强、绿色低碳的沿黄生态经济带是自治区党委、政府一项重要战略决策。鉴于内蒙古沿黄地区生态承载力弱、产业低端、同质化和基础设施、要素保障不足等问题，加速该区域产业转型升级，提高全要素生产率，对于推进我区经济高质量发展意义深远。本研究报告通过实地调研，结合行业数据，对沿黄地区产业发展存在的问题进行剖析，提出对策建议。

一、沿黄生态经济带产业及其布局基本情况

沿黄生态经济带区域内含 7 个盟市，共 51 个旗、县、区（见附表 1）。2017 年区域内总人口、国土面积、经济体量分别占全区 50%、44% 和 69%（见附表 2），人均生产总值是全区平均水平的 1.39 倍，在全区经济发展中起着主导作用。2017 年区域内产业结构为 5.5 ：42.3 ：52.2，全区 75% 的发电量、80% 的炼钢和 50% 的有色金属，全区绝大部分煤化工、装备制造、农畜产品加工、建材、大数据等产业均集中于此。

能源工业形成以鄂尔多斯市为主的产业布局（见附表 3）。2017 年鄂尔多斯市原煤、天然气、发电量、光伏装机量分别占全区的 68.5%、97%、19.6% 和 10%。

冶金工业形成以包头市为主的铝、钢材，以巴彦淖尔市为中心的铜铅锌有色金属的产业布局。2017 年，包头市电解铝、优质特种钢产量分别占全区的 54.5% 和 90%；沿黄生态经济带水泥熟料、平板玻璃实际产能分别占全区的 66.3% 和 61.1%。

化学工业形成以鄂尔多斯市、包头市、乌海市为支撑的现代煤化工，以鄂尔多斯市、乌海市、阿拉善盟为重点的氯碱化工和以乌兰察布市为主的氟化工的产业布局。鄂尔多斯市是全国最大的现代煤化工基地，精甲醇产量达全区的 68.2%；氯碱市场份额占全区的 34%。

农畜产品加工业形成以鄂尔多斯市、呼和浩特市、乌兰察布市、巴彦淖尔市为主的农畜产品加工产业布局。2017 年，鄂尔多斯市羊绒制品产销能力占全国的 40% 和全球的 30% 以上；呼和浩特市、巴彦淖尔市乳制品产量分别占全区的 51.4% 和 17%；乌兰察布市薯类产量占全区的 34.3%。

装备制造业形成以包头市为核心，鄂尔多斯市、乌海市、阿拉善盟为支点的产业布局。

新材料产业形成以包头市为主的稀土新材料及应用，以乌兰察布市、包头市为核心的石墨（烯）新材料，以呼和浩特市为核心的光伏组件产业布局。2017 年，包头市稀土新材料实现产值 70.9 亿元，呼和浩特市单晶硅、多晶硅产量分别占全区的 97.5% 和 24.4%。

大数据产业形成以呼和浩特市为中心，以包头市、鄂尔多斯市、乌兰察布市为重点的数据中心基地发展格局。全区 7 个大数据园区有 5 个布局在沿黄生态经济带。

金融业形成以呼包鄂地区为核心的金融网络布局。2017 年末，沿黄生态经济带金融机构人民币存、贷款余额分别占全区的 73.4% 和 75.6%；全区 26 家上市公司中有 22 家位于此；保险业保费收入达到全区的 61%。

现代物流业形成以呼包鄂为主体的网络格局。2017 年末，沿黄生态经济带邮政行业业务收入约占全区的 70%。

旅游业形成以呼和浩特市、包头市、鄂尔多斯市、巴彦淖尔市为主的敕勒川现代草原文明旅游区、以乌海市、阿拉善盟为主的胡杨沙漠秘境探险旅游区和以乌兰察布市为主的环京津冀草原风情旅游区。2017年，沿黄生态经济带旅游接待量和旅游收入分别占全区的61.5%和58%。

二、主要问题

（一）生态环境承载力不强，协调产业发展与生态治理保护压力大

沿黄生态经济带处半干旱、干旱和极端干旱地带，荒漠化土地占地区国土面积的74%，是生态治理集中区，生态环境脆弱，环境承载力有限。但是，区域内支柱产业主要集中在能源化工、冶金建材等高耗能、高排放、高污染行业，大气、水土污染问题突出，协调产业发展与生态保护压力大，也对新上项目形成极大制约。如鄂尔多斯市，过去环境总量指标基数小，核定指标偏小，加之脱硫脱硝等减排工程已完成，工程性减排空间非常有限，今后仅靠自身减量远远无法满足新上项目指标增量。"十三五"期间，该市能源消费总量增量只有600万吨标煤，而现已拿到路条煤制气和煤制油项目增量就达2748万吨标煤。

（二）产业资源化、重型化、前端化显著，经济社会效益难有实质性提升

沿黄区域产业重化工倾向明显，尚未表现出高级化特征，传统资源密集型产业比重过高，而高新技术产业发展不足，产业资源化、重型化、前端化、同质化特征突出，产业发展"高成本、高排放、低需求、低效益"问题普遍存在。由于产品附加值低，行业利润微薄，绝大多数企业只能以低成本竞争优势占领市场，不仅盈利空间小，而且面临国内中西部地区的竞争。与此同时，地区生态环境不堪重负，加大了生态治理难度。此外，由于重工业资本替代劳动的普遍规律，偏重的工业发展对劳动力吸纳能力较弱，产业富民效应明显不足，没有产生较好的社会效益。

（三）产业布局差异化不显著，同质化竞争较普遍

在以GDP为导向的地方政府考核体系影响下，各地产业政策执行中仍更重视短期效果，对地区间产业协调、错位发展缺乏统一规划定位，一些投资体量大、投产见效快的项目，不论是否符合产业发展趋势和当地禀赋优势，都被纳入各地发展规划，成为产业发展重点。“十二五”以来，沿黄地区盟市均将煤化工列为重点发展产业。同时，盟市间主导产业差异化不足，致使同质化竞争普遍。不但盟市间争夺资源、项目、市场情况较常见，盟市内部同质化竞争问题也很普遍，推进沿黄地区产业多元错位发展面临较大压力。乌海市与周边7个工业园区支柱产业集中在煤化工、精细化工、金属冶炼等高耗能、高污染行业，且园区分布集中，大气、水土污染问题更为突出。包头市内多个园区同时布局钢铁、冶金、煤化工和稀土上游产业。产业布局导向不明确，工业围城困境显现，包头市、乌海市等地尤其突出。包头市主城区周边工业企业相对密集，且多为“三高”企业，重大工业排污源分布过多，对城市文明建设和生态环境保护造成极大困扰。

（四）现代基础设施建设滞后，公共服务短板突出

基础设施方面。很多自治区级和盟市级园区都存在基础设施不完备，难以满足产业转型发展需要的问题，即使是国家级园区也亟待基础设施升级扩建。如巴彦淖尔市多数工业园区基础建设仅能满足供电、供水、排水等基本生产需求，物流园、融资平台、交易市场、电源保障等设施不完善，对企业生产、项目引进形成制约。鄂尔多斯市空港物流园区设立逾十年，综合交通枢纽建设仍滞后。呼和浩特市金桥开发区变电站容量不足，双电源保障体系不完备。同时，以现代综合交通运输网络、现代能源体系、新一代信息网络等为代表的现代基础设施欠缺是沿黄开发区普遍面临的最大短板。

基本公共服务方面。近年来，沿黄各盟市财政收支和政府化债压力较大，影响公共服务投入，无法满足产业集聚区居民特别是外来职工的公共服务需求。如乌海市教育、医疗、科技、社会保障等领域一直无法满足市民特别是周边棋盘井、乌斯

太居民日益增长的需求，对地区经济发展形成制约。

政府服务效率方面。一是区域间事务协调不畅。沿黄生态经济带分属不同行政区划管理，各地无专门机构负责推进工作，自治区层面也无相关议事机构和机制，统筹工作、协调问题存在难度大、进度慢、周期长、效率低问题。二是项目审批程序仍繁杂。项目审批中，对符合园区规划（总规、产业规划、环评、水资源论证、土地规划等）的项目仍需提供可研、用地规划、环评等审批备案要件，造成项目前期工作冗余。土地使用手续办理缓慢也是调研中被集中反映的问题，土地使用等可后置的审批环节被设置为前置审批，审批周期过长，延误项目进度。三是规划科学性系统性不足。城乡规划、土地利用规划、林草地规划和生态环境保护等规划之间存在不一致、不协调现象，“规划打架”情况屡见不鲜，导致项目落地慢，影响地区产业发展。

（五）要素保障不力，新发展动能集聚难

科技人才保障方面。沿黄地区普遍存在人才“引不来、留不住”，科技创新“跟不上”情况。如煤化工体量庞大，但专业研发机构、技术高端人才严重短缺，高煤耗、高水耗、高碳排放、高浓盐水处理等技术难点还未攻克，极大制约煤化工高端化发展。又如，作为能源装备消耗大市，鄂尔多斯市在 2007 年就将打造中国西部一流装备制造基地作为产业发展重点目标，但目前仍缺乏相关装备研发、生产、配套能力，大量能源装备依赖进口，企业建设运行成本居高，增加了不可控产业风险。

土地方面。建设用地不足是调研中反映集中的问题，尤其是一些建成时间较长的园区，目前可用土地指标不足，成为项目引进和园区发展突出瓶颈。如呼和浩特市金桥经济技术开发区，核准的原规划用地已全部开发，规划用地趋于饱和，可用建设用地不足 1 平方公里，规划建设用地空间不能满足未来 3 年建设项目用地需求，极大制约了园区内以半导体材料为主的新材料产业和高端装备制造产业的后续发展。

水资源方面。沿黄地区平均降水量约 250mm 以下，为全国平均水平 4 成左右，

黄河虽流经该地区，但受水利部黄河水利委员会“87分水方案”限制，各盟市黄河用水指标总体短缺。如鄂尔多斯市，黄河水工业可用水指标均已配置完毕，通过水权转让方式将农灌用水指标用于工业，会减少农业灌溉用水指标，对农业生态环境产生影响，且抬高工业用水指标成本，加大用水企业压力。

三、对策建议

（一）坚持生态优先，打造全区绿色转型先行区

产业绿色转型发展是推动我区全面践行“绿水青山就是金山银山”的基本要求，更是破解沿黄经济带资源、环境约束的关键突破口。以绿色科技创新为支撑，紧紧围绕资源能源利用效率和清洁生产水平提升，推动沿黄地区资源要素向高端、智能、绿色领域转移，有效提升全要素生产率，将之建成创新驱动引领区、绿色产业集聚区、智能制造先行区。

统筹做好山水林田湖草系统治理。推进国土绿化，完成“两海”治理和沿黄湿地保护工程，开展沿黄河生态走廊建设，打造沿黄景观长廊。强化源头管控，编制《沿黄经济区环境承载力与产业发展规划》。加强清洁生产，完善环境污染联防共治体制机制，加大沿黄区域生态补偿力度。

（二）强化产业创新引领支撑，提升全要素生产率

发挥创新对产业转型升级的引领作用，形成以创新为主要引领和支撑的经济体系和发展模式，促进生产要素从低效领域向优质高效领域流动，加快提高全要素生产率。

推动企业真正成为创新需求、研发投入、技术开发和成果应用主体。支持企业按照市场需要开展各种类型和模式的技术创新，引导企业将技术创新与管理创新紧密结合，开展产品形态创新、商务模式创新、组织模式创新。

强化平台支撑。建设产业技术创新战略联盟，集中攻关，推动现代能源、现代

装备制造、信息技术等领域关键共性技术取得突破。加强数字经济、绿色经济等领域国家级技术创新平台建设，引领地方经济创新发展。

建设沿黄现代农业“金腰带”。围绕黄河流域建设特色农业长廊，大力发展旅游农业、城郊农业、休闲农业，打造沿黄地区“养生休闲地”“旅游目的地”“现代农业发展先行区”。强化智能化模式应用，形成接二连三、隔二连三融合发展的现代农业新模式。

加大资源型产业绿色化技术攻关，构建循环经济产业链模式，助推特色产业转型升级。提升能源品牌竞争力和市场话语权，加快优质产能释放，争取国家政策支持，打造世界级多种能源综合利用基地。创造条件，加快开展煤炭中远期期货交易，努力建成国际级煤炭交易市场。攻克煤化工技术瓶颈，加快形成一批核心技术，引领煤化工高端化发展。推动能源清洁化转型，建设清洁能源输出基地。在包头市、鄂尔多斯市等重化基地建设国家循环经济示范区。组建地方油气开发公司，延伸发展 CNG、LNG 产业链。

大力扶持四新经济和四众模式，促进新兴产业快速成长，有效提升行业全要素生产率。构建支撑新兴产业发展的政策体系，为新兴产业快速成长保驾护航。以呼包鄂为重点，建设中国制造 2025 示范城市，推动高端装备制造、信息产业、生物医药、新材料等新兴产业集聚发展。加快数字经济及其应用融合渗透。推动共享经济、移动支付、人工智能等新技术、新模式的大范围拓展应用。实施智能制造示范工程，加快布局人机智能交互、数字化设计、柔性自动化生产线等技术的重大项目，推进智慧园区和智能工厂建设。开展工业互联网创新发展工程，建设一批工业互联网平台，推动规模以上工业企业完成数字化改造。高水平建设国家级现代服务业集聚区，争取绿色金融改革创新试验区、国家康复示范产业综合创新试点。构建沿黄经济带旅游协同发展联盟，共建沿黄河国际黄金旅游带。

（三）积极优化产业布局，推动区域协调发展

加强顶层设计。构建绿色高效政绩考核体系，设计多维高效考核体系，实现盟市间差别化绩效考核，从制度上促进区域产业差别化发展。强化规划有效引领。推

进“多规合一”，建立国土、环保、农林水利等部门规划衔接协调机制，合理确定指标体系，加快形成沿黄地区协同发展新局面。加强组织领导。以建立区域经济合作局为契机，加大对沿黄地区的领导协调力度，强化区域产业分工协作，形成信息共享、优势互补、协调发展的新局面。

优化区域产业布局。以提高全要素生产率为目标，按照产业集聚、链条协同原则，构筑以呼包鄂为核心，其他四盟市为支撑，沿黄河、沿交通干线为主要产业带，园区为载体的产业差异化发展格局。立足功能定位、产业基础和比较优势，构筑沿黄特色产业链，促进上下游产品联动开发。坚持特色产业升级与新兴产业培育同步用力，加强项目布局与园区功能调整同步发力，促进园区从数量整合向功能集成转变，推动主要素生产率提升。

（四）围绕转型开放需求，提高要素配置效率

以开放推动要素自由流动。对接“丝绸之路经济带”，深化与京津冀及长江经济带交流，在产业发展、招才引智、科技创新、基础设施、能源供应、文化旅游等方面开展全方位深入合作，促进资金、技术、项目等要素跨区域自由流动、高效流动。

强化转型发展智力支撑。聚焦产业发展需要，围绕信息、技术、生物医药等领域，面向国内外引进一批带项目、带成果团队，让领衔专家有更大技术路线决策权、经费支配权、资源调度权。注重对科技型、企业管理型、资本运营等高端人才的柔性引进，形成借入一个外脑、集聚一个团队、创办一个企业、兴起一个产业的“裂变”效应。加强人工智能、现代能源等新兴交叉专业建设，建设实用技能型人才培养模式。

加强土地确权与供应。按照《土地管理法》出台相关土地确权细则，明确沿黄河地区土地使用性质。主要解决沿黄河两侧土地使用与林地保护矛盾问题，确定沿黄地区河滩内与河滩外土地使用权限、方式及开发的产业定位，明确沿黄地区新增土地能否用于围绕生态保护所进行的生产品种。争取土地审批权限下放到盟市，调整土地前置性手续为后置性，缩短土地审批周期。对产品有市场、拥有先进技术、

发展潜力大的开发区，在发展中受先前批复土地制约的给予优惠政策，扩大土地供给。

保障水资源供给。完善水资源利用监测和管理体系，大幅降低用水单耗。出台相关政策，规定生态补水和灌溉用水指标，明确以产定水还是以亩定水等详细规则，保证生态治理用水和工业农业建设用水协调平衡。加强节水灌溉、饮水安全、防汛抗旱等水利工程建设，实现水资源合理高效配置。

（五）加大现代基础设施和公共服务体系共建共享，夯实转型发展基础

加强现代基础设施配套。按照“互联互通、共建共享、补齐短板、拓展空间”要求，补足补齐产业集聚区综合交通运输、给排水、污染物处理、输电通道、油气管道、双电源保障体系等基础设施短板。顺应新兴产业发展要求，加大以数字化基础设施、下一代信息网络、智能电源电网等现代基础设施投入。

强化基本公共服务供给。针对产业集聚区人群精准扩面，调整社会保险水平，强化教育、医疗、住房保障。加强产教融合，加快建设大数据应用学院、飞行学院。完善财政保障和监督问责机制，优化产业集聚区公共服务环境。

附表1　　内蒙古沿黄生态经济带覆盖范围

地区	旗县级个数（个）	旗县（市、区）及名称
沿黄生态经济带	51	旗21个、县12个、盟（市）辖县级市1个、区17个
呼和浩特市	9	新城区、回民区、玉泉区、赛罕区、土默特左旗、托克托县、和林格尔县、清水河县、武川县
包头市	9	东河区、昆都仑区、青山区、石拐区、白云矿区、九原区、土默特右旗、固阳县、达尔罕茂明安联合旗
乌兰察布市	11	集宁区、丰镇市、卓资县、化德县、商都县、兴和县、凉城县、察哈尔右翼前旗、察哈尔右翼中旗、察哈尔右翼后旗、四子王旗
鄂尔多斯市	9	东胜区、康巴什区、达拉特旗、准格尔旗、鄂托克前旗、鄂托克旗、杭锦旗、乌审旗、伊金霍洛旗
巴彦淖尔市	7	临河区、五原县、磴口县、乌拉特前旗、乌拉特中旗、乌拉特后旗、杭锦后旗
乌海市	3	海勃湾区、海南区、乌达区
阿拉善盟	3	阿拉善左旗、阿拉善右旗、额济纳旗

资料来源：《2017年内蒙古统计年鉴》。

附表2　　2017年沿黄生态经济带主要指标占全区比重

	GDP（亿元）	人口（万人）	一般公共预算收入（亿元）	固定资产投资（亿元）	社会消费品零售总额（亿元）
沿黄生态经济带	11204.38	1265.83	874.57	9338.08	4696.34
全区	16206.72	2528.60	1215.58	14059.26	7160.23
沿黄生态经济带占比（%）	69.13	50.06	71.95	66.42	65.59

数据来源：《2017年12月内蒙古统计月报》、自治区及各盟市2017年统计公报。

附表3　　内蒙古沿黄生态经济带主要产业布局

序号	产业	布局盟市	具体园区（地区）
1	能源产业	鄂尔多斯市	达拉特经济开发区、古准格尔经济开发区、大路工业园区、上海庙经济开发区、鄂托克经济开发区、独贵塔拉工业园区、苏里格经济开发区
		呼和浩特市	清–托经济开发区
		包头市	石拐工业园区、土右旗新型工业园区、包头金山工业园区
		巴彦淖尔市	甘其毛都口岸加工园区、磴口工业园区、乌拉特后旗循环经济工业园区
		乌兰察布市	察哈尔工业园区
2	冶金建材工业		
	有色工业	巴彦淖尔市	甘其毛都口岸加工园区、乌拉特后旗循环经济工业园区
		呼和浩特市	清–托经济开发区
		包头市	铝业产业园区
	钢铁工业	包头市	包头金属深加工园区
	建材工业	呼和浩特市	武川经济开发区
		鄂尔多斯市	达拉特经济开发区、准格尔经济开发区
		包头市	包头金山工业园区、达茂巴润工业园区
3	化学工业		
	现代煤化工	鄂尔多斯市	大路工业园区、准格尔经济开发区、独贵塔拉工业园区、上海庙经济开发区、鄂托克经济开发区、苏里格经济开发区
		包头市	石拐工业园区、九原工业园区
		乌海市	乌海经济开发区
	盐碱化工	鄂尔多斯市	达拉特经济开发区、鄂托克经济开发区
		乌海市	乌海经济开发区
		阿拉善盟	阿拉善高新技术产业开发区
	氟化工	乌兰察布市	丰镇市高科技氟化学工业园区
	有机硅化工	乌海市	乌海经济开发区

续表

序号	产业	布局盟市	具体园区（地区）
4	农畜产品加工业	呼和浩特市	金海工业园区、裕隆工业园区、金山高新技术产业开发区、和林格尔经济开发区、呼和浩特经济技术开发区
		巴彦淖尔市	巴彦淖尔经济技术开发区、五原工业园区、磴口工业园区、杭后工业园区
		鄂尔多斯市	准格尔经济开发区、东胜
		乌兰察布市	察哈尔工业园区
5	装备制造业	包头市	包头装备制造产业园区
		鄂尔多斯市	鄂尔多斯装备制造园
		乌兰察布市	察哈尔工业园区
		乌海市	乌海经济开发区
		阿拉善盟	阿拉善高新技术产业开发区
6	新材料产业		
	稀土新材料及应用产业	包头市	包头稀土高新技术产业开发区
	石墨（烯）新材料产业	乌兰察布市	察哈尔工业园区
		包头市	包头金属深加工园区
	光伏产业	呼和浩特市	金桥经济开发区、沙尔沁
		鄂尔多斯市	蒙苏经济开发区
		巴彦淖尔市	乌拉特后旗循环经济工业园区
		阿拉善盟	阿拉善高新技术产业开发区
7	大数据产业	呼和浩特市	呼和浩特鸿盛工业园区、和林格尔经济开发区
		包头市	包头市高新技术园区
		鄂尔多斯市	鄂尔多斯高新技术产业开发区
		乌兰察布市	察哈尔工业园区

内蒙古现代能源经济的战略思考

赵云平　吴露露

习近平总书记在参加十三届全国人大一次会议内蒙古代表团审议时指出："要把现代能源经济这篇文章做好"，这是习近平总书记为我区建设现代化经济体系开出的经世良方。我区必须以落实习近平总书记讲话为契机，科学谋划、创新施策，把发展现代能源经济作为扎实推动经济高质量发展的重要行动抓手。

一、现代能源经济的内涵及我区的差距

（一）从能源产业、能源基地到现代能源经济是对发展中能源作用的认识升华

一般情况下，谈到能源发展会涉及三个概念，即能源产业、能源基地、能源经济，但这三个概念的内涵是存在视角区别的。能源产业往往突出地区贡献视角，主要强调对地区经济总量、投资总额、财税就业等方面的贡献大小；能源基地则重点突出区域分工视角，主要强调产能规模、产品产量、销售收入等在区域或全国所占份额；而能源经济除了包括上述两个方面内涵外，则更强调对地区发展的综合作用。如果说能源项目是点、产业是线、基地是面，那么能源经济则是体，

具有体系化、共生性特征，对地区经济社会发展的作用是全方位的。落实习近平总书记讲话精神，我区必须把思想认识从能源产业、能源基地的思维定式提升到现代能源经济的高度上，把现代能源经济作为衡量发展成效的标准和推动转型升级的指南。

（二）按现代能源经济的标准衡量，我区目前能源经济发展存在巨大差距

近年来，我区依托能源矿产资源优势，大力发展能源产业，建设能源基地，并均取得了积极成效。目前我区的煤炭生产规模、电力装机容量、总发电量及外送电量等指标均居全国前列，能源产业成为六大支柱产业之首，并初步形成了全国性能源供应基地的分工地位。但如果从现代能源经济的视角衡量，我区的能源开发水平则既存在“现代性”不够，也存在“经济性”不足的问题。一是能源产业层次低、链条短。目前我区能源输出远大于就地转化，全区每年近 10 亿吨的煤炭产量，2/3 直接以原煤形式运出区外销售。留在区内就地加工转化的煤炭，一半直接燃烧发电，约 20% 转化为煤化工产品。但燃煤发电是煤炭转化链条中环节最短的路径，煤化工产业基本处于初级原材料环节，基于电能转化的有色冶金产业基本处于前端冶炼环节。二是能源基地影响力严重不足。一般情况下，一定规模的产业基地应该具备相应的行业话语权、标准权、定价权。尽管我区煤炭生产规模占到全国总量的 1/4 左右，但体现能源基地核心竞争力的“三权”皆无。三是面临有支柱产业无支柱企业的尴尬局面。尽管能源产业已经成为我区经济的第一支柱，但至今没有培育出一家像紫金矿业、西部矿业、云南铜业等具有全国影响力的地方大型国有企业，我区的矿业集团、包钢等企业的规模实力与国内行业龙头相比存在巨大差距。四是能源开发的富民强区效益不理想。由于我区能源开发及其转化产业基本处于规模经济门槛、技术经济门槛、产业政策门槛均较高的初级环节，实力不足的民营经济很难进入，产业链条细分不够更不利于全民创业和中小企业配套，项目设计施工阶段的专业化要求和运营管理阶段的自动化方式存在着资本、技术替代劳动现象，致使能源投资及产值增长带动政府财税增加和居民就业增收的效应均很低。我区连续两个五

年规划制定的城乡居民收入达到全国平均水平的目标始终未能实现，且差距越拉越大，与我区能源开发的低端低效模式高度相关。

二、我区发展现代能源经济的思路和举措

我区做好现代能源经济这篇文章，需要以现代为要求，以能源为支点，以经济为方向，全方位、多维度、系统化地设计突破路径和政策体系。

（一）继续发挥能矿资源的原料作用，着力把发展现代能源产业这篇文章做好

发展现代能源经济，能源产业是基础，也是切入点，没有能源产业的健康发展，其他都是无本之木。做好能源产业的文章需要重点做好“六化”工作。一是能源基地规模化。区域经济竞争规律是体量决定地位，要在全国同业竞争中争取一定的话语权，就必须拥有相对较高的市场占有率。必须争取国家产业政策的差别化倾斜，适时适度地继续扩大能源基地规模，实现以规模求市场、以体量争地位。二是能源技术现代化。要紧跟世界能源技术革命新趋势，注重运用现代高新技术和先进适用技术改造传统能源产业，促进适时转型升级。三是能源结构多元化。在大力推进煤炭清洁高效发电的基础上，还要追风逐日，着力发展风、光、水、生物质能等可再生能源，加快天然气、页岩气等非煤能源开发，形成多轮驱动的能源供应体系。四是能源企业大型化。要加快现有能源企业的兼并重组和集中扶持，着力培育几家具有全国性行业引领能力的航母企业，这是赢得行业“三权”的必要举措。五是能源生产方式清洁化。大力加强绿色矿山建设，推动矿区治理修复，促进煤炭开采清洁化。要在煤电、焦化、煤化工等行业，大力推进清洁生产技术和工艺，促进绿色化循环化改造，赢取绿色竞争力。六是能源供应方式智能化。抓住我区建设大数据示范区的战略机遇，积极推动人工智能、智能电网、能源互联网等技术的应用，提高能源供应的智慧化水平。

（二）继续发挥能源产业的基础作用，着力把发展能源依托型产业的文章做好

以充足廉价的能源动力保障为条件，继续把化工、冶金、建材等能源依托型产业做大做强。做好这篇文章目前急需解决两个认识问题。一是经济发展新常态下这些产业是否还有前景。诚然，随着近几年我国宏观经济减速，这些行业出现了较为严重的产能过剩、市场萎缩、效益锐减等情况，产业政策和环保政策也日渐从严，发展难度空前增加。但我们必须看到，我国能源重化工产品的绝对需求量仍然很大，市场虽不会再出现世纪之初的爆发式增长，但仍然会维持稳步扩张趋势，加上国家优化产业布局促进资源型产业向西部地区转移，我区凭借巨大的资源优势、良好的产业基础和低成本绿色能源保障形成的竞争力，在区域竞争中仍然大有作为。尤其是通过近几年供给侧结构性改革去产能，这些行业已经逐步实现市场出清，2016 年底以来市场已经逐步回暖和价格回升，新一轮产能扩张周期已经开启。我区需要抓住这一战略机遇，争取国家产业政策支持，改造既有和争取新建并重，适时适度地做大做强能源依托型产业。二是处理好上下游产业的合理利益调节问题。区域上下游产业是有投入产出关系的，上游产业的收入一般就是下游产业的成本，一个健康的产业体系应该把竞争优势体现在下游的终端产品制造环节。我区在发挥能源产业的作用方面，更要注重能源作为基础产业的公益性和支撑性作用，通过技术创新和体制机制创新，保持相对较低的电价水平，使低能源动力成本成为我区降低宏观经济运行成本的重要手段，使电价洼地效应成为我区招商引资的重要筹码。

（三）充分发挥能源产业的主导作用，着力把发展相关配套产业的文章做好

与支柱产业重点强调对区域经济在产值、利税、收入等方面的贡献不同，主导产业更强调对区域产业体系和结构演变的引领作用。从这一意义上讲，我区下一步关键是把能源产业的主导作用开发出来，即以能源产业为起爆点，努力做好产业链条的纵向延伸和横向拓展，逐步形成垂直分工衔接、水平分工互补、机制关联共

生的产业体系。一是促进能矿装备制造及建安业尽快突破。针对我区能源项目建设和生产运营形成的巨大设备及配件需求，围绕矿山设备、发电及输配电设备、特种运输车辆、化工管廊等的整机及配件，着力建设装备制造、配件供应及维修服务基地。尤其要结合能源化工设备制造建安一体化的特点，重点培育引进一批研发制造施工一体化企业。二是促进节能环保产业尽快破题。围绕我区资源型产业转型升级引发的巨大节能环保需求，努力变环保压力为产业发展机遇，努力在环保技术和产品研发推广、节能环保设备制造和服务、节能减排和环境治理工程实施等方面突破，促进节能环保产业尽快形成规模。三是能源科技、能源金融作为生产性服务业的先发产业。顺应制造业服务化趋势，按照现代产业体系的建设要求，把能源科技研发推广作为我区科技创新的重点领域，把能源金融作为金融体系提升服务实体经济能力的突破重点，并最终形成具有区域特色和引领能力的现代生产服务业基地。

（四）深入挖掘能源要素的杠杆作用，着力把开发能源衍生效应的文章做好

这是对我区能源优势更深层次上的开发和更广范围上的放大，目的是让能源成为带动经济社会全方位发展的软实力。一是规划建设一些与能源基地相称的标志性工程。如建设具有世界一流水平的现代能源交易博览中心，成为全国性乃至世界性的能源技术展示平台、能源产品交易平台、能源价格形成中心等。围绕打造能源技术中心，筹建内蒙古能源大学、能源科学院、国家能源工程技术中心等基础研究和应用推广平台，形成能源科技及人才汇聚中心。规划建设一些能源文化项目，任何产业做到极致都是文化，我区可以围绕能源文化开发一些能源旅游项目，进一步放大我区文化旅游业的范畴和卖点。二是探索一些适合能源大区特点的独有惠民政策。我区既然窝电和弃光弃风现象严重，那么可以探索改现行的阶梯电价制度为逆阶梯电价制度，引导城乡居民能源消费由用煤用气向用电转型。配合我区大规模天然气开发和煤制气产业发展，我区可以加大投入力度打造城乡气化示范区。抓住国家大力推广新能源汽车的机遇，我区可以加快建设新能源汽车研发制造项目，并加

快充电桩等配套基础设施建设，实施特殊的应用支持政策，打造全国新能源汽车研发生产和应用推广示范区。着眼于解决多能互补和供电网络的稳定运行问题，可以加快智能电网技术的突破和应用，成为全国智能电网建设及应用示范区。

（五）探索发挥能源基地的示范作用，着力把能源体制机制创新的文章做好

我区作为能源大区和全国性的能源供应基地，必须以舍我其谁的使命感和担当精神，用足用好民族区域自治赋予的先行先试权利，充当好能源电力体制改革的急先锋，使制度创新成为发展现代能源经济的重要推手。一是继续做好输配电体制改革探索。在进一步完善现行大用户直供电、电力多边交易等政策的基础上，深入探索电力输配分离、逆阶梯电价制度等新制度创新，为打造电力洼地提供体制机制保障。二是探索能源开发利益分配机制改革。针对目前我区能源产业富民强区作用较弱问题，探索居民权益入股、就业照顾、地方利税留成等利益分配机制创新政策，合理处理好国家与地方、政府与居民、资本与劳动等方面的利益关系，促进和谐发展。三是探索矿业开发与生态保护及环境修复等方面的新机制。处理好我区既是国家能源重化工基地又是最重要的生态功能区的矛盾，重点探索生态环境第三方治理，企业用能权、用水权、排污权等市场化交易的机制，促进可持续发展。

内蒙古打造世界级多种能源综合利用基地的路径和建议

司咏梅

打造世界级多种能源综合利用基地，做好现代能源经济这篇文章，对于推动我区经济高质量发展意义重大。深入贯彻落实能源“四个革命、一个合作”的战略思想，突出“世界级”这一发展定位，围绕解决我区能源发展面临的深层次矛盾和问题，把握现代能源经济发展的重大机遇，把多种能源综合利用作为主攻方向，构建全方位、多维度、系统化的新路径和政策体系，建立清洁低碳、安全高效的现代能源体系，形成创新、绿色、协调、开放、共享的现代能源发展新格局。

一、建设世界级多种能源综合利用基地的重要意义

世界级多种能源综合利用基地，“世界级”体现了发展前景和战略定位、在全国乃至世界的地位与价值，多种能源综合利用则突出了能源的开发、利用路径。习近平总书记在参加十三届全国人大一次会议内蒙古代表团审议时指出：“要把现代能源经济这篇文章做好”。栗战书委员长在我区开展大气污染防治法执法检查时提出：“把内蒙古打造成为世界级多种能源综合利用基地”。内蒙古正处于传统能

源经济向现代能源经济转型升级的关键时期，这些重要指示是中央领导综合考虑国家战略和内蒙古区情，充分结合国内外产业分工变迁和能源技术变革趋势，为我区建设现代化经济体系开出的经世良方，对于推动内蒙古经济高质量发展意义深远。

（一）扎实推动经济高质量发展的必然选择

内蒙古能源资源富集、种类较全，依托得天独厚的能源矿产资源优势，围绕建设全国重要能源基地的发展定位大力发展能源产业，建成了全国重要的煤炭基地、煤电基地、现代煤化工产业示范区、大型风电基地和光伏产业基地，是全国最具备打造世界级多种能源综合利用基地的条件和潜力地区之一。目前，我区的煤炭生产规模、电力装机容量、总发电量及外送电量等指标均居全国前列，能源产业成为“六大支柱产业”之首，为我区经济社会发展做出了重大贡献，并初步形成了全国性能源供应基地的分工地位。按照打造世界级多种能源综合利用基地的发展定位，推动我区能源经济高质量转型发展，有利于提升全区经济发展质量和效益，推动经济行稳致远。

（二）构建现代能源经济体系的重要突破口

按照现代能源经济的标准衡量，我区能源经济的发展还存在一些不容忽视的问题。一是能源产业层次低、链条短，仍处于价值链的低端环节。能源输出远大于就地转化，全区每年近 10 亿吨的煤炭产量，2/3 以原煤形式运出区外销售，挖煤卖煤的困局一直未能破解，留在区内就地加工转化的煤炭，一半直接燃烧发电，约 20% 转化为煤化工产品，但燃煤发电是煤炭转化链条最短、转化效率较低的路径，煤化工产业也基本处于初级原材料生产环节，基于电能转化的有色冶金产业仍处于前端冶炼环节，上下游产业链的延伸拓展仍远远不够。二是能源基地影响力不足。我区煤炭生产规模占全国总量的 1/4 左右，但缺乏体现能源基地核心竞争力的行业话语权、标准权、定价权，严重制约着我区能源经济的做大做强。三是面临有支柱产业无支柱企业的尴尬局面。能源产业已经成为我区经济的第一支柱。但能源开发市场主体一直以央企为主，至今没有培育出一家具有全国影响力的地方大型国有企业。以打造世界级多种能源综合利用基地为突破口大力发展现代能源经济，有利于破解我区能源产业发展困局，推进能源清洁绿色开发和高效综合利用，对于我区加快构建现代能源经济体系具有重大意义。

二、打造世界级多种能源综合利用基地的路径选择

打造世界级多种能源综合利用基地，要深入贯彻落实能源“四个革命、一个合作”的战略思想，紧密围绕“世界级”这一发展定位，把多种能源综合利用作为主攻方向，全方位、多维度、系统化地设计突破路径和政策体系，建立清洁低碳、安全高效的现代能源体系，形成创新、绿色、协调、开放、共享的现代能源发展新格局。

（一）建设绿色清洁低碳的能源供给体系，推进能源结构多元化

内蒙古要打造世界级多种能源综合利用基地，在全国乃至世界同业竞争中拥有一定的话语权，就必须拥有相对较高的市场占有率，在破除无效供给的基础上，适时适度地继续扩大能源基地规模，形成与世界级能源基地相匹配的体量规模。坚持煤、电、油、气、风、光、水并举，大力推进煤炭安全绿色智能开发、煤炭清洁高效发电。结合外送条件和自身消纳能力，有序开发风、光、水、生物质能等可再生能源，合理布局风光热新能源综合基地。加大石油、天然气、煤层气、页岩气、致密气勘探开发力度，推进非常规天然气资源开发。提高多种能源综合利用效率和供应保障能力，构建安全、绿色、集约、高效的清洁能源供应体系，实现能源基地集约化、高质量发展。

（二）建设能源资源密集型产业集聚区，推进能源高效综合利用

充分发挥能源作为基础产业的公益性和支撑性作用，通过技术创新和体制机制创新，继续保持相对较低的电价水平，使降低能源动力成本成为我区降低宏观经济

运行成本的重要手段。以充足廉价的能源动力保障为条件，围绕能源梯度开发综合利用延伸产业链，大力推进“煤—电—用”一体化发展，在资源富集地区建设一批附加值高、科技含量高、环保水平高、产业链长、就业带动能力强的能源密集型产业，由“单体式”能源项目布局向多联产的循环经济转变，调整电解铝、多晶硅、铁合金、煤化工等能源密集型产业布局，加快淘汰落后产能，置换发展空间，构建煤电、煤化、煤电冶一体化产业链竞争新优势，把化工、冶金、建材、云计算等能源密集型产业做大做强，提高能源就地转化率，把内蒙古打造成为具有较强影响力的能源资源密集型产业集聚区、创新区和转型区。

（三）推动能源与上下游产业协同发展，构建现代能源相关产业体系

以能源产业为起爆点，努力做好产业链条的纵向延伸和横向拓展，围绕能源产业逐步形成垂直分工衔接、水平分工互补、机制关联共生的产业体系，实现传统能源产业与现代新兴产业相互促进、共同繁荣。一是促进能矿装备制造及建筑安装产业尽快突破。根据我区能源项目建设和生产运营形成的巨大设备及配件需求，围绕矿山设备、发电及输配电设备、风电设备、化工管廊、特种运输车辆等的整机及配件，着力建设装备制造、配件供应及维修服务基地。二是促进节能环保产业尽快破题。围绕我区资源型产业转型升级引发的巨大节能环保需求，努力变环保压力为产业发展机遇，在环保技术和产品研发推广、节能环保设备制造和服务、节能减排和环境治理工程实施等方面取得突破，促进节能环保产业尽快形成规模。三是发展壮大能源科技、能源金融、能源物流等生产性服务业。顺应制造业服务化趋势，按照现代产业体系的建设要求，把能源科技研发推广作为我区科技创新的重点领域，把能源金融作为金融体系提升服务实体经济能力的突破重点，最终形成具有区域特色和引领能力的现代生产服务业基地。

（四）培育能源发展新动能，提升发展层次

顺应互联网、大数据、云计算等信息技术与能源技术深度融合的趋势，大力培育现代能源发展新动能，在新兴能源领域形成新优势。一是发挥大型综合能源基地

资源组合优势，构建智慧能源系统，促进互联网理念、先进信息技术与能源产业深度融合，实施能源系统人工智能、大数据应用等创新行动，建设推广智能化生产、储运和用能设施，打造现代能源经济发展新模式、新业态。二是大力发展智能电网，积极争取国家“互联网+”智慧能源（能源互联网）、多能互补集成优化、新能源微电网、并网型微电网、储能技术试点等示范项目，实施一体化集成供能工程、需求侧响应能力提升工程、储能示范工程，建设储能电站，加强现代能源储运网络建设，促进“源—网—荷—储”协调发展、集成互补。

（五）建设现代能源科技创新体系，推进能源技术革命

瞄准能源产业技术链和价值链的高端，构建现代能源产业创新链，努力在关键领域实现重大技术突破，推动能源发展动力变革，使科技创新成为打造世界级多种能源综合利用基地的第一驱动力。加强科技创新能力建设，整合现有科研力量，建设一批能源创新中心和重点实验室，提升科技创新实力；培育一批能源创新型企业，增强企业创新活力。加快实施科技创新示范工程，在油气勘探开发、煤炭加工转化、高效清洁发电、新能源开发利用、智能电网、大规模储能、柔性直流输电等领域，实施一批重大科技专项，建设一批创新示范工程，支持整体煤气化联合循环技术、煤基多联产能源系统技术、碳捕集封存技术研发和成果转化，力争尽快取得突破。

（六）构建现代能源市场体系，提高内蒙古能源影响力

在市场经济条件下，内蒙古能源基地在全国、世界的地位与价值取决于市场体系的完备程度，构建完备的现代能源市场体系对于打造内蒙古能源品牌、提高话语权具有积极意义。一是充分发挥市场配置资源的决定性作用，促进资源优化配置，合力布局能源项目，提高能源有效供给能力和水平，避免产能过剩，推进产业转型升级。二是加快建立市场化的能源价格形成机制。推动煤炭企业与火电、煤化工等企业自主签订长期协议，建立价格联动机制，把能源产品价格控制在合理区间，通

过价格形成机制引导能源消费。同时，积极争取国家支持我区发展煤炭期货业务，引导大型煤炭供需企业设立动力煤期货交割库，壮大煤炭电子交易市场，提升“蒙煤”影响力。三是完善能源市场化交易机制，加快建立市场化的可再生能源补贴和补助服务补偿机制，促进新能源产业加快发展。

（七）建设现代能源合作体系，形成开放共赢新格局

发挥比较优势，积极融入国家“一带一路”战略，大力促进设施联通、贸易畅通，积极参与全球能源互联网建设。坚持引技引智并举，拓宽合作领域，深度融入全球能源产业链、价值链、物流链。进一步深化与蒙古国、俄罗斯能源产能合作，使能源成为中蒙俄经济走廊建设的重要产业支撑，助力内蒙古建设我国向北开放的重要窗口。积极引进国外能源化工产业先进经验技术，围绕能源转型、技术创新和重大项目合作，带动优势行业的技术、装备和服务“走出去”。加强与国内其他省区能源合作，发挥资源和产业优势，创新能源合作模式，促进与国内各区域之间的产业合作和技术交流，实现与周边地区联动发展，增强产业竞争力，提高内蒙古能源在国内市场的占有率。

（八）加强生态环境建设和保护，推动现代能源绿色发展

以绿色发展理念指导多种能源综合利用基地建设，进一步强化措施，提高能源资源使用效率，有效控制污染物排放，促进资源循环高效利用，实现资源效益的最大化和环境影响的最小化。加强绿色矿山建设，推动矿区治理修复，促进煤炭开采清洁化。在煤电、焦化、煤化工等行业，大力推进清洁生产技术和工艺，促进绿色化循环化改造，赢取绿色竞争力。构建以生态功能红线、环境质量红线和资源利用红线为核心的生态保护红线体系，严格按照生态功能区布局能源产业，对重要生态功能区、生态脆弱区进行严格管理和保护。多途径开发利用煤层气、煤矸石、矿井水等煤系共伴生矿产资源，提高综合利用水平，实现经济效益和环境效益的协调发展。

三、政策建议

发展现代能源经济，打造世界级多种能源综合利用基地，为新时代内蒙古经济高质量发展带来了重大机遇，我区要牢牢把握机遇，科学谋划、创新施策，破解传统能源产业发展中的瓶颈制约，使世界级多种能源综合利用基地建设成为推动全区经济高质量发展的重要引擎。

（一）努力将内蒙古世界级多种能源综合利用基地建设上升为国家战略

内蒙古作为我国重要的能源生产供应基地，将我区建设成世界级多种能源综合利用基地，不仅事关提升内蒙古能源经济综合竞争力，对稳定全国能源供给、保障国家能源安全的意义更为重大。鉴于此，针对目前我区能源产业发展过程中面临的突出矛盾和问题，应积极争取国家层面的政策支持，将内蒙古世界级多种能源综合利用基地建设上升为国家战略。一是进一步明确内蒙古能源的战略地位，在国家能源方面的重大规划中突出内蒙古的战略定位，在内蒙古布局建设一批国家重大示范项目，对跨省区的能源基础设施建设项目予以支持。二是从国家层面进一步优化能源及能源密集型产业布局，打破行政区划的限制，引导产业向有发展基础和资源优势的地区集中集聚。三是加大对我区财税、投资等方面的政策支持。将内蒙古多种能源综合利用基地项目纳入国家专项建设基金支撑范围，支持发行专项建设债券并对债券利率给予中央财政贴息；通过财政贴息、费用补贴等方式，鼓励和引导金融机构加大对内蒙古现代能源建设项目的信贷支持力度；争取国家在资源配置、项目审批等环节的优先支持，推动内蒙古与东部省份签订长期协议，在电力和能源化工产业市场空间方面给予优先支持。

（二）深入推进体制机制改革创新

打造世界级多种能源综合利用基地，需要牢牢把握习近平总书记的战略部署，深入推进体制机制的改革创新，积极争取国家能源领域重大改革措施在内蒙古试点示范，为基地建设创造强有力的制度保障，一是继续推进输配电体制改革创新。在进一步完善现行大用户直供电、电力多边交易等政策的基础上，深入探索电力输配分离、逆阶梯电价制度等制度创新，为打造电力洼地提供体制机制保障。二是推动“点式改革”向“链式革命”转型，重塑能源产业组织，从油气产业链、电力产业链、一次能源到加工转换至终端消费全产业链等全方位推进改革，实现能源生产、输送、配送、销售业务的合理有效分离，重构主体多元的市场竞争格局。三是加快构建有序的市场竞争格局，推动专享资源甚至垄断资源向分享资源转变，积极争取试点示范，推进垄断环节改革，创新资源配置方式，通过市场竞争有偿取得资源；完善市场交易机制，培育功能完善、规范运营的能源市场交易机构，健全能源市场交易机制，促进市场主体多元化竞争，建立起主体多元、准入公平、竞争有效的市场交易体系。四是加强战略规划引领，加强能源重大问题战略谋划，做好能源规划、年度计划及各类专项规划之间的有机衔接。五是探索生态保护及环境修复等方面的新机制。处理好我区既是国家能源重化工产业基地又是国家最重要的生态功能区的矛盾，探索实现美丽与发展双赢的体制机制，重点是探索生态环境第三方治理，企业用能权、用水权、排污权等市场化交易的机制，促进可持续发展。六是立足各地区的比较优势，在鄂尔多斯市、通辽市等有发展基础和条件的地区进行现代能源经济试点示范，创新体制机制，带动全区提高能源开发利用水平。

（三）进一步强化人才保障

人才短缺是我区现代能源经济高质量发展的突出短板，需要整合盘活全区能源产业的人力资源，形成一批能源开发利用的高级专业技术和管理人才队伍，强化能源综合利用基地建设的人才保障。以面向国家级重点实验室和高端创新型人才培养引进工程为依托，吸引引进能源领域高层次人才，建立能源专家库，多层次培养能源产业发展急需的专业技术人才和技能人才，形成国内顶尖的能源领域科研团队和工程技术专家队伍。强化培训，进一步提升全员素质。

（四）加快培育地方大型能源企业

提高多种能源综合利用基地建设对经济高质量发展的贡献，需要进一步优化能源市场结构，在发挥国有经济在能源领域的主导作用的同时，处理好国家与地方、政府与市场主体、资本与劳动等方面的利益关系，培育新型市场主体，积极发展混合所有制能源企业尤其是根植于本土的大型能源企业，推动矿业集团等地方国有企业尽快发展壮大，加快组建地方大型石油、天然气企业，促进和谐发展。

以能源互联网为抓手发展现代能源经济

吴露露

能源互联网是“互联网＋智慧能源”的简称，是一种互联网与能源生产、传输、存储、消费以及能源市场深度融合的能源产业发展新形态。

一、推动能源互联网发展的意义

当前，内蒙古正处于产业结构调整、能源结构优化、能源产业转型升级深入推进的关键时期，新时代也为能源发展提出了推进能源生产和消费革命，构建清洁低碳、安全高效的能源体系的新要求。推动能源互联网发展对我区落实习近平总书记参加十三届全国人大一次会议内蒙古代表团审议讲话精神，深化能源生产与消费革命以及打造新的经济增长点都有重大意义。

（一）发展能源互联网是推动我区现代能源经济发展的重要抓手

把现代能源经济这篇文章做好是习近平总书记对我区能源发展提出的新要求，能源互联网作为一种能源产业发展新形态，将成为我区发展现代能源经济的重要抓手。

一方面，有利于我区进一步延长能源产业链条。能源互联网涉及清洁能源生产、电网、运行控制、能源管理等众多领域，能源互联网的发展不仅能够推动可再生能源生产、装备制造、能源管理、能源数据分析、节能和电能替代改造等产业发展，也能够促进储能、新能源汽车、装备制造等下游相关产业的发展，有利于提升我区能源产业全产业链发展的质量和效益。

另一方面，有利于我区构建多元化能源供应和消费体系。当前，我区正大力发展天然气、可再生能源等非煤能源，积极构建多元化的能源供应体系。能源互联网不仅能够促进能源生产和供应从单一化的供应模式向多元化供应模式转变，而且能够实现能源消费端各种能源之间的优化配置和互联互通，从而促进能源协调互补，使能源市场更加多元、产品种类更加丰富。

（二）发展能源互联网是深入推进能源生产和消费革命的重要方式

一是有助于推动传统产业转型升级。能源产业作为我区的重要支柱产业，面临着转型升级的重大任务，能源互联网作为能源产业与互联网技术的深度融合，能够进一步促进传统产业转型升级。例如，滴滴公司携手全球能源互联网发展合作组织合资成立全球新能源汽车服务有限公司，并且积极筹备搭建新能源汽车充换电体系，将有可能解决新能源汽车“充电难”的问题，挖掘新的发展潜力，从而推动新能源产业和汽车产业转型升级。

二是有助于实现可再生能源大规模消纳。通过能源互联网，不仅能够增强能源生产、传输、存储等各个环节的灵活性，而且可以平抑可再生能源间歇特性对电网的冲击，在保证电网的经济性与安全性的同时，提高电网对可再生能源的消纳能力，从而实现可再生能源的大规模利用和共享，提高可再生能源比重，改善能源生产结构。

（三）有利于形成新的经济增长点

一是推动能源与互联网深度融合的契机。近年来，大数据、信息技术快速发展，“互联网＋”也已改变及影响了多个行业。将互联网、大数据等信息技术融入能源生产、消费的各个环节，不仅能够推动我区多能协同互补利用的实现、促进我区能源产业转型升级，也能够加快我区互联网、大数据产业的发展，成为我区大数据应用的突破口。

二是推动相关产业发展的巨大引擎。能源与互联网的深度融合，将带动新能源、新材料、智能制造、电动汽车等新兴产业创新发展，不仅是我区实施创新驱动发展战略的重要抓手，也将对我区经济增长、结构调整和产业升级具有显著拉动作用。

三是我区能源行业转型发展的突破口。能源互联网的发展不仅蕴含着巨大的投资价值，为能源行业带来新的红利，也将成为推动能源转型的突破口。能源互联网的运营企业可以为用户提供规划、设计、安全、数据分析、运维等一揽子解决方案及风光储一体化、节能和电能替代改造等增值服务。能源互联网也有望推动以分布式发电为主的可再生能源逐步替代大规模集中利用的化石燃料成为主要能源，可再生能源发电的企业也将显著受益。

二、推动能源互联网发展的政策及建议

（一）以科技创新引领能源互联网发展

能源互联网是技术密集型产业，因此必须要以科技创新为引领，不断提升能源互联网的经济性和安全性，必须增强创新意识，加强技术研发，用科技引领能源互联网产业的发展。

一是加强科技创新能力建设。充分发挥企业的研发创新主体作用，鼓励企业加大在智能电网、大数据等能源互联网相关领域的研发投入。由于能源互联网涉及多个行业，建议推动成立能源互联网创新产业联盟，依托大型企业、高校和科研院所，建设能源互联网综合技术研发平台、重点实验室、工程中心等技术创新平台，重点开展产品测试、前瞻性研究、技术攻关等测试和研究。

二是加强人才科技体系建设。一方面，加大人才引进力度，以高端技术研发和

产业化项目为载体，在项目申报、激励机制、住房落户等方面给予一系列优惠和便利，吸引国内外能源人才和信息技术人才到我区创新创业。另一方面，加快本土化能源互联网人才培养步伐，在高校探索设立大数据、云计算、智能电网等能源互联网相关专业或培养项目，大力培养跨界复合型中高端人才，形成支持能源互联网建设的智力保障体系。

三是抓好能源互联网示范工程建设。围绕现代互联网技术与能源系统的全面深度融合，发挥我区能源资源丰富、电力体制相对灵活的优势，结合下游新能源发电、分布式能源、新能源微电网等项目开发和建设，鼓励具备条件的地区、部门和企业开展试点示范。抓好霍林河循环经济微电网示范工程、蒙西高新技术工业园区能源互联网示范基地等相关示范项目建设，推进大容量储能、可再生能源供暖、风电制氢等工程示范应用，总结积累可推广的成功经验，为能源互联网的健康有序发展奠定基础。

（二）选择产业发展重点予以重点突破

能源互联网涉及清洁能源生产、电网、运行控制、能源管理等众多领域，在未来发展中要更多关注智能电网、可再生能源、装备制造、能源服务等相关领域产业的发展，通过相关产业的发展进一步促进我区现代能源经济发展。

一是以智能电网为重点，加快构建智能化的电力网络。智能电网是能源互联网的核心基础网络设施，必须加快构建足以承载能源互联网发展的坚强智能电网。要加强区内 500 千伏主干网架建设，形成各供电区之间东西、南北方向多回路强联系的电网。另外，要着力提高电网智能化水平，建设智能配电网，鼓励分布式电源建设，积极开展区域微电网试点，为未来能源互联网建设做出进一步的探索。

二是以可再生能源为重点，进一步推动能源供给清洁化。以国家能源供给革命、建立多元供应体系为契机，大力推动可再生能源就地消纳，积极推动风光互补发电和分布式发电的应用，推动通辽扎哈淖尔和包头土右旗多能互补集成优化示范工程、二连浩特微电网示范等项目的建设。

三是以能源大数据服务为重点，逐步推动能源服务业发展。依托当前我区云计算、大数据中心，探索建设能源大数据中心，拓展能源大数据的采集范围，逐步覆盖煤、电、气、交通等领域，实现多领域能源大数据的集成融合。同时，鼓励能源生产、服务企业积极开展面向能源生产、流通、消费等环节的新业务应用与增值服务以及面向能源终端用户的用能大数据信息服务，推动我区能源服务业发展。

（三）创新产业扶持政策

能源互联网作为一种能源产业发展新形态，更需要在发展之初制定与其发展相配套的扶持政策、营造良好的发展环境，促进其科学发展。

一是建立灵活的市场交易模式。以开展国家电力体制改革综合试点为契机，探索建设基于互联网的绿色能源灵活交易平台，鼓励风电、光伏等可再生能源与用户之间实现直接交易。积极培育第三方运维、点对点能源服务等绿色能源生产、消费和交易新业态，鼓励企业挖掘可再生能源的环保效益，打造相应的能源衍生品，面向不同用户群体提供差异化的能源产品。

二是完善财税优惠政策。重点加大对能源互联网基础研究、共性研究、关键技术研发、重大工程示范、产业发展与技术推广等方面的扶持力度，加大资金的投入。进一步优化税收服务环境，实行优惠的税收政策，如对能源互联网核心技术和关键设备制造企业，可以适当予以减税或免税。

三是创新投融资模式。着力完善我区金融市场，探索成立金融机构与政府合作的能源互联网投融资服务平台以及政府、企业和社会资本共同参与的能源互联网产业投资基金，同时积极发挥基金、融资租赁、担保等金融机构优势，引导更多的社会资本投向能源互联网产业。鼓励企业通过多元化的金融手段，利用资产证券化、融资租赁、公开发行上市等金融工具，降低融资成本，支持符合条件的能源互联网项目实施主体通过发行债券、股权交易、众筹、PPP 等方式进行融资。

建设内蒙古石墨烯新材料产业基地研究

程利霞

石墨烯在光、电、热、力等方面的优异性能和超大的比表面积，使其极具应用潜力，在能源装备、交通运输、航空航天、集成电路等领域已呈现良好应用前景，被认为极有可能掀起一场席卷全球的新技术新产业革命，带来巨大的经济空间。建设石墨烯新材料产业基地，对推动相关上下游产业快速发展和升级换代，提升我区创新能力、激活潜在消费、重塑产业竞争新优势等都具有重要的战略意义和现实意义。

一、内蒙古建设石墨烯产业基地的基础和条件

（一）发展优势

一是资源得天独厚。我区石墨探明储量2亿多吨，占全国近70%，其中稀缺大鳞片晶质石墨储量占比超过80%，均位居全国第一位。丰富的大鳞片石墨资源，为发展石墨烯产业提供了充足的原料保障。二是成本优势明显。我区天然石墨开采成本较低，电力装机居全国首位，蒙西电网形成了全国第一家省级电网独立输配电价格体系，输配电价可直接进行电力市场交易，对电力需求较大的企业，还可按电力

多边交易实施直供电价格，发展石墨烯产业具有较强的成本竞争优势。三是产业基础较好。我区依托已形成的石墨资源储备和技术研究优势，形成了较好的石墨烯新材料产业基础，在基础研究和产业化研发方面取得了一系列成果。2013 年 6 月，内蒙古石墨烯材料研究院成立，成为国内首个石墨烯材料综合研究机构和技术开发中心。几年来收获国家发明及实用新型专利 20 余项，许多成果填补了国内空白，部分成果达到国际先进或领先水平，为我区打造国家级石墨烯新材料基地提供了技术保障；2016 年 7 月，我区成功举办石墨烯产业发展论坛，同时组建了内蒙古石墨烯技术与应用协同中心、石墨烯标准研究中心，为我区石墨烯新材料技术应用落地提供了优质平台；2016 年 8 月，内蒙古矿业集团联合北京大学、厦门大学、中科院、中国运载火箭研究院等国内石墨烯和石墨新材料领域一流科研院所、领军企业成立了内蒙古石墨产业发展联盟，为我区石墨及石墨烯产业从研发、生产、加工到交易的一体化全产业链发展打下基础。四是政策环境优良。我区是唯一既享受国家民族区域自治政策，又享受西部大开发和东北振兴优惠政策的地区。石墨烯产业作为战略性新兴产业，又是自治区大力支持的产业，产业项目符合国家《西部地区鼓励类产业目录》，在投资、税收、人才引进等方面都具有优越的政策环境，可以为石墨烯新材料产业发展提供强有力支撑。

（二）存在的问题

一是研发起点低，原始创新成果少。目前，我区石墨烯产业仍处于产业化起步阶段，大多停留在动力电池、电容器、涂料等门槛很低的低端产品研发，技术含量与附加值均比较低。高精尖的原始科研创新成果较少，大多采用跟踪研究的方法。关键性技术尚未获得实质性突破，下游应用领域研发落后，技术创新明显不足。二是研发与应用脱节，缺乏统一规划。我区从事石墨烯研究的还主要是科研院所，企业在科研方面的投入力度较小，导致石墨烯的应用研究多集中在实验室，尚未实现规模化生产应用。而且石墨烯的研究和产业布局目前尚无统一规划，导致重复投入和低水平的重复性研究。三是高端领军人才缺乏，技术服务平台不足。我区石墨烯新材料领域的高端领军人才缺乏，产业研发所需创新型人才处于“内生少、外引难”的尴尬境地。同时，由于公共技术服务平台的不足，导致研发成果的转化速度和比例大大降低，影响创新成果的产业化应用。

二、建设石墨烯产业基地的主要路径

（一）推动产业技术创新

加快推动以石墨烯为核心的科研产业园区建设，加大基础学科、产业共性技术、重点领域核心技术的投入力度。支持生产企业、研发机构和应用企业联合承担研发项目和科技成果转化项目，突破石墨烯制备、应用和产业化技术瓶颈，加快科技成果转化。积极推进企业与高校、科研院所共建产业研发中心、科技创新基地，联手打造产业发展平台，构建以企业为主体、市场为导向、产学研紧密结合的技术创新体系。建设内蒙古石墨烯新材料公共创新平台，以石墨烯新材料应用为重点，突破石墨烯粉体材料规模化制备及应用关键技术，在导热材料、导电材料、合金材料、复合材料、涂料及储能等领域实现产业化应用。同时，组建内蒙古石墨烯新材料技术服务中心，加强相关信息和数据的收集、分析及发布，完善标准体系，加快石墨烯新材料技术推广和应用。

（二）培育一批产业集群

坚持高端化、系列化、一体化发展的原则，重点构建石墨—石墨烯及其应用产业链，推动石墨烯新材料集群化发展。加快推动石墨烯生产线建设，推进石墨烯粉体材料规模化制备。依托石墨烯制备技术，拓展延伸下游产业链，加强石墨烯应用推广，逐步培育形成以石墨烯为主导的新材料产业集群。

（三）推进试点示范项目建设

加快石墨烯新材料及应用技术成果转化，支持一批示范项目建设，引领带动石墨烯新材料产业发展。加快石墨烯粉体规模化制备示范，以包头市、乌兰察布市为试点，建设石墨烯粉体示范生产线，形成稳定、标准、可控、低成本的生产工艺技术。推进石墨烯应用示范，围绕新兴产业发展，瞄准高端装备制造、新能源汽车、航天航空、新能源等领域，示范推广利用石墨烯生产的导电材料、导热材料、储能材料、复合材料、功能涂料等，重点开展石墨烯动力电池—新能源汽车—新能源电站储能、石墨烯功能涂料—空天飞艇—军工装备、石墨烯改性塑料—塑料制品—绿色家电等应用示范。

（四）培育壮大产业主体

加强政府引导，调动企业投资积极性，提高石墨烯新材料产业发展的活力和竞争力。培育一批具有行业带动作用的企业集团，重点支持瑞盛、三信、金宝利格、青杉等企业做大做强。支持现有新能源汽车、新能源电站、空天飞艇、军工、树脂等生产企业应用石墨烯新材料产品进行技术换代和产品升级，培育形成一批石墨烯新材料产品生产及应用企业。加大招商引资力度，综合应用资源、能源、土地、税收等各类优惠政策，重点围绕石墨烯制备及应用领域，大力引进一批石墨烯新材料及应用产品开发和生产企业。

（五）搭建产业发展平台

一是搭建产业引领平台。创新组织管理架构，将产业上下游紧紧地凝聚到一起，建立积极可行的科研投入和成果转化机制，以及重大科研成果奖励机制。创新投资模式，吸引更多的社会资本投入到我区石墨烯产业发展中来，推动我区石墨烯产业发展。二是搭建产业交流合作平台。引导企业与国内外上下游产业和专业研发机构衔接，组建产业技术创新战略联盟，积极探索形成联合开发、优势互补、利益共享、风险共担的创新开发合作模式。鼓励成立行业协会，开展产学研用合作、高端技术研发、上下游产品对接、终端产品应用等活动，为企业和科研机构搭建资金技术等交流合作平台。

三、推进措施

（一）争取国家支持

加强与国家发展改革委、工信部、科技部等部门对接，争取将内蒙古石墨烯新材料产业基地列为国家示范基地，并给予专项资金（基金）支持。争取国家重大科技专项计划科研成果在内蒙古落地。

（二）加大政策扶持

加大财政投入力度，充分发挥自治区战略性新兴产业发展专项资金、重点产业发展资金、科技重大专项资金等政府投资的引导示范作用。重点支持我区石墨烯新材料产业关键共性技术攻关、创新平台建设、石墨烯应用产品的开发推广等，发挥政策资金对石墨烯产业引导和推动作用。认真落实支持石墨烯新材料产业发展各项政策措施，完善在财政税收、土地使用、要素价格、政府采购等方面更加优惠的扶持政策。研究建立石墨烯新材料及应用产品首批次应用示范风险补偿机制，营造石墨烯新材料产业发展的良好环境，推动石墨烯新材料及应用产业化。

（三）拓宽投融资渠道

创新投融资方式，按照政府引导、市场化运作的方式，加快推进创业投资基金、科技创新基金、产业发展基金等石墨烯新材料产业领域各类投资基金的设立和投资运营，形成多元化的投融资格局。引导各类资本参与石墨烯新材料企业股权并购和高端项目开发，创新基于构建石墨烯新材料及应用完整产业链、着眼终端产品推广应用的互惠合作融资模式。

（四）强化人才保障

加快创新和完善人才引进、培养和使用的体制机制，打造石墨烯产业人才聚集战略高地。实行高层次人才无障碍引进政策，以重大工程和项目为载体，实施草原英才院士引进培养计划、高层次领军人才引进培养计划和创新型企业家培养计划等一系列高层次人才培养和凝聚工程，为石墨烯新材料产业发展提供强有力的智力保障。加强人才培养和培训，鼓励企业与高等院校、科研院所的人才共建，促进创新型、应用型、复合型、技能型人才的培养。建立完善人才激励机制。加快完善科技成果、知识产权归属和利益分享机制，大幅提高科员人员成果转化收益分享比例，充分调动科研人员研发创新积极性。鼓励区内外科研院所和科技人员以技术入股方式与我区企业合作，对做出突出贡献的创新团队及科研带头人，可视其业绩给予薪酬分红、股权或期权激励，为石墨烯新材料产业发展聚集人才。

（五）完善标准体系

紧跟国际新材料技术标准发展趋势，组织行业重点企业、科研院所积极参与石墨烯及其应用产品质量标准、技术标准、应用标准研究，力争制定一批国际、国内领先的行业标准、国家标准，将石墨烯新材料研发优势转化为行业标准优势，掌握产业发展的话语权。加快石墨烯新材料及应用产品检测认证服务平台建设，建立健全标准认证体系，为企业提供检测、认证、咨询、培训等公共服务。推动石墨烯新材料产业标准化试点示范，建设一批标准化示范企业和园区，加速石墨烯新材料产业标准化进程。

推动农牧业高质量发展

赵云平　张志栋

3月5日习近平总书记在参加十三届全国人大一次会议内蒙古代表团审议政府工作报告时强调，高质量发展就是能够很好满足人民日益增长的美好生活需求的发展，是体现五大发展理念的发展。简言之，就是从“有没有”转向“好不好”。党的十九大报告也指出：要全面实施乡村振兴战略，必须坚持质量第一、效益优先，以供给侧结构性改革为主线，推动经济发展质量变革、效率变革、动力变革。农牧业高质量发展是影响乡村振兴战略的重要因素，对于我区来说，必须努力结合国家战略取向和我区农牧业发展的比较优势及产业基础，深化供给侧结构性改革，推动高质量发展，加快实现农牧业大区向农牧业强区转变。

一、农牧业发展成就显著

一是农牧业生产能力稳步提高。经过多年的持续投入，我区农牧业生产能力稳步提高，主要农作物良种覆盖率、家畜改良率均达到98%以上，农牧业科技进步贡献率达到52%左右，农业实现“十四连丰”，畜牧业实现“十三连稳”，主要畜产品产量稳中有增，牛奶、羊肉、细羊毛、山羊绒等畜产品产量稳居全国首位。

二是供给侧结构性改革深入推进。以市场需求为导向，深入推进农牧业供给侧结构性改革，着力调整优化农牧业结构，种植业按照“稳粮优经扩饲草”发展思路，大力调减籽粒玉米种植面积，2017 年玉米种植面积比 2015 年减少 25%，饲用农作物种植面积同比增长 25.8%，粮经饲比例由 75 ∶ 17 ∶ 8 调整为 73 ∶ 17 ∶ 10；畜牧业按照“稳羊增牛扩猪”思路，肉牛、生猪存栏比 2012 年分别增加 50%、28%，畜牧业产值占第一产业比重达到 43%，农牧并举的产业结构逐步形成。

三是产业融合实力显著增强。我区现有国家级和自治区级农牧业龙头企业 38 家和 583 家，上市公司达到 10 家，新三板挂牌企业达 20 多家，伊利和蒙牛进入全球乳业八强和十强。龙头企业与农牧户建立利益联结的比例达到 81%，有 214 万户农牧户进入农牧业产业化经营链条，农牧民人均从产业化经营中获得纯收入达 5264 元，占农牧民可支配收入的 45.3%。

四是新业态新模式蓬勃发展。随着“互联网 + 现代农牧业”的加快推进，大数据、云计算、移动互联网、物联网等新一代信息技术在农牧业领域的渗透应用，形成了智能温室、农田监测、智慧牧场、中央厨房、电商、直销配送等新业态、新模式。国内主流电商平台落户我区，已有国家级电商进农村综合示范县 38 个，超过 70% 的企业建立了网销渠道，农畜产品网络销售规模迅速扩大，2017 年农牧区电子商务交易额达到 1743 万元。

五是农牧民收入持续加快增长。2017 年前三季度，农村牧区居民人均可支配收入达到 7840 元，同比增长 7.7%。预计全年农村牧区常住居民人均可支配收入有望达到 12500 元以上，增长 8% 左右，将继续跑赢 GDP 和城镇居民收入。

二、农牧业供给侧问题突出

一是种养结构不合理，供给侧问题仍然突出。尽管我区农牧业供给侧结构性改革成效显著，但“一粮独大”“一羊独大”结构性问题仍很突出。2017 年我区玉米种植面积达到 3394 万亩，居首位，远大于其他粮食作物，玉米产量仍占粮食产量的 75% 以上；肉羊数量仍占牲畜总头数的 75% 以上，羊肉产量占肉类产量近 40%。由于玉米、羊肉供给相对过剩，价格较低，生产效益不高，而杂粮杂豆类供给相对不足，价格稳中有升。较为突出的供给过剩和需求短缺的结构性矛盾，使我区农牧业发展质量不高，抵御市场风险的能力较弱，农牧民增收困难。

二是大路传统产品多，优质优价产品少。我区农牧业生产经营传统粗放，生产出的农畜产品普遍以大路传统产品为主，优质绿色优价的产品较少。如我区羊肉应该是区内外消费者值得青睐的产品，但我区约1亿头只肉羊中只有不足3000万只是草原牧养、品质上乘的优质羊，其他大部分为农区产量高、品质低的圈养羊。同时，由于农牧业科技水平较低，优质新品种新技术应用推广缓慢，使我区农牧业适应经济社会较快发展和时尚消费需求的优质农畜产品品种不多。

三是"三板"挤压严重，种养收益下降。成本地板、价格天花板和资源环境硬夹板"三板"压力是当前我区农牧业发展主要制约因素。如，2016年我区玉米种植业和肉羊养殖业均进入了"价格寒冬"期。调查数据显示，2016年玉米平均出售价格较2012年下降了31.8%，生产成本却上升了8.9%，种植收益下降近50%左右；2012 ~ 2016年我区本地羊呈养殖总成本逐年上升，出售价格逐年下降的趋势，2016年与2012年相比，每只羊的养殖总成本上涨34.56%，销售价格却下降了41.55%，每只产品畜平均收益下降500多元，很多养殖户处于负收益。

四是资源环境压力大，规模扩张空间小。既要看到我区拥有大草原、大耕地及天蓝草绿水清空气干净等发展绿色农牧业有利的一面，也要看到我区干旱缺水、生态脆弱、无霜期短，复种指数低等不利的一面。过去十年，我区主要通过垦荒垦滩、超载过牧等使农作物播种面积由0.86亿亩增加1.28亿亩，牲畜头数也由1亿头只增加到1.26亿头只，加上大规模化肥、农药的使用和打井灌溉，导致耕地污染较重、地下水过度超采，草牧场退化、沙化问题突出，使资源环境承受了较大的压力，农牧业不可持续的矛盾和问题比较突出。

三、发展高质量农牧业的思路和建议

考虑到我区资源环境条件和国家对我区以生态为主的战略定位，农牧业不应再走低档大路产品和简单规模扩张并大量输出的路子，而应坚持生态价值优先、产出价值次之的方针，走绿色、精品、高端、高效路线。一方面，淡化产量目标。自治区层面不再强调粮食产量、牲畜头数等总量指标，各地区建设农畜产品基地的思路也要实现由量到质的转变，不再强调搞到几百万亩、几百万头等规模要求。另一方面，淡化输出功能。我区农牧业发展方针应该强调以自给为主，在总量有余的条件下适度外调和调剂平衡。同时，资金支持也要围绕提质增效调整方向，重点支持品牌培育、加工增值等方面，引导农牧业生产转型升级。

一是保障绿色环境。按照“绿水青山就是金山银山”的发展理念，全面实施生态建设工程和绿色环境提升工程，努力为农牧业绿色生产、绿色加工、绿色消费提供绿色环境保障。首先，实施生态保护和建设工程。全力实施天然林资源保护、三北防护林建设、京津风沙源治理、退牧还草等生态修复治理工程，实施好新一轮退耕还林还草和草原生态保护补奖项目。强化沙漠沙地、水土流失综合治理，建立沙湖土地封禁保护制度，开展水土流失、保护性耕作、风蚀沙化防治等试验研究和示范推广。其次，实施绿色环境提升工程。强化农牧区资源环境保护，统筹山、水、林、田、湖、草原等保护建设，保护好绿水青山和清新清净的田园风光。坚决打好农牧业面源污染防治攻坚战，推进畜禽粪便、农作物秸秆、废旧农膜、病死畜禽等农牧业废弃物资源化利用和无害化处理。第三，实施生活环境整治工程。以“美丽乡村”建设为抓手，持续改善水电路气防讯等基础设施，统筹实施垃圾、污水综合整治，健全完善基础设施长效管护机制，抓好“厕所革命”，推动农牧区建设提档升级。

二是调整供给结构。坚持扬长避短、分类指导，围绕提质增效、契合消费需求，树立大农业、大食物观念，调整优化农牧业产业和产品结构。一方面，要切实改变“一粮独大”的种植结构，认真落实国家调减“镰刀弯”地区的玉米面积，通过政策扶持引导，扩大市场需求多，经济效益好，利于种养结合、增质增效的杂粮杂豆、瓜果蔬菜、优质饲草等种植面积。另一方面，要改变“一羊独大”的养殖结构，坚持“稳羊增牛扩猪”的发展方向，制定实施千万头肉牛发展规划，稳定奶牛养殖头数，制定实施生猪产业发展规划，鼓励玉米主产区大力发展生猪养殖业。

三是强化加工引领。农畜产品加工业一头连着生产，一头连着销售，是产加销一体化的中枢核心，是农畜产品市场竞争力的主要体现，是农牧业高质高效发展的关键。推进我区农牧业高质量发展，必须强化加工引领，大力培育和引进农畜产品加工企业，一方面，要坚持有进有出、动态管理的原则，按照自治区、盟市、旗县三级总体规划和分工，在引进和培育国家级、自治区级和盟市级重点龙头企业数量上下功夫。另一方面，要树立绿色发展理念，打好草原、绿色、有机品牌，大力推行标准化生产，加快农畜产品标准体系建设，从源头上保证农畜产品质量安全，在提升龙头企业和产品质量上下功夫。

四是实施品牌战略。一方面，实施“大品牌”战略，以龙头企业为依托，对具有内蒙古区域优势的产品进行品牌整合，共同打造区域品牌。支持龙头企业申报、创建中国驰名商标、自治区著名商标、自治区名牌产品、原产地标记、农畜产品地理标志，支持龙头企业申请商标国际注册，积极培育出口产品品牌。另一方面，各级政府要加大品牌创建推进力度，强化部门协同配合，形成创品牌、管品牌的联动机制，制定农牧业品牌建设行动方案，明确创建目标和实施路径，制定名优品牌目录和营销推广措施，分行业、有重点、分阶段地推进农牧业品牌建设。同时，要加大品牌营销宣传，特别是要瞄准高端市场，在一线城市或区域中心城市利用权威媒体或搭建绿色农畜产品展示、体验、宣传营销平台，加大宣传营销力度，支持企业开拓电商市场，发展直供直销，形成线上线下全渠道营销格局。

五是推进产业融合。一方面，要以市场需求为导向，以完善与农牧户利益联结机制为核心，以制度、技术和商业模式创新为动力，以新型城镇化为依托，积极推进农村牧区产业融合发展，延伸农牧业产业链，拓展农牧业多种功能，培育农村牧区新型业态，形成农牧业与二、三产业交叉融合的现代产业体系、惠农富农的利益联结机制。另一方面，要充分挖掘利用农牧区绿色资源优势，通过现代农牧业产业园、返乡创业园等载体，积极鼓励和引导有实力的企业，大力发展农畜产品精深加工业、特色种养业、休闲农牧业、创意农牧业、电商服务业等新业态，拓展农牧业高质量、高效益发展领域。

推动内蒙古物流业高质量发展的对策建议

张永军　祁婧

物流业作为生产性服务业的重要组成部分，对降低制造业成本及促进经济提质增效至关重要。目前，我区物流成本偏高、专业化服务水平低、资源整合不够等问题限制了物流业对于制造业的支撑促进作用。为此，应在加快物流基础设施建设的基础上，加大资源整合力度，围绕“降成本，专业化，提效率”，大力推动我区物流业高质量发展。

一、问题提出

（一）交通运输与物流融合发展不足导致物流成本偏高

2017 年，全区社会物流总费用完成 2784.26 亿元，增长 10.3%，社会物流总费用与 GDP 的比率为 17.3%，比全国平均水平高出 2.7 个百分点，也高于河南（15.7%）等内地省区，表明我区物流效率仍然处于较低水平，物流成本偏高。

一是物流基础设施相对滞后。我区仍是国内少数几个没有开通高铁的省份之一。公路整体等级水平比较低，高速公路占公路里程的比重仅为 2.86%，农村牧区的交通设施更为落后，2738 个嘎查村尚未通沥青水泥路。全区路网规模总量与国土面积相比明显不足，路网密度仅为全国平均水平的一半。

二是综合交通运输体系尚未完全形成。从各种运输方式完成货物运输量看，铁路在综合交通运输中的优势未得到充分发挥，2017 年前三季度仅占比 35%。2016 年呼和浩特市白塔机场货邮吞吐量占全国比重为 2.5%，居第 39 位；起落架次占全国的 0.9%，居第 36 位。从各种运输方式衔接看，我区现代化仓储、多式联运转运设施明显不足，物流基础设施间不衔接、不配套，导致多式互通和联运衔接不畅，与区位优势不适应。

三是产业发展层次较低。据估算，单位工业产值消耗的物流量是第三产业的近两倍。煤炭、PVC、钢铁等大宗产品生产行业的物流支出较大，尤其是产品运距超过 500 公里后，物流费用占到总成本一半以上，物流成本负担较重；而精深加工产品、高科技产品、现代服务业等行业物流成本的支出较小。在深化供给侧结构性改革的背景下，传统生产制造企业迫切需要挖掘运输衔接环节的利润，这对我区现代多式联运发展提出了更高的要求。

（二）物流市场主体竞争力不足导致专业化服务水平低

我区物流市场主体发展水平滞后，核心问题表现为“散、小、弱、低”，即主体分散、经营粗放、封闭运行、各自为政，企业规模小，市场主体竞争能力弱，企业提供服务层次低、运作效率低。

一是物流企业转型升级步伐较慢。2017 年 50 强物流业务收入占全国物流业总收入的比重为 11.1%，企业“领头羊”效应凸显。我区通辽铁盛商贸公司在 2016 年中国物流企业 50 强中居第 30 位，物流业务收入为 61.02 亿元，仅相当于排名第一的中国远洋总公司的 4.9%。2017 年上榜企业物流业务收入的快速增长，入围 50 强榜单门槛大幅提升，我区未能有企业上榜。

二是重点领域精细化服务水平低。我区物流企业普遍存在人员多而文化素质和专业素质偏低的现象。多数小型物流企业信息化程度很低，无法提供查询、跟踪服务等，难以快速制订解决方案保证订单履约的准确性和满足客户的个性化需求。第三方物流企业发展不足，服务范围全而不专，中高端、体系化、集约式服务匮乏，在快运、冷链、医药等细分领域物流服务亟待提升。

三是融资能力较差。物流企业以民营企业为主，运输方式以货运车辆为主，不能作为贷款抵押物，企业以流动资金贷款为主，融资成本较高。此外，由于供应链运行处于初步阶段，新型供应链贷款模式难以形成。国家和自治区对物流业建设项目的贴息和专项扶持资金渠道单一、额度较低，而物流基础设施建设项目投资较大，政府的少量补助对投资较大的项目解决不了关键性问题。

（三）资源整合能力较弱导致物流产业服务效率低

我区物流业的发展仍然处于较为粗放的阶段，发展模式短时间内难以从资源大量占有模式转变为资源整合模式，物流业发展的软环境亟待改善。

一是集聚化的园区模式尚未形成。相对其他西部省份，我区物流园区的数量相对较多，但是供需结构性失衡的问题较为突出。一方面，我区物流园区缺乏统筹规划，库存、仓储中心、配送中心、专业化物流中心、物流园区的梯次配置难以形成，同质化、重复性建设的物流园区独立运作，未能实现预定的物流集散效应，形成资源闲置。另一方面，我区物流园区以传统物流活动模式（如仓储、运输、配送、流通加工等）为主，在保税物流园区、空港物流园区、产业转移承接区、综合服务区等功能园区建设上的创新性探索不足，导致服务功能较为单一。

二是物流资源管理没有形成合力。我区在物流资源管理上，政企不分、条块分割、多头管理造成物流资源的浪费。以运输管理制度为例，由于实行按照不同运输方式划分的分部门管理体制，使得部门之间、地区之间的权利和责任交叉和重复，难以有效合作，导致大量的重复建设和盲目竞争。同时物流产业缺乏明确有效的政策措施，价格政策、税收政策、投资政策不到位、不配套，影响和制约了物流产业的协调发展。

三是信息化水平较低。我区针对钢铁等大宗交易、跨境贸易、农业产业链等优势领域的物流平台发展滞后，缺乏拥有自主知识产权的物流信息系统，基础信息和公共服务的平台发展缓慢。如支撑现代物流业的电商平台发展不足，导致优质农产品有市场没渠道，农畜产品流通只能依靠批发、零售等传统流通方式，多环节交易延长了物流周期，也增加了物流成本。

二、主要对策建议

（一）推进交通基础设施和交通运输服务“双融合”

降低运输成本是降低企业物流成本的关键，必须加强交通基础设施建设，补“硬”，加快发展交通运输业，着力构建多式联运综合服务体系，补“软”，二者同步推进。一是以区域中心城市为重点，推进铁路站点、机场、高速公路三者有效对接，建设城市地铁、公交、出租车等综合服务平台，形成合理运输半径，构筑多位一体的运输格局。二是以现有支线机场为重点，抢抓国家实施军民融合战略契机，完善机场服务功能，形成高密度航线服务网络。如阿尔山、阿拉善等机场。三是以口岸地区为重点，在目前已开通的中欧、欧亚班列基础上，进一步密切与港口、综合保税区、保税物流园区等节点联系，加快发展陆海联运模式，实现“优进优出、优质优价”。

（二）加快推动多式联运发展

一是打通多式联运的瓶颈环节。依托物流大通道，统筹公路、铁路、航空货运枢纽，加快公路港、铁路集装箱中转站、航空物流园、口岸换装作业区等中转、转运设施建设，支持重要口岸、公路货站和公路物流园区引入铁路专用线，大力发展公铁联运、陆空联运等多式联运服务方式。二是以标准化实现多式联运匹配对接。借鉴河南省支持中欧班列开展邮件运输业务，建立航空和高铁物流直通作业体系，创新发展“一票制”服务模式等经验，加快实施多式联运示范工程，积极培育具有跨运输方式货运组织能力的企业开展多式联运业务。推动货物运输的“一单制”，支持企业应用电子运单、网上结算等互联网服务新模式。推动集装箱公铁联运领域在“一单制”运输上率先突破，促进物流一体化、标准化发展。三是提高中欧班列运行效率和效益。鼓励企业与欧洲当地物流、货代等企业紧密合作，积极拓展双向货源，开发跨境电商货物和国际邮政运输业务，努力增加适合通过班列运输的高附加值商品运量，充分发挥“比海运省时，比空运便宜”的特色优势。

（三）着力做大做强物流市场主体

一是大力推动中小物流企业兼并重组。鼓励物流企业与中央在自治区企业开展合作，全面参与中央在自治区企业的供应链管理，或共同组建第三方物流企业；鼓励制造企业剥离物流资产和业务，如支持大型煤炭企业充分发挥自身优势，剥离物流业务，发展专业化煤炭物流。二是鼓励支持互联网智慧化物流发展。适应信息化发展趋势，推进“互联网+”物流高效发展，鼓励大数据、云计算、物联网在物流领域的应用，建设智能仓储和配送调配体系，提升物流运转效率；推动智能化设备与先进信息技术的应用及推广，探索智慧供应链、智慧物流平台、智能仓库等新产品、新服务、新模式，提升物流智慧化水平。三是建立区域性企业联盟。创造条件鼓励物流企业之间加强联合，支持工商企业与物流企业、物流企业与运输、仓储、货代、联运、集装箱运输等企业组建相互信任、共担风险、共享收益的物流联盟，通过集约化运作方式降低行业成本。

（四）积极探索重点领域实现突破

一是以基金规范化运作为突破口，创新投融资模式。探索设立现代物流业发展基金与重点补助相结合等模式，带动更大规模的资金投入现代物流业发展。探索设立制造企业服务剥离发展引导基金，扶持大型制造业企业服务活动分离后形成的现代物流业等重点生产性服务项目建设。引入专业化团队，推进规范化管理和运营，采取“母基金+子基金”、企业为主体的产业基金等形式，创新基金运营模式。二是以重大政策梳理为突破口，推进政策落实。对出台的现代服务业促进政策进行集中梳理，进一步修订完善《内蒙古自治区加快服务业发展若干政策规定》，并加强宣传。三是以提升物流业园区发展质量为突破口，实现产业集聚。研究出台“自治区级示范物流园区建设认定管理办法”，发挥示范物流园区的带动作用，着力推进产城融合。加大对物流园区土地闲置浪费退出监管，实现产业集聚、资源集合、经营集约、功能集成。四是以降税清费、简政放权为突破口，降低企业的经营成本。完善公路收费政策，加快根治公路运输中的乱收费和乱罚款行为。完善物流企业资质审批、简化注册经营手续的政策。着重对民间资本投资设立物流企业提出具体的扶持政策，通过这些措施将进一步完善物流业民间投资的管理体制。建立物流配送绿色通道补贴政策，保障运送鲜活农产品、生活必需品等车辆的通行便利。

内蒙古生产性服务业发展的制约因素及对策研究

祁婧　康磊

2017 年全国服务业生产指数比上年增长 8.2%，生产性服务业营业收入同比增长 15.0%，有力地推动了经济高质量发展。对内蒙古来说，把握好生产型制造向服务型制造转变的大趋势，主动加快生产性服务业发展对于加快工业转型升级，实现经济发展提质增效意义重大。当下，应着力突破要素制约瓶颈，从扩大有效需求和提升供给能力两个角度出发补齐短板，才能做到因势而谋、顺势而为、乘势而上。

一、存在问题

（一）总量偏低

2016 年内蒙古生产性服务业实现增加值为 4759.63 亿元，占 GDP 比重为 25.5%。从国际通常水平看，每 1 元工业增加值需要 1 元以上的生产性服务业为其提供配套服务，目前，我区工业增加值和生产性服务业增加值的比例为 1 ：0.61，生产性服务业有效供给缺口接近 40%。

（二）结构偏向传统产业

内蒙古生产性服务业行业分布主要集中在交通运输、仓储和邮政业、批发业等传统生产性服务业上，信息传输和计算机服务业、金融业、科学研究技术服务业等新兴生产性服务业发展不足。2015 年，内蒙古传统生产性服务业增加值占生产性服务业增加值的 63.24%，与 2010 年相比下降了 10.6 个百分点，但仍然比新兴生产性服务业占比高 26.5 个百分点。

（三）质量水平有待提升

目前内蒙古生产性服务业的龙头企业较少，市场号召力不足，专业化水平不高，产业层次较低，生产性服务供给品种相对不足，带动支持作用有限。在 2016 年全国软件业务收入百强企业、中国服务外包百强成长型企业及中国物流企业 50 强等榜单中，均未有自治区企业上榜。2016 年中国民营企业服务业 100 强，仅有包商银行一家企业入围，居第 49 位。

（四）集聚效应有待发挥

内蒙古服务业集聚区发展起步晚、产业基础薄弱，目前集聚区规模偏小且以传统产业为主，物流园区、产品交易市场数量偏多，自治区级科技创业园区、文化产业园区却只有 15 家，有待形成错位竞争、优势互补的发展格局。

二、制约因素

（一）生产性服务业需求不足

一是产业的低水平发展模式造成“服务内置化”现象比较严重。2016 年，内蒙古能源工业占规模以上工业比重 43.4%，制造业产值占比仅为 60.5%。内蒙古产业的低水平发展模式直接造成大多数制造业企业内部完成生产性服务环节，使得大量本应市场化的生产性服务业变成了制造企业自我提供服务，压抑了生产性服务业的需求，也降低了服务业的效率和质量。二是制造业产业集群企业数目的缺失。内蒙古制造业法人单位数目相对较少，只有江苏省的4.2%，浙江省的4.65%，广东省的5.19%，山东省的7.11%，制造业产业集群企业数目的缺失，直接导致了物流、信息、金融等生产服务业需求不足。

（二）市场化程度低

一是综合市场化指数低。根据《中国市场化八年进程报告》显示，尽管从2008年到2014年内蒙古的市场化程度有小幅度提升，但2014年总体排名仍为全国倒数第4。服务业是对市场化程度比较敏感的行业，内蒙古在市场分配资源的比重以及减少政府对企业干预等方面表现较差，相关行政审批手续的便捷化程度不高，市场中介组织的发育不足，科技市场化进程滞后，导致市场机制的作用发挥得很不够，现代服务业缺乏足够的发展动力和活力，效率低下。二是服务业市场主体明显缺乏多元化。以服务业固定投资为例，内蒙古服务业投资结构明显表现出“国有大、民营小”的格局，2015年服务业国有固定资产投资达55.12%，远高于全国34.18%的占比，服务业私营和个体固定资产投资比例占到15.64%，远低于全国的22.71%。

（三）信息技术水平落后

内蒙古相对滞后的信息通信基础设施及较低的信息化技术应用水平限制了企业创造新的价值和降低生产成本，制约了交通运输、金融保险、文化创意等服务业的技术创新与商业模式创新。第39次《中国互联网络发展状况统计报告》指出，2016年内蒙古互联网普及率为52.2%，低于全国平均水平1个百分点，低于北京25.6个百分点，在工业应用指数及应用效益指数上的表现较差，均低于全国平均水平。

（四）城市竞争力较低

目前，中国城市间竞争的总体情况可以用“异常激烈”来形容，“国家中心城市”正成为新一轮政策竞争的焦点，前20%的地级及以上城市集聚了全国近3/5的财富，经济进入快速集聚阶段。在2016年综合经济竞争力指数方面，内蒙古排名最靠前的鄂尔多斯市仅列第85位；在教育、医疗等公共服务以及经济活力方面，内蒙古排名最靠前的包头市位列第31位；在生态城市、知识城市竞争力等方面，内蒙古排名最靠前的呼和浩特市仅位列第40位。城市服务功能的匮乏和体制环境的不健全无法满足生产性服务业如信息咨询服务、文化创意产业等转移和发展所需要的环境及条件。

（五）要素支撑体系不健全

一是人才要素。现代物流、信息服务、文化创意、商务服务等领域的人才培养和引进相对滞后，金融、管理咨询、会计法律等知识和技术密集型服务行业长期面临中高层经营、管理、专业技术人才不足的制约。二是资金要素。2016年服务业投资占全社会固定资产投资总额的49.6%，但信息传输、计算机服务和软件业仅占0.89%，科学研究、技术服务业仅占0.62%。对现代服务业和新兴行业的投入偏低，直接导致服务业特别是生产性服务业发展后劲不足。三是技术要素。内蒙古规模以上企业建有研发机构的比例很低，具有产业特色的高水平研发机构数量偏少，企业重生产经营、轻科技创新的现象较为普遍，导致技术创新能力较弱。2015年，规模以上工业企业中设有研发机构的企业所占比重仅为3.7%，有R&D活动的规模以上企业占比仅为7.3%，仅有3.1%的企业有新产品销售，内蒙古开展科技创新活动的企业比例均低于西部地区和大部分省市。

（六）政策约束有待破解

作为欠发达资源型地区，长期以来形成的资源依赖型、投资依赖型经济发展模式，对于扶持生产性服务业发展的政策体系不完善，政策之间缺乏相应配套，部分政策存在“有政策、无细则”的问题，对重点产业发展引导不够。政府对于相关政策宣传不到位，大部分中小企业对相关的扶持政策一知半解。数据显示，2016年一、二、三、四季度，内蒙古规模以上服务业企业受益于相关政策的帮助和支持的企业比重依次为16.6%、18.8%、17.7%和17.4%，受益企业比重不足两成。

三、对策建议

（一）扩大生产性服务业需求

加快传统优势产业转型升级。加快传统资源型产业的战略重组，借鉴上海钢铁交易中心项目等现代服务业综合试点经验，重新整合资源要素，增强产业竞争力。加快传统制造业转型升级，加大对技术、设计、市场等方面的服务创新及投入，强化研发设计、运营管理、检验检测等服务环节，不断延伸产业链，促进煤炭等行业发展由生产型向生产服务型转变。促进制造业主辅分离，选择行业优势明显、配套服务需求大的龙头骨干企业进行先期试点，鼓励支持企业组建相关领域的科技研发服务企业开展科技研发服务，利用现有仓储、运输等资源开展现代物流服务等。

发展节能环保、高端装备及大数据云计算产业具有先导性、迫切性。节能环保产业可以满足内蒙古市场对三废处理、脱硫脱硝等节能环保技术需求，也包括新能源汽车等新型制造业及合同能源管理等节能环保服务业，涉及绿色信贷、环境产权交易等现代金融服务业，这些产业本身就是生产性服务业。高端装备产业可以满足内蒙古清洁能源、新型化工、农牧业等产业发展及城镇化建设带来的市场需求，而且，与装备制造产业密切相关的研发设计和系统集成、设备成套与工程总包、安装调试、维修保养、仓储物流等配套服务有助于形成装备制造产业集群，吸引相关产业链生产性服务业企业集聚。大数据云计算在工业研发设计、生产制造、经营管理、售后服务等产品全生命周期、产业链全流程各环节的应用，可以极大地提高内蒙古造业的产业竞争力，而且能够切实刺激研发、销售、消费等市场需求。

（二）提升生产性服务业有效供给能力

推动互联网平台经济的发展。推动“内蒙古制造”向“内蒙古智造”转变，围绕商品交易、服务供给等关键环节，推动大宗商品现货交易网络平台、仓储物流平台、互联网金融服务平台等服务平台建设，在钢铁等大宗交易、文化创意、物流供应链、跨境贸易、农业产业链等领域培育一批优秀的电子商务平台企业。如，推进

“互联网 +”物流高效发展，鼓励大数据、云计算、物联网在物流领域的应用，建设智能仓储和配送调配体系，提升物流运转效率；发展工业大数据集成应用与数据挖掘服务，鼓励建设第三方大数据平台，面向制造企业提供精准营销、个性化定制等新型服务。

引导生产性服务业集聚。一是以“呼包鄂”城市群及赤峰、通辽等其他区域中心为重点，构建产业特色鲜明、功能完善突出、二三产业融合配套的生产性服务业空间发展格局。二是借鉴上海等发达地区的经验，着力将生产性服务业功能区打造成“产、城、人”和谐共生的产业综合体，盘活低效利用土地，以金融、现代物流、科技服务等产业为重点，培育一批自治区级生产性服务业集聚示范区。三是完善信息基础设施，积极构筑公共信息平台，建立集聚区标准与考核评价体系。

健全要素保障体系。一是积极推进实施开放的人才政策，营造良好的人才发展环境，吸引、留住年轻人才。增强人才教育与生产性服务业发展实际需求的对接，尤其是加快信息技术、金融、现代物流、科学研究等专业人才的培养和引进。二是加强财政对生产性服务业发展的资金支持，设立制造业企业服务化发展引导基金，对大型制造业企业的重点服务化项目给予贴息或补助；设立制造企业服务剥离发展引导基金，重点扶持大型制造业企业服务活动外置形成的生产线服务业集聚区，包括现代物流业、金融保险业等重点项目建设。三是加大对生产性服务业技术开发基础设施建设的投入，构建以企业为研发主体、产学研三位一体的科技创新机制，整合相关科技信息资源，建立共享机制。四是盘活土地要素，鼓励通过对城镇低效用地的改造发展生产性服务业，从工业转向发展生产性服务业，土地若干年内可按原用途使用。五是打通政策落地“最后一公里”，对出台的现代服务业促进政策进行集中梳理，并加强在企业间的宣传，政策中凡涉及简政放权、优惠让利等措施，要制定具体的实施细则以便操作。在用足用好国家给予的政策空间的同时，大胆借鉴外省市的经验，完善支持企业创新转型的配套政策，如引导企业运用跨境电子商务手段开拓国际市场并给予资金扶持，支持节能环保服务项目以预期收益质押获得贷款等。

推进内蒙古文化旅游融合发展的路径选择

黄占兵

文化是旅游的灵魂，旅游是文化的载体。“十二五”以来，内蒙古走出了一条文化和旅游融合发展之路，但仍存在着文化旅游融合发展质量和综合效益不高的问题。加快推动文化旅游融合发展对于增加内蒙古旅游业有效供给、打造国内外知名旅游目的地，推动构建现代产业体系、实现高质量发展具有重要意义。

一、内蒙古文化旅游融合发展站在了新的起点上

“十二五”以来，我区积极适应经济发展新常态，立足文化资源和旅游资源优势，坚持以文化提升旅游的内涵品质，以旅游促进优秀民族文化传承弘扬，文化旅游产业发展呈现融合进程加快、融合领域拓宽、融合深度加强、融合新业态涌现的良好发展态势。主要表现在：一是文化旅游产业在拉动经济增长、带动就业、推动扶贫等方面的综合作用明显增强；二是文化和旅游景区深度融合步伐加快，成吉思汗陵旅游区、响沙湾等品牌景区成为国内外游客了解和体验内蒙古历史、文化的重要“窗口”；三是文化旅游产品多姿多彩，精心打造了草原古都游等文化主题旅游产品、冬季那达慕等特色冬季文化旅游产品和昭君文化节等民族文化旅游节庆活

动；四是文化旅游演艺产品硕果累累，扶持和培植了《千古马颂》《鄂尔多斯婚礼》等一批文化旅游演艺产品；五是文化旅游商品不断丰富，开发了蒙古族服饰、马头琴等一批民族文化旅游商品，打造了“内蒙古博乐歌”旅游商品品牌；六是文化旅游发展环境不断改善，综合旅游交通运输体系建设和旅游厕所革命深入推进，城市旅游综合服务能力大幅提升，成立了自治区旅游发展委员会，先后出台了一系列促进文化旅游加快发展的政策文件。

同时也要看到，我区文化旅游融合发展仍存在不平衡不充分的问题：一是旅游和文化资源融合不足，全区 5A 级旅游景区仅有 4 家，昭君博物院、元上都遗址等景区处于初级开发阶段，更多注重给游客展现同质化的蒙元文化和体验喝酒、吃肉、看草原、逛召庙等简单、粗浅的文化，红山、大窑、河套、红色等多种文化资源亟待深入挖掘。二是文化旅游线路建设相对滞后，现有线路尚不能有机融合文化资源、历史遗迹、民俗风情、特色建筑等，缺乏让游客产生心灵震撼、受到文化熏陶、引发艺术共鸣的文化旅游精品线路。三是文化旅游产品开发单一，具有丰富文化体验性、参与性的文化旅游产品和旅游文化演艺节目缺乏，文化旅游商品开发缺少文化元素和创意，不能有效满足游客对文化多元化、个性化的感悟探寻需求。

二、内蒙古文化旅游加快融合发展的主要路径

深入贯彻党的十九大报告提出的建设现代化经济体系的战略部署，全面落实自治区第十次党代会关于构建现代产业体系、推动经济转型升级的部署要求，围绕打造“壮美内蒙古·亮丽风景线”旅游品牌，构建资源、载体和产品三条文化旅游融合发展的路径，加快形成以文化丰富旅游内涵、提升旅游层次，以旅游带动文化消费、促进文化传承发展的文化旅游高质量发展新格局。

路径一：促进跨区域文化旅游资源融合发展

按照发展全域旅游的总体要求，跨区域推进文化产业、文化遗产资源与旅游资源融合发展，实现文化旅游资源相互依托、相互补充、相互促进。

文化产业方面，打造一批国内外影响广泛、题材丰富、风格流派多样的舞台艺

术精品力作和大型旅游实景演出，统筹开发国家级、自治区级文化产业园区和示范基地的旅游服务功能，推动文化创意产品开发、数字文化产业与旅游相融合。

文化遗产资源方面，在保护好古城遗址等文化遗物的基础上，结合旅游线路建设，依托各级重点文物保护单位、古民居建筑群和各类遗址等发展文化旅游，采取建设非遗博物馆、非遗生态保护区、非遗主题公园和开展非遗舞台化表演、非遗旅游节庆活动等形式，开发体现非遗文化特色性、体验性、参与性、趣味性的多元化旅游产品。

路径二：加强文化旅游融合发展载体建设

结合自治区旅游“一廊一脉”总体格局和四大旅游片区建设，推进特色文化旅游精品线路、特色文化旅游景区等重点文化旅游载体建设，增强文化旅游核心竞争力。

特色文化旅游精品路线方面，创新区域文化旅游路径和组织方式，以文化为纽带，以风景道串联景区、景点和资源，打造跨国、跨区域和跨盟市三级精品文化旅游线路，实现以点串线、以线串面、点线面结合全面推进跨区域文化旅游资源融合发展。

特色文化旅游景区方面，结合自治区旅游精品景区建设行动，以提升文化内涵与品质为核心，建设一批集体验性、参与性、娱乐性、教育性为一体的历史、宗教、红色、生态、民族风情等特色文化主题旅游景区。

路径三：创新文化旅游融合发展产品

依托各地独具特色的文化和旅游资源，以市场需求为导向，坚持特色化、差异化发展方向，创新开发文化、民俗与旅游融合产品，培育形成特色鲜明的内蒙古文化旅游融合发展新业态。

文化旅游演艺精品方面，组建内蒙古演艺联盟，组织实施“内蒙古民族艺术品牌体系建设工程”，实施演艺企业向中心城市、旅游景区（点）驻点演出战略，推出《千古马颂》《马可·波罗》《无伴奏合唱》等一批精品文化演艺节目，广泛运用现代声、光、电技术和 3D 等数字技术完善文化旅游演艺产品功能。

特色文化旅游节庆活动方面，扩大游牧文化旅游节、旅游那达慕、蒙古族服装服饰艺术节等专项文化主题旅游节庆活动影响力，加快发展鄂尔多斯国际那达慕、草原丝路马拉松、环阿拉善沙漠户外赛事等体育文化旅游节庆活动，积极发展冬季那达慕、呼伦贝尔开雪节、阿尔山冰雪节等冬季文化旅游节庆活动。

特色文化旅游商品方面，培育一批旅游商品研发、生产、销售龙头企业，征集、筛选和开发地域和民族特色突出、市场竞争优势明显的文化旅游特色商品，提升和改进旅游纪念品工艺与包装水平，健全多层次旅游商品销售网络，大力推广“内蒙古博乐歌”系列文化旅游特色商品品牌。

提升内蒙古大数据安全保障能力的举措

内蒙古发展研究中心“内蒙古大数据安全与应用研究”课题组*

随着大数据技术的日益成熟，大数据在各行各业中的应用范围不断扩大。当前，掌握和运用大数据的能力正日益成为衡量一个国家和地区经济社会发展程度的重要标志。

一、内蒙古大数据安全面临的挑战

（一）大数据安全平台建设滞后

目前，自治区已初步建成环保、卫生、社保、质检、税务、信用等大数据应用平台，气象、消防、林业等大数据平台有序推进。但针对网络安全信息汇聚共享和关联分析的平台尚未建成，在一定程度上影响了我区对数据风险因素的感知、预测和防范能力。

（二）数据标准尚不统一

当前我区大数据硬件建设发展较快，但数据开放共享进展缓慢，信息孤岛、数

---

* 内蒙古发展研究中心“内蒙古大数据安全与应用研究”课题组组长：杨臣华，成员：朱丹琪、金英、李明、韩淑梅、郭淞沆、李硕、李媛。

据碎片化问题突出。从自治区政务信息系统看，41个部门766套信息系统使用了11个品牌数据库，致使数据结构不规范、数据标准不统一、数据库管理软件兼容性差，使数据整合、安全管理难度加大。

（三）数据开放共享程度不高

信息共享包括政府部门间、跨行政区域间、政府与企业间数据共享。目前，自治区数据开放共享主要存在三方面的问题：一是由于条块分割等原因，各单位把数据资源当做自己的权利，过分强调数据安全、保密或出于部门利益，致使公共信息资源不能共享和交换，数据孤岛还大量存在；二是数据开放共享的制度体系还不够完善，使信息资源共享进展缓慢；三是共享开放渠道不畅，数据资源共享平台建设滞后。

（四）大数据安全认识不到位

网络信息安全的投入不完全是安全产品和工具的投入，还包括操作流程应急处理机制的投入，需配套与安全产品相适应的过程管理机制。从我区看，大多数单位完成了信息系统安全等级保护工作，制定了网络安全应急预案等信息安全管理制度，但还有部分单位对安全认识不到位，存在着重安全产品投入、轻安全管理投入等问题。

（五）相关政策法规不完善

根据大数据安全管理的需要，我区发改、财政、科技、人社、组织等相关部门都分别制定了相应的促进举措，但相关措施还存在着针对性不强、政策支持分散等问题。个别政策存在有指导意见、没有落地的实施细则等问题，致使实际操作过程中政策落实难度加大。我区大数据安全保护等方面的法律法规尚不完善，全面系统的大数据应用安全保障机制、安全评估机制尚未建立，相关的大数据立法工作有待加快。

（六）产业生态较弱

产业健康可持续发展的一个重要特征就是形成了完整的产业链条和多层次的生

态体系。以自治区大数据产业为例。目前，各领域大数据企业分工不明确、交流合作不足、协同力度不够；大数据行业协会、产业联盟发展还较滞后，这些问题增加了大数据统一管理的难度，加大了数据安全风险。二是软件业发展滞后。2017 年，我区软件业营业性收入仅为 25.4 亿元，而北京为 7983.3 亿元、浙江为 6113.48 亿元、山东为 5803.24 亿元。三是专业技术人才匮乏。自治区由于成熟的大数据人才培训体系尚未建立，这种复合型人才明显短缺。

二、提升内蒙古大数据安全保障能力的思路和举措

深入贯彻全国网络安全和信息化工作会议精神，全面落实自治区对全区网络安全和信息化工作的部署要求，基于目前我区大数据安全存在的问题和面临的挑战，迫切需要从大数据管理、体制机制、基础设施、监测预警等方面加强建设，全面提升内蒙古大数据安全保障能力。

（一）高度重视大数据安全管理

加强大数据安全顶层设计。一是加强大数据安全的组织领导。大数据安全同其他安全一样，三分靠技术，七分靠管理。在自治区大数据发展领导小组领导下，各地区各部门要加快建立健全大数据发展管理机制，制定实施方案和配套措施，完善大数据发展管理规章制度，确保各项工作任务落实。二是加快大数据安全的总体谋划。基于国家战略的大数据顶层设计，以《内蒙古自治区大数据发展总体规划》为指导，在数据安全管理、敏感数据管控、平台安全防护、数据安全评估等方面总体规划，明确数据资源保护近期、远期工作重点。三是把数据资源视为国家战略资源。将大数据资源保护纳入到国家网络空间安全战略框架中，构建大数据环境下的信息安全体系，开展大数据安全风险评估工作，提高应急处置能力和安全防范能力，提升服务能力和运作效率。

健全大数据安全政策法规。一是完善相关政策。基于数据安全，制定覆盖大数据产业生态可执行的规章制度和实施细则，指导大数据产业生态安全保障工作的

开展。同时，对已出台的相关政策，加快出台配套的指导意见、实施细则等政策文件，完善结构性政策、功能性政策、鼓励性政策等文件。二是健全大数据法律法规。在《内蒙古自治区大数据发展总体规划（2017-2020年）》的基础上，制定出台自治区政务信息资源共享管理暂行办法和政府信息资源、公共信息资源开发目录。拓宽现有法律法规的调整范围，将工业互联网、农牧业互联网、云计算等信息技术应用场景下的数据保护纳入法律法规调整范畴。

强化大数据人才队伍建设。一是发挥本土人才优势。自改革开放以来，自治区已先后培养出几十万计算机、数学、统计等相关专业大学生。其中，有不少已成为行业高端人才。围绕打造本土人才经济，加快对本科以上大学毕业生进行摸底，纳入自治区人才信息库。通过举办"资智回内蒙古"专场会、座谈会、创业政策等方式，鼓励本土人才回乡投资创业发展。二是创新人才培养模式。与京津冀地区合作，联合培育大数据应用型人才，合作建立大数据实训基地。推进区内高校与国内外知名院校、科研机构、企业联合办学，共同建设人才培养基地。支持企业与高等院校、职业院校合作，创建"政、企、产、学、研"一体的人才培养平台，为企业培养定向人才。三是创新人才引进模式。加强高层次人才团队的引进。依托"草原英才"工程和大数据项目，着力提升各类人才平台和产业平台对创新创业人才的承载能力，推进科研工作站建设，吸引创新人才团队来我区，推动大数据产业发展。出台人才"转移支付"政策，扩大盟市人才引进规模，实现区域人才协调发展。

（二）加强大数据安全体制机制建设

建立数据安全责任分工制度。一是加强数据分类分级管理。制定大数据安全管理责任分工制度，明确云平台运营商、各应用单位、网信办等部门在云平台的物理安全、网络安全和数据库安全的职责划分。实施大数据等级保护制度，按照行业领域、数据价值、数据特征等属性进行分类管理，严格实施大数据基础平台建设和数据应用的"事前"审批制度。二是健全大数据保护的考核机制。针对不同单位和不同岗位的职责、工作特点，设计量化考核指标和标准，建立部门主要领导负责的大数据安全绩效考评机制。同时，配套建立激励机制和督办机制，将数据采集、存储、分析、挖掘、使用、传输、开放等全生命周期的关键环节纳入监督范围，对各单位大数据安全工作的落实情况进行评估。

加快大数据安全标准制定。充分发挥标准的指导和引领作用，开展自治区标准与国际标准、国家标准和行业标准的配套衔接工作，出台《内蒙古自治区大数据标准体系》等标准规范。推进政务数据采集、开放、共享、分类、质量、安全管理及流通等关键共性标准制定，建立完善的信息资源目录分类、采集、共享交换、平台对接、网络安全保障等方面的标准，形成完善的信息资源共享标准体系，提升数据保护能力和水平。

完善信息共享机制。一是推进政务信息资源整合共享。以共享信息管理、信息共享交换、目录管理服务为核心，加强政务数据资源管理，建立数据资源全生命周期管理的操作规程和工作机制，推进医疗、社保、教育、科技、生态、环境等公共服务信息资源库建设，逐步建设形成一体化的信息共享交换平台。二是培育交叉融合的大数据新业态。编制公共数据资源开放目录，形成统一的数据查询检索、资源管理、权限管理、安全脱敏等功能，促进政府部门、事业单位、行业企业间的数据交易流通，有序向社会开放公共数据资源。加快建立大数据市场交易标准体系，支持大数据企业与传统行业的技术和数据对接，形成多元化合作运营模式。加强信息资源从采集、共享到使用的全过程网络安全保障工作。

（三）提升大数据安全基础保障能力

加强信息基础设施建设。一是加强信息网络设施建设。进一步完善全区互联网骨干网、城市和农村牧区宽带网络，推进4G网络优化和无线局域网建设，加快布局建设空间信息基础设施，扩容互联网出口宽带，提升区内、省际网络宽带和流量的衔接能力。完善国际、省际干线光缆，提升网络骨干传输和交换能力，拓展互联网出区带宽。二是加强信息安全系统建设。加快互联网舆情应急指挥平台和网络安全态势感知平台建设，推进自治区级、企业等网络个人信息保护态势感知、监控预警、测评认证平台建设，加强大数据环境下防攻击、防篡改、防泄露、防窃取、防病毒的监测、预警、控制和处置能力建设，形成统一、可管控的安全系统。

加强大数据安全关键技术开发。一是加强数据安全关键技术的研发。加快建立激励机制，设立自治区大数据安全基金，通过科研和专项经费支持，推进可信计算和加密算法等安全技术研究。加强与国内外科研机构和企业的合作，联合开展技术攻关，开展数据接口、传输、存储、脱敏、溯源和审计等数据应用的安全技术研发。二是强化大数据安全产品研发和服务。积极搭建合作平台，推进安全企业、数据运营单位、科研机构和高等院校合作开展大数据安全产品研发。创新大数据技术服务模式，支持有条件的盟市设立大数据安全创业科技园，推动传统网络安全服务企业向大数据安全服务转型。

（四）强化大数据安全监测预警能力

健全数据安全监测预警机制。一是完善大数据安全管理制度。落实网络安全检查、等级保护、风险评估、应急处置等网络安全制度，推进数据安全保护测评体系建设，提高测评机构的技术检测能力。开展大数据平台及服务商的可靠性及安全性评测、应用安全评测、监测预警和风险评估。二是加快信息安全通报制度建设。建立自治区数据安全监测预警和通报处置工作机制，建立覆盖自治区、盟市、旗县三级立体数据安全监测预警和信息通报处置体系。定期对数据存储、交易、使用的具体情况进行安全检查，对发现的问题进行及时通报并整改。三是建立行业监督机制。充分发挥行业自律作用，鼓励和引导各行业组织积极制定大数据安全行规行约，成立行业或区域性的大数据安全联盟等组织，建立行业内互相监督机制，实现政府监管和行业自律相互协同形成合力。

加快大数据安全预警平台建设。大数据安全预警平台是以等级保护云技术安全要求为标准，通过对业务安全和系统安全所面临的安全风险进行定制化模型分析，对整体安全态势进行多维度展现，实现信息安全整体态势感知以及发展趋势的有效预警。预警平台主要实现系统安全事件分析、安全趋势预测等功能。

运用信息化手段提升智库咨政建言水平

在数字经济时代，信息化为智库咨政建言提供了数据资源、技术支持、专业化平台。信息服务和政策咨询研究是智库服务决策的重要组成部分。充分运用好信息技术、数字手段，有利于推进地区特色新型智库建设，构建服务决策的智库先行新格局。内蒙古自治区发展研究中心（经济信息中心）认真贯彻落实党中央、国务院《关于加强中国特色新型智库建设的意见》精神，紧紧围绕习近平总书记提出的发挥智库作用、建设好智库联盟和合作网络的新要求。聚焦主责主业，积极探索特色新型智库建设的组织形式和管理方式，深入推进信息服务与政策咨询研究工作有机融合发展，不断增强综合研判能力和决策支持能力，在建设新型特色高端智库方面持续开展创新实践。

一、中心智库建设实践

深入贯彻落实习近平总书记关于智库建设的重要指示精神，准确把握为地方党委政府决策服务的内涵和方式，分清边界、找准重点、用好信息化手段，不断提高政策咨询研究水平，是智库履职尽责的重要保障。经过长期发展，中心已形成政策咨询研究、信息内容服务、信息化技术支持、国内外智库交流合作于一体的运行模式和基础框架平台，具备与国家、各省区市及国外有关国家和地区智库交流合作的工作基础、人才队伍和运行模式等优势。同时，我们在长期开展经济社会发展领域全局性、前瞻性、长期性以及热点难点问题研究的基础上，不断丰富为自治区党委政府和发改委决策服务的内涵，创新服务方式，提高服务层次和质量水平，在政策研究、咨询解读、信息服务和开展高层次的国内外智库交流合作等方面取得新进展。

（一）在政策咨询研究方面，把智库建设与服务自治区党委政府决策部署和地区经济社会发展紧密融合

近年来，围绕贯彻落实新发展理念、推进供给侧结构性改革、加快培育新动能等重大判断和重点任务，以及自治区对经济工作的总体部署和具体要求，一是及时跟踪和调查研究经济社会发展中的重点、热点、难点问题，做好对全区经济形势运行分析预测工作；二是注重开展引领地方战略性和前瞻性问题研究，重点围绕国内外经济形势变化、区域发展战略、供给侧结构性改革、“一带一路”建设等重点领域组织开展课题研究，完成好内蒙古党委政府和发改委交办的研究任务。三是持续关注经济增长新动能、中蒙俄经济走廊建设、科技创新创业、新兴产业发展、乡村振兴、适应气候变化等领域研究，形成了一批具有较高政策应用价值的研究成果，得到内蒙古党委、政府和有关领导同志的批示，多项成果被授予省部级奖项。2015 ~ 2018 年，中心获得的省部级奖项一等奖 4 项、二等奖 8 项、三等奖 11 项、其他 2 项。其中，内蒙古自治区哲学社会科学优秀成果政府奖 16 项，国务院发展研究中心中国发展研究奖 4 项，国家发展改革委学术委员会优秀成果奖 2 项、国家经济信息系统优秀研究成果奖 1 项、其他 2 项。2017 年，中心被确定为内蒙古高端智库建设首批 6 家试点机构之一，也是唯一综合性试点机构。

（二）在信息化推广应用方面，把智库建设与信息内容服务和技术支撑紧密融合

一是为提高中心对经济形势研判和政策咨询研究的信息支撑水平，完成国家国

产化示范项目“内蒙古宏观经济监测与管理系统”建设与应用。该系统是目前内蒙古最大的宏观经济数据库、最大的计量分析平台和最大的宏观经济业务应用系统，数据内容涵盖全区、盟市、全国省区市和经济合作与发展组织（OECD）月度、年度数据。在此基础上，又开发建设了内蒙古价格系统、固定资产投资系统、能源系统和财政系统等相关研究模型，有效推动了自治区大数据与政策咨询研究的有机融合，增强了政策咨询研究和信息内容服务工作的前瞻性、科学性和时效性，逐步形成了以信息资源开发与技术支撑为基础的服务决策的研究咨询体系。二是为增强政策咨询研究和信息内容服务能力，围绕内蒙古电子政务、发展改革系统业务，承担着内蒙古投资监测分析系统、内蒙古价格预警系统等 11 个业务系统的维护保障工作，为中心开展重点领域的政策咨询研究和信息服务，奠定了良好的信息源和数据源基础。三是为做好发展改革委信息化支持服务，承担了内蒙古发展改革委内外网门户网站、国家发展改革委纵向网维护、内蒙古经济信息网等 9 个系统网站平台，以及发展改革委办公自动化、档案财务等办公系统的数据备份、状态监控、系统管理、用户培训等技术和信息维护工作，为中心强化服务决策、统揽全区发展改革政策动态走向提供了条件。

（三）在成果推广转化方面，把智库建设与开展政策咨询研究解读和成果转化紧密融合

一是中心充分发挥专家优势和综合智库的平台优势，建立成果发布制度和论坛工作体系，推进学术交流、舆论引导和成果转化推广应用。2015 ~ 2017 年，围绕宏观经济形势、供给侧结构性改革、内蒙古 70 年经验与启示、“一带一路”与内蒙古、创新创业等系列专题，举办了 18 期“内蒙古发展改革论坛”，累计举办 49 期，形成了论坛双月举办机制，并通过国家和自治区主流媒体进行宣传报道，收到智库传播和回应社会关切的效果。二是持续提升《内蒙古发展研究文库》品牌影响力。“文库”自 2008 年面世以来，已经出版发行《内蒙古经济形势与展望》《人均 GDP1 万美元的内蒙古》《决胜“十三五”：增长与创新发展》《中蒙俄经济走廊建设重点问题研究》等 8 套 26 部著作，充分发挥了政策研究咨询解读和理论传播作用。三是

提高“三刊”质量。以自主调查研究成果转化为重点，2015～2017年，共编辑《调查研究报告》146期，累计出刊625期；编辑《决策信息要参》115期，累计出刊618期，为自治区领导和决策部门提供了具有决策参考价值的信息内容服务；《北方经济》国内外公开出版，累计出版371期，被国家新闻出版广电总局认定为学术期刊，在《中国人文社会科学期刊AMI综合评价报告（2018年）》A刊分学科期刊评价中，被评为经济学、经济综合类扩展期刊。四是围绕学习贯彻习近平总书记考察内蒙古重要讲话和党的十八大、十九大以及自治区第十次党代会精神、经济发展新常态、自治区政府工作报告等主题，开展专题讲座和解读100多场次，在自治区历次宣讲活动中均有研究中心的专家参与。五是巩固“五网”宣介功能。加强与国务院发展研究中心、南京大学和光明日报合作共建“中国智库网”和“中国智库索引网”，不断优化“内蒙古经济信息网”“内蒙古发展研究中心门户网”和微平台维护，向全社会实时发布和交流的政策咨询成果，关注度持续上升。

（四）在深化智库合作交流方面，把智库建设与建立国内外智库交流合作常态化机制紧密融合

一是围绕智库公共外交服务大局，深入开展多项多边交流合作，加强国际国内交流合作平台与机制建设。在国家有关部委支持下，中心主导举办“中蒙俄智库国际论坛”，共商建立三国轮流举办机制，分别在蒙古国乌兰巴托市、中国呼和浩特市、俄罗斯乌兰乌德市成功举办了3届“中蒙俄智库国际论坛”年会，2018年9月18日在蒙古国乌兰巴托市举办第四届论坛，2019年拟在国内举办第五届论坛，欢迎大家与会交流。二是主导建立中蒙俄智库合作联盟。截至2017年，智库合作联盟理事机构已达69家，其中中方47家、蒙方5家、俄方17家。依托联盟同俄蒙两国智库专家学者共同开展“建设中蒙俄经济走廊规划纲要——中央走廊交通基础设施可行性研究”和“构建海（拉尔）赤（塔）乔（巴山）中蒙俄三方旅游合作试验区研究”等国际合作课题，进一步推进了三国智库间的务实合作。三是加入由中联部发起成立的“一带一路”智库合作联盟理事单位，并被确定为中蒙俄经济走廊国际智库合作分网络牵头单位。同时，加入国务院发展研究中心及国际组织共同发起

的“丝路国际智库网络”和“丝路国际论坛”，并常态化参加相关研讨和论坛交流等活动。四是围绕“小核心、大网络”的智库工作思路，积极构建东北四省区发展研究战略合作框架、内蒙古发展战略研究基地、博士后科研工作站、学术委员会等平台，深化区内外智库合作交流。

二、提升智库咨政建言水平的主要建议

一是共同探讨智库建设的体制机制。总体来看，我国智库发展尚处于初期阶段，与国外一流智库相比仍有较大差距，尚不能完全满足党政对智库高水平支持服务决策的需求，其根本原因就在于我们的管理机制不活。要建成专业化的新型高端智库，必须紧扣智库发展的特点，遵循智库建设的规律，不断加大体制机制改革力度，尤其是要下大气力解决现行管理机制中功能定位不清、科研资源分散、激励弱化、成果转化慢等问题，不断实现组织管理体制、科学研究体制和经费管理机制、成果评价转化机制、交流合作机制的创新。

二是支持地方高端智库建设。俗话说“流水不腐、户枢不蠹”，一个充满创新活力的智库肯定不是自我封闭和自以为是的，而应该是开放和包容的，这一点对于地方高端智库建设而言尤其如此。建议国家信息中心在推进参与各层次、各领域的国内外交流合作、资源共享等方面给予地方智库更大的支持和有力指导，支持地方智库根据自身特色建设有影响力的新型智库。

三是共同做好多层次多领域信息资源开发与内容服务。如何结合互联网和大数据运用好信息资源平台、为智库研究提供信息支撑，是地方新型智库建设亟待解决的问题。建设高水平的新型智库、拿出高质量的智库成果的前提，需要掌握有效信息，洞悉环境变化，研究有用管用举措，这也是地方智库建设的“短板”，我们信息系统有这些资源优势，但缺乏统一权威共享的平台。因此，一方面，需要加强数据管理与分析功能建设，培养和造就一支专门掌握大数据分析方法、能够从海量数据中迅速提炼挖掘信息、有问题分析和文稿撰写能力的人才队伍。另一方面，需打造权威数据发布平台，通过科学的研究方法和技术手段，对各类数据进行发掘和分

析，逐步形成具有独立信息来源的权威数据中心，推出有用有效数据产品，实现对重大经济和社会问题的监测、评估、预警、预测，为各级党委政府的科学决策提供思路和行动方案。

四是共同打造智库联盟网络。很有必要在每个区域选择一两个具备优势的智库为依托，联合其他智库共同打造地方智库联盟，设立智库研究专项课题、成立智库发展基金会、举办智库论坛等，整合各类智库研究资源，形成研究合力，开展联合攻关，推出智库研究精品成果，不断提升信息系统智库服务于党政决策的能力与水平。

内蒙古边境一线城镇新型城镇化发展情况调研报告

内蒙古发展和改革委员会发展规划处

为加快推进新型城镇化建设，全面了解我区边境一线城镇新型城镇化发展情况，近日，自治区发改委发展规划处会同清华大学新型城镇化研究院组成调研组，深入我区 19 个边境一线城镇开展调研工作。

一、调研地区基本情况

我区共有 19 个一线边境旗市，分布在全区 7 个盟市。总体发展情况具有三个突出特征。

（一）地广人稀，边境线长，守边固边难度较大

我区边境旗市总面积达 61.9 万平方公里，占全国一线边疆城镇总面积 31%；但边境城镇总人口仅 176 万，占全国边境城镇人口 7.7%，平均人口密度 2.8 人 / 平方公里，仅为全国的 1/50。不少旗县行政区面积 2 万 ~ 3 万平方公里，户籍人口仅有 4 万 ~ 5 万人。

（二）口岸众多，地位突出，开放水平差异较大

我区具有联通俄蒙的区位优势，作为我国向东北亚开放的重要窗口，在国家“一带一路”战略中地位突出。我区现有18个对外开放口岸，其中对俄罗斯4个，对蒙古国10个，国际航空口岸4个，口岸进出境货运量居全国第一。但目前各口岸开放水平差异大，满洲里、二连浩特、甘其毛都和策克四大口岸过货量和客流量分别占到全区的90%和85%，其他口岸普遍规模小、起步晚、通行能力较弱。

（三）生态脆弱，功能重要，保护生态任务较重

在国家主体功能区规划和国家生态安全战略格局中，我区东、西部分属国家重要的水源涵养区域和防风固沙区域。除满洲里市、二连浩特市和陈巴尔虎旗外，边境旗市均处在主体功能区划定的重点生态功能区。作为我国北方重要的生态安全屏障，在守住生态底线的同时，统筹实现旗市发展和群众致富，难度较大。

二、推进新型城镇化的主要成效

国家兴边富民“十一五”“十二五”规划和新型城镇化规划实施以来，我区边境城镇的基础设施、开放水平、生态建设、产业发展和民生改善等方面都取得明显进步。

（一）强基固边积极推进

一是多等级城镇联动格局初步形成。形成以边境盟市中心城市为核心、城关镇为支撑，口岸城镇为支点的城镇体系联动格局。一线边境城镇包括19个城关镇、64个建制镇，其中口岸城市3个、口岸建制镇5个，盟市中心城市区域辐射带动作用明显。

二是区域基础设施建设取得长足进步。铁路方面，建成3条口岸铁路，从东、中、西三个方向初步形成与俄罗斯、蒙古国的铁路运输干线。公路方面，京新高速临河—白疙瘩段建成通车，形成内蒙古西部、中部和新疆的边境交通主通道，2016年边境旗市公路里程达到4万公里，其中13个旗市通高速公路或一级公路，形成贯

通全区的高等级边境公路运输通道和周边多点辐射的公路交通网。

三是城镇基础设施建设明显改善。2016 年，边境旗市完成市政建设投资近 100 亿元，城镇污水处理率、垃圾无害化处理率均达到 80% 以上，城镇供水普及率达到 95% 以上。

（二）开放睦边卓有成效

一是对外贸易发展迅速。2016 年自治区口岸进出口货运量达到 7887 万吨，同比增长 20%，比 2010 年增长近 50%。边境口岸在联通俄蒙欧方面发挥重要通道作用，2016 年全区口岸出入境人数 532 万人次，同比增长 24%。全国 60% 的中欧班列经满洲里出境。

二是口岸便利化水平显著提高。2016 年建成内蒙古电子口岸网站、口岸公共信息平台等 11 项电子口岸应用项目，口岸通过能力逐步提高，年进出境货运量 1000 万吨以上的口岸全部实现“一次申报、一次查验、一次放行”查验模式，节省通关时间 50%。

三是国际交流合作不断深化。边境旗市充分发挥对外开放窗口作用，在文化、体育、教育、科技、卫生等领域不断深化国际交流与合作，为双边关系发展营造良好人文和政治环境。在二连浩特市长期定居的蒙古国人 800 多名，累计招收蒙古国中小学留学生 2950 人，年均接诊蒙古国患者 5000 余人次。

（三）产业兴边成效初显

2016 年，19 个边境一线旗市地区生产总值达到 1800 亿元，比 2010 年增长 58%。经济水平提升迅速，在特色产业培育方面取得一定成效。

一是特色旅游产业取得长足进步。形成一批国家级旅游景区品牌，旅游人次和收入明显增长，如阿尔山市 2016 年旅游接待人数和旅游收入分别达到 300 万人次和 38.5 亿元，是 2010 年的 3.6 倍和 4 倍；满洲里市旅游总人次也达到 682 万人次。额济纳旗打造“胡杨人家”293 户，乡村旅游点 40 个，参与旅游相关行业的农牧民占全旗农牧民总人口的 72%。

二是着力培育口岸特色加工业。边境旗市依托口岸进口木材、粮食、矿产资源，发展特色优势加工业，实现产业延伸与发展，将资源优势逐步转化为产业优势，成效明显。如满洲里市成为全国最大的进口木材落地加工基地；木材、旅游、外经贸等跨境电商大数据平台的建设，进一步助力传统贸易转型升级。

三是大力发展特色服务业。依托跨境商贸、物流等特色服务业，形成一批特色鲜明的商贸市场。满洲里中俄互市贸易区自 2016 年设立以来，累计进口货物 2.2 万吨、出口货物 0.05 万吨，交易额达 1.7 亿元。二连浩特市先后建成 12 个专业市场和 9 个规模较大的物流园。

（四）民生安边长足发展

边民上学难、看病难的问题基本得到解决。教育事业全面发展，边境旗市共有各类学校 451 所，在校生总数达到 19 万人。公共卫生和基本医疗服务体系逐步健全，拥有医院和卫生院 293 个，床位数 6662 个，卫生技术人员 7959 人，居民健康档案标准化建档率达到 60%。社会保障水平逐步提高，基本医疗保险制度全面推开，三项基本医保参保率稳定在 95% 以上。游牧民群众定居和危旧房改造建设力度不断加大，2016 年 19 个旗市完成 3.74 万户的农村牧区危房改造任务，游牧民全部实现定居。

三、存在的主要问题及制约因素

虽然我区边境一线城镇取得显著的发展成就，但由于历史欠账较多，仍然面临着一些突出的困难和问题。

（一）经济实力不强，财政刚性缺口较大

一是经济规模小，公共财政收入少。19 个边境旗市总面积占全区 50% 以上，但经济总量仅占全区 1/10。人均财政收入明显低于全国平均水平，部分旗县本级财政收入甚至低于 1000 元 / 人。

二是行政管理和公共服务成本高、资金缺口较大。边境地广人稀，人口基数

小，但管理和服务半径大、成本高，公共财政支出主要靠中央和自治区财政转移支付与生态补偿，普遍存在入不敷出的情况，边境地区人均财政支出（22290元/人）明显高于全国平均水平（11077元/人）和自治区平均水平（7823元/人），旗市本级财政收入占财政支出不到30%，阿尔山、科右前旗和四子王旗甚至不到10%。

（二）城镇基础设施建设薄弱，历史欠账较多

一是融资渠道受限，制约边境区域和城镇项目建设。市政基础设施方面，普遍存在基础设施基本造价比内地高约50%的问题，由于边境城镇人口密度低、投资回报率低、贷款偿还能力有限，社会资本PPP合作也缺乏进入动力。城际基础设施方面，边境一线城镇与区域中心城市之间缺乏快速公路通道，铁路建设更是普遍滞后，道路建成后期运营难度大，企业投资意愿低。

二是跨境通道建设推进缓慢，尚未实现互联互通。除满洲里、二连浩特外，目前其他地区均未开通铁路口岸。部分口岸已在境内修建铁路，但境外部分受蒙俄政策和资金制约较大。

（三）口岸服务经济能力不足，辐射作用尚未显现

一是多数口岸基础设施及服务能力不足。除满洲里和二连浩特外，其他口岸综合配套能力不足，信息化水平较低，不能完全适应口岸进出口货物通关的需求。农林畜牧产品进出口受国家检验检疫、进口配额等限制较多，不能形成完整产业链条，对口岸发展制约较大。

二是开发开放政策“接不住、用不好”。各口岸存在各自为政、缺乏顶层设计、平台建设滞后、政策用不好、主动性不足等问题。如满洲里、二连浩特国家重点开发开放试验区，与东兴、瑞丽等开放试验区比较，对部分属于国家事权的政策推动相对滞后，本地出台具体政策力度不足，政策效能没有充分显现。

（四）生态保护任务艰巨，主体功能区政策有待落实

一是生态环境脆弱敏感。我区中度以上生态脆弱区域占国土面积的62%，重度

和极重度占36.7%，草原退化、沙化、盐渍化面积占60.9%，部分天然湿地存在萎缩现象，这些区域大部分位于边境旗市，生态环境脆弱。

二是发展和保护矛盾突出。限制开发与产业发展的冲突时有发生，保红线、守底线的压力大。目前主体功能区相关财政、投资、产业等政策未全面落地，生态功能区补偿标准偏低，对边境一线城镇的经济带动能力有限。以呼伦贝尔市为例，自2009年，国家重点生态功能区转移支付资金开始支付，但“十二五”期间累计转移支付资金仅28.7亿元，占地方财政收入比重不足4%。

（五）特色产业发展较为粗放，富民增收和就业吸纳不足

一是产业发展粗放、层次偏低、结构不合理。从产业结构看，19个边境旗市中有14个以牧业为主导产业，且以初级产品为主，农畜产品加工转化率不到60%。二产方面多依赖资源型产业和能源产业，缺乏高技术产业和战略性新兴产业。现代服务业发展明显不足，旅游业虽然发展迅速，但仍然以观光旅游的初级阶段为主。从经济微观主体看，企业数量和规模都较小，缺乏龙头企业带动，缺乏与现代金融市场对接的主体和平台。如策克口岸在工商部门注册的煤炭物流企业69家，但正常运营的企业不到20家，许多企业成了“僵尸”企业。

二是富民增收能力不足、扶贫压力大。粗放的产业发展模式和资源型产业结构，导致边境旗市产业发展在富民增收和就业带动方面存在明显问题。2016年，19个边境城镇和农村居民人均可支配收入分别比全区平均水平低5305元和742元。部分地区发展水平偏低，19个边境旗县中有4个国家扶贫开发重点旗县，6个自治区扶贫开发重点旗县，仍然有相当比例的贫困群体。

四、对策建议

为进一步加强边境地区旗市新型城镇化建设，建议从兜住底线、科学布局、强化创新和全面施策四个方面加强工作。

（一）兜住底线，加大政策统筹协调

不应走简单追求经济和人口数量增长的城镇化老路，而应以稳边疆、守红线、促团结为首要任务。一是加大民委、财政、海关和检验检疫等部门统筹协调力度，消除机制障碍。二是继续强化国家、自治区财政资金对边境地区民生保障和基础设施方面的支持，给予适当倾斜，降低或者取消重点项目财政转移支付地方配套资金。三是充分发挥市场机制，建立多元化可持续的投融资机制，创新金融政策工具，探索产业基金、发行政府债券、PPP 项目运作、政策性银行融资等多元化投融资渠道，吸引社会资本在边境地区产业发展等方面积极投入。四是加大国家和自治区的生态补偿支持力度。加快落实主体功能区相关的财政、投资、产业等政策，适当加大对于限制开发区域内重点镇基本公共服务的支持力度，提高中央政府对农产品主产区的补助或贴息比例，逐步探索建立地区间横向生态保护补偿机制，引导受益地区与我区边境地区之间通过多种方式实施补偿。

（二）科学布局，继续加强边境城镇体系建设

继续完善科学合理的边境城镇体系，重点建设位于自治区主要发展轴带上的边境城镇。一是加强边境城镇与自治区相应中心城市的联动发展，边境盟市中心城市承担服务区域的中心服务职能，布局重要产业和国防安全的重大战略设施；旗县（市）中心城镇配置完整的公共服务体系，作为边境地区人口与产业集聚的核心支撑；有重点地培育沿边口岸城镇，发展跨境旅游、国际贸易物流、跨境加工等特色产业，在边境一线地区适度集聚人口。二是强化电网、信息、园区、口岸等城镇基础设施和服务功能建设。三是促进与京津冀城市群、东北经济区、晋陕甘宁地区等周边地区的对接，充分发挥东西城镇发展带及中心城市对周边区域的带动作用，实现口岸与腹地之间的互动发展。

（三）强化创新，有序推进口岸和开发开放平台建设

加大体制机制创新和改革力度，在国家和自治区对外开放战略的总体要求和统筹安排下，积极利用边境地区的开放优势，差异化推进口岸和开发开放平台建设。一

是加强开放政策和平台建设的引导和支持。鼓励在满洲里、二连浩特建立口岸边境自贸区，在阿尔山、额尔古纳等旗市建设边境旅游试验区，继续推动中蒙俄跨境经济合作区建设。协调推进满洲里互市贸易区与综合保税区政策叠加、联动发展，实施综合保税区保税备货、互贸区集中交易，创建海关特殊监管示范区。二是提升口岸服务和便利化水平。加强口岸基础设施及配套建设，提升综合配套能力和信息化水平。简化优化边境口岸进出口相关管理程序，提升跨境旅游和人员通关的便利性。三是积极推动跨境国际通道建设。加快边境与跨境公路、铁路、航空、管道等基础设施建设，逐步建立联通俄蒙、畅通东北、连接内地、贯通市域的运输通道和综合立体交通网络。积极推动内陆港建设，加强与沿海港口的区域通关合作，打通出海通道。

（四）全面施策，实现边境旗市同步全面建成小康社会

合理产业布局，推进重大战略基础设施建设，完善公共服务体系，培育特色产业，加强生态保护，加快边境旗市经济、社会全面发展和城镇、设施建设，提高各族群众的生活水平，实现边境旗市同步全面建成小康社会。一是加强特色产业发展引导，促进边民致富增收。围绕产业兴边，制定边境地区发展战略规划，根据边境地区资源禀赋和发展条件，科学规划和培育特色农牧加工、国际商贸物流和特色旅游等特色产业。大力加强对边境地区的产业引导、金融支持和政策扶持，允许沿边重点口岸、边境城市、边境经济合作区在人才、加工、物流、旅游、税收等方面实行特殊方式和政策。二是推动边境地区与内地合作共建产业园区，探索发展飞地经济。在建设条件和资源承载力较好的地区，建设一批综合服务功能完善、充满活力的边境特色产业集聚区，促进劳动力就地就近就业。三是完善农牧民转移机制和政策。建议整合"退牧转移""退牧还草""草原生态补偿机制"、转移农牧民"三挂钩"政策等政策措施，引导农牧区人口有序转移。促进基础设施条件较好，有一定畜牧业生产经验的牧户留在牧区，实行草畜平衡，建设新型家庭生态农场。四是提高边境地区公共服务水平，促进边民生活条件改善。全面提升边境地区教育、医疗、社会保障等公共服务水平，减缓人员人才流失趋势，改善边民生活条件。积极探索通过远程教育、远程医疗诊断、移动医疗舱等新科技手段解决公共服务供应难题。

打通金融实体血脉助推经济金融良性循环

付东梅　田洁

改革开放以来，数量扩张型经济循环带动了内蒙古经济跨越式增长，但随着经济进入新常态，原有的供给和需求条件已不能适应新的经济格局，不适于高质量发展阶段的新要求，导致经济循环逐步不畅。突出表现为：供给和需求失衡、金融和实体经济失衡、房地产和实体经济失衡三大失衡。十九大提出“我国经济已由高速增长阶段转向高质量发展阶段”，高质量发展必须保持国民经济重大比例关系协调和空间布局的合理，生产、流通、分配、消费各环节循环顺畅，就是要完善供需匹配，畅通金融服务实体经济的渠道，落实民众住有所居的要求，发展质量效益型增长的新模式，确保经济平稳健康可持续运行。

一、良性经济循环的基本要义

经济循环包括“实体经济内部”循环、“实体经济—金融”循环、“实体经济—房地产”循环三大循环系统。良性“实体经济内部”循环是指实体经济生产、分配、交换、消费四个环节的再生产过程循环顺畅，供需均衡。即实体经济在资本积累的过程中不断促进技术进步，并能不断适应需求升级和商品质量的提升。良性

“实体经济—金融”循环是指要打通金融和实体经济的通道，让货币资本高效流向实体经济的新部门或旧部门中采用新生产方式的企业，以促进生产要素自由流动和合理配置，使经济结构不断优化升级。良性“实体经济—房地产”循环是指要使房地产回归居住属性，房地产发展的区域格局与城镇化的实际需求相适应，在满足人居、提高生活水平的同时与实体经济互相促进、协调发展。

二、促进内蒙古经济金融良性循环的战略要点

一是推动实体经济充分发展，夯实经济金融良性循环基础。实体经济发展状况是经济发展的“晴雨表”，决定着经济运行的稳定性和可持续性。经济金融良性循环的核心和关键在实体经济，实体经济内部循环是价值创造的根本途径，构成经济循环的基础。商事制度改革以来，我区实体经济总量快速增长，经济发展的微观基础进一步夯实，但与发达省份相比，我区实体经济在数量和质量等方面还存在明显的差距，总体竞争力偏弱。2018 年中国企业和中国民企 500 强榜单中，内蒙古仅 3 家和 7 家企业上榜，远低于江苏的 52 家和 86 家，以及广东的 51 家和 60 家、山东的 51 家和 73 家，且我区上榜的多为煤炭、钢铁等资源型加工企业，新兴企业数量较少。全区高新技术企业仅 351 家，远少于浙江的 7539 家，高技术企业发展滞后。2018 年，对自治区近 70 家有前景的科技企业进行改制服务，但能够挂牌上市的仅 20 家，企业规范严重不足，金融资源充裕却进入困难。由于实体经济实力薄弱，其抵押资产不足、担保措施缺乏、盈利水平较差、偿债能力弱等短板制约了对金融资源的吸引力，导致企业内部资金供需失衡，循环不畅，不利于实体经济的规模扩张和结构升级。为此，要着力优化行业布局、提升企业市场竞争力和管理水平、优化实体经济发展生态环境，畅通实体经济内部循环，推动金融资源要素向实体经济集聚，切实做优做强实体经济，为实现经济金融良性循环打好基础。

二是完善现代金融服务体系，畅通经济金融良性循环血脉。党的十九大报告提出，金融是现代经济的核心，金融服务实体经济的能力是解决我国经济发展“不平衡不充分”问题的关键因素。当前，我区正处于突破资源承载能力和环境制约，实

现经济高质量、可持续发展的关键时期，迫切需要资金重点加大对自主创新、转型升级、低碳发展等领域的支持，亟需推动实体经济强筋健骨、改造升级，形成高质量、高效率的供给体系。但现实状况则是我区金融资源还不能满足实体经济发展的现实需要。当前，我区金融服务体系发展滞后，多层次资本市场体系支撑不足，金融服务实体经济过程中结构不完善、效率和水平低、专业水平不足、金融产品针对性不强等问题突出，导致金融产品创造及金融市场运行逐渐远离实体经济发展需求。2016 年，内蒙古国内生产总值占全国的比重为 2.5%，而金融机构存款仅占全国的 1.14%。2017 年，自治区直接融资占社会融资中比重不足 1%，远低于全国 15% 的平均水平。股权、债券融资规模远低于江苏、北京、浙江等先进省份，其中债券发行数量不到江苏省的 4%；全区上市企业仅占全国上市企业的 0.85%，新三板挂牌企业仅占 0.6%，数量还没有江阴市、晋江市等县级市多；风险投资行业处于起步阶段，尚未形成成熟规范的运作模式。2018 年以来，金融资源供给弱化态势明显，8 月，全区金融机构各项贷款同比增长降至 4.4%，分别较一季度和二季度降低 4.4 和 1.5 个百分点，金融和实体经济发展已处失衡。新形势下，内蒙古转型升级、高质量发展过程中需要金融资源的大力支持，且处于不同发展阶段的企业改造升级需要不同的融资渠道的支撑，并形成实体经济和金融的良性循环，所以完整的金融生态非常重要。为此，必须深化金融体制改革，提高直接融资比重，促进多层次资本市场的健康发展，使金融归回为实体经济服务的“本源”，为实现经济金融良性循环创造条件。

三是规范房地产市场发展，焕发经济金融良性循环发展新活力。作为能够满足人们住房需求的商品，其规模扩大直接拉动实体经济相关产业发展，并可转化为更多货币资本，通过“实体经济—金融”循环间接支持实体经济。但实体经济的发展根本上源于房地产实际需求的不断增长，而非投机需求的增加。十九大报告中所强调的“坚持房子是用来住的、不是用来炒的定位”为住房制度改革指明了方向、路径、目标。当前，我区实体经济结构性矛盾日益凸显，利润率下降，加之房地产经济的“超速”发展、“超高”利润，致使货币资本更多进入房地产，带动房地产价格轮番上涨，不断推升场地、用工成本，进一步恶化实体经济相对利润，加剧资金

“脱实向虚”，导致房地产和实体经济循环失衡。2017年，全区个人住房贷款同比多增100.3亿元。2018年上半年，全区金融机构住户贷款余额较年初增加4057.7亿元，占各项新增贷款余额60.3%，说明资金更快更多流向房地产，实体经济仍未获得真正输血。新形势下，要防止过多的资金流入房地产领域，实现房地产平稳发展的同时起到对实体经济的支持作用，关键是要使房地产真正回归到居住属性，需要从供给侧入手，建立促进房地产平稳健康发展的长效机制，规范房地产市场发展，加大对房地产企业融资的监管，坚决抑制“房地产—金融”自循环产生的泡沫，为实现经济金融良性循环扫清障碍。

三、实现内蒙古经济金融良性循环的几点建议

（一）增强实体经济竞争力，推动金融资源向实体经济聚集

一是优化实体经济行业布局。鼓励实体经济坚持有所为，有所不为，定位我区最具备基础、最迫切需要、最可能突破、最具牵引带动作用的领域，科学规划、集中攻关，突破传统高能耗高污染发展路径。努力在煤炭清洁高效利用、智能输变电与储能装置、稀土、新材料研发与应用、生命科学与基因工程等领域率先取得突破。二是提升实体经济市场竞争力。坚持创新驱动，加大数字化改造，重点以提高质量和核心竞争力为中心，以战略思维和超前眼光引导企业形成自己独有的比较优势，发扬“工匠精神”，加强品牌建设，增强产品竞争力，培育更多“百年老店”。建立鼓励创造性劳动的制度，保护企业家精神，支持企业家专心创新创业。三是提高企业内部效率。建立现代企业制度，用好用足各类人才政策，引入专业管理团队，不断提升企业管理水平和运营效益。着力规范企业发展，为企业上市创造条件。四是营造良好的实体经济发展生态环境。完善支持实体经济发展体制机制，从金融支持、财政补贴、减税降费、优化审批、营造环境、知识产权保护等方面加大政策支持力度，提振实体经济发展信心，增强对资本的吸引力。

（二）健全金融服务体系，增强服务实体经济的能力

一是打好不良贷款化解攻坚战。重点是加强与金融资产管理公司、产权交易平台、社会资本密切合作，突出做好抵质押品管理和抵债资产处置工作，加大资源整合，争取批量化处理不良贷款，腾出更多信贷投放空间。二是提升金融机构对实体经济服务效率。针对不同企业经营模式，探索多维、立体评级模式，增强金融服务能力和风控水平。加强金融机构对重点行业发展规律、行业周期、客户需求的深入了解，着力提升行业研究能力和风险控制能力，不断推进产品研发，提升金融服务水平。创新信贷产品，促进精准撮合融资。打造网上服务平台，打通实体经济金融服务需求和银行创新产品之间的网络通道，实现与征信平台的优势资源互补和信息数据互通，提高融资效率。三是促进多层次资本市场发展。大力发展直接融资，支持通过股票市场融资和债券市场融资，鼓励新兴经济企业在境内外上市和“新三板”挂牌。探索实施金融资产、知识产权、碳排放权、不动产收益权等企业资产证券化，提高企业资金周转效率。加快社信用担保体系建设，积极开展知识产权质押试点，突破实体经济担保、抵押等贷款门槛制约。以官助民营模式促进风险投资市场发展。四是提高金融供给质量。着眼实体经济薄弱环节和重点领域，重点支持普惠金融、小微企业融资、三农融资、脱贫攻坚方面的融资。积极探索债贷组合、投贷联动、融资租赁、产业链融资以及无形资产质押贷款等适合创新型企业的特色金融服务，完善科技创新创业企业贷款风险补偿机制，重点加大对有市场需求和符合政策导向的实体经济金融支持力度。五是加大监管处罚力度。完善金融监管体系，推进立法建设，加大扰乱市场秩序或侵害金融消费者权益的市场乱象处罚力度。加强对小额贷款公司、网络众筹、股权投资基金等新型金融业态领域风险点的监控，防范化解上市公司股票质押风险。

（三）规范房地产市场健康发展，引导资金“脱虚向实”

一是建立房地产健康发展长效机制。综合运用金融、土地、财税、投资、立法等手段，加快建立符合区情、适应市场规律的房地产基础性制度和长效机制。利

用城市规划、土地供应手段，改革集体用地管理机制，加强土地流转，控制市场供应总量，优化供应结构，扩大土地利用效率。二是加大房地产融资监管。严格把握房地产贷款的资金用途和流向管理，重点支持保障性安居工程和普通商品住房项目，坚决遏制房地产的投机投资行为。微观信贷政策要支持合理自住购房，为中低收入群体提供保障房。三是规范房地产市场发展。加快住房租赁市场立法，加快机构化、规模化租赁企业发展。规范住房市场开发、销售、中介等房地产市场经营行为。以创新为手段挖掘房地产发展新前景，房地产项目要以人为本、从实际出发，切实回归“居住”本位。

内蒙古化解政府债务的对策建议

张永军　付东梅　杜勇锋　徐盼

中央经济工作会议将防范化解重大风险攻坚战列为决胜全面建成小康社会的三大攻坚战之首，并明确“重点是防控金融风险”。目前，全区政府债务风险总体可控，但仍存在财政内外资金支持走弱、隐性负债偿付压力高企等挑战，需予以高度重视。

一、基本特点

（一）政府债务余额控制在年度地方政府债务限额以内

2017 年，国家核定我区当年政府债务限额 6357.5 亿元，新增地方政府债务限额 395 亿元。截至 2017 年 12 月底，全区政府债务余额 6217.4 亿元，其中一般债务占 84%，专项债务占 16%，均控制在年度地方政府债务限额以内。

（二）政府债务主要分布于盟市和旗县两级

2017 年，自治区级政府债务余额占总债务余额的 6.6%，盟市本级占 36.6%，旗县级占 56.8%。

（三）政府债务主要来源于地方政府债券

2017 年，地方政府债券占总债务余额的 87.2%，银行贷款占 1.4%，供应商应付款占 6.9%，企业债券及其他融资券占 2.4%。

（四）政府债务资金主要投向民生、生态领域

2017 年内蒙古政府债务资金的 91.2% 用于公益性项目。其中，市政建设占 26.8%，保障性住房占 11.7%，农林水利建设、教育、公路、生态建设和环境保护等占 44.2%。

二、主要做法

（一）严控债务增量

2017 年，自治区坚持“新官要理旧账”原则，对在建和拟建的政府投资项目进行全面梳理，共缓建、停建、“瘦身”项目 653 个，涉及总投资 4500 多亿元。

（二）规范政府举债行为

对政府举债融资、违规担保、购买服务等行为进行全面排查整改，共核查各类不规范行为 1148 件，整改 905 件，涉及金额 2300 多亿元。同时，严格政府债务限额管理、预算管理，建立规范的举债融资机制。

（三）加快融资平台公司市场化转型

依法规范政府与社会资本合作、政府投资基金、政府购买公共服务行为，推动融资平台公司市场化转型，严禁各种形式变相举债，坚决遏制违法违规举债。

（四）实行绩效考核

建立债务偿还和财政转移支付挂钩机制，对化债成效显著的，通过转移支付予

以激励；对违法违规举债、化解债务不力的，进行追责问责。

三、面临的挑战

（一）一般公共预算收入增势放缓加大地方政府偿债压力

一是经济增速持续放缓导致财政收入难扩容。2017 年，内蒙古经济总量在全国排名第 22 位，较上年下降 6 位，增速更是滑落到后 3 位。一般公共预算收入总额基本与 2013 年持平。二是减税降费一定程度上影响财政增收。2017 年全区减税降费超 800 亿元，其中，推进“营改增”减税约 139 亿元，落实小微企业、鼓励高新技术等各项事业发展税收优惠政策减税约 448 亿元，减税额超过全年一般公共预算收入的 1/3。三是民生、生态等刚性支出持续增长加大财政支出缺口。2017 年全区一般公共服务支出增速较一般公共预算支出增速快 8.8 个百分点，全年财政收支缺口达到 2819 亿元，比 2013 年扩大 70%。

（二）金融政策趋紧导致地方政府融资渠道收窄

一是规范地方政府融资过程中，融资平台信用与地方政府脱钩，导致剥离政府信用后的融资平台对金融机构的吸引力下降。二是资金来源端收紧。财政部 23 号文针对投资基金、资产管理、PPP、融资担保等业务提出具体要求，进一步规范金融企业对地方政府和国有企业投融资行为。目前，针对融资平台的贷款审核已从严从紧，对以信托贷款、委托贷款为主的非标融资的规范逐步落实，金融机构助推地方政府变相举债的行为受到约束。

（三）土地财政对地方政府财政支持力度趋弱

近年，房地产调控政策持续深化，三四线城市“去库存”和“抑过热”并行，土地出让单价及土地出让规模增速都将放缓，土地财政依赖度将渐行渐弱。例如，2017 年呼和浩特市土地挂牌出让共 4 次，共成交 20 宗土地，共出让成交土地面积

85.94万平方米，成交金额42.17亿元，土地财政依赖度（土地出让金 / 地方一般性公共预算收入）仅为21%。虽然出让成交面积较上年大幅增长153%，成交金额是上年的2.48倍，但仍低于2014年、2015年成交面积和2015年成交金额。随着土地出让制度的逐渐完善，土地出让收入也将继续保持较为平稳的增长态势，今后土地出让收入也难有大幅度增长，对债务偿付支持将进一步弱化。

（四）隐性负债仍是地方政府重要风险点

我区隐性负债主要体现在城投公司，城投公司偿债压力在一定条件下有可能转化为政府债务风险。一是城投公司债务规模庞大。截至2017年末内蒙古已发债城投企业带息债务约为政府债务余额的40%，2018 ~ 2023年城投债将迎来集中到期高峰，而城投新增融资明显减少，2017年全区城投债新增融资规模仅为债务余额的2.8%，存在较大的借新还旧压力。二是城投公司自身业务盈利能力较差。因城投公司多数从事地方政府公益性项目，利润主要来源于政府补贴，自身造血功能较弱。虽然中央已明确城投公司与地方政府债务权责，但若城市核心城投公司发生债务违约可能引发城投信用崩塌带来的区域系统性风险。三是城投企业融资难度明显加大。随着融资监管的加强，金融机构相关产品的整顿与清理将导致部分城投平台融资渠道受限，资金链紧张，部分地区或面临较大流动性风险。

四、对策建议

按照“控、管、疏、换、责”五字方针加强地方政府债务风险防范化解。

（一）控：严控债务规模

一要树立正确的政绩观。破除急功近利的心态，从“我的政绩”中解放出来，把抓工作的出发点放在为党尽责、为民办事上，杜绝因各种政绩工程和形象工程新增不合理债务，严控地方政府债务增量。二要合理确定盟市旗县政府债务限额。充分考虑地方政府财力水平、融资需求、资金效益等情况，合理确定债务限额，并努力增强困难地区政府自身造血功能。三要强化预算管理。各地区在编制预算时，应同步提出政府债务举借和偿还计划，未列入预算管理的政府债务项目，不得举借政府债务和安排财政性偿债资金。发行地方政府债券一律与公益性建设项目对应，披露一般债券和专项债券发行信息时均要将债券资金安排明确到具体项目，使用债券资金也要严格按照披露的项目信息执行。四要坚决遏制隐性债务增量。加强对土地储备、招拍挂的监管，明确各类平台公司不得再承担政府土地储备职能。严格执行负面清单管理，对不合规 PPP 项目在甄别后予以分类处置。从严审核把关各级政府平台公司的发债申请，支持有效益的实体企业发债。

（二）管：强化政府债务管理

一要按债务风险程度实施分类管控。健全地方政府性债务风险评估和预警机制，以国际通行的 100% 债务率作为风险预警线，对综合债务率高于（含）100% 的地区，或一般债务率、专项债务率两项同时高于（含）100% 的地区，不再允许其新发地方政府债券，并要求其指定化解方案，督促其在规定期限内化解完毕；对综合债务率低于 100% 但高于（含）80%，或一般债务率、专项债务率有一项高于（含）100% 的地区，控制其债务增长低于经济增长速度，督促其积极落实偿还责任。二要推进实施地方政府债务项目滚动管理和绩效管理。建立健全“举债必问效、无效必问责”的政府债务资金绩效管理机制，加强债务资金使用和对应项目实施情况监控。继续实行化解存量债务与新增债券额度安排、财政转移支付分配挂钩，提高债务资金使用绩效。三要深入推进融资平台公司转型。积极稳妥推进其转型改革，撤销“空壳类”、整合“相近类”、转型“实体类”，突出做强主业，规范内部决策程序，加快将融资平台公司逐步转型为自主造血能力较强的实体化运作的国有企业。

（三）疏：有序推进政府债务疏导

一要依法依规有序化解存量政府债务。通过财政资金、出让土地、出售国有资产及发行政府债券等措施化解已有债务，整改融资平台公司违规担保举债和政府支出事项，建立市场化、法治化的债务违约处置机制。二要进一步规范政府举债方式。没有收益的公益性事业发展举借一般债务，通过发行一般债券融资；有一定收益的公益性事业发展举借专项债务，通过发行专项债券融资。三要用好新增政府债务资金。引导各地按照轻重缓急顺序合理安排使用债务资金，确保地方政府债务资金只能用于公益性资本支出，优先保障在建工程项目建设，重点投向乡村振兴、生态环保、保障性住房等民生短板领域。

（四）换：加快存量政府债务置换工作

一要尽快开展存量地方政府债务置换工作。针对性地发行地方政府债券，置换非政府债券形式的存量政府债务，并从政府债务管理系统中移除不予置换的存量政府债务，确保在国务院明确的期限内完成全部非政府债券形式的存量政府债务置换工作。二要强化置换债券资金管理。严格执行国家对地方政府置换债券的各项整改要求，规范使用置换债券资金，置换债券资金要严格用于偿还清理符合规定的存量政府债务，严禁用于其他用途。

（五）责：加强审计监督和加大问责力度

一要强化政府债务审计。各级审计部门要把地方政府债务管理作为重要内容，结合财政预算执行、决算审计、领导干部经济责任审计等，加大监督处罚力度。二要加大追责问责力度。各级监察部门对发现的违法违规举债、用债和担保等行为，严肃问责追责。三要进一步完善审计工作机制。强化上级审计机关对下级审计机关的领导，狠抓审计发现问题的整改落实，政府主要负责人作为政府债务问题整改第一责任人，对违规问题要亲自管、亲自抓。四要建立健全问责机制。研究出台终身问责、倒查责任制度办法，坚决查处违法违规行为。

打好污染防治攻坚战的产业路径研究

司咏梅

目前，我区生态文明建设正处于压力叠加、负重前行的关键期，区域性、布局性、结构性环境风险凸显，环境污染防治既是一场攻坚战，也是一场持久战。习近平总书记指出：生态环境问题归根到底是经济发展方式问题，要坚持源头严防、过程严管、后果严惩，治标治本多管齐下。立足内蒙古特定的资源赋存条件和产业结构特点，打好我区污染防治攻坚战更需要不断强化污染源头治理，加快构建低碳循环的产业体系，形成节约资源和保护环境的经济结构，加快建立污染防治长效机制。

一、构建低碳循环的产业体系是打好污染防治攻坚战的关键举措

以重化工为主的产业结构、以煤炭为主的能源生产和消费结构、以公路运输为主的货运交通结构是我区环境污染的主要源头。首先，从产业结构看，受资源禀赋、发展方式、发展路径等因素影响，我区产业体系的基本特征是以资源型产业为主导，高消耗、高排放的“高碳”行业所占比重较高，在三次产业中，三次产业增加值占地区生产总值比重由 2000 年的 22.8 ：37.9 ：39.3 演进为 2016 年的

8.8 ：48.7 ：42.5，服务业比重在不断上升，但工业仍然占有较高比重，且经济增长仍主要依靠工业拉动。而在工业内部各行业中，产业重型化趋势明显，工业总产值中轻、重工业结构由 2000 年的 38.6 ：61.4 演进为 2016 年的 29 ：71，重工业比重提高了 9.6 个百分点，2016 年，能源、冶金、化工、建材、农畜产品加工等资源型产业增加值占全部工业的比重达到 80% 左右，“一煤独大”的局面仍未发生根本改变。其次，从能源结构看，内蒙古是全国煤炭生产、消费大区，煤炭在能源生产总量中所占比重呈下降趋势，到 2016 年仍然高达 89.21%；煤炭消费占能源消费的比重一直在 80% 以上，2016 年为 82.36%。再次，从货运交通结构看，交通运输、批发和零售业等高碳排放行业在服务业中所占比重较高，2016 年，其增加值合计占服务业增加值的 37.6%；运力结构以公路运输为主，2016 年，公路货运量占总量的 65%。

治污要治本，治本先清源，打好污染防治攻坚战，必须从源头抓起。低碳循环产业是以低消耗、低污染、低排放为主要特征，在生产、消费的过程中碳排放量最小化或无碳化的产业，以低碳循环作为产业转型升级的主攻方向，加快建立健全绿色低碳循环发展的产业体系，实现企业循环式生产、产业循环式组合、园区循环式改造，有效降低单位产出资源消耗和废物排放，是从根本上防治环境污染、实现生态文明的战略要求，也是提高我区发展质量的必然选择。

二、构建绿色低碳产业体系的主要路径

根据我区产业结构及能源消费特点，构建低碳循环的产业体系需要以资源型产业低碳转型、新兴产业低碳发展为基本原则，以提高资源能源利用效率和污染排放强度为核心，通过技术创新、生产工艺改进和清洁生产审核等措施，对传统资源型产业进行生态化改造，促进资源型产业低碳发展；以建立绿色供应链为手段，大力发展新能源、节能环保产业、先进装备制造等新兴产业，形成低能耗、低污染、低排放的产业体系，努力实现产业低碳化、低碳产业化，为从源头打好污染防治攻坚战奠定坚实基础。

（一）加强传统产业节能降耗，推进产业低碳化

推广清洁生产和发展循环经济是推动建立绿色低碳循环发展产业体系的重要手段。一是用低碳经济、循环经济理念改造提升传统资源型产业，大力引导电力、钢铁、有色、化工等重点行业推行清洁生产，开展清洁生产关键技术推广和应用，通过使用清洁能源和原料、采用先进工艺技术与设备等措施，减少污染排放。同时加快开发应用源头减量、循环利用、零排放和产业链接技术，推广循环经济典型模式，在钢铁、化工、建材等行业，促进企业间资源共享、废物互相利用，通过上下游企业联合和优化整合，实现资源循环利用、废物综合利用。二是突出抓好重点耗能行业节能降耗，实施工业能效赶超行动和低碳标杆引领计划，加强高能耗行业能耗和污染物排放管控。三是在电力、冶金、化工等重点行业开展能效和污染物排放对标活动，实施能效“领跑者”制度。四是加强重点行业现有生产能力调整和改造，用高新技术、清洁生产技术改造提升传统生产工艺，大力提高能源利用水平，构建以企业为主体的低碳产业支撑体系。

（二）大力发展低碳产业，实现低碳产业化

低碳产业是推动经济发展由高碳模式逐步向低碳模式转型的关键，绿色低碳是培育新的经济增长点的重要领域。根据目前我区经济发展的现实情况，需要将低碳产业的发展与新动能的培育紧密结合，突出优势和特色，围绕产业绿色转型、节能减排降耗以及污染防治衍生的市场需求，着重从两个方面发展低碳产业。一是大力发展新兴产业，深入贯彻落实党的十九大和自治区十次党代会精神，加快培育打造节能环保、新能源、新材料、高端装备、大数据云计算、生物科技、蒙中医药等新兴产业，着力扩大产业规模，使新兴产业成为引领高质量发展的新动能。二是大力发展现代服务业，充分发挥现代服务业的引导作用，加快构建融合产业与城市循环发展的生产性服务业，发展服务过程和消费方式绿色化的生活性服务业，推进服务业绿色低碳发展。

（三）优化能源生产、消费结构，推动能源清洁化

深入贯彻落实习近平总书记参加十三届全国人大一次会议内蒙古代表团审议时的重要讲话精神，把现代能源经济这篇文章做好，构建清洁低碳、安全高效的能源经济体系。一是大力发展风电、光电等清洁能源产业，构建低碳能源生产体系。发挥和利用好内蒙古丰富的风光资源，加快发展高效光电光热、大型风电、高效储能、分布式能源，不断提升新能源产品经济性。积极争取国家的政策支持，加快构建适应新能源高比例发展的电力体制机制、新型电网和创新支撑体系，促进多能互补和协同优化，引领能源生产革命。二是提高清洁低碳能源消费比重，优化能源消费结构。合理控制能源消费总量和煤炭消费，实施煤炭消费替代工程，通过有序推进煤改气、煤改电等措施，进一步降低煤炭消费比重。不断提高清洁能源消费比重，通过风火打捆、风光互补、风电供热等多种措施，加强风电、光电等能源就地消纳利用，不断完善可再生能源消纳市场机制，利用市场化手段促进可再生能源消纳。发展新能源汽车产业，加快完善充电桩等基础设施，积极为新能源汽车推广创造条件。

（四）发展资源高效利用产业，促进资源利用循环化

按照“减量化、再利用、资源化”的循环经济理念，大力发展资源高效利用产业，根据我区主导产业特点，构建循环产业链，积极打造煤电一体化循环及资源综合利用体系、流程循环和协同循环的冶金产业体系、多联产和深度延伸的煤化工产业体系和“消纳利废”的建材产业体系，通过构建主导产业循环产业链，促进资源利用循环化，不断提高资源高效利用水平。大力推进工业园区循环化改造，选择重点园区试点示范，实施污染物近零排放区示范工程，促进企业、园区和行业间链接共生、原料互供、资源共享。大力推进工业资源综合利用基地建设，提高建筑垃圾、大宗工业固废、废旧金属、废弃电器电子产品综合利用水平和重金属回收利用率。

三、构建绿色低碳产业体系的几点建议

构建低碳循环的产业体系，从源头上控制污染物排放，需要采取综合措施，建立长效机制，形成有力的保障体系。

（一）加强政策引导

准确把握国家产业政策要求，紧密结合内蒙古发展实际，充分发挥好政策、税收、财政补贴等手段对产业发展的引导和扶持作用，进一步完善产业低碳循环发展的支持政策、技术创新政策、市场推广政策，不断优化政策环境，引领产业绿色低碳循环发展。同时，深入落实党的十八大以来国家各项政策，以绿色低碳为导向，制定实施有利于绿色低碳循环发展的政策法规，在项目审批、市场准入、财政补贴等方面立法限制高污染产业的发展，在法规层面向绿色低碳产业倾斜。同时，积极发挥市场的决定性作用，不以 GDP 作为衡量经济发展的唯一指标，树立绿色 GDP 理念，通过政府采购环境服务，推进环境综合治理，为构建绿色低碳循环发展产业体系保驾护航。

（二）完善资金投入机制

用足用好国家推进低碳循环发展以及生态补偿等方面的优惠政策，积极争取国家资金支持。建立稳定的资金投入机制，整合现有产业投资资金，对低碳循环产业的重大项目和科技产业化示范项目采取奖励或贴息贷款等方式给予支持，盟市、旗县政府和相关部门要对低碳循环产业的重大项目、低碳试点等给予资金支持。拓展融资渠道，发展绿色金融，创新金融工具，为低碳循环产业发展提供资金支持。吸引社会资本投入低碳循环产业，将风险投资引入低碳循环产业领域，引导企业加大对低碳循环产业技术研发的投入。积极开展国际合作，拓宽融资渠道，争取利用外国政府、国际组织贷款，开展低碳循环产业的科学研究与技术开发。

（三）积极推进科技创新

一是加强低碳循环发展技术自主研发，依托大型企业集团，积极推动以企业为

主体、产学研相结合的技术创新与成果转化体系建设，将低碳循环发展的共性和关键技术攻关项目作为自治区科技计划重点支持方向。开展低碳循环产业发展科技专项活动，组织高效节能、废物资源化等关键技术攻关。二是加快节能减排技术产业化示范和推广。组织科技重大专项，突破低碳循环发展重点领域核心关键技术，开展低碳产业、节能减排、循环经济、清洁生产等共性、关键技术及重大技术装备产业化示范，加强产业化示范基地建设。三是加大低碳发展科技人才培养和基地建设。依托自治区“草原英才”工程的实施，积极引进低碳循环产业领域高层次创新人才，壮大自治区人才队伍。建设低碳产业科技创新基地，促进创新平台升级，为自治区低碳产业的快速发展提供科技人才和平台保障。

（四）创建低碳循环发展的生态型园区

依托现有开发区和工业园区，推行低碳化、循环化、集约化发展，建设以低碳、清洁、循环为特征的生态型园区，积极打造产业低碳循环发展的重要平台。推广合理用能技术、能源资源梯级利用技术、可再生能源技术和资源综合利用技术，优化产业链和生产组织模式，加快改造传统产业，集聚低碳型战略性新兴产业，培育低碳产业集群。支持开发区、工业园区建设绿色工厂，实现厂房集约化、原料无害化、生产洁净化、废物资源化和能源低碳化。加强开发区、工业园区循环化改造，搭建资源共享、废物处理、服务高效的公共平台，促进废物交换利用、能量梯级利用、水资源分类循环利用。

（五）加强宣传和教育培训

积极动员各方面力量，完善信息发布的渠道和制度，充分发挥新闻媒体的舆论监督和导向作用，大力宣传国家和自治区发展低碳经济、循环经济方面的各项方针政策，倡导并积极践行绿色发展理念，提高全社会对低碳循环发展的认识，逐步建立低碳绿色消费方式。在基础教育、高等教育、职业教育中纳入低碳经济、循环经济等方面的教育内容，针对不同群体举办形式多样的培训和实践活动，努力把绿色低碳消费转变成为公民的自觉行为，形成发展低碳经济、循环经济的良好社会氛围。

中美贸易摩擦对内蒙古的影响及对策

内蒙古发展研究中心课题组*

随着中美贸易摩擦不断升级，我区也受到不同程度的影响。本文梳理了中美贸易情况及贸易摩擦产生的宏观影响，紧紧围绕我区受影响的重点领域和行业，从直接和间接影响两方面进行了初步分析，并从长期和短期角度提出应对举措，实现我区经济健康发展。

一、中美贸易摩擦概况

（一）中美贸易基本情况

根据中方统计，2017 年中国对美货物贸易顺差 2758 亿美元，占中国货物贸易顺差的 65.3%；据美方统计，美国对中国货物贸易逆差 3752 亿美元，占美国货物贸易逆差的 46.3%。近年来，中美贸易额占我国进出口总额的比重呈下降趋势，由 2015 年的 15.1% 下降到 2018 年上半年的 14.2%，下降了 0.9 个百分点。

从中美贸易产品结构看，我国对美出口主要是消费品，进口主要是资本品和科技产品。美国加税清单主要涉及食品和饮料、化工产品、电子产品、纺织品、金

---

* 内蒙古自治区发展研究中心课题组成员：张永军、曹永萍、冯玉龙、苏和、李文杰、佟成元。

属、机械、家具、汽车、农业等行业（见图 4 及图 5）。

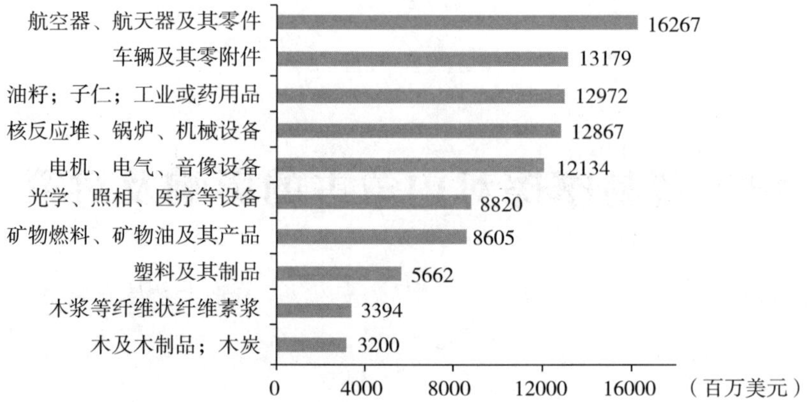

图4　中国从美国进口主要商品贸易情况

数据来源：中华人民共和国商务部官方网站。

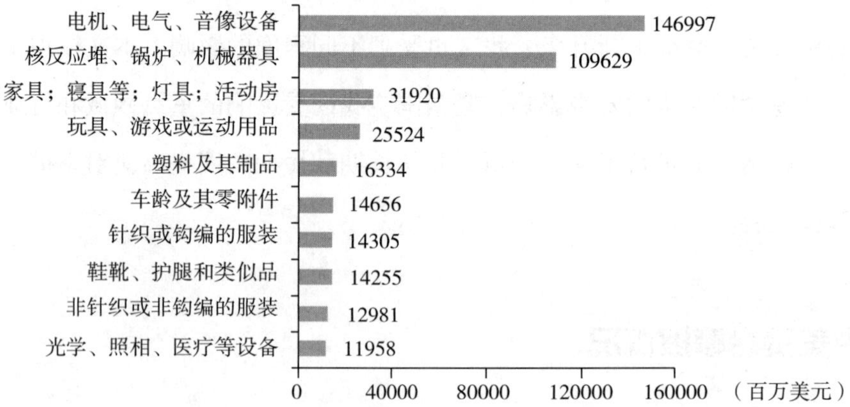

图5　中国出口美国主要商品贸易情况

数据来源：中华人民共和国商务部官方网站。

（二）中美贸易摩擦对我国的宏观影响

从整体经济影响看，据中国宏观经济研究院测算，如果美国对我国 500 亿美元商品开征 25% 的关税，预计我国 GDP 将减速约 0.10% 到 0.12%；如果在这个基础上对 2000 亿美元商品加征 10% 的关税，预计我国 GDP 将减速约 0.20% 到 0.25%。但也应看到，2017 年我国经济增长点中 90% 以上来自于内需发展，贸易依存度下降到 33%，低于 42% 的世界平均水平，且具备一定的抵抗冲击的能力，此次中美贸易摩擦对我国整体经济冲击影响有限。

从行业潜在影响看，中美贸易摩擦将对外向型企业，尤其是电子通信、电气机械、木材加工、化学产品等行业的企业产生成本增加、订单下降等影响；对我国高新技术行业的整体影响不大，但可能会延缓个别产品相关产业的技术进步和发展进程；对我国集成电路、LED 产业发展影响有限，因为此类产品占中国 LED 行业整体出口额不足 5%，直接出口到美国的比例更低；对国内智能网联和新能源汽车产业短期影响有限。但从长远看，将对我国掌握汽车低碳化、信息化、智能化等核心技术产生影响。

从消费领域影响看，目前，贸易摩擦对国内消费的影响在可控范围之内。以大豆为例，从美国进口的大豆占比已不足 1/3，且美国大豆在我国大多用于榨油，目前我国从美国进口 1 吨大豆的含税价为 3750 美元，仅比原来增加 750 美元，均摊到每公斤豆油价格涨幅仅几元钱；以肉食为例，2017 年进口猪肉价格为每公斤 10 ~ 11 元，2018 年加征关税后上涨为每公斤 17 元，但由于牛、羊肉、鸡肉、鱼肉等对其均具有替代性，故猪肉价格上涨对日常生活影响有限。

二、中美贸易摩擦对我区的影响分析

（一）直接影响

结合中美贸易摩擦涉及的主要产品清单，影响贸易的领域主要包括豆粕、苜蓿草和乳制品等农畜产品、铅及铅制品、铝板带和铝箔、钢材及聚丙烃、甲醇等。

农畜产品。2017 年我国从美国进口大豆和苜蓿量占全部进口的比重为 34% 和 93% 以上。美国苜蓿草、豆粕关税由 7% 调整为 32%，苜蓿草由 2860 元 / 吨上升到 3510 元 / 吨，每吨成本增加 650 元，豆粕由 2800 元 / 吨上升到 3150 元 / 吨，每吨成本增加 350 元，导致每公斤牛奶成本增加 0.2 元左右。以 Y 企业为例，预计每年收奶 500 万吨，年增加成本 10 亿元；M 企业预计每年收奶 400 万吨，年增加成本 8 亿元。此外，生产成本提高后，国内外生鲜乳价差扩大，导致从新西兰、澳大利亚、欧盟进口奶粉和液态奶的快速增长，进一步挤占国内乳品市场空间。美国是我国第二大乳制品进口来源国，主要进口产品为乳清、奶粉、无水奶油和奶酪。目前，Y 企业主要进口乳清蛋白、乳矿物盐和蓝莓浆等乳制品原材料。乳清蛋白、乳矿物盐关税由 2%提高到 27.5%，蓝莓浆关税由 20%提高到 50%，预计三种原材料全年累计增加成本 2240 万元；M 企业主要进口乳清蛋白、奶粉、无水奶油和奶酪等乳制品原材料，加征关税后，预计全年累计增加成本 5200 万元；另外，“美废进口限制”导致包装材料纸箱价格上升、成本增加约 1.5 亿元，两项合计 2 亿元，内蒙古区域业务按照占比 35% 推算，一年增加成本 7000 万元。

铅及铅制品。近几年，我国从美国进口的铅精矿占总进口量的比重维持在 16% ~ 18%，占国内铅精矿总供应量的 4% 左右，折合金属量超过 10 万吨。但考虑到国际铅矿资源丰富，我国铅矿砂进口将由美国转向秘鲁和俄罗斯，美国加征关税对我国铅矿进口影响不大。美国对我国铅酸蓄电池产品征收高关税，将加快国内蓄电池产能向东南亚国家转移，不利于国内铅消费。考虑到我区是全国重要的铅及铅制品生产区，2017 年我区铅产能达到 40 万吨，产量达到 9.4 万吨，占全国（471.6 万吨）的 2%，国内消费的整体走低势必会传导到我区，特别是美国对进口铅锌及制品征收 10% 左右的关税，将对我区铅及铅制品销售产生不利影响。

铝材。我国出口铝材主要以铝板带、铝箔以及铝型材为主，三者合计占比超 9 成。2017 年我国出口铝材中铝板带占比为 49%、铝箔占 27%、铝条杆型材占 20%。其中，出口美国铝板带片 50.22 万吨、铝箔 14.85 万吨、铝管 1.1 万吨，铝型材 1.01 万吨，合计约 66 万吨。我国铝板带出口占出口美国铝材产品 75.9%，占美国进口铝板带的 51.2%；铝箔出口占我国出口美国铝材的 22.45%，占美国进口铝箔的 75.6%。2017 年我国出口美国商品 5060 亿美元，其中电子产品占 26.9%、医疗设备占 6.4%、电视机及显示器占 4.5%，这些产品均需要铝制品组装。我区作为电解铝的主要产区，2017 年电解铝产量近 266 万吨，占全国（3329 万吨）的 8%，美国加征关税，将间接影响电解铝终端消费，也将间接影响我区电解铝市场。

化工制品。中美贸易涉及的化工产品主要包括丙烷、聚烯烃、聚乙烯、EVA 树脂以及甲醇。近期，美方拟对从石油、天然气等上游资源到烯烃、苯、酚类等化工原料，从金属单质到氧化物、卤化物、盐类等化学品，以及化肥、农药、涂料、轮胎等化工终端产品均征收 10% 的进口关税。美国从我国进口金额较大的产品主要有 PS、PC、环氧树脂、有机硅中间体、PTEE 和苯胺，其进口额占我国总出口额的比重分别为 9.69%、7.47%、7.88%、11.05%、12.74% 和 12.7%。我国拟对从美国进口的能源油气以及主要化工品征收 25% 的关税，其中，液化丙烷、丙烯晴、苯酚、石蜡、PVC、环氧树脂、有机硅中间体、表面活性剂、丁基橡胶、二氯乙烷，占我国进口总额比重较大，分别为 26%、20%、25%、15%、32%、11%、21%、24%、26% 和 71%。涉及我区产品的主要有 PC、环氧树脂、有机硅中间体、苯胺、PVC、环氧树脂、表面活性剂、丁基橡胶和二氯乙烷，除有机硅中间体和苯胺外，其余化工产品全部处于净进口状态，而出口美国的有机硅中间体和苯胺占我国全部出口额的比重分别为 12.6% 和 12.1%。因此，苯胺和有机硅中间体出口将受到一定影响。

（二）间接影响

从产业转型升级角度看，我区产业结构属于典型的以原材料和初级产品加工为主，中美贸易摩擦必然对正处于加快产业转型升级的关键时期的内蒙古引进成熟技术和设备形成冲击。同样，中美贸易摩擦对我国部分终端产品市场影响，必然会传导到原材料的需求。例如，受美国制裁中兴事件影响，满洲里华芯科技公司在香港市场进口芯片原材料出现困难，无法正常开展业务；由于美国将很多木制品列入增加关税商品清单，近期虽然未影响满洲里市企业出口的商品，但考虑到中美贸易可能会出现新的不确定因素，企业继续对美出口的积极性在一定程度上会受到影响。

从企业融资角度看，中美经贸摩擦逐步加大人民币兑美元汇率贬值下跌压力，增加企业外债还款成本，影响企业发行外债积极性，不利于我区企业筹措资金。

三、主要对策

目前，中美贸易战对我区已显现出“苗头性”影响，需要我们坚持“长期重战略谋划、短期重技术应对”的思路，一方面，通过寻找新进口来源国，实现进口替代等短期办法，积极妥善应对；另一方面，必须清醒地看到我区产业发展的“四多四少”、战略性新兴产业发育不足、传统产业技术创新支撑弱等突出矛盾和问题，加快推进技术创新、产品创新、业态创新，实现产业由低端迈向中高端。

（一）加强政府与企业衔接，做好贸易影响应对预案

一是围绕我区优势特色产业，建立“龙头企业（重点进出口企业）+政府（地方政府、相关部门）”动态联系机制，提高对我区木材加工、大豆、豆粕、苜蓿草等领域关注度，及时向企业反馈中美贸易战情况，准确、客观分析已产生的影响和潜在影响，做好前期化解贸易风险准备。

二是借助国家搭建的“一带一路”平台，积极开展推介活动，帮助企业拓展新的出口市场。积极调整进口结构，积极寻找豆粕、苜蓿草等进口产品替代国，开辟巴西、加拿大、西班牙等农产品进口新渠道，增加除美国外其他国家和地区的进口规模。

三是充分利用国家出口信用保险政策，鼓励外贸企业参加出口信用保险，支持企业拓展新的市场，提高企业抵御市场风险能力。

四是根据我国对美国部分农产品加征关税可能形成的市场空间，及我国对大豆产需缺口较大的实际和我区与俄罗斯深化农业合作的有利条件，积极研究推动拓展对俄大豆进口业务，鼓励境外农业种植企业逐步扩大在俄大豆种植面积和回运规模，不断提升对俄农业合作层次和规模。

五是指导铝制品、农畜产品等出口企业大力实施市场多元化战略。鼓励区内企业主动“走出去”，加大对“一带一路”沿线国家和欧洲、拉美市场开拓力度，鼓励企业参加境内外展会，对境外展位费全额补贴，以新市场转换传统市场，消化对美订单损失，减少对美市场依赖。

六是需要高度关注除美国以外的国家贸易的政策变化影响。中美贸易摩擦表面看仅是中美双边贸易政策博弈，但也需要关注美国与其他国家贸易政策变化，做好充足预案。

（二）提高技术创新能力，深化供给侧结构性改革

一是提高企业原料的自给水平，争取国家增加苜蓿草种植的补贴额度，提高苜

蓿草种植补贴额度，扩大优质苜蓿草种植规模。

二是利用互联网、大数据、人工智能等技术，提升管理水平，降低产品生产成本。支持企业瞄准产业的核心薄弱环节，努力提高自主创新能力。加速技术追赶，加强前沿技术研发。进一步优化营商环境，为高新技术领域外商投资创造更好的条件。

三是培育壮大进出口加工企业，对美国市场和技术高度依赖的企业，应重新审视自身的市场拓展、技术战略和运营流程。积极开拓欧洲、亚洲和国内市场。通过加强自主研发或寻求替代技术方式化解影响。企业需要重新审视在全球产业链的地位和定位，针对核心技术进行自主研发，增强全球资源配置能力。

四是发挥中国国际进口博览会平台优势，贯彻习近平总书记讲话精神，加大我区关键设备、进口原料、关键技术的引进力度；借助“上交所设立科创板并试点注册制”政策机遇，推进我区科技企业拓宽融资渠道；借助国家支持长江三角洲区域一体化发展战略，加强与长三角地区合作，承接产业转移。

（三）实施“优进优出”战略，争取国家更多政策支持

一是争取国家给予小麦等粮食进口配额倾斜。我区初步形成了“境外种植”和“境内加工”联动发展的产业格局，但是多数外贸企业或者加工企业，由于没有小麦进口关税配额，只能缴纳 65% 的关税进口，与配额内 1% 的进口关税税率相比形成巨大成本差距，严重影响和制约小麦进口及后续深加工业务的开展。争取国家支持我区农产品进口落地加工产业发展，并建议在进口关税配额方面对我区企业给予支持。

二是按照“稳外贸、稳外资”的要求，争取国家给予沿边地区更大支持。我区分布有 19 个边境旗县，大部分旗县地方财力有限，又承担着繁重的口岸建设任务。建议我区积极向国家争取，将海关代征的进口环节增值税按一定比例返还给地方，专项用于口岸基础设施建设，支持边疆少数民族地区发展。

（注：考虑到中美贸易摩擦存在着诸多变化因素，本文只是阶段性分析，所提及观点也处于不断完善和调整中，仅供参考。）

全面开启内蒙古同世界交融发展新画卷

——关于浙江、福建对外开放的调查与思考

内蒙古发展研究中心调研组 *

5 月下旬，内蒙古自治区发展研究中心联合东北三省政府发展研究中心赴浙江、福建两省进行了对外开放专题调研，重点学习了解浙闽两省高水平对外开放的创新举措和实践经验，实地考察了开放型经济体系的重点平台。现将本次调研了解到的情况及对我区启示性思考作简要汇报。

一、浙江、福建高水平对外开放的主要成就

浙江省作为连接“海上丝绸之路”、“丝绸之路经济带”和长江经济带“一路两带”的枢纽区，福建省作为“21 世纪海上丝绸之路”核心区，充分发挥得天独厚的区位优势和国家战略优势，以“一带一路”建设为统领，积极构建开放型经济新优势，开创了我国沿海地区陆海内外联动、东西双向互济的开放新格局。

浙江省地处我国大陆海岸线中段和长江黄金水道的 T 字形交汇口，紧邻太平洋西部南北国际主航道，区位条件、资源禀赋得天独厚。该省坚持把服务“一带

* 内蒙古自治区发展研究中心调研组成员：包思勤、高鸿雁、毛艳丽。

一路”、长江经济带等国家重大战略与浙江省区位条件、海洋资源、港口产业等特色优势相结合。依托区位优势和大宗商品储运发展基础，加快推进舟山江海联运服务中心建设，着力打造长江经济带发展和21世纪海上丝绸之路的战略支点；充分发挥宁波舟山港国际大港和义乌国际陆港发展优势，加快建设义甬舟开放大通道，构筑连接“一带一路”和长江经济带发展的战略通道等。目前已形成由1个自贸区、79个省级以上开发区和8个海关特殊监管区组成的开放平台新格局。全省现有宁波舟山港、温州港、嘉兴港、台州港等4个沿海港口，年货物综合通过能力11.3亿吨；杭州港、湖州港等7个内河港口年货物综合通过能力3.7亿吨。2017年，浙江省累计外贸进出口额达25604.2亿元，同比增长15.3%，高于全国1.1个百分点。

福建省位于东海与南海的交通要冲，是历史上海上丝绸之路、郑和下西洋的起点，也是海上商贸集散地。福建省是我国对外开放先行省份之一，具有独特的对台优势、海外优势、海上优势和生态优势。中央支持福建省加快发展，赋予平潭综合实验区、中国（福建）自由贸易试验区、21世纪海上丝绸之路核心区、福州新区、福厦泉国家自主创新示范区、国家生态文明试验区等多个国家战略，使福建省成为获得国家优惠政策最多、最集中的省份之一，在全国对外开放全局中的地位更加突出。尤其是海丝核心区、自贸试验区等重大使命和任务，有利于强化与海丝沿线国家和地区的经贸联系，打造互联互通、互利共赢的陆海经济大通道，是福建省新一轮对外开放的引擎。截至2017年底，福建省共有经国务院批准的对外开放口岸11个，其中水运口岸7个、空运口岸4个。2017年，海港口岸累计完成外贸货运量21255.3万吨，同比增长0.3%。海运集装箱吞吐量累计完成936.5万标箱，同比增长7.4%。累计出入境游客211.3万人次，同比增长9.5%。全省出口的市场国别（地区）共226个，对欧盟、美国、东盟、中国香港、日本等五大传统市场出口额占比67.2%，对金砖国家出口同比增长122.2%。2017年，全省货物贸易进出口总额11590.8亿元，同比增长12%；跨境电子商务交易额超过3000亿元，增幅超过30%。

二、浙江、福建高水平对外开放的主要做法和经验

（一）实施大战略、优化大布局，推动形成全面对外开放新格局

研究制定了“1+1+5”的对外开放政策体系。包括《关于以“一带一路”建设为统领构建全面开放新格局的意见》《打造“一带一路”枢纽行动计划》，为全省对外开方指明了方向和任务。同时，出台促进外资增长、培育外贸竞争新优势、推进工业和信息化全球精准合作、提升人才国际化水平、加强境外安全保障等5个配套政策。为更好参与“一带一路”建设，服务国家重大战略举措和开放大局，提升开放型经济层次，推动高质量发展发挥重要作用。

作出统筹推进大湾区大花园大通道大都市区建设的重大决策和战略部署。以大湾区建设优化省域创新发展布局，以大花园建设优化省域绿色发展布局，以大通道建设构筑连接“一带一路”和长江经济带发展的战略通道，以大都市区建设优化省域城市发展布局。这是以“四大”建设作为高水平开放的大平台，对未来更高水平开放发展作出的新布局。围绕“一带一路”倡议和全省“四大”建设总体部署，充分发挥浙江区位条件、“四港”融合、国际经贸、跨境电子商务、新金融服务、全球浙商等综合优势，形成以“一区（自贸试验区）、一港（国际枢纽港）、一网（数字贸易网）、一站（境外系列服务站）、一园（国际合作园）、一桥（民心联通桥）”为框架的“一带一路”建设总体格局。

福建省积极推动“海丝”核心区建设。制定了《福建省建设21世纪海上丝绸之路核心区实验方案》《福建省21世纪海上丝绸之路核心区重点行动（2018–2020）》及《关于构建开放型经济新体制的实施意见》等一系列文件。对加快构建开放型经济新体制，增创全面开放新优势，全方位提升合作水平，建设开放型经济强省作出了全面部署。在优化区域布局方面，重点依托环三都澳、闽江口、湄洲湾、泉州湾、厦门湾、东山湾六大重要海湾，坚持优势集聚、合理布局和差异化发展，建设形成有较强竞争力的海洋经济密集区。

（二）贯彻新发展理念，推动重点领域改革，促进开放型经济全面发展

深化体制机制改革，推进海洋港口一体化发展。为推进宁波舟山港由国际大港向国际强港转变，有效解决全省沿海港口分而治之、重复建设、同质竞争等突出问题，按照“党政企合一、全港域整合、责权利统一、港产城融合”的思路，浙江省加快推进港口资源整合，取得了重要的阶段性成效。一是在行政统筹上，组建省海港委，实行全省海洋港口发展的一体化管理；二是在资产整合上，设立省海港集团，实施全省港口的一体化运作；三是在功能布局上，加强顶层设计，优化全省港口发展的一体化格局，推进形成“一体两翼多联”沿海港口发展格局。“一体”即以宁波舟山港为主体，“两翼”即以浙南的温州港、台州港和浙北环杭州湾港口（嘉兴港、杭州港、绍兴港）为两翼，“多联”即联动发展义乌国际陆港及湖州、金华兰溪、衢州、丽水青田等内河港口。四是在航运服务上，强化功能拓展，推进港口上下游产业链一体化延伸。五是在内联外扩上，积极服务国家战略，推动国内合作与国际合作一体化谋划。全省港口企业积极把握整合融合发展机遇，积极拓展市场腹地，港口生产经营稳中向好。2017 年，宁波舟山港龙头枢纽地位持续增强，成为全球首个货物吞吐量超过 10 亿吨的大港，连续 9 年蝉联世界第一。

深入推进国家和省级改革试点，释放开放型经济活力。浙江省加快推动中国（浙江）自由贸易试验区 2.0 建设。全力推进油品全产业链建设，举办首届世界油商大会，组建国际咨询委员会。自贸试验区油品全产业链国际知名度和影响力迅速提升。以国际大型石油巨头为代表的油品企业快速集聚，保税燃料油供应体系建设取得重大突破。支持宁波市创建国家级“一带一路”综合试验区，推进“16+1”经贸合作示范区建设。深化中国（杭州、宁波）跨境电子商务综合试验区建设，推进电子商务全球布局，主动参与全球电子商务规则制定。加快建设义甬舟开放大通道和义乌国际贸易综合改革试验区，推进“义新欧”国际班列常态化运行，建设“一带一路”捷克站等境外综合枢纽。

福建省加快改革步伐，全力深化自贸试验区建设。以制度创新为核心，发挥沿海近台优势，大胆试、大胆闯、自主改，扎实推进各项试验任务。一是基本建立与

市场规则相适应的政府服务模式。持续开展行政管理体制创新，深化放管服改革，精简下放审批权限，推进商事集成化改革。二是基本建成符合国际先进规则的投资便利服务体系。率先探索“多规合一”，探索实施投资体制改革，率先推行企业设立商务备案与工商登记“单一窗口”“单一表格”办理模式。三是基本建立与国际先进规则相适应的贸易便利化新体制。率先实现国际贸易管理业务在“单一窗口”一站式办理，全国首创关检“一站式”查验模式。四是探索形成对台与“海丝”合作新模式。率先深化闽台经济社会文化交流合作政策措施，在多个领域实行对台开放。五是基本建立以信用约束为核心的事中事后监管体系。率先制定国家首张风险防控清单，建成国家企业信用信息公示系统，试行信用分类监管体制，创新知识产权司法和行政保护机制。六是基本形成以创新带动发展的新态势。两岸青年创新创业基地、整车进口口岸、厦门国际航运中心等平台加快发展，融资租赁、物联网产业等新业态蓬勃发展。福建自贸试验区建设取得积极成效。

加强制度创新，打造国际一流营商环境。浙江省对标国际公认标准，加强制度创新，降低制度性交易成本，进一步优化营商环境。按照“线下属地一窗受理、线上全程一网办理、后台纵横集成服务”工作目标，深化商事制度改革，推行外商投资“一窗一表”受理新模式，推动商务领域“最多跑一次”改革向纵深发展。全面实施准入前国民待遇加负面清单的外商投资管理制度，缩短外资企业投资项目办理时限。提升贸易便利化水平，进一步降低通关环节费用。同时，完善开放型经济法治环境，切实加强知识产权保护，进一步营造开放统一高效的市场环境。福建省深化大通关改革，提高贸易便利化水平。企业出入境货物重复申报减少36%，出入境船舶申报项目减少40%。同时加快推进通关一体化，推动口岸拓展腹地，辐射中西部，做大做强口岸综合通道。

（三）坚持全方位、多元化发展，打造对外开放新高地

发挥特色优势，积极融入国家重大发展战略。浙江省结合区位优势和大宗商品储运发展基础，加快推进舟山江海联运服务中心建设，着力打造长江经济带发展和21世纪海上丝绸之路的战略支点。依托油品储运加工规模优势和保税燃料油供应发

展基础，加快推进中国（浙江）自由贸易试验区建设，发展油品全产业链投资便利化和贸易自由化，提升我国以油品为核心的大宗商品资源全球配置能力，保障国家经济安全。充分发挥宁波舟山港国际大港和义乌国际陆港发展优势，加快建设义甬舟开放大通道，构筑连接“一带一路”和长江经济带发展的战略通道。积极构建高能级开放平台，提升舟山、宁波、金义等综保区建设水平，深化中德、中澳、中捷等国际产业合作园建设。福建省在优化布局的基础上，重点发展现代渔业、船舶与海洋工程装备、港口物流、海洋电子信息、海洋生物医药等产业，通过加强海洋产业园区、海洋经济示范区、海洋科研平台、海洋经贸平台建设，进一步加强与“海丝”相关国家和地区的海洋交流合作。

实施多元化战略，推动更高水平的国际贸易和投资。浙江省面对激烈的国际竞争，加强贸易强省建设。加快外贸出口优化升级，培育浙江出口名牌，发展外贸新业态新模式，推进服务贸易创新发展，培育以技术、标准、品牌、质量、服务为核心的外贸竞争新优势，不断提高出口的附加值和效益。积极打造高质量外资集聚地。坚持引资引技引智相结合，支持嘉兴、湖州等地建设高质量外资集聚先行区，使外商引得来、留得住、发展得好。加强创新能力开放合作，积极引进利用国际创新资源，在全球创新资源集聚地区建设创新平台。创新对外投资方式。大力培育本土跨国公司，实施“凤凰行动”计划，推动有实力的企业开展跨国并购，支持绍兴、台州等境外并购活跃的地区先行建设境外并购回归产业园，增强产业和企业的国际竞争力。

三、几点启示和建议

党的十九大开启了改革开放的新征程，内蒙古要顺应滚滚向前的时代潮流，借鉴浙闽两省以高水平开放促进高质量发展的先进做法和经验，科学谋划新时代改革开放，构筑对外开放新优势，着力打造陆海统筹发展试验区，争取成为我国沿边开放先行区。

（一）加强战略谋划，构建高水平开放新格局

研究制定自治区新时代全面对外开放行动纲领，完善配套政策措施。以习近平新时代中国特色社会主义对外开放思想为指引，积极主动地融入和服务“一带一路”、京津冀协同发展、长江经济带发展和振兴东北等国家战略，围绕中蒙俄经济走廊建设，全力打造我区“北上南下、东进西出、内外联动、八面来风”的对外开放新格局，谱写服务全国、同世界交融发展的时代画卷。

全力构建高能级对外开放新平台。要积极争取国家对内蒙古全面对外开放的支持，着力加强同环渤海及东南沿海地区联动发展，打造陆海统筹发展试验区，争取将我区建设成为我国沿边开放先行区；在夯实满洲里、二连浩特国家重点开发开放试验区与和林格尔新区建设的基础上，争取在我区设立第一个处于沿边地区的中国（内蒙古）自由贸易试验区。

（二）推动我区由口岸大区向口岸强区转变，构建陆海联动大通道

建议成立自治区口岸管理委员会，实行全区口岸发展的一体化管理。内蒙古作为口岸大区的优势尚未得到有效发挥，其重要原因之一是口岸资源过于分散，分而治之、重复建设、同质竞争等问题十分突出。统一口岸管理职能，对于更好地参与实施国家重大区域战略、深化口岸领域供给侧结构性改革、提升口岸综合竞争力具有重要意义。通过口岸管理体制机制的创新，把全区口岸整合到同一个平台通盘考虑，统一规划、统一建设、统一管理运营，从根本上实现全区口岸资源的统筹管控和高效利用，在更高层级上建设国际口岸，更有助于推动陆海统筹、内外联动发展。

建议组建自治区口岸集团，推动全区口岸一体化、协同化发展。借鉴浙江省整合港口资源，推动宁波舟山港等港口群跨越发展的经验，我区应整合口岸资源，尽快研究提出组建自治区口岸集团的实施方案。要坚持以资产为纽带推进全区口岸资源整合，同时加强与沿海港口运营商的合作，共同推动口岸重大项目建设。要坚持口岸规划、建设、管理“一盘棋”，口岸交通、物流、信息“一张网”的总体要求，统筹推进口岸一体化发展。

打造联通俄蒙、对接沿海地区的口岸大通道。按照中蒙俄经济走廊规划，依托铁路中央走廊、铁路北部走廊、亚洲公路网 AH3 建设，扩大完善二连浩特公路口岸、铁路口岸建设；依托铁路东部走廊、公路东部网络建设，将目前是公路口岸，未来发展为铁路、公路口岸的珠恩嘎达布口岸规划建设为东部走廊重要节点。依托满洲里口岸，打造贯通东北地区陆海联动的“大哈满（大连 – 哈尔滨 – 满洲里）经济走廊”。

推进口岸产业转型升级，加快发展大口岸经济。口岸地区要切实推进“多规合一”和“产城融合”发展。调整优化口岸贸易和口岸产业布局，重点围绕口岸进出口加工、跨境电商、现代国际物流等新兴产业，发展壮大口岸特色产业体系，力争改变我区口岸“酒肉穿肠过”的尴尬局面。

（三）优化营商环境，构建高质量内外资集聚地

以“最多跑一次”改革为牵引，全面改善营商环境。推进形成与高标准国际经贸规则相衔接的地方法规规章体系，建立透明化的政务公开体系，提供优质的公共服务，营造公平透明、法治化、可预期的营商环境。推进商事集成化改革，全面实行准入前国民待遇加负面清单管理制度。切实进行审批事项清理，促进管理方式转变，深化出入境管理、外国人管理服务改革。推动全区口岸跨部门、跨关区的一体化通关协作，加快推动形成全方位、立体化、网络化的口岸开放新格局。加快构建知识产权保护的工作新格局，切实强化知识产权创造、保护和运用。

主动参与国内外区域合作，推动开放型经济蓬勃发展。进一步密切与京津冀、长三角、珠三角的经济联系，完善区域间协作发展新机制。营造更好的招商引资环境，提高全球精准招商能力，坚持引资引技引智相结合，大力引进世界 500 强、中国 500 强企业落户内蒙古。着力构建开放型产业体系，积极承接产业链整体转移和关联产业协同转移，依托大企业、实施大项目、发展大产业、构建大集群、建设大基地，为自治区发展注入强大动力。联合沿海省市在我区共同建设一批“飞地产业园区”、出口产业合作园区。加快推进东部盟市与东北三省深度融合发展，积极探索沿边经济带与沿海经济带联动发展，实现优势互补、陆海统筹。

新时代健全内蒙古公共服务体系建设的着力点

冯玉龙　陈佳奇

党的十八大以来，以新发展理念和富民优先战略为引领，全区上下加大了公共服务供给方面的投入，公共服务和社会保障体系逐步健全，推动了自治区公共服务供给水平的提升和改善，为2020年全面建成小康社会以及开启现代化新征程奠定了基础。2012～2016年，自治区人均公共财政支出增加了4147元，是同期人均公共财政收入增长额的2倍，人均公共财政支出与人均公共财政收入之比由2012年的2.21：1提高到了2016年的2.24：1。但是，自治区公共服务供给与需求方面存在的不平衡不充分和可及性等问题仍然较为突出。尤其是在公共服务供给需求更为全面、供给结构和效率要求更高的大背景下，自治区亟需以不断提升公共服务均等化、普惠化、便捷化和高水平化为导向，围绕公共服务“七有”目标，聚焦健全体系、提升水平、优化结构和提升效率四大任务，做到既尽力而为又量力而行，全面优化和提升自治区公共服务供给结构和水平，进一步增强人民群众的获得感和幸福感，这应是未来自治区提升和优化公共服务供给的主要着力点。

一、完善公共服务供给内容体系

一是将农村牧区交通通信基础设施提升、环境保护、学前教育、创业创新、农牧业技术服务、职业农民培训、公共安全和消费安全纳入地区基本公共服务体系，并充分对表对标城镇公共教育、劳动就业服务体系，提出相应的重点任务、基本标准和重点实施的保障工程；二是在全区范围内加快推广锡林郭勒盟牧区养老试点经验，推行“政府扶持，多元经营，集中居住，养老育幼”养老服务模式；三是借鉴广西省做法，探索实施工伤保险基金自治区级统筹，全面推开自治区工伤预防工作；四是加快构建和实施“8+1”社会救助体系。

二、健全公共服务供给主体体系

一是积极引入社会力量，加快制定和出台公共服务领域社会供给负面清单与政府购买公共服务指导意见，加大政府购买服务力度，撬动社会资源与社会供给主体；二是加快推进政府职能转变和事业单位改革，探索建立政府与事业单位以服务为轴心的新型政社关系；三是积极培育社会组织，加快建立政府投入、社会参与的社会组织孵化平台，制定和落实各类社会组织扶持政策，使其成为公共服务供给的重要主体；四是积极弘扬慈善文化，鼓励和规范社会捐赠，鼓励企业践行社会责任。

三、创新公共服务供给资金来源体系

一是积极探索公益领域多元融资渠道，鼓励设立公益性小额贷款、公益银行、公益信托、普惠金融和绿色金融等金融机构及职能，引导其通过公益创投的方式投资公共服务，将金融市场与公益市场有机融合，推动形成公益产业链，促进公益事业健康有序发展；二是创新公共服务发展模式和投融资体制，鼓励和引导社会资本积极参与公共服务提供，特别是在教育、医疗和养老等关系国计民生的领域，要通过公益创投鼓励和加大各类资本对公益性事业方面的投入；三是激活城乡社区内生性资源，鼓励成立社区发展基金会用于城乡社区公共服务共建；四是发挥城乡统筹基金会等社会组织在公益创投中的积极作用，借鉴四川省做法，探索基金会与地方政府合作的非经营性城乡公共服务供给项目，创新社会公共服务的供给方式。

四、进一步扩大公共服务受益面

一是加快制定和出台相应标准，逐步提高自治区公办幼儿园城乡覆盖率，以达到国家2020年普惠性幼儿园覆盖率达到80%左右的要求；二是持续稳定加大对学前教育的财政性投入，鼓励地方采取政府购买服务、以奖代补、专项补助等方式缩小编制内外教师的待遇差距，逐步消除公办幼儿园和普惠性民办幼儿园在收费标准上明显的园际差距；三是将义务教育营养改善计划从农村牧区扩大到全部农村牧区乃至城乡全体学生，将免费中等职业教育扩大到全体学生；四是将职业技能培训和技能鉴定扩大到全体劳动年龄人口，助力新时期创新创业人才培养；五是将基本养老服务补贴扩大到失能半失能以及65岁以上全体城乡居民，将住院分娩补助覆盖城乡妇女。

五、逐步提升基本补助及救助标准

一是要在义务教育的生均公用经费、生活补助、营养膳食补助，以及高中阶段教育和学前教育困难补助方面，逐步提高自治区生均拨款标准和补助；二是在政策范围内逐步提高基础养老金和基本医疗保险报销比例，并结合地区经济社会发展整体情况适当动态提高城乡居民低保标准、基本养老服务补贴和医疗救助标准；三是逐步完善统一的城乡居民基本医疗保险制度和大病保险制度，着力提高农牧民报销比例，统筹城乡社会救助体系、着力提高农村牧区低保标准和覆盖面。

六、着力提升公共服务公平性

一是探索通过改革自治区市县级政府间责任分担机制，加快解决农民工随迁子女在居住地接受义务教育以及参加中考、高考的问题；二是进一步整合医疗保障制度，提高统筹层次，逐步缩小群体间和地区间的待遇差距；三是进一步巩固自治区级统筹，加快推进城镇职工养老保险的全区统筹，对接养老保险基金中央调剂制度，尽快建立健全自治区级养老保险补助和调剂机制。

七、重点推动基本公共服务向农村牧区倾斜

一是结合乡村振兴战略，着力提高农村义务教育、职业技能培训和公共文化服务供给质量和便利性；二是结合乡村振兴战略，加快农村生活垃圾、污水处理等人居环境改善建设；三是坚持农业农村优先发展的原则，结合政策动向和发展实际，把“老少边穷”地区的公共服务供给作为重中之重，把提升公共服务水平、推进基本公共服务均等化与脱贫攻坚工作充分统筹起来。

八、全力优化公共服务供给资金投入结构

一是本着既要尽力而为，又要量力而行的原则，在侧重底线保障，鼓励劳动参与的前提下，重点保障教育、医疗卫生等有利于人力资本积累和提升的社会投资型项目，尤其是强化学前教育和职业技能培训；二是要对贫困人员通过降低起付线、提高报销比例和封顶线等倾斜政策，实行精准支付；三是对在“三少民族”地区和贫困地区乡村长期从教的幼教教师，在工资福利、养老保障、住房、进修培训等方面给予特殊优惠。

九、全面提升公共服务供给效率

一是“整合”各类涉及基本公共服务供给与国民经济社会发展规划项目的资金，尽可能打捆使用，形成合力；通过以奖代补、贴息、担保等方式，发挥财政资金的杠杆作用，“撬动”社会资本与政府合作参与公共基础设施建设；二是结合制度监督与社会监督，制定和实施政府购买服务目录、政府转移职能目录和社会组织

承接政府职能目录；三是搭建平台形成需求与供给的对接机制，运用多种社会投资工具发展公益创投，并建立相应的退出机制。

十、提升公共服务信息化水平

一是深化支付方式改革，建立适应不同人群、疾病、服务特点的多元复合支付方式，加快推进人员、单位、管理服务机构等基础信息库及异地就医联网结算、社保关系转移接续、公共就业信息服务、就业信息监测等重点建设任务。二是积极实施“互联网+人社”行动，促进劳动就业、社会保障、人才服务等工作与互联网深度融合，建设人力资源和社会保障信息资源库，继续推进信息系统和数据自治区级集中。三是探索构建大数据与区块链应用体系，逐步实现线上线下公共服务渠道的有机衔接与有效监督，形成跨领域、跨部门、跨层级的联动服务体系。

内蒙古推进基本医疗卫生公共服务均等化现状与对策

陈佳奇　苏和

“十三五”以来，随着我区对公共服务的重视程度不断提升以及政府公共服务能力的逐渐提升，我区严格贯彻落实“健康中国战略”，为人民群众提供全方位全周期健康服务，不断深化医药卫生体制改革，全面建立中国特色基本医疗卫生制度、医疗保障制度和优质高效的医疗卫生服务体系，我区基本医疗卫生公共服务均等化水平不断提高，但人民对健康的需求和医疗卫生服务资源供给不平衡不充分的矛盾仍然存在，我区的医疗卫生公共服务体系建设仍然任重而道远。

一、主要指标完成情况

（一）政府预算医疗卫生支出

我区政府预算医疗卫生支出从2016年的284.6亿元，增长到2017年的323.5亿元。政府预算医疗卫生支出占一般公共预算支出比重由2016年的0.63%增长到2017年的0.71%，12个盟市除了包头市和阿拉善盟在此指标下都有不同幅度的增长。同时经过测算，12个盟市人均政府预算医疗卫生支出排名前三的是阿拉善盟、乌海市和锡林郭勒盟，最高和最低的是阿拉善盟和包头市，分别是2097.7元和767.75

元，相差 1329.95 元，其比例为 2.73 ：1。其中包头市、呼和浩特市、通辽市、赤峰市、巴彦淖尔市、兴安盟和乌兰察布市分别低于全区平均水平（1279.3 元）511.55 元、438.53 元、273.1 元、270.29 元、123.16 元、49.95 元和 17.6 元。

（二）床位数

床位数是医院等级的评审标准，卫生技术人员和卫生机构数都是在床位数的基础上配置的。我区此项指标总体水平逐年提高，2017 年的我区平均每千人口床位数为 5.95 张，同年全国每千人口床位数的平均值为 5.71 张。我区 12 个盟市在 2017 年每千人口床位数最少的是乌兰察布市，每千人口床位数是 4.14 张，最多的呼和浩特市，每千人口床位数是 6.64 张，最多与最少的相差值为 2.5 张。

（三）卫生技术人员

卫生技术人员是一项重要的卫生资源，其重要地位仅次于卫生床位数，对于卫生技术人员数量变化的分析主要运用每千人口的数值。2017 年我区各盟市每千人口卫生技术人员数最高和最低的分别是阿拉善盟和乌兰察布市，每千人口卫生技术人员数分别为 9.29 人和 4.62 人，其差值为 4.67 人，比例是 2.01 ：1，高于全区平均水平（7.13 人）的有阿拉善盟（9.29 人）、乌海市（8.51 人）、呼和浩特市（8.51 人）、包头市（8.29 人）、呼伦贝尔市（8.29 人）、锡林郭勒盟（7.64 人）和巴彦淖尔市（7.33 人），但均高于全国平均水平（6.47 人）。

（四）卫生机构

卫生机构是医疗卫生资源的重要组成部分。我区卫生机构数量有所增加，截至 2017 年，我区每千人口卫生机构数的平均值上升到 0.96 个，高于全国平均水平 0.25 个。12 个盟市中每千人口床位数最多和最少的分别是通辽市和乌海市，其数值分别是 1.46 个和 0.55 个，差值为 0.91 个，其比例是 2.65 ：1。低于全区平均值的是乌海市、包头市、呼和浩特市、呼伦贝尔市和鄂尔多斯市，分别低 0.41 个、0.35 个、0.3

个、0.18个和0.17个。

（五）门诊和住院量

2017年，全区医疗卫生机构总诊疗人次达10444.1万人次，比2016年增加104.6万人次。2017年居民人均到医疗卫生机构就诊4次。2017年总诊疗人次中，医院4994.7万人次（占47.82%），基层医疗卫生机构5049.4万人次（占48.35%），专业公共卫生机构393.3万人次（占3.77%），其他医疗机构6.7万人次（占0.06%）。与2016年比较，医院诊疗人次增加233.1万人次，基层医疗卫生机构诊疗人次减少117.5万人次。

（六）其他相关指标

一是基本公共卫生服务人均补助标准提高到50元，服务项目拓展到14类。城乡居民电子健康档案建档率达到82.5%，国家免疫规划疫苗预防接种率达到95%以上。二是做实家庭医生签约服务，截至目前，全人群签约服务率为41%，重点人群签约服务率为68%，建档立卡贫困人口签约服务率为97%。三是完成新一轮药品招标采购，招标药品价格平均降低27.2%。对10类高值医用耗材实施网上阳光采购，限价采购，降价幅度为20%左右。从2017年7月1日起，启动实施药品采购“两票制”，已覆盖所有二级以上公立医院。四是制定了58个蒙医优势诊疗指南和病种临床路径。将蒙医传统疗法全部列入基本医保和新农合报销范围，实施降低报销起付线，提高报销比例的政策。

二、存在的问题

医疗卫生服务事业始终承担着提高我国全民族健康素质、保护劳动力、改善民众生活质量的重要责任。但是通过整理我区及其12个盟市的数据资料和实证数据发现，我区的医疗卫生基本公共服务供给和需求存在不匹配的问题，具体如下。

（一）个人健康医疗需求表达受限

一是从人均消费性支出中医疗卫生保健占比看，我区全体居民由 2016 年的 514 元上升到 2017 年的 554 元，增长率为 5.3%，高于人均消费性支出增长率 0.5 个百分点；二是根据《2017 北京医疗资源分布及热度报告》显示，到北京异地就医的人员来源地中我区排第三，仅次于河北和山东，且较为集中在大热门医院（如解放军总医院、协和医院等）和专科医院（如北京大学肿瘤医院、三博脑科医院、阜外心血管病医院等）求医。从上面两组数据不难看出我区居民的健康医疗需求不能完全表达或是所表达与自身需求出现偏差，也从侧面反映出我区医疗资源的供给不能满足居民日益增长的医疗卫生需求。

（二）医疗卫生资源分布不均衡

我区优质医疗资源总量不足且分布不均衡问题长期存在，全区三级医疗机构仅 69 家，医疗资源相对集中分布在呼和浩特市、包头市、通辽市和赤峰市，分别占 15 家、13 家、9 家和 9 家机构，兴安盟和乌兰察布市均只有 1 家。城乡之间医疗卫生资源差异过大，优质资源主要集中在大中城市，基层医疗卫生资源相对薄弱。同时，公立综合医院发展较快，专科医院发展较慢，特别是康复、老年护理、儿童医疗等资源短缺，大部分公立医院未设康复科。

（三）医疗资源结构不合理

三级医院超负荷运转与大量基层服务资源利用不充分现象并存，大型医院大病小病都看、简单疑难病症都治、工作繁忙任务繁重，基层医疗机构能力不足、病源不多；公立医疗机构与社会资本举办医疗机构发展不均衡，多元办医格局尚未形成，医疗机构分级诊疗秩序不规范，给基本医疗服务体系的建立与完善带来了严峻的挑战，不能满足群众多层次医疗服务需求，康复医院和护理院等中间性医疗机构发展严重不足，部分公共卫生设施条件较差。

（四）医疗卫生人员整体学历水平不高且分布不均

一是学历水平不高。截至2016年底，全区卫生技术人员中，研究生以上学历的人员仅占3.22%，本科学历的人员占32.16%，大专学历的人员占42.29%，中专及以下学历的人员占22.33%，并且不同地区医生水平的存在一定差异，大中型城市的医生资质、学术背景等差异不大，都经过严格的医学高等教育训练，但农村牧区医疗点的医生水平极其有限。二是人才多集中在大中型医院，很难有医疗技术好的医生愿意投身基层，使得基层缺乏医疗服务人才，且人才引进难留不住问题严重。

（五）医疗保障制度不完善

目前医疗服务供给方式较为单一，绝大多数人就医还是去实体医疗卫生机构，主要是我区网上预约问诊等服务还未普及，这在一定程度上会出现现有医疗保障覆盖群体不全面，这种供给制度的不完善会导致我区各盟市居民在医疗卫生基本公共服务对服务利用存在不均等。同时，现行基本医疗保险尚未建立对医疗服务供给方合理、高效利用资源的激励机制和监督机制，医疗费用上涨的趋势并未得到有效抑制。同时我区基本医保、城乡居民大病保险、商业健康保险与医疗救助等还未有效衔接，全民医保体系还不成熟，在医保异地就诊报销的实际操作方面很存在很多限制。

（六）功能定位不清和分工协作机制不健全

不同层级医疗机构的功能定位不够清晰，相互之间存在无序竞争问题，城市大中型医院资源被大量用于普通疾病诊疗，基层医疗卫生机构资源利用率低，服务体系整体效率不高。公共卫生机构、医疗机构之间分工协作机制不健全、缺乏有效联通，各级各类医疗卫生机构合作不够、协同性不强，服务体系难以有效应对日益严重的慢性病高发等健康问题。

三、对策建议

基本医疗卫生公共服务均等化是一个动态过程，与平均化的简单分配不同，要综合考虑各盟市实际情况，在地区经济社会发展的不同前提下尽量缩小差距，满足需求。

（一）深化医药卫生体制改革

加快建立更加成熟定型的基本医疗卫生制度，维护公共医疗卫生的公益性，有效控制医药费用不合理增长，不断解决群众看病就医问题，广泛开展医养结合，推动医疗卫生服务延伸至社区、家庭。全面推进医保支付方式改革，积极推进按病种付费、按人头付费，积极探索按疾病诊断相关分组付费（DRGs）、按服务绩效付费，形成总额预算管理下的复合式付费方式。加快推进基本医保异地就医结算，实现跨省异地安置退休人员住院医疗费用直接结算和符合转诊规定的异地就医住院费用直接结算。加强健康医疗大数据应用体系建设，推进基于区域人口健康信息平台的医疗健康大数据开放共享、深度挖掘和广泛应用。

（二）优化基本医疗卫生资源配置

按照国家和自治区有关医疗卫生机构设置标准要求，继续推进盘活存量、优化配置，统筹城乡基本公共服务资源均衡配置的工作。各级各类公立医院的规划设置要根据当地实际，综合考虑城镇化、人口规模、服务半径、疾病谱等因素合理布局，突出围绕城乡一体化、重点地区需求、重点人群需求，优化基本医疗卫生资源配置，继续加强整体调控，逐步提升旗县区级医疗机构服务能力建设和基础设施建设水平，促进城乡基本医疗卫生共建共享。建议根据人口分布特点合理匹配优质医疗资源，提升现有的医疗资源利用效果，如在人口相对集中的盟市组建区域性医疗中心，扩大医疗卫生服务半径，分批分层次的逐步优化医疗卫生资源配置。

（三）构建财政投入稳定增长机制

明确政府办医责任，坚持政府在提供公共卫生服务和基本医疗服务中的主导地位，建立财政投入的稳定增长机制，结合健康扶贫工作，重点对贫困地区基本医疗卫生公共服务基础能力建设项目给予倾斜支持。各级政府应逐步提高卫生投入占卫生总费用的比重，全面落实基层医疗卫生机构各项补助政策，落实对妇产医院、蒙医院、中医院等医院的投入倾斜政策，加快筹备高水平的、区内缺乏的专科医院（如儿童医院、康复医院等）建设速度，加强老年病、长期护理、慢性病管理、安宁疗护等接续性医疗机构建设。加大自治区财政转移支付对区域内基本医疗卫生公共服务财力差距的调节。

（四）实施医学人才培养计划

一是实施医学人才本土化培养计划。依托内蒙古医科大学、包头医学院等高校，培养区内缺乏的重点医科人才，继续推进农村牧区订单定向医学生免费培养项目，重点为贫困地区和缺少卫生医疗资源的地区培养大专学历全科医师。二是实施医学人才在职培训计划。培养全科医生和助理全科医生，推进住院医师规范化培训，实施在职医生转岗培训培养全科医生、儿科医生等急需紧缺的医学人才计划，通过财政补助等措施鼓励农村牧区基层卫生技术人员提升学历层次。三是大力培养蒙医药人才培养计划，实施基层蒙医人员培训。四是提升医务人员工资待遇，加大人才引进力度，用政策和发展留人，切实保障非公立医疗机构与公立医疗机构在医保定点、职称评定、等级评审、技术准入、科研立项等方面享受同等待遇。

（五）加快推进分级诊疗体系建设

推广我区帮扶式托管旗县级医院开展医联体建设经验，在城市与旗县（市、区）之间，由城市三级公立医院为主体单位托管旗县级一所或多所医疗机构，形成托管联合体。以加快构建区域医疗联合体为基础，在技术层面，要把国家确定的高血压、糖尿病、慢阻肺、冠心病等病种的分级诊疗规范在医联体内得到落实；在管理层面，建立与医联体相适应的考核体系，重点考核基数辐射带动、医疗资源下沉等情况，将基层诊疗量占比、双向转诊比例，居民健康改善等指标纳入考核体系。同时建立畅通的双向转诊机制和责任一致的引导机制，注重三级公立医院的技术辐射和带动作用，变输血为造血，同步发挥医保经济杠杆作用，实行医保总额付费。

（六）创新医疗卫生服务供给方式

推进政府购买服务，推广政府与社会资本合作，借助信息技术手段，扩大有效供给，形成政府主导、多方参与、竞争有序、充满活力的格局，完善社会办医在土地、投融资、价格、财税等方面的扶持政策，形成多元办医的格局。强化政府基本医疗卫生服务职责，积极引导社会力量参与，建立专业公共卫生机构、综合和专科医院、基层医疗卫生机构“三位一体”的重大疾病防控机制。结合“互联网 + 健康服务”模式创新，提供在线预约诊疗、诊疗报告查询、药品配送等便民服务，引导医疗机构面向农村牧区开展基层检查、上级诊断等远程医疗服务，提供重大疾病和突发公共卫生事业防控能力。

内蒙古城市社区居家养老模式发展问题及建议

田洁

2017年底，我区60岁及65岁以上老年人口分别达到445万和251.1万，分别占全区总人口18.3%和9.9%，远超过世界老龄化社会10%和7%的认定标准，2020年，全区60岁以上老年人口占总人口比例将超过20%，养老服务需求将与日俱增。我区因家庭养老功能弱化，社会养老供给缺乏，机构养老支撑不足，目前的养老服务体系难以应对人口老龄化社会面临的挑战。2017年，我区养老机构空床率达60%，即使这些养老床位全部住满老年人，选择机构养老的老年人占老年人总数的比例也仅为6%。为此，迫切需要建立与家庭结构及人口老龄化相适应的养老服务制度。社区居家养老模式以家庭为基础，通过政府、社区、社会组织以及市场等多主体、多手段为在家居住的老年人提供生活照料、医疗护理、文化娱乐和精神慰藉等方面服务，提高老年人安全感和归属感，且具有成本低、覆盖广和服务方式灵活等优点（见图6）。但我区社区居家养老尚处于探索发展阶段，主要由政府倡导推动，社会自身动力不足，在发展过程中面临诸多问题，难以满足不断提升的养老需求。因此，需要我们从政府、社会、机构、社区等方面加强建设，促进全区社区居家养老服务持续健康发展。

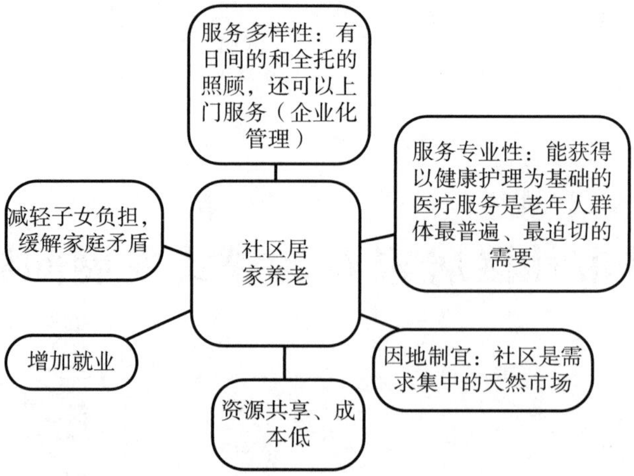

图6　社区居家养老优势示意图

一、内蒙古社区居家养老服务发展存在的问题

（一）社区居家养老服务供给不足，服务水平落后

一是服务普及程度不高。内蒙古现有居家老人中，家庭条件好、理念先进的，通过互联网或者其他手段，在网上约单、叫餐、叫服务等，就基本解决了生活中的问题，更会选择有偿的医疗、家政等上门服务。而在老旧小区居住的独居老人，没钱没技能，与社会脱节，开展居家养老服务运行困难，基本没有人愿意选择有偿服务。

二是日间照料中心功能尚未有效发挥。我区《加快发展养老服务业实施意见》提出，到2020年，96%的老年人依托社区实现居家养老，所有城镇社区要建成方便实用的社区老年人日间照料中心。2017年底，我区共建成日间照料中心879所，平均每个中心15.7张床位，远低于我区《社区老年人日间照料中心运行管理办法》规定的设置床位不低于20张的标准。且多数日间照料中心基本仅是在空房间里摆几张桌子，由社区居委会组织简单活动，与老年人精神慰藉、医疗康复、应急救助等实际需求相差甚远。

三是社区居家养老服务供需脱节。生活服务针对性不强。我区缺乏社区居家养老生活方面的服务规范，导致服务满足率不高。为老年人提供的叫餐服务要么饮食搭配不合理、价格高昂，要么无法满足老年人类似仅点一碗粥、要一个馒头的差别化需求，更是忽略了老年人健康养生的需求。医疗服务供给不足。我区《医养结合实施方案》指出，到 2020 年，家庭医生签约服务实现全覆盖，90% 以上的老年人在社区和居家养老时能够享受到专业的医疗、护理、保健、康复等服务，但缺乏具体实施细则，社区方的责任、范围及收费标准和接受服务者的权益不明，导致签约率不高。“十三五”期间，我区规划要创建 200 个社区医养结合示范中心，2017 年，我区确定的社区医养结合示范中心项目仅 4 个且发展缓慢。大部分提供居家养老服务的机构只能进行诸如测量血压等极为简单的操作，极少有社区能够实现医生上门提供专业医疗护理服务。基础设施建设落后。大多数社区内文体娱乐设施陈旧、单一，活动场所小，养老服务的硬件设施建设与更新改造速度难以满足老年人多样化的需求增长。老年人精神需求得不到满足。我区社区居家养老服务主要针对生活和家政服务，对老年人的精神慰藉基本空白，志愿者上门也仅是做简单询问，难以通过心理学等专业手段对老年人进行心理疏导。

（二）社区居家养老体制机制尚不完善，资金支撑不足

一是体制机制不健全。我区居家养老政策建设滞后，对社区养老的性质定位、资金来源、运营管理、发展模式、行业竞争和政府职能发挥等缺乏统一规范，导致不同市场主体提供的服务产品难以形成有效竞争。社区居家养老服务机构专业化程度不高，缺少品牌连锁机构，在护理员资质认定、营养餐标准判定、纠纷处理调解程序等方面工作机制不成熟。缺乏对政府购买社区居家养老服务过程进行监督，严重影响了服务质量。基层监管力量相对薄弱，尚未形成常态化监管机制。

二是资金筹集渠道单一。当前，社区居家养老组织的主要资金来源是财政拨款和彩票公益金，但我区财政拨款的资金额远不足以补充社区居家养老服务正常运行的缺口。2017 年，我区福利支出 15.5 亿元，占当年 GDP 的 9.6%，投入到社区居家养老服务中的资金就更少。且政府资金投入主要偏向大型医养结合机构，基层卫生

中心和社区内嵌式养老院投入占比较少。由于社区居家养老福利性和非营利性高且主要为政府主导购买服务，行业总体盈亏平衡期长且市场回报率低，小部分个性化的养老服务项目缺乏形成规模效应的能力，制约了大部分社会组织的参与协作。

（三）居家养老服务队伍整体素质偏低，受众理念落后

一是机构、企业实力不足。社区居家养老服务企业的投资人理念更新不足，缺乏对市场科学深入调研，养老服务供给缺乏针对性，同时，未能与其他相关产业形成联动，制约了行业的发展。二是缺乏高质量的服务人员。社区居家养老服务人员大多服务技能薄弱、年龄偏大、经历资质不足，对老年人的生理、心理等需求了解不够。受经济收入，社会地位、风险因素等影响，居家养老服务机构很难留住骨干服务人员和吸纳专业护理人员。同时，尽心尽力、专业性较强的志愿者队伍也严重不足。三是受众理念更新不足。老年人观念滞后，对新型养老模式接纳慢，认为社区养老在某种程度上就是家庭对自己的抛弃。由于缺乏宣传，大部分家庭不了解社区内的养老服务，对其提供的服务内容及服务流程知之甚少。

二、对策建议

（一）加强顶层设计，充分发挥政府的引导和政策支持作用

一是扩大社区居家养老服务资金投入。综合我区经济发展水平、财政承受能力和老年人的基本服务需求，动态调整政府购买社区居家养老实施方案。通过项目和专项资金的形式支持社区养老服务基础设施建设，鼓励和引导民间资本进入。整合卫生健康部门用于社区的预防保健经费、医保费用中支付于医疗机构和家庭病床的老年人医疗项目经费以及民政部门用于居家养老服务补贴等，形成统一支付体系，对社区居家养老康复机构给予整体的资金扶持。

二是加强政府引导及法律法规保障。制定激励政策。针对参与社区居家养老各界力量在投融资、土地供应、税费减免、补贴支持、人才培养和教育、推动医养结

合等方面出台具体细化的激励措施，充分吸引社会力量参与；对于低保、五保户等特殊群体制定较高补贴政策。简化对社区具有医疗性质的紧缺型“康复机构”审批手续。明确政府部门职责。针对社区老年人口规模和特点设计服务项目，以服务、引导、监督代替包办，做好城市规划、社区和城市环境适老化改造等工作。把社区居家养老服务发展的工作任务分解落实到街道，并建立责任监督、追究机制。提升老年人保障能力。借鉴日本，根据我区现有条件及经济社会变化状况探索开展长期护理险的适宜模式，出台针对性政策保障特殊困难老人需求，提高补助水平。鼓励商业保险机构设计开发诸如护理保险、健康寿险等适合医养融合的商业保险，降低社区居家老年人的养老支出压力。

三是强化行业监管和规则制定。强化行业监管，健全养老服务准入、退出、监管制度，制定技术标准，规范各类居家养老服务行为。为企业和机构发挥主体作用营造平等参与、公平竞争的市场环境，通过公开招标的方式对居家养老服务进行购买，把关企业服务质量。依法确定适用政府定价和政府指导价的范围，防止出现行业乱收费等现象。在资金使用上，定期对资金的投入、使用和结余进行审计，确保投入的每一分钱都落在居家养老服务质量改善上。

四是加强医养结合政策落实。推广“家庭医生签约服务 + 健康快车 + 医联体”“六位一体”养老照护等服务模式，将医疗、养老、康复等一体化服务延伸到家庭。规范医疗护理项目、服务内容、服务标准和服务价格，将社区居家养老医养融合服务机构纳入定点报销，并逐步加大对大病费用和慢性病费用的支付额度。

（二）改善企业、机构等服务主体发展能力，提升社区居家养老服务供给质量

一是提升居家养老服务企业竞争力。提高经营者精细划分市场的嗅觉及能力；探索开发多样化、个性化的服务内容，提高产品质量和服务价值。通过联合发展等手段，加大与家政服务行业、医疗保健行业、医疗护理行业和医疗康复行业等联动，实现多元化发展。合并市场上规模小、效率低、运营管理不善的社区居家养老服务企业、机构，支持有实力且运作规范的企业做大做强。实施品牌战略，提高创

新能力，发展一批带动力强的居家养老服务龙头企业，逐步形成产业链长、覆盖领域广、经济社会效益显著的产业集群。

二是重视人才队伍的激励与提升。加大对社区居家养老服务人员严格的岗前培训及考核，加大职业伦理精神培养，吸引正规组织参与。建立适宜的养老服务职业资格认证体系，保证专业化人才供给。加快从业人员服务星级评定，重视养老服务过程中感情投入的价值与意义，增加助老服务关系、服务满意度调查等指标。

（三）结合“智慧养老”，充分发挥社区的基础性作用

加大社区“互联网 +”智能养老服务平台建设力度，利用大数据分析技术等手段，建立准确反映老年人需求变化的数据信息系统。通过对老年人生理、心理、精神、经济条件和生活状况等综合分析评价，科学确定老年人服务需求类型、照料护理等级等基本需求，并高效对接专业医疗健康服务机构、康复中心、家政服务、急救服务等。发挥社区邻里相帮文化，探索建立老年群体相互照料的护理互助体系。建立社区内卫生服务站同居家养老服务机构协作机制，充分发挥日间照料中心的作用。加大宣传，改变养老传统观念，使居民对社区居家养老服务的机制、内容、形式、收费有充分的了解，使老年人乐于接受居家养老服务。

新常态背景下内蒙古就业新特征与新挑战

冯玉龙　苏和

就业是最大的民生。进入新世纪以来，依赖于快速的经济增长，就业市场得到了持续改善。但在新常态下，就业与经济增长呈现出不同以往的新特征和新挑战，需予以高度关注和重视。

一、新常态就业呈现新特征

进入经济发展新常态，我区就业呈现出不同以往的新特征，主要表现如下。

（一）就业对经济增长的依赖性有所下降

与经济增速降中趋稳态势相对比，总就业人数实现了稳步较快增长。全区城镇登记失业率连续保持在4%以下，全社会就业人数由2011年年底的1249.3万人，增加到2015年的1463.7万人，年均增速3.43%，较新常态前2005～2010年年均增速快了1.13个百分点。与此同时，经济发展对就业人员的吸纳能力稳步增强，进入新常态，就业弹性保持高位运行，稳定维持在0.38以上（除2015年的0.19外），万元GDP带动就业人员数整体提升到了0.8人以上，新增就业带动能力由新常态前的波动下行逐步向目前的持续稳定趋势转变。

（二）就业的结构性分化趋势明显

第三产业对就业的带动能力稳步提升。第三产业已成为带动就业增长的主导力量。2015年第三产业年底就业总人数较2011年增长了41.1%，年均增速达到8.22%，较2005–2010年平均增速快了3.52个百分点，分别较同期就业总人数、第一产业和第二产业就业总人口年均增速快了4.79、8.24和5.67个百分点，第三产业就业比重高达43.8%，分别较第一产业和第二产业高出4.7和26.7个百分点。

有限责任、个体和私营成为带动就业增长的主力军。2011 ~ 2015年，有限责任、个体和私营行业就业年均增速为11.26%、4.8%和13.82%，分别较同期全部就业年均增速快了7.83、1.37和10.39个百分点。2015年国有、私营和个体占全部就业比重分别达到了11.48%、11.5%和17.7%，其中国有比重较2005年降低了4.12个百分点，而个体和私营成分就业比重较2005年提升了4.95和9.8个百分点。

（三）新动能对就业的带动作用在逐步显现

过去自治区发展主要以投资为导向，在此背景下，就业与投资息息相关。新形势下，就业与投资之间的分化日益显现，从2011年开始，固定资产投资与就业增速走向不一致日益显现，而以分享经济、平台经济、高新技术产业和大众创业万众创新为代表的新动能，成为带动新增就业的主力军。2013 ~ 2016年全区实现成功创业人员分别达到4.38万人、4.7万人、4.5万人和2.95万人，带动就业人员数分别达到15.37万人、17.35万人、15.93万人和8.08万人。同时，新业态、新模式和新产业带来的就业也在进一步增长，以信息业、餐饮外卖和科技服务业为例，2015年从业人员分别达到5万人、73万人和6.1万人，占全部从业人员比重分别达到1.7%、5.9%和2.1%，分别较2005年提高了0.7、5.7和0.5个百分点。

二、新常态就业面临新挑战

总的来看，自治区劳动力就业整体情况较以前有很大程度改善，2015 年全区就业总人数占适龄劳动人口的比重达到了 75.27%，较 2005 年提高了 17.99 个百分点，2015 年这个时间节点适龄劳动人口较 2005 年仅多了 8.94 万人，而同期就业总人数则多了 279 万人，总的就业供需缺口由 2005 年的 776.6 万人、2010 年的 750.86 万人持续下降到 2015 年的 480.8 万人。但辩证看，在全区就业总量和就业结构性矛盾依然突出的同时，行业吸纳就业边际能力、就业质量和稳定性等新挑战也不容小觑。

（一）就业边际能力逐步减弱的挑战

行业效率是引导就业的关键风向标，就业变动的基本规律就是从效率低的行业逐步转入效率高的行业的过程。从我区三次产业效率提升趋势看，目前第二、第三产业效率提升几近处于停滞状态，导致了行业整体吸纳劳动力就业边际能力的逐步减弱，目前，自治区就业弹性已经出现了大幅下降，弹性业已从正值区间转入负值区间。同时，就业弹性下降又暗含了当前整体人力资本在产业内转移的滞后，人力资本大量滞留在低效率行业反过来势必会进一步形成新的过剩，对解决存量就业形成更大挑战。

（二）就业供需不匹配的挑战

一是行业转型升级导致的劳动力供需不匹配将进一步凸显。能源、化工、建材、冶金和建筑业等行业就业比重在 70% 左右，新常态下化解产能过剩必然面临一些结构性失业，而随着行业去产能、去库存进一步向建材等领域拓展，必然意味着还有一部分企业要关停甚至要破产、退出市场，进一步加剧结构性就业压力。而从留存产业未来前景看，新技术应用和改造升级是这些产业存续的关键，在此过程中，技术进步带来了产业人力资本需求的新变化，但考虑到全区现有产业结构以及劳动力就业特征，转型升级对劳动力的技术替代效应将远大于新增就业效应，这也就意味着一部分劳动者要从传统产业转入新产业，但这个过程不是自然而然就能实现的，从传统行业转入新领域，对知识技能的要求是需要提高的，这个过程不仅伴随着结构性失业，甚至会伴随一些其他性质的失业。

二是大学生和进城务工人员的结构性就业难题将更为凸显。推进质量变革、动力变革和效率变革是新常态发展大逻辑，推进变革必然要求行业走向高端化、智能化，这不仅对应用型和技能型人才提出新变化，同时也对劳动力知识技能的质量和更新速度提出了新要求，这些新变化与新要求势必对新增劳动力，尤其是新增高校毕业生、进城务工人员提出新挑战。

一方面，大学生就业压力进一步加大。从目前看，每年区内大学生就业平均保持在 9.5 万人左右，而近几年新增大学毕业人数仍在呈现增长态势，2017 年已经达到 16.4 万人，就业岗位供给缺口较大。从大学生就业需求端看，随着新常态经济机构优化、发展质量要求的提高以及各种技术应用的加快，对于创新型和技术性人才的需求加大，但受教育体制等综合因素影响，大学生在创新、知识和技术等方面与社会需求脱节问题依然突出，由此导致的“难就业”和“快失业”问题将进一步凸显。以呼和浩特和包头为例，2015 年两市新成长失业青年占比分别达到 41.99% 和 39.98%，其中应届高校毕业生占比分别达到 59.55% 和 39.88%，就业转失业人员比重分别达到 14.93% 和 15.25%。

另一方面，进城务工人员面临的结构性就业困难将进一步加剧。随着自治区城镇化水平的持续推进，农牧区转移人口仍将持续增加，但经过近几年对年轻劳动人口的快速消化与吸收，今后进城人口将更多集中在 45 岁以上这个年龄段，根据第六次人口普查数据测算，目前自治区农村牧区人口中 45 ~ 65 岁年龄段人口占比已经达到 73.72%。而这一年龄段人口大多缺乏技能和学历，在经济整体转型升级背景下，城镇新市民就业结构性矛盾将进一步凸显。

三是行业快速更迭带来结构性就业挑战不容小觑。随着新技术应用的快速推进，新旧行业间更迭速度必然会加快，旧行业人工的替代将远多于新行业创造的就业，这已经或正在被发达国家或地区发展的实践所印证。据斯坦福大学一项研究表明，未来我国职业中将有 70% 被人工智能所取代，大批的翻译、记者、收银员、助理、保安、司机、交易员、客服……都可能在不远的未来，失去自己原来的工作。

（三）实现高质量就业面临的挑战

就业是最大的民生，而实现高质量就业是新常态下解决就业问题的重中之重，这对今后就业工作提出了新的更高要求。而综合考虑我区就业基础及就业服务现状，未来实现高质量就业面临的挑战不容忽视，突出表现在以下方面：

一是增强就业稳定性的挑战。在国家简政放权和创新创业政策带动下，创业创新正成为拉动全社会就业的重要“风口”，2013 ~ 2015 年全区创业带动就业人员每年都保持在 20 万人左右，占全年全部新增就业人口比重均达到 1/3 左右。但从创新创业拉动就业稳定情况看，据一项针对区内大学生创业的调查表明，大学生创业一年的存活率只有 5% 左右，而成功率则更低，用“九死一生”来形容，并不为过。2016 年自治区创业人口下降到 2.95 万人，带动就业人口下降到 8 万人左右。基于以上考量，如何进一步稳定和激活创新创业，增强创业创新带动就业的稳定性，就成为当前及今后自治区实现高质量就业的重要现实考量。

二是规范就业的挑战。目前，一些新经济形态催生的就业岗位，像电商、快递、网约车等，还存在着工资水平不高、就业岗位不稳定、社会保障不健全、劳动时间过长、工作环境不佳等问题。此外，在就业优惠政策的刺激下，一些传统过剩行业企业采用降薪、缓发工资、停薪留职、内部休假和推迟入职等手段，进一步将“显性失业”转化为“隐性失业”，无形中侵蚀着员工的福利和社会稳定的防线。基于此，如何做好灵活就业以及隐性失业人员等方面的排查摸底，以及建立相应的问题长效解决机制，就成为未来推动和实现全区高质量就业的全新考题。

三是完善就业服务体系的挑战。目前，全区公共就业服务体系普遍存在信息更新不及时、不准确以及服务功能不足、服务手段匮乏等痛点问题；职业技能培训方面存在培训补贴政策与现实脱节，技能培训与市场脱节，培训的针对性不强、有效性不明显等难点问题。此外，对新经济、新业态就业统计和监测方面存在很大缺位，对新经济、临时就业、小时工和外卖快递等多样化、灵活性就业缺乏统计、监测和研究，没有建立起一套有效的统计制度和动态跟踪服务机制，导致对灵活就业的管理和决策方面的缺位和低效率。基于此，未来如何更好解决就业服务体系方面的痛点、难点和缺位问题，不仅事关高质量就业，而且也考验着政府的公共治理水平、效率与能力。